ŒUVRES DE JEAN D'ORMESSON

*Aux Éditions Gallimard*

LA GLOIRE DE L'EMPIRE

AU PLAISIR DE DIEU

AU REVOIR ET MERCI

LE VAGABOND QUI PASSE SOUS UNE OMBRELLE TROUÉE

DIEU, SA VIE, SON ŒUVRE

DISCOURS DE RÉCEPTION À L'ACADÉMIE FRANÇAISE DE MARGUERITE YOURCENAR ET RÉPONSE DE JEAN D'ORMESSON

DISCOURS DE RÉCEPTION À L'ACADÉMIE FRANÇAISE DE MICHEL MOHRT ET RÉPONSE DE JEAN D'ORMESSON

ALBUM CHATEAUBRIAND *(Iconographie commentée)*

GARÇON DE QUOI ÉCRIRE
*(Entretiens avec François Sureau)*

HISTOIRE DU JUIF ERRANT

*En collection Folio*

DU CÔTÉ DE CHEZ JEAN

UN AMOUR POUR RIEN

*Aux Éditions Julliard*

L'AMOUR EST UN PLAISIR

LES ILLUSIONS DE LA MER

*Aux Éditions J.-C. Lattès*

MON DERNIER RÊVE SERA POUR VOUS,
*une biographie sentimentale de Chateaubriand*

JEAN QUI GROGNE ET JEAN QUI RIT

*Suite de la bibliographie en fin de volume*

# LA DOUANE DE MER

JEAN D'ORMESSON
*de l'Académie française*

# LA DOUANE DE MER

roman

LE GRAND LIVRE DU MOIS

*À A*

*Zum Sehen geboren,*
*Zum Schauen bestellt,*
*Dem Turme geschworen,*
*Gefällt mir die Welt.*

GOETHE

*La empresa que hemos acometido*
*es tan vasta que abarca — ahora*
*lo sé — el mundo entero.*

BORGES

*Nous sommes dans l'inconcevable, mais avec des repères éblouissants*

CHAR

# PROLOGUE

*Et toi mon cœur pourquoi bats-tu*
*Comme un guetteur mélancolique*
*J'observe la nuit et la mort*

APOLLINAIRE

## *Je meurs*

Le 26 juin, un peu avant midi, il m'est arrivé quelque chose que je n'oublierai plus : je suis mort. La vie est injuste. La mort aussi. J'ai eu de la chance. Tout s'est passé assez vite. Le cœur a lâché. J'aurais pu me blesser. Pas du tout. Je suis tombé d'un seul coup, sans la moindre égratignure, dans les bras de Marie, devant la Douane de mer d'où la vue est si belle sur le palais des Doges et sur le haut campanile de San Giorgio Maggiore. J'avais essayé plus d'une fois de donner à l'un de mes livres le titre de *La Douane de mer*. On ne fait pas toujours ce qu'on veut. La Douane de mer s'est refusée à entrer dans ma vie. Elle est entrée dans ma mort.

L'être avec qui on meurt est aussi important que l'être de qui on naît. J'étais content de mourir devant la Douane de mer. J'étais content surtout de mourir auprès de Marie. J'avais été un vivant dans les bras de Marie. C'est aussi dans ses bras que je suis devenu un mort. Elle est restée longtemps avec moi au pied de la Douane de mer et j'avais, comme avant, ma tête sur ses genoux. Des larmes coulaient de ses yeux que j'avais tant aimés parce qu'ils étaient très bleus. Je ne bougeais pas. Je ne disais rien. Je n'ai jamais dit grand-chose. Je ne disais plus rien du tout. Elle baisait mes lèvres sans vie qui ne répondaient plus et elle pleurait en silence. Moi, je n'étais plus nulle part — ou peut-être déjà partout.

Elle a eu, le lendemain, une idée de génie et j'ai fait de mon mieux, mais en vain j'en ai peur, pour qu'elle me sache heureux et pour la remercier : nous avons remonté ensemble, moi déjà dans ma caisse, elle toujours dans ses larmes, toute la splendeur du Grand Canal. C'était très bien. Le soleil brillait sur le marbre et sur l'eau, sur les façades ocre et roses. Les palais, les musées, les marchés au poisson, les terrasses des hôtels, les grands piliers bleu et rouge où s'amarrent les gondoles, le pont de l'Accademia et le pont du Rialto défilaient devant nous. Les anges nous souriaient au fronton des églises. Quelques jeunes filles aussi, en train de sucer un *gelato*. Tout ce que j'avais aimé m'accompagnait à la gare pour mon dernier voyage. Il y avait beaucoup de beauté et beaucoup de souvenirs. Des projets, des échecs, des espoirs, des ambitions, des batailles gagnées et perdues. Des passions et des rêves. Le mariage du doge et de l'Adriatique à bord du *Bucentaure*. La peau de Bragadin arrachée par les Turcs. Les baisers et la mort de Bianca Cappello. La lecture, au loin, par un juif de génie atteint du rhume des foins et aux yeux d'odalisque, des *Pierres de Venise* de Ruskin. Il y avait Morand et Visconti, il y avait Commynes et Casanova, il y avait Henri de Régnier derrière ses longues moustaches et Byron avec son pied bot. Et Goethe, et Vivaldi, qu'on appelait le prêtre roux, et Wagner, et tous les autres. Et Chateaubriand, bien entendu. Il y avait des plaques de marbre en pagaille sur les murs, la flamme de mon nom dans le cœur de Marie, de grandes Suédoises brûlées par le soleil sous leurs robes courtes et claires, et beaucoup d'amoureux qui se tenaient par la main sans savoir trop quoi dire devant ces choses si vieilles d'où naissait tant de bonheur. J'ai eu envie, c'est vrai, de vivre encore un peu. Parce que le monde était beau et qu'il était bon d'y traîner.

J'avais aimé à la folie mon passage sur cette Terre, le soleil, l'espérance, le bruit de l'eau sur les pierres, les lendemains, ne rien faire, les clochettes des chèvres qui passaient en troupeau le long de la maison blanche où Marie et moi avions vécu à Symi, le silence et les mots. L'idée de n'être jamais né, caressée par tant de penseurs, m'a toujours fait horreur. Grâce à Dieu, j'étais né. J'avais pris place dans le temps et je m'étais baladé en espadrilles, le nez en l'air, le cœur léger, la main de Marie dans la mienne, sans amertume ni remords, dans les collines et sur les plages, le long des grands fleuves traversés avant nous par les conquérants, les pèlerins, les marchands de drap ou d'épices, les amoureux en fuite et dans ces petites villes d'Italie où il y avait tant d'arcades et si peu de trottoirs. Je m'étais assis dans des bistrots, sur des parapets de pont, dans des prairies au-dessus des lacs pour ne penser à rien. J'ai beaucoup pensé à rien. J'ai aimé presque tout de cette sacrée existence. Et ses vides autant que ses pleins. La vie m'avait tant donné, avec tant de surprises et de générosité, que je ne redoutais pas la mort qui en était l'achèvement. J'avais été enchanté d'arriver, je n'étais pas fâché de partir. Par paresse, par égoïsme, par curiosité aussi, l'idée de cesser de vivre pour passer enfin à autre chose ne me déplaisait pas. Mais il y avait Marie.

Ce sont les larmes de Marie qui m'ont fait hésiter au-dessus du Grand Canal au lieu de m'envoler d'un seul coup vers ce que je guettais déjà avec un peu d'impatience et de curiosité. Je distinguais encore la Douane de mer, la Salute, la Madonna dell'Orto où il y a un si beau Tintoret, San Giovanni e Paolo avec la statue en bronze de cette vieille ganache militaire qu'on appelait le Colleoni, San Giaccomo dell'Orio où nous allions souvent nous promener tous les deux, San Nicolò dei Mendicoli, misérable et superbe entre ses trois canaux, et, là-bas, tout en bas, dans sa gondole noire devenue soudain minuscule, Marie en train de pleurer sur ce qui avait été moi. C'est là, déjà assez haut, à l'instant de partir pour de bon vers de nouvelles aventures qui n'ont de nom dans aucune langue et de m'arracher à jamais aux images et aux rêves que j'avais tant aimés, que je suis tombé sur A.

# PREMIER JOUR

*Le sage est celui qui s'étonne de tout.*

GIDE

I

# *Je rencontre A*

A venait d'ailleurs. Et, je crois, d'assez loin. Il arrivait sur la Terre au moment où je la quittais. C'était un esprit naïf et charmant. Impossible, bien entendu, de vous le décrire si peu que ce soit puisque les esprits, comme vous savez, n'ont pas la moindre forme ni la moindre couleur. Ils flottent, ils volent, ils se déplacent à leur gré, ils se transforment sans cesse, ils sont partout à la fois. Et ils communiquent entre eux sans avoir besoin de langage. C'était une chance. Nous nous entendîmes aussitôt.

— Où suis-je ? me cria-t-il.

— Tout près de la Terre, répondis-je.

— La Terre ? C'est quoi, la Terre ?

— C'est une planète, lui dis-je.

— Ah ! nous nous intéressons beaucoup aux planètes, aux étoiles, à tout ce qui tourne dans le ciel et aux galaxies.

— Nous aussi, lui criai-je. Vous venez, j'imagine, d'une galaxie lointaine ?

— Je viens de la planète d'Urql, me dit-il. C'est le centre de l'univers. Je suis chargé de mission. C'est votre galaxie qui m'a paru lointaine.

— Il paraît que les galaxies, dis-je du ton le plus conciliant, s'éloignent les unes des autres à une vitesse vertigineuse.

— Ne m'en parlez pas, me dit-il. C'est affolant. Si j'avais tardé si peu que ce soit, je ne serais jamais arrivé.

Je transcris ici dans notre langue le message indicible de A qui ne s'appelait d'ailleurs pas A. Les esprits ont des noms, comme nous l'apprennent la Bible, le *Popol-Vuh,* l'histoire de Gilgamesh et *Les Mille et Une Nuits.* Mais ce sont des noms compliqués. Celui de A était sans fin et ne ressemblait à rien de connu. Je décidai de l'appeler A, il décida de m'appeler O et nous devînmes l'un pour l'autre l'alpha et l'oméga.

J'appris de mon nouvel ami beaucoup de choses intéressantes. Elles parvinrent à me distraire pendant quelques instants des larmes de Marie et de la destination du voyage que je venais d'entreprendre. A me confia qu'il était un savant et que ses pairs l'avaient chargé d'une enquête sur la question, si irritante, de la pluralité des mondes et de l'existence ailleurs qu'à Urql. Il m'avoua que les opinions, autour de lui, étaient très partagées et que beaucoup de bons esprits croyaient dur comme fer qu'il n'y avait de pensée que chez eux.

— C'est amusant, lui dis-je. Nous avons le même débat. Beaucoup s'imaginent qu'il n'y a de vie que sur la Terre. Et d'autres soutiennent mordicus qu'il y a de la vie ailleurs. Pour départager les opinions et régler la question, nous émettons des ondes à régularité fixe à travers l'univers.

— Ah ! comme c'est curieux ! Nous faisons la même chose. Mais il n'est pas tout à fait sûr que vous puissiez comprendre quoi que ce soit à ce que nous envoyons ni que nous puissions saisir ce que vous émettez. Je crains que nos conceptions ne soient très différentes. Et nos idées. Et nos sens. Ou ce qui, chez nous, en tient lieu. Je sais bien ce qu'est la pensée, puisque je suis un esprit. Mais j'ai beaucoup de mal à saisir ce que vous appelez la vie. Êtes-vous en vie. Êtes-vous vivant ?

— Non, lui dis-je. Puisque je suis mort.

La mort était pour A aussi obscure que la vie. Il ignorait la vie. Il ignorait la mort. Je ne savais rien d'Urql. Il ne savait rien de notre monde ni des hommes qui l'habitent. Je compris assez vite qu'il avait tout à apprendre sur cette Terre où il débarquait.

— Quels sont vos projets ? lui demandai-je.

— Maintenant que je suis là, me dit-il, j'aimerais rester quelque temps à étudier votre planète. Tout ce que vous m'avez laissé entendre me fait croire que votre Terre est l'endroit idéal pour mener à bien mon enquête sur les mondes inconnus. Je sens qu'une gloire universelle m'attend peut-être à Urql. Imaginez la stupeur de mes concitoyens devant un univers aussi étrange et aussi invraisemblable que celui où vous habitez. Si j'osais, je...

Il s'interrompit soudain, hésitant à poursuivre.

Je mis une main amicale sur son absence d'épaule et je l'encourageai comme je pus.

— Dites ce que vous voulez dire. N'ayez pas peur. Parlez donc.

— Eh bien, si j'osais, vous m'êtes si sympathique, vous me semblez si brillant...

Le talent des gens d'Urql et leur lucidité commençaient à m'impressionner.

— ... je vous demanderais de me servir de guide et d'interprète et de m'aider à rédiger le rapport que je dois fournir à mon retour sur Urql.

L'idée de rester encore quelque temps sur la Terre où vivait Marie m'inonda soudain de joie. Le souvenir de ma mort me retint aussitôt. J'essayai d'expliquer à A que, malgré l'attirance que je ressentais aussi pour lui et malgré l'estime que m'inspirait son jugement, ma qualité de défunt m'interdisait de m'attarder sur la planète où nos destins contraires venaient de se croiser et m'obligeait à partir.

— Oh ! Quelques instants seulement. Nous irions le plus vite possible. Comment voulez-vous que je me débrouille seul sur cette Terre où tout semble si difficile ? Soyez bon pour un esprit égaré dans l'espace et montrez-lui tout ce qu'il ignore.

Au point où j'en étais, il y avait grand avantage à accumuler les mérites et à faire le bien autour de moi. Marie, plus d'une fois, m'avait traité d'égoïste. Elle prétendait — à tort — que je ne pensais qu'à moi. Je me demandai en un éclair si le bien fait aux esprits était assimilé, en haut lieu, au bien qu'on faisait aux hommes. Je me dis qu'en tout cas rien ne pourrait m'être reproché si j'aidais un pur esprit à se renseigner sur cette Terre où nous avions vécu. Je me jetai à l'eau :

— Trois jours, dis-je à A sur le ton le plus ferme. Je vous donne trois jours. Je serai votre guide, je vous expliquerai la vie, la nature, l'histoire. Trois jours. Pas un de plus. Après, je dois partir.

— Qu'est-ce que ça veut dire, un jour ? demanda A.

Je compris que ma vie après ma mort n'allait pas être commode.

— Eh bien..., lui dis-je en soupirant, le monde...

Et je me disposai à lui expliquer, en voletant au-dessus de Venise et de son illustre lagune, l'Adriatique d'un côté et les Alpes de l'autre — et j'étais heureux pour A de la beauté du spectacle —, ce qu'était ce monde nouveau où il venait d'arriver.

## II

# *Présentation de la Terre à un esprit venu d'ailleurs*

— Je crois que le plus simple, dis-je à A au-dessus de l'Arsenal et de ses lions de pierre, serait que vous me posiez des questions.

— Je ne crois pas, me dit A. On ne peut poser des questions que sur un système dont on sait déjà quelque chose. Ce qu'on ne connaît pas du tout, on ne le comprend pas du tout. Vous ne sauriez même pas quoi demander si vous débarquiez chez nous. Je ne sais pas quelles questions vous poser sur votre Terre. Expliquez-moi plutôt comment ça marche ici.

J'indiquai d'abord que mon ignorance était à la mesure de ma bonne volonté, qu'elle prenait les dimensions d'une encyclopédie et que les risques d'erreur dans mes explications dépassaient toutes les bornes. Ensuite que la Terre était ronde, ce qui ne le surprit pas outre mesure, ou qu'elle avait la forme d'un melon, qu'elle tournait autour du Soleil en un an et autour d'elle-même en un jour, que la Lune tournait autour de la Terre en quelque chose comme un mois. Et qu'il y avait de la vie sur la Terre. La vie l'étonna beaucoup.

— Tout ce que vous m'avez raconté sur les mouvements de la Terre, du Soleil, de la Lune, je peux bien le comprendre. Tout bouge un peu partout dans les espaces là-haut, la plupart du temps très vite, et quelquefois en rond, ou à peu près en rond. Un cercle est pour tout esprit l'image de la simplicité et de la perfection. Ce que je ne comprends pas, c'est la vie.

J'hésitai un instant. Ma situation n'avait pas mis longtemps à devenir difficile.

— Vous voyez ce qu'est le temps ? lui demandai-je.

— Je le devine, me dit-il.

Je respirai. C'était une chance.

— Bien sûr, reprit-il. Moi qui pourrais, sur votre Terre, être partout à la fois, j'ai mis longtemps à venir d'Urql.

— Bravo : c'est le cœur de l'affaire. Les choses, chez nous, ne sont pas toutes données en même temps. Elles se succèdent les unes aux autres et nous sommes emportés dans un flux invisible et pourtant invincible que la nature ou la Providence a découpé en jours et en nuits, en mois grâce à la Lune, en saisons, en années, et où nous introduisons, pour servir de repères à notre raison et à notre mémoire, des périodes et des rythmes, des semaines, des heures, des horloges, des fêtes, des effets et des causes, des espérances et des souvenirs.

Si vous aviez ignoré ce qu'est le temps, j'aurais été embêté : je n'aurais pas su quoi vous dire. Rien n'est plus simple que le temps aussi longtemps qu'on s'en fiche. Rien n'est plus inexplicable dès qu'on se met à s'en occuper. Ce mystère qui coule de source, cette évidence en forme d'abîme, de labyrinthe, de paradoxe, est au début et au centre de tout. Et où il y a du temps, il y a de l'histoire.

Il m'arrêta aussitôt. Il comprenait ce qu'était le temps. Il ignorait ce qu'était l'histoire qui est de la vie mêlée au temps.

— L'histoire, lui dis-je, c'est quand les choses changent avec le temps.

— Parce que, chez vous, les choses changent ?

— Elles ne font que ça. Et elles restent les mêmes. Elles demeurent et elles changent. Elles sont imprévisibles et pourtant nécessaires.

Il m'écoutait avec méfiance. Je m'embrouillais déjà. J'eus le sentiment déplaisant qu'il me prenait pour un fou ou pour un imbécile.

— Comme votre monde est étrange..., répétait-il avec stupeur. Comme votre monde est étrange...

Je me mis à lui raconter, un peu en gros — et le récit nous prit du temps —, l'interminable histoire du temps. Nous survolions la Grèce, la Perse, la Chine, les Indes, et j'essayais de lui expliquer tant bien que mal que du *big bang* — il connaissait — était sortie la matière, que de la matière était sortie la vie et que de la vie était sortie la pensée. Et que ce chemin si long avait mené jusqu'à moi. Tout cela l'excitait et l'amusait prodigieusement.

— C'est si gai ! me dit-il. Et si invraisemblable.

Je lui accordai que la vie était pleine d'imprévu et d'imagination.

— Et la mort ? me dit-il.

— C'est le contraire de la vie, et la même chose, bien entendu La mort est inséparable de la vie. La vie est liée à la mort. Tout ce qui est vivant mourra. Tout ce qui est mort a vécu. Je n'ai vécu que pour mourir et je suis devenu un mort parce que j'étais un vivant. Ce sont les vivants qui meurent. Mais la vie continue. Ce qui est vivant disparaît et la vie se poursuit.

Il me croyait à moitié. Il me trouvait impayable. Il pensait que j'inventais pour l'amuser, que je racontais n'importe quoi.

— Alors, vous, vous étiez vivant ?

— Je vous l'ai dit : je l'étais. La vie a surgi en moi, ou plutôt j'ai surgi en elle. J'ai appartenu à cette aventure dont la mort est la loi et que nous appelons la vie.

— Quelle horreur ! me dit-il.

— Ne croyez pas cela, lui dis-je quelque part, assez haut, entre l'Indus et le Gange. Il n'y a rien à quoi les vivants tiennent autant qu'à la vie.

— Et vous êtes mort ? me dit-il.

— Je suis mort, lui dis-je. C'est ce qui me vaut l'honneur et l'avantage de m'entretenir avec vous. Si j'étais encore vivant, je serais empêtré dans un corps, prisonnier de l'espace et du temps, enfermé dans ce monde qui s'étend sous nos yeux...

— Sous nos yeux ?
— C'est une façon de parler. Pardonnez-moi. La force de l'habitude... Je prends tant de plaisir à votre compagnie que j'en oublie que je suis mort. Quand j'étais un vivant, j'avais une peau, une bouche, des oreilles, un nez. J'avais aussi des yeux.
— Des yeux..., murmura A. Incroyable !
— Tout cet attirail surprenant et fragile était commode pour voir, pour entendre et pour une foule d'autres choses dont je vous parlerai peut-être un jour et qui étaient souvent agréables. Beaucoup de vivants estiment que vivre est une tâche sans pareille. Ils ne l'échangeraient contre aucune autre. Tant que j'étais vivant, en revanche, il m'était interdit de discuter avec vous. J'aimais beaucoup être vivant. Les vivants ont beaucoup de chance et beaucoup d'avantages. Mais il ne leur est pas permis de communiquer directement de pensée à pensée ni d'esprit à esprit.
— J'ai beaucoup de mal à vous suivre et à me débrouiller dans ce que vous me dites. Le monde des esprits est si simple. Celui de la vie est si compliqué. Beaucoup de choses sur votre Terre me paraissent encore bien obscures. J'imagine la vie, d'après ce que vous me dites, comme une espèce de masse gélatineuse et plus encombrante qu'autre chose. Comment s'organise-t-elle ? Comment fait-elle pour agir ? Comment les vivants, par exemple, se distinguent-ils de la vie ? Se ressemblent-ils tous entre eux ou diffèrent-ils les uns des autres ?
Je me vis soudain au bord de l'abîme. Allait-il falloir entamer un exposé général sur l'histoire de la vie et sur l'évolution ? Il me semblait prématuré de parler de Darwin, de Crick, de Watson et de quelques autres dont je ne savais presque rien à un esprit venu d'ailleurs, que j'avais rencontré par hasard et que je connaissais à peine. Je m'en tirai comme je pus.
— Il y a au sein de la vie, qui est une force puissante et en quelque sorte collective, des singularités autonomes qui fonctionnent par elles-mêmes — ou qui croient, plus ou moins, fonctionner par elles-mêmes. Nous avons un nom pour elles : nous les

appelons individus. Après tout, vous êtes un esprit singulier au sein de la pensée universelle. J'étais de la même façon un vivant au sein de la vie.

— Ce sont les individus qui meurent et la vie qui se poursuit ?

— On ne saurait mieux dire, murmurai-je épuisé car il y avait peu de temps que j'étais devenu un esprit et l'épreuve avait été rude. Rien n'a manqué au monde quand j'ai cessé de vivre. Ou alors, si peu de chose. La vie survit aux vivants.

Ma subite lassitude n'échappa pas à A.

— Si la pensée est un effet de la vie, la vie un effet de la matière et la matière un effet du *big bang,* c'est un sacré chemin que vous avez parcouru.

— Un sacré chemin, lui dis-je.

— Vous avez accompli un travail qui ne prête pas à rire.

— Par personnes interposées, précisai-je avec modestie.

— La vie de chacun des vivants est-elle aussi fatigante que la vie en général ?

— À peine moins, avouai-je. Il faut se lever chaque matin.

— Ah ! dit-il après un instant de silence. Vous devez être bien content d'être mort.

Je me tus à mon tour.

— J'aimais Marie, lui dis-je.

## III

# *Le souvenir de Marie*

— Qui est Marie ? me dit A.

— C'est une femme, lui dis-je.

— Une femme ?

— Oui, lui dis-je. Enfin, un être humain. Un homme.

— Un homme ?

— La Terre est peuplée d'hommes. Et les hommes règnent sur la création. Ils sont la mesure de toute chose. Ils ont une idée de l'infini. Ils sont à l'image de l'absolu. Les hommes assurent souvent qu'il n'y a rien au-dessus des hommes. Il y a même des philosophes qui ont pensé et écrit qu'il n'y aurait pas d'univers s'il n'y avait pas d'homme. Ils soutiennent que c'est l'homme qui est la cause de l'univers et non pas l'univers qui est la cause de l'homme. L'homme a inventé la science, la morale, la peinture, la sculpture, la Bourse, l'État, le socialisme, le théâtre, la musique, le calembour et le golf. N'avez-vous jamais, sur Urql, entendu parler de ce centre de toutes choses, de ce chef-d'œuvre qu'est l'homme ?

Non, c'était très étrange, et même un peu blessant, personne, à Urql, n'avait la moindre idée de ce que pouvait bien être un homme.

— C'est un être vivant, lui dis-je. Et de la plus belle eau. De l'espèce la plus rare. Du genre le plus raffiné. Nous l'appelons le genre humain. Il nous occupe énormément. Et, je crois, de plus en plus.

— Vous étiez un homme ? demanda A.
Je pris un air modeste et le ton le plus simple.
— Oui, lui dis-je, j'étais un homme.
— Bravo ! me dit-il.
Je m'inclinai, sans un mot.
— Et Marie est un homme ?
— Non. Marie est une femme.
— Mais les femmes sont des hommes ?
— Si vous voulez. Oui et non. Vous voyez les hommes ?
— À peu près, me dit A. J'essaie. Je fais ce que je peux.
— Une bonne moitié : des femmes.
— Quelle moitié ? demanda A.
— Pas dans ce sens-là, lui dis-je. Un homme sur deux est une femme. La moitié des hommes sont des femmes et toutes les femmes sont des hommes. Ce sont les pièges du langage. Toutes les langues sont pleines de pièges. Et ce n'est pas assez dire. Les langues elles-mêmes sont des pièges. Elles font les délices des philosophes, des poètes et des grammairiens. Le monde est un piège qui prend la forme du langage.
— Ce qui est surtout délicieux, me dit-il, c'est de pouvoir se passer du langage.
Je lui exprimai mon accord avec vivacité. Tout le monde rêve de parler sans être gêné par les mots. Je lui dépeignis en quelques phrases la condition des hommes, obligés, pour se comprendre, de se soumettre au langage et à ses variétés.
— Dois-je entendre, me dit-il, que vous avez sur la Terre plusieurs langues différentes ?
— Des milliers, répondis-je. Et elles font comme les hommes : elles naissent, elles meurent, elles se transforment. La plupart distinguent le passé et le futur, le singulier et le pluriel, le masculin et le féminin. Et dans plusieurs d'entre elles, les femmes sont aussi des hommes.
— Pourquoi tout, sur la Terre, est-il si compliqué ?
— Parce qu'il y a le temps, et la vie, et l'histoire, et les

hommes, toujours si pleins de passions. Et surtout parce qu'il y a le sexe. Le sexe occupe à lui seul une place énorme dans notre monde. Et il est très compliqué. C'est lui, en grande partie, qui fait le charme de la planète. Et son obscurité.

— Mon cher O, déclara A avec un rien de solennité, les esprits n'ont pas de sexe.

— Je sais, lui répondis-je. Je crois même me rappeler que des hommes, jadis, se sont penchés sur ce problème.

— Mon cher O, reprit A, je ne comprends rien au sexe.

— Moi non plus, lui dis-je. Personne n'y comprend rien.

— Savez-vous, par hasard, pourquoi il y a des sexes ?

— Tout le monde le sait, répondis-je. C'est pour assurer la reproduction des individus, tous voués à la mort sans aucune exception. Il n'y a de sexe que parce qu'il y a la mort. La mort est la clé du sexe. Et le sexe est l'allié et l'ennemi de la mort. Ce sont des rivaux associés. La mort ne cesse jamais de l'emporter sur le sexe. Et le sexe ne cesse jamais de triompher de la mort. Et pour que personne n'y échappe et que la mort recule devant lui, le sexe est le plus doux et le plus violent, le plus simple et le plus compliqué, le plus libre et le plus nécessaire, le plus puissant et le plus répandu des instruments de plaisir.

— Comme vous y allez ! me dit A. On croirait à vous entendre qu'il n'y a rien d'autre sur la Terre.

— Quand l'amour est mêlé au sexe, lui dis-je, il n'y a rien d'autre. Le plaisir de l'amour est le plaisir par excellence. Et le plaisir est une des clés — certains disent la première — de ce monde où vous pénétrez.

A, bien entendu, ne savait rien du plaisir. C'était un pur esprit. S'il avait pu connaître le plaisir, il l'aurait détesté, comme il détestait déjà l'histoire, le langage et le sexe. La seule idée d'un plaisir qui passait par un corps le remplissait d'indignation. Pour ne pas trop troubler ses premières heures ici-bas, je laissai tomber le plaisir et je lui parlai de Marie qui était pour moi le plaisir — et beaucoup plus que le plaisir.

— Ce qu'il y a de bien avec les hommes — et aussi avec les femmes —, c'est qu'on peut les décrire. Parce qu'ils ont tous un corps.

— Un corps...., marmonna-t-il, un corps...

— Un corps, lui dis-je. Oui. Un corps. Les hommes sont d'abord un corps. Et les femmes aussi. Marie a les yeux bleus, les cheveux très noirs, les lèvres rouges, la peau très douce. Elle est mince sans être étroite. Elle est grande sans être forte. Quand on la voit, on l'aime. Quand on l'aime, on veut la revoir. Elle est belle comme une œuvre d'art.

A, bien entendu, ne savait rien de l'art.

— C'est de l'amour, lui dis-je pour aller un peu vite.

A connaissait l'amour parce que l'amour et le temps sont au cœur de l'univers et qu'il n'y aurait pas d'étoiles, ni de planètes pour tourner autour d'elles, ni de trous noirs aux relents de meurtre, ni de galaxies toujours en cavale s'il n'y avait pas de temps et s'il n'y avait pas d'amour. La seule idée de Marie enchanta mon ami A.

— C'est la première image, me dit-il, que je me fais d'un homme.

— C'est la dernière image, lui dis-je, que je garde du monde.

Nous parlâmes beaucoup de Marie.

— Allons la voir, me dit A.

C'était mon vœu le plus cher. Mon cœur, si j'ose dire, bondit dans ma poitrine.

— J'aime Marie, lui dis-je. L'amour, qui meut le soleil et les autres étoiles, s'installe aussi parfois entre deux êtres humains. Ils ne veulent plus vivre l'un sans l'autre, ils passent leur temps à se chercher. Ce qui m'a fait le plus de peine quand la vie m'a quitté, c'est de quitter Marie.

À la différence du langage et du sexe, l'amour entre les humains plut beaucoup à mon ami A. Il lui rappelait, j'imagine, les lois de la gravitation et de l'attraction universelle.

— Le sexe, lui précisai-je par souci d'honnêteté, est lié à l'amour. Il y a, chez les hommes, des exemples innombrables de sexe sans amour. Mais, hors l'amour mystique que vous devez connaître et l'amour des parents pour les enfants ou des enfants pour leurs parents ou pour leurs frères et sœurs, l'amour sans le sexe ne se trouve qu'au théâtre et dans quelques romans que personne ne lit plus.

Il fallut aussitôt, et ce n'était pas commode, essayer de lui expliquer ce qu'était le théâtre et ce qu'était un roman. Je lui dis que, souvent, pour s'amuser, pour se souvenir, pour s'élever, pour se faire peur, les hommes jouaient avec eux-mêmes et avec leur destin et ajoutaient une vie rêvée qu'ils appelaient littérature au rêve qu'était leur vie et qu'ils appelaient réalité. Il y avait beaucoup d'amour dans la réalité et plus d'amour encore dans la littérature.

— J'aurais aimé, dit A d'un air rêveur, être un héros de roman.

— Mais vous l'êtes, lui dis-je.

Il rit de bon cœur, battit des ailes et se tourna vers moi.

— Dites-moi tu, voulez-vous ?

Il comprenait assez vite. La grammaire, au moins, n'avait déjà plus de secret pour lui qui venait pourtant d'arriver, après un long voyage, de contrées très lointaines.

## IV

## *Pourquoi y a-t-il quelque chose au lieu de rien?*

Même pour un esprit aussi doué que A, trois jours pour comprendre le monde et tout ce qui le compose, ce n'était pas beaucoup. Nous bouclâmes en moins de temps qu'il n'en faut pour le dire le tour de la planète, survolant le Pacifique et les plaines du Nouveau Monde avant de revenir sur l'Atlantique et sur notre vieille Europe, décatie et charmante. En repassant au-dessus de l'Olympe et des îles de l'Égée, l'Égypte en bas à droite avec ses pyramides, le Pont-Euxin devant nous, appelé aussi mer Noire, et le Caucase, et la Perse, je jouai encore un peu auprès de A, en moins bien j'imagine, le rôle d'Aristote auprès du jeune Alexandre ou celui de Chiron auprès d'Achille, de Jason et d'Hercule. Je n'ai jamais été ennemi d'un brin de pédantisme et je n'étais pas peu fier de mon disciple venu d'ailleurs. Je lui expliquai en peu de mots, ou plutôt sans mots du tout, ce qui aidait beaucoup, la naissance de l'histoire avec Hérodote ou Thucydide et celle de la philosophie avec Héraclite qui se baignait dans des fleuves renouvelés sans répit et soutenait que tout change, avec Parménide qui, s'attachant à l'Être immuable et unique, pensait que tout demeure, et avec Platon qui avait plus de génie et d'idées que tous les hommes avant lui, et aussi après lui. Il écoutait mon silence. Tout ce que je ne disais pas, il le retenait sans peine. Et ce qu'il ignorait encore, il le devinait et le tirait de lui-même qui en savait plus que moi sur ce qu'il ne savait pas. Rien n'était plus plaisant et plus gai que la mort avec A. Bientôt, les océans, l'atmosphère, l'air que respirent les hommes et les sentiments qu'ils éprouvent, Christophe Colomb et Magellan, Xénophon et Pascal, Ts'in Che Houang-ti et son mur qui se voit de si loin, le tabac, la syphilis, le rôle de la sainte Église catholique et romaine et de l'Inquisition, la souffrance et l'amour physique, le moteur à explosion et le régime des moussons, le Zohar et le bimétallisme n'eurent plus de secrets pour lui. De temps en temps, il butait sur une invraisemblance et il me posait des questions.

— Pardonne-moi, me disait-il, mais tout ce que tu me racontes est si surprenant que j'ai beaucoup de mal à y croire. Je crains que les miens, à Urql, ne m'accusent, à mon retour, d'avoir inventé ce monde dont tu me décris les mystères et qui m'étonne de plus en plus. La Terre des hommes, je l'avoue, m'est un motif de stupeur.

— Ton monde aussi doit être surprenant. Les autres sont toujours surprenants. Mais le plus surprenant, c'est soi-même. Tout ce qui existe est surprenant. Le seul motif de stupeur, c'est qu'il y ait quelque chose au lieu de rien. *Cur aliquid potius nihil?*

— Qu'est-ce à dire? demandait-il.

— C'est du latin, répondais-je.

Et nous partions sur le latin, sur le grec, sur le sanscrit et l'hébreu. Sur Leibniz et sur Heidegger. Sur Spinoza et sur Kant. Sur la connaissance du premier genre et sur les formes a priori de la sensibilité. De là, nous passions à la paix, à la guerre, au progrès, si douteux et pourtant si probable, de toute la suite des hommes, à l'argent, à la banque, aux assurances, au commerce et aux navires répandus à travers toutes les mers à la recherche d'épices, de trésors pleins de secrets et d'esclaves à revendre. À tous les tournants du chemin, nous trouvions d'autres chemins. Et à tous les détours d'un discours qui n'était que silence, nous nous heurtions à l'histoire et aux passions des hommes. L'histoire l'émerveillait. Les passions l'épouvantaient. L'or l'étonnait beaucoup.

— C'est un métal, lui disais-je.

— Comme les autres ?

— Ah ! non, lui disais-je. L'or est un symbole, une légende, un mythe — et une dure réalité. C'est un besoin et un rêve. Une échelle. Une hantise. D'une certaine façon, c'est une des clés du système. L'or — toujours la grammaire — est un autre nom de l'argent. Et un philosophe allemand qui avait beaucoup de talent, et peut-être du génie, et des disciples par millions et par dizaines de millions a récrit toute l'histoire du seul point de vue de l'argent.

— Je croyais — ai-je rêvé ? — que la clé du système, c'était d'abord le sexe et d'abord le plaisir ?

— C'est le sexe. C'est le plaisir. C'est l'argent. C'est la pensée. C'est un peu tout ce qu'on veut. La clé du système, c'est la vie. Et la vie est multiple. Elle se laisse prendre par tous les bouts. Toujours semblable à elle-même et toujours différente, elle est aussi diverse que les étoiles dans le ciel. Il y a beaucoup de clés pour ouvrir le système. Ou pour essayer de l'ouvrir. Car il n'est pas impossible que la clé du système, ce soit que le système n'a pas de clé.

— Je vois bien que le monde est un immense système. Ou un code, si tu préfères. Pour préparer le rapport que je dois faire aux gens d'Urql, je soulève, grâce à toi, l'un ou l'autre des coins du voile et j'aperçois, ici ou là, quelques taches d'une lumière qui me semble plutôt noire. C'est le code qui me manque pour parvenir enfin à la compréhension de ce mystère insondable que vous appelez l'évidence.

— Rien n'est plus évident, pour nous autres, les hommes, que ce monde où nous vivons. Nous avons beaucoup de mal à concevoir l'infini, l'éternité, l'ailleurs, tout ce qui se passe hors du temps et qui te paraît si simple. C'est ce qui te paraît obscur qui nous semble lumineux. Le temps coule de source. L'espace est bête comme chou. L'argent pose beaucoup de problèmes à chacun d'entre nous, mais il nous est familier : il nous donne ce que nous voulons parce qu'il est, sous le soleil, l'instrument du pouvoir et la mesure de nos désirs.

— Tout ce qui vous semble si évident me paraît le comble de l'arbitraire. Je sens qu'il y a quelque part quelque chose qui me manque.

— Le monde est un puzzle, lui dis-je.

— Il doit y avoir une pièce dont tu ne m'as pas parlé.

L'Himalaya, loin sous nous, brillait de toutes ses neiges. Il cachait dans ses vallées des moines, des alpinistes, des commerçants, des amoureux. Je réfléchis un instant.

— C'est peut-être que nous sommes libres, lui dis-je. Ou que nous croyons l'être. Le monde, de part en part, est soumis à des lois d'une nécessité implacable, et pourtant quelque chose en nous nous souffle que nous sommes libres.

— Libres ?

— À chaque instant du temps, nous faisons ce que nous voulons. Nous disons ce que nous voulons. Nous écrivons ce que nous voulons. Nous forgeons notre propre destin. Les passions nous entraînent, le sexe, l'ambition, l'amour de l'or et du pouvoir. Nous nous jetons dans un avenir que nous croyons façonner à notre guise. Selon notre bon plaisir. Selon nos appétits et nos capacités. Et quand nous regardons derrière nous, tout ce que nous avons écrit, tout ce que nous avons dit, tout ce que nous avons fait se révèle nécessaire, immuable, figé à tout jamais, au-delà des siècles, dans les glaces de l'éternité.

— Ah ! ah ! me dit-il.

Et il se tut longtemps.

— Le monde, reprit-il après un silence qui n'en finissait pas, est une drôle d'aventure. Il ne faut pas que son souvenir soit perdu à jamais. Au travail ! Tu vas m'aider.

— Encore ! lui dis-je. C'est nerveux. Je suis mort. N'abuse pas. J'imaginais que la mort était un grand repos. Dans la vie, déjà, l'égoïsme, la paresse et quelques autres vertus mineures que je cultivais avec délice faisaient beaucoup de mon charme. Et celui de l'existence. J'aimerais, sous mon linceul, dormir encore un peu sans m'occuper des autres.

— Pense à la gloire ! me dit-il.

— Quelle gloire ? Je rêve d'oubli.

— Mais la gloire que donne Urql à ses bons serviteurs ! Je me sens incapable de rédiger sans toi le rapport sur la Terre que je dois remettre à mon retour. Toi qui parles d'Hérodote, de Thucydide, de Platon, tu sais écrire, j'imagine ?

— Écrire ?... Seigneur !... J'espérais que la mort au moins me dispenserait d'écrire. Je veux bien me promener quelques heures avec toi dans ce qui fut mon monde. Écrire m'accable.

— Tu n'as pas, ce me semble, fait grand-chose dans la vie. Tu seras, dans la mort, l'historien de la Terre racontée aux gens d'Urql. C'est une grande tâche pour A. C'est une grande tâche pour O.

Et, dans un geste brusque, il me serra contre lui.

Voilà comment, sur le tard, entraîné par un esprit plein de flamme et de fougue, je devins écrivain, à mon corps défendant, dans le royaume des morts, pour l'immortalité.

V

# *La Terre est une boule ronde dans l'espace et le temps*

Le plus difficile était le début. Commencer est toujours rude. Surtout quand il s'agit de la totalité de l'existence et des hommes : on ne sait jamais d'où partir ni comment l'aborder. Je proposai à A une introduction solennelle et aussi générale que possible à toute étude sur ce monde. Elle s'ouvrait sur ces mots :

« Les hommes habitent le temps. Ils habitent aussi l'espace et une boule plus ou moins ronde qui est l'objet du présent rapport, soumis avec respect aux autorités d'Urql... »

— Supprime ça, coupa A. Ils ont déjà tendance à en faire un peu trop et à avoir la grosse tête.

— Ah ! eux aussi ? lui dis-je.

Et je barrai les derniers mots avant de reprendre mon élan.

« Les hommes habitent le temps. Ils habitent aussi l'espace et une boule plus ou moins ronde qui est l'objet du présent rapport et qu'ils appellent la Terre. La Terre, bizarrement, n'est pas seulement la terre. Elle est composée de terre et surtout d'eau. »

— Encore la grammaire, grommela A.

— Déjà la grammaire, répondis-je. Et les majuscules. Et la métonymie. Bientôt le trope, l'hypallage, la synecdoque, l'antonomase, la catachrèse, la syllepse, l'anacoluthe. Et toute la théorie du langage et des figures de style. Et l'horreur sacrée des idées et des mots.

— Les mots, souffla-t-il d'une voix presque inaudible, doivent vous gêner beaucoup pour exprimer vos idées.

— Pas sûr, lui répondis-je. Si nous n'avions pas de mots, aurions-nous des idées ?

— Quelle idée ! s'écria A. J'ignorais tout des mots : ai-je l'air de manquer d'idées ?

Je me tus un instant, pour réfléchir en silence.

— Laisse tomber, trancha A. Continue.

— « Elle est entourée d'air et les hommes le respirent. Quand ils cessent de respirer, ils meurent. Ils meurent aussi quand il fait froid, quand il fait chaud, quand ils se cognent un peu fort, quand ils ont faim ou soif, quand quelque chose ne va pas, quand le chagrin les submerge ou quand le moment est venu de l'usure, de la déglingue et de l'avachissement. Les hommes sont très fragiles et, surtout vers la fin, ils passent à mourir une bonne partie de leur vie. »

A demeurait muet, sans un geste, comme absent, les yeux fixés dans le vide.

— Ça va ? lui demandai-je.

— Enfin..., répondit-il.

— Tu crois que, là-bas, à Urql, ils ne vont pas comprendre ? Ce n'est pas assez clair ?

— Tu veux que je te dise ? murmura-t-il, épuisé à son tour. Tes hommes ont l'air d'une blague. Cette pensée infinie enfermée dans des corps finis..., cette image de l'absolu commandée par des gaz et des liquides, par quelques degrés de plus ou de moins sur une échelle des températures, par des coups sur la tête ou par des coups au cœur... Tu m'avoueras... Ils vont croire que je me fiche d'eux.

— Reprenons, lui dis-je.

« La Terre est une boule ronde dans l'espace et le temps... »

— Ça, ça va ? demandai-je.

— Ça va, répondit A. Encore que...

— Encore que quoi ?

— Encore que l'espace et le temps posent déjà beaucoup de questions et que...

Je vis le moment où l'ahuri tombé d'Urql allait me parler d'Einstein, de la relativité restreinte ou généralisée et du continuum espace-temps. Je m'arrangeai pour couper court.

— Attends un peu, lui dis-je.

« La Terre est habitée par différentes créatures aux noms presque innombrables dont la plus achevée, la plus ambitieuse et la plus compliquée s'appelle l'homme. L'homme n'a pas toujours existé. Et la Terre non plus. La Terre est plus vieille que l'homme. Personne ne sait très bien comment la Terre est née, et encore moins pourquoi. Et l'homme est né de la Terre, personne ne sait très bien comment, et encore moins pourquoi. »

— Eh bien, me dit A, voilà enfin qui est clair.

— Merci beaucoup, lui dis-je.

Encouragé par A, soulagé de voir s'éloigner l'ombre du Grand Albert et de ses sorcelleries, je poursuivis la rédaction du document chargé de bouleverser les gens d'Urql.

« Les hommes succèdent les uns aux autres par le jeu de la vie et de la mort. La mort naît de la vie et la vie naît de l'amour. L'amour est ce qui se passe entre deux êtres qui s'aiment. Il n'y a de vie chez les hommes, et il n'y a de mort chez les hommes, et il n'y a d'amour chez les hommes que parce que les hommes ont un corps. C'est le corps qui les installe dans l'espace et dans le temps. »

— C'est dégoûtant, murmura A. J'aimerais bien que mon rapport ne sombre pas, dès le début, dans la pornographie.

— « L'amour est la clé du monde comme il est la clé de l'univers. Il n'y aurait pas d'enfants s'il n'y avait pas d'amour et il n'y aurait plus de monde s'il n'y avait plus d'enfants. Les enfants changent pour devenir des hommes à l'intérieur de leur vie comme les bactéries, les algues, les poissons, les primates ont changé pour devenir des hommes à l'intérieur de l'histoire. L'histoire a fait les hommes dans une continuité qui n'était que changement. Jusqu'à une catastrophe finale dont nous ne savons encore rien parce que les temps n'en sont pas venus et que nous ne sommes capables d'inventer que le passé, la règle du monde est que tout change et que tout continue. »

— C'est très bien, me dit A. C'est bien écrit.

Je saluai discrètement. A, décidément, ne manquait pas de jugement. Il avait le goût très sûr.

— On s'embarque sur tes mots comme sur un vaisseau de haut bord, et on se laisse emporter. Peut-être est-ce un peu abstrait ? Penses-tu que mes gens d'Urql vont lire ça jusqu'au bout ?

— Ils le liront, lui dis-je, parce que ton rapport sur la Terre...

— Notre rapport, dit A, avec beaucoup de courtoisie.

— ... parce que le rapport sur la Terre rédigé par A et O, par A, esprit d'Urql, et par O, mort de la Terre, est l'origine et le modèle de tous les romans d'aventures. Écoute la suite.

« Les corps souffrent. Et ils pensent. Et peut-être ne pensent-ils que parce qu'ils souffrent et qu'ils meurent. La souffrance des hommes est un livre qui n'en finit pas. Et, confuse, hésitante, balbutiante, toujours vaincue et pourtant triomphante, la pensée des hommes est un roman sans fin. Le sang des corps y coule à flots. La mort est présente partout. Le bonheur et l'espoir, l'attente de quelque chose qui ne viendra peut-être jamais, une obscure aspiration à un lointain ineffable en sont le ressort et l'âme. La Terre est le royaume de la contradiction. Les corps et leurs esprits servent de champ de bataille à la douleur et à l'espérance. Parce qu'ils sont des esprits, les hommes sont habités par la pensée, le souvenir, l'imagination, la conscience. Mais parce qu'ils sont des corps, ils sont habités aussi par des élans obscurs qui s'appellent les passions. Les passions font le bonheur et le malheur des hommes. »

— Des exemples ! cria A. Des exemples ! J'en ai assez de l'histoire. Je voudrais des histoires.

— Des exemples ? lui dis-je. Des histoires ? En voilà ! À la pelle ! Place aux travaux pratiques et aux sciences appliquées !

Et, descendant à tire-d'aile, nous allâmes voir Marie.

## VI

# *Marie dort*

Marie dormait. C'était l'été. Presque nue, très pâle, la tête posée sur un bras, ses longs cheveux noirs en désordre, les lèvres entrouvertes, elle dormait sur le lit où j'avais dormi avec elle. Son sein se soulevait légèrement, à intervalles réguliers. Je demeurai longtemps cloué sur place, immobile, sans un mot, rêvant qu'elle rêvait de moi. Les larmes me venaient aux yeux. J'aurais voulu vivre encore, la serrer contre moi et dormir dans ses bras. Comme à Venise avant le 26 de mon dernier mois de juin. Comme avant la Douane de mer et ma chute dans l'éternité.

— Regarde, dis-je à A. Le monde est beau.

A se pencha en avant et contempla Marie avec beaucoup d'attention.

Un long moment passa. Il se tourna vers moi.

— C'est très curieux, me dit-il.

*Curieux* n'était pas le mot qui me serait venu à l'esprit devant le corps de Marie étendu sur son lit. Mais enfin Marie était la première femme — et d'ailleurs le seul être humain — que A eût jamais vue. Il n'était pas impossible que sa pâleur, son nez très droit, ses oreilles dont j'étais fou, ses épaules et son cou dont je préfère ne rien dire, ses cinq doigts minces et longs à l'extrémité de chaque main, son sein rond et plein que j'avais tant caressé, ses jambes interminables et qui descendaient jusqu'à terre eussent de quoi surprendre un esprit venu d'Urql.

— C'est une femme, lui soufflai-je.
— Que fait-elle ? demanda A.
— Elle dort, murmurai-je très bas.
Le sommeil plongea A dans des abîmes de perplexité.
— Le sommeil, chuchotai-je, est une absence dans la présence, un évanouissement, un silence, une sorte de mort à l'essai et nécessaire à la vie.

*Espèce de morte,*
*De quels corridors*
*Ouvres-tu la porte*
*Lorsque tu t'endors ?*

On disparaît je ne sais où, de l'autre côté de je ne sais quoi, on oublie, on rêve, on renaît presque neuf. Rien n'a plus de charme au monde que ce retrait du monde. Les hommes occupent à dormir un bon quart de leur vie. Et souvent presque un tiers. À l'époque où j'étais vivant, mais je crois que c'était un record, je n'étais pas loin de la moitié.
— Puisque tu m'assures que les hommes passent à dormir l'essentiel de leur temps, il faudra, j'imagine, que le rapport tourne autour du sommeil ?
— Détrompe-toi, répondis-je. Les hommes sont une machine à dormir comme ils sont une machine à respirer, à manger et à boire, à pisser et à déféquer, accessoirement à suer, à bâiller, à roter, à péter. Et, bien sûr, à baiser.
— Pardon ? me dit A.
— Mais ce serait une lourde erreur de laisser croire à Urql qu'ils ne savent rien faire d'autre. Les hommes, dans leur histoire, ont inventé beaucoup d'autres choses. Et ils s'obstinent, dans leur vie, à en inventer encore beaucoup d'autres. Une bonne partie du monde est inventée par l'homme.
— On va voir ça, dit A.

Et il s'assit, à ma surprise, et presque à mon émoi, sur le bord du lit où reposait Marie. Les esprits, grâce à Dieu, pèsent moins lourd qu'un souffle, qu'une feuille, qu'un oiseau. Marie ne se réveilla pas. Elle fit un geste de la main. Elle poussa un soupir. Je jetai à A un regard de fureur. Il apprenait très vite — et peut-être un peu trop vite. Au moins par l'assurance, l'autorité, le sans-gêne, il se mettait déjà à ressembler à ces hommes dont, quelques heures plus tôt, il ne savait encore rien.

— Passe-moi de quoi écrire, me dit-il.

Je lui tendis le crayon dont se servait Marie pour souligner ses sourcils d'un trait discret et sombre.

— Bon, me dit-il. Alors, qu'est-ce qu'ils font ?

— Qui ça ? demandai-je.

— Mais les hommes ! me dit-il.

— Ils font la guerre, répondis-je en comptant sur mes doigts. Ils pêchent. Ils jouent au football. Ils chantent autour du feu et, dans une langue ou dans l'autre, ils écrivent *Die Lorelei, The Importance of Being Earnest,* le *Mahâbhârata* et la *Bhagavad-gitâ, Le Rêve dans le Pavillon rouge,* le *Genji-monogatari, Don Quichotte de la Manche, Mon amie Nane* et, d'abord et avant tout, *L'Iliade* et *L'Odyssée.*

— Pas si vite, me dit A. La pêche, je vois ce que c'est. La guerre, aussi. Il faudra te procurer les règles du jeu de football : nous les mettrons en annexe à notre rapport sur le monde. Il faudra surtout me résumer en quelques pages l'essentiel de *L'Iliade* et *L'Odyssée* dont l'importance, à ton accent, ne m'a pas échappé.

— Ce n'est qu'un exemple, lui dis-je. Et, en littérature au moins, les résumés ne valent rien. L'essentiel est dans les détails, dans les mots, dans leur musique, et presque dans les lettres dont ils sont composés, dans les accents qui les surmontent, dans les virgules et les points qui les séparent les uns des autres. De toute façon, nous ne pourrons jamais faire en trois jours le tour de l'histoire des hommes.

— Il faudra bien, me dit-il. Pressons un peu.

— J'ai une idée, lui dis-je.

— Oui ?

L'avantage avec les esprits, c'est qu'ils sont partout à la fois. Ils se déplacent à leur gré dans l'espace et le temps. Là où échouent les romanciers qui nous trimbalent sans grâce et le plus souvent sans succès dans les têtes et les cœurs de demain et d'hier, les esprits réussissent avec le plus parfait naturel.

— On va procéder par sondages, lui dis-je avec un enthousiasme qui m'étonna moi-même. C'est commode. C'est moderne. Nous sauterons en avant. Nous reviendrons en arrière. Nous allons faire défiler devant nous les événements et les hommes. Et, pour chacun d'entre eux — la chute de l'Empire romain, Michel-Ange, mon amie Nane ou Platon —, le rapport chevillé au cœur, nous noterons les causes, les effets, les motifs et les buts.

— Plutôt crever, dit A.

— Comment, plutôt crever ? Il faut bien, pour comprendre le monde, que tu...

— Pas comme ça, en tout cas. C'est trop tarte.

— C'est l'histoire du monde, lui dis-je. Il n'y a rien d'autre.

— Et Marie ? me dit-il.

— Marie ?

— Oui, Marie. Si nous nous occupions plutôt de Marie ? Et de toi, bien entendu.

— Tu crois que pour le rapport... ?

— Épatant, me dit-il. Quoi de mieux ? Une tranche de vie. Un cas. Un exemple pris sur le vif. Peut-être, j'ose l'espérer, moins rasant que ton pensum. Et, en cas de nécessité, il serait toujours temps de revenir à Michel-Ange.

— Et à Platon, suppliai-je.

— À Platon, à Michel-Ange, à Thucydide, à Kant. À qui tu veux. Avec tout ça, et avec toi...

— Oh ! avec moi..., dis-je en rougissant et en sautant d'un pied sur l'autre.

— Si, si. J'insiste : avec toi. Avec les autres et avec toi, il me semble que les gens d'Urql devraient commencer à se faire une idée de ce qui se passe sur la Terre.

## VII

## *Un parapluie rue du Dragon*

Marie me jetait à l'eau. Quelques semaines, quelques mois après le 26 juin, elle était de retour au pied de la Douane de mer envahie par la brume et, après m'avoir gardé un peu de temps auprès d'elle, à Paris, dans un petit vase d'albâtre qui devenait encombrant, elle répandait mes cendres dans la lagune de Venise. C'était une jolie idée. En déversant dans la mer ce qui restait de moi, elle pensait à nous et à moi. Et moi, je pensais à elle et à nous. Les choses déjà se compliquaient. Le temps passait, comme toujours. Tout changeait avec lui. Elle était venue avec Rodolphe et j'étais là avec A qui se déplaçait à son gré, puisqu'il était un esprit, dans l'espace et dans le temps.

Rodolphe était mon ami. Il plut beaucoup à A. Il était aussi l'ami de Marie. Nous regardions, A et moi, les gestes de Marie en train de se défaire de ma vie et d'une partie de la sienne. Le soleil se couchait. L'Adriatique s'emparait de moi sous le regard de Rodolphe, d'un esprit venu d'Urql, de moi-même déjà mort et changé en souvenir et d'une troupe de Japonais qui prenaient des photos. Et je ne fus plus qu'une douleur dans le cœur de Marie.

A était comme chez lui entre l'église de la Salute et le palais des Doges. La Douane de mer était le premier monument à l'accueillir sur cette Terre et Marie était la première femme qu'il eût jamais aperçue. Il l'observait avec attention, hochait la tête, prenait des notes, étouffait de petits rires, me bourrait de coups de coude. Il s'amusait beaucoup, et s'effrayait un peu, des pensées de Marie, de Rodolphe — et des miennes.

— Explique-moi, me disait-il. Explique-moi.

Je lui parlais du silence, de l'oubli, de l'absence. Je lui parlais de l'orgueil, de la tristesse, de la jalousie, de la haine qu'il serait impossible d'inventer si nous ne les connaissions pas. Je lui parlais du souvenir. Je lui parlais de l'espérance. Tout cela, qui lui semblait fou, avait une réalité sur la planète où vivent les hommes et où il avait débarqué. Tout cela existait chez nous et n'existait que chez nous. La mélancolie et l'attente sont des spécialités de cette province reculée que nous appelons le monde.

— Les hommes habitent un monde d'une complication infinie dont les éléments sont en nombre limité, mais où les combinaisons des effets et des causes forment une jungle inextricable, une forêt dont personne ne sort et où tout ne cesse jamais de renvoyer à autre chose. De temps en temps, ils s'arrêtent. Ils s'étendent au soleil. Ils regardent la mer ou le ciel. Une sorte de paix les pénètre. Ils trouvent quelqu'un à aimer. Ils s'imaginent que tout sera beau et que tout sera simple.

— Simple ? murmura A.

— La première fois que j'ai vu Marie, il pleuvait à torrents. Plusieurs guerres s'étaient succédé. Le cheval ne régnait plus sur les champs de bataille. On se déplaçait très vite. Le cinéma s'emballait. La télévision minait la famille et la conversation. La pilule se glissait entre un des sexes et l'autre. C'était un âge du monde parmi d'autres. C'était à Paris, rue du Dragon.

— On ira ?

— On ira, lui dis-je. Nous irons où tu voudras. A l'intérieur de l'histoire, bien sûr. Et à l'intérieur de ce monde d'où aucun des vivants n'a le droit de sortir et dont je te donne le mode d'emploi. Parce que les hommes, pour survivre, doivent se nourrir encore, malgré tant de changements qui sont autant de progrès et autant de désastres, une ou deux fois par jour et parfois trois ou quatre.

— Quel ennui ! me dit-il.

— Un délice, répondis-je,... elle sortait d'un restaurant coréen ou chinois au moment où je passais sous un grand parapluie.

— Un parapluie... ? demanda A. Qu'est-ce que c'est que ça ?

— La pluie, mon cher A, est de l'eau qui tombe du ciel en grosses gouttes sur la terre et mouille les cheveux et la peau. Les femmes la craignent beaucoup parce qu'elle dérange leur coiffure. Les parapluies les en protègent. Marie hésitait sous son porche et se cachait la tête sous le journal du matin.

— Voulez-vous ?..., lui dis-je en hissant au-dessus d'elle, à la façon d'un dais ou d'un parasol pour déesse primitive, mon parapluie de soie noire.

Elle me regarda en souriant.

— Pourquoi pas ? me dit-elle. Merci beaucoup. N'importe quoi vaut mieux que les nouvelles du jour.

Et nous allâmes tous les deux, de conserve, côte à côte, sous le même parapluie, jusqu'à un de ces cafés de Saint-Germain-des-Prés où se retrouvaient, depuis la guerre, pour se cacher et se faire voir, les philosophes, les actrices, les éditeurs et les amoureux. Nous n'étions pas éditeurs. Elle n'était pas actrice. Je n'étais pas philosophe. Il fallait bien nous ranger sous la rubrique des amoureux. Le plus simple était encore de le devenir l'un de l'autre. Nous nous y employâmes avec ardeur. Et nous y réussîmes.

— Ce qui me trouble le plus..., me dit A.

— Qu'est-ce qui te trouble ? dis-je à A.

— Ce qui me trouble, me dit A, c'est ton parapluie. Nous ignorons, à Urql, le parapluie, la pluie et jusqu'à cette eau qui ruisselle sur votre terre sous forme de mers et de fleuves. Je peux comprendre les guerres, la vitesse, les naissances, la pilule, les images sur un écran, les cafés et l'amour dont tu parles si souvent. Parce que tu me plais beaucoup et que tes fables m'amusent...

— Ce ne sont pas des fables, lui dis-je. C'est la réalité.

— C'est la même chose, me dit-il,... je peux comprendre à la rigueur que tu plaises à Marie et que Marie te plaise. Ni solide ni gazeuse, résistante et subtile, transparente, malléable, capable de prendre toutes les formes sans en avoir aucune, l'eau m'étonne beaucoup. La pluie qui tombe du ciel comme une vengeance divine, comme une bénédiction, me plonge dans une méditation où se mêlent la surprise, l'épouvante, l'émerveillement. Le parapluie me laisse pantois. J'y vois le génie des hommes et leur absurdité.

— C'est de la soie sur un manche de bois, tendue par des baleines.

— C'est un miracle, me dit-il. Ne le vois-tu donc pas ? Et c'est une dérision. Il me semble que ton monde entier est dans ce parapluie. Pourquoi y a-t-il, chez vous, des parapluies plutôt que rien ? Est-ce que tout, dans la vie, est aussi improbable et aussi inquiétant que le parapluie que tu promènes, au lendemain de grandes guerres, sous le règne du sexe, de la vitesse, de l'argent et sous la pluie qui tombe d'en haut sur la tête de Marie, dans la rue du Dragon ?

— Aussi improbable, aussi inquiétant, et encore beaucoup plus, lui répondis-je. Nous vivons dans la nature et ses lois immuables, et aussi dans les détails et dans les accidents. Le hasard se mêle sans cesse à l'enchaînement nécessaire des causes et des effets dont il est, à la fois, le contraire et le fruit. Et notre liberté, dont je t'ai déjà, je crois, dit un mot trop rapide, vient brocher sur le tout. Nous pouvons, à chaque instant, aller à droite ou à gauche, changer d'avis, continuer, ou mettre fin d'un seul coup à notre passage sans motif dans cet entrelacs d'enchantements et d'absurdités rigoureuses que nous appelons le monde. La vie des hommes est un fouillis. Elle part dans tous les sens. C'est un désordre inénarrable et pourtant réglé par des lois. Dans ce trajet si court de la rue du Dragon à Saint-Germain-des-Prés, les seules pensées de Marie rempliraient un volume. Elles supposent tout un monde qui renvoie, de proche en proche, à l'ensemble de la création. Ce que je ressentais moi-même se heurtait et se combinait, à travers les gestes et à travers le langage, à ce qu'éprouvait Marie, et le couple que nous formions était déjà différent de la somme de nos différences. Ajoutes-y la rue, le boulevard, le café, tout ce qui était en train de s'y passer, tout ce qui s'y était passé dans les temps évanouis et tout ce qui s'y passerait avant leur ruine et leur destruction, ajoutes-y Paris autour de nous et tous les cercles concentriques dont l'ensemble forme la planète sur laquelle tu enquêtes et tu auras une idée, dans l'espace et dans le temps, de ce qui pesait sur nous, sur Marie et sur moi, de l'instant de notre rencontre sous mon parapluie noir jusqu'au moment où un garçon, nœud papillon, cheveux frisés, qui avait lui aussi une famille, une histoire, un passé, un avenir et ce pouvoir sur le monde que nous appelons liberté, et peut-être un parapluie, est venu nous demander ce que nous voulions boire.

— C'est effrayant, me dit A.

— Le monde est effrayant. La vie est effrayante. L'avantage prodigieux des récits sur la vie, c'est qu'ils choisissent une ligne, un thème, un trajet et qu'ils laissent tout le reste tomber dans le néant. C'est pourquoi le monde, à tes yeux, prend la figure de Marie. Elle est notre fil unique, puisque tu l'as voulu, dans le labyrinthe du monde. Je ne voudrais pas me vanter, mais, pour te simplifier la vie, je te simplifie la vie. Je ne sais pas ce que tu ferais si je n'étais pas là. Le torrent de l'histoire t'aurait déjà emporté et tu retournerais à Urql, éperdu, hagard, noyé sous le flot des phénomènes, ne comprenant rien à ce monde où tout se passe en même temps à travers tant de consciences qui sont autant de mémoires et autant d'espérances parmi tant d'événements, de machines et d'objets et où un avenir plein de terreur, qui laisse toujours tout ouvert, ne cesse jamais d'être grignoté par un passé immobile, à jamais engrangé dans on ne sait quel souvenir, et où plus rien n'est possible.

— Quelle chance d'être tombé sur toi au-dessus de la Douane de mer ! Je vois bien que le monde n'est bon qu'à en faire un récit.

— Ah ! lui dis-je, là encore n'en crois rien. Rien n'est plus délicieux que le monde où j'ai vécu, où Marie vit encore et où tu es tombé en arrivant de là-bas. Veux-tu, pendant que Marie, son vase d'albâtre sous le bras, s'en va avec Rodolphe par la riva degli Schiavoni vers la pensione Bucintoro où, pour beaucoup de raisons qu'il serait trop long d'énumérer, elle s'installe avec lui et avec mon souvenir, que nous lâchions l'avenir pour revenir au passé et que je te raconte un peu ce que j'ai vécu avec elle ?

— Bien sûr, me dit A, je ne suis là que pour ça.

Et, repliant ses ailes pour m'écouter plus à son aise, il me fit signe d'y aller.

## VIII

# *Rien que la Terre*

— Je me suis beaucoup promené avec Marie dans ce monde qui t'étonne. Il me paraissait tout simple. Familier. Évident. Il y avait un petit pays auquel j'appartenais par mes parents, par mes habitudes, par mon éducation et par mes parapluies : c'était la France. La France a une longue histoire. Je lui devais beaucoup. Je me confondais avec elle. J'étais vivant. J'étais un homme. J'étais aussi français.

La France est un pays avec des champs, des fleuves, des montagnes, des villages, des fromages et des vins. Et aussi avec une langue qui me paraissait très commode pour exprimer des idées, des sentiments, des passions et qui souvent m'enchantait. Beaucoup, avant moi, s'en étaient servis avec bonheur. Ils s'appelaient Rabelais, Montaigne, Pascal, Corneille et Racine, Chateaubriand, Stendhal, Mérimée et Flaubert, Barrès et Aragon. Et encore Saint-Simon, et Hugo, et Balzac, et Proust. Il faudra, je le crains, que tu apprennes tous ces noms et qu'ils figurent dans le rapport. Parce qu'ils sont plus importants, pour comprendre quoi que ce soit à ces hommes dont je te parle et auxquels tu t'intéresses, que tout le reste mis ensemble. Chacun d'eux essayait de raconter un peu de ce monde et de cette vie que je m'épuise à t'expliquer. Je les lisais avec ivresse. Et avec désespoir. Parce qu'ils me décourageaient. Inutile de parler de ce monde dont ils avaient parlé. Aujourd'hui encore, je me sens incapable de te présenter cette planète comme ils te l'auraient présentée si tu avais eu la chance de tomber sur l'un d'eux au lieu de tomber sur moi. J'imagine la gloire de ton retour sur Urql avec un rapport préparé par Montaigne, par Flaubert ou par Proust...

Mon émotion était si forte que je dus m'interrompre quelques instants et m'appuyer sur A.

— Calme-toi, me dit-il en m'entourant de son bras. Tout va bien. Le rapport avance. Il me semble même en bonne voie.

— Je ne sais pas, lui dis-je d'une voix un peu étranglée. Je ne sais pas. La France est un beau pays avec des villes illustres, pleines de maisons et de crimes. La plus grande s'appelle Paris et tout le monde la connaît.

— Pas à Urql, dit A.

— Pas à Urql, bien sûr, mais partout sur cette Terre. Tous les enfants du monde connaissent le nom de Hugo et le nom de Paris. C'était une grande chance, dans mon temps, d'être né à Paris et d'avoir été élevé dans la langue de Hugo. Ceux qui étaient nés au Soudan, au Kerala, au Chaco, aux Célèbes avaient moins de chances que moi de gagner quoi que ce fût au casino de la vie où ils avaient à peine leurs entrées. Le seul lieu de leur naissance, l'époque aussi, leur santé, leur famille, leur fortune, leurs talents bien entendu mettent beaucoup de différences entre les enfants de cette Terre. Il n'est pas sûr que les uns soient plus heureux que les autres. Mais quelques-uns sur cette planète sont en mesure de faire des choses que la plupart des autres ne peuvent même pas imaginer. J'étais du petit nombre qui avait de quoi manger, de quoi boire, de quoi lire, de quoi me promener. Je me suis beaucoup promené.

J'ai parcouru tous les pays que je t'ai montrés tout à l'heure et que tu as vus de très haut. Je n'ai pas pu sortir de mon temps, mais j'ai passé mon temps à sortir de l'espace où m'avaient jeté le hasard et la nécessité, qui ne sont que deux aspects d'une même réalité qui nous reste interdite et deux noms que notre savoir donne à notre ignorance. Le temps est la forme de notre impuissance, l'espace est la forme de notre puissance. Cette puissance-là m'a été accordée. C'est un immense avantage. J'ai eu le droit de transformer, en me promenant où je voulais et en voyant les traces que les hommes ont laissées sur le monde, la servitude en liberté et la fatalité en destin.

— Ça ne t'aura pas mené bien loin. Tu n'es jamais sorti de cette planète où vous êtes tous enfermés. Il me semble que, sur votre Terre, tout ressemble toujours à tout.

— Tu as raison, lui dis-je. Pendant quelques millions d'années, la Terre a été une prison pour ceux qui l'habitaient. Il n'est pas impossible que, dans les siècles qui viennent, ou dans les millénaires, nous parvenions, nous aussi, comme toi, à sortir de notre planète et de notre galaxie et à partir pour des ailleurs qui seront vraiment autre chose. Je crois qu'il n'est rien d'impossible au pouvoir de l'esprit ni aux ressources des hommes. Moi, je me suis contenté de ce monde où tu es tombé et ma devise est : Rien que la Terre. Rien que la Terre, pour nous, c'était déjà presque tout. J'ai beaucoup aimé la Terre. Je m'y suis promené avec Marie comme je m'y promène avec toi.

— C'était mieux ? demanda A.

J'hésitai un instant.

— Oui, lui dis-je. C'était mieux.

Il me sembla tout à coup qu'il éprouvait déjà les atteintes d'un de ces sentiments de l'âme qui n'appartiennent qu'aux humains.

— Et où alliez-vous ? me demanda-t-il, sur un ton un peu brusque.

— Un peu partout, lui dis-je. En Égypte. Au Mexique. Au Pérou. Aux Indes. Dans les îles grecques. Mais surtout en Italie.

— C'est la botte ? me dit-il. Là où il n'y a pas de trottoirs ?

— C'est la botte, lui dis-je. Et il n'y a pas de trottoirs. Mais il y a des églises, des palais, des statues, des tableaux, des ponts aussi, et des places à l'équilibre plein de mystère, qui ont donné un sens et un contenu à cette idée de beauté dont parlait déjà le vieux Platon et dont les peuples un peu partout, et surtout ceux de la Grèce, avaient toujours rêvé. Les hommes qui s'étaient installés là, sur les bords du Tibre, de la Brenta, de l'Arno, entre l'Adriatique et la mer Tyrrhénienne, avaient beaucoup de talents, et souvent du génie. Et, pendant des siècles, et des dizaines de siècles, au milieu des tueries et des pires injustices, ils ont rendu plus vivable la vie que nous vivons. Il y avait Michel-Ange...

— Encore ! dit A. Je le connais : il laisse tomber son pinceau et un pape le ramasse. Ou peut-être un empereur.

— Bravo ! lui dis-je. Tu sais déjà presque tout. Longtemps l'histoire du monde s'est jouée dans ce petit coin de Méditerranée, bourré d'architectes et de grands capitaines, où le quart ou le tiers de toutes les richesses du monde s'étaient accumulées.

— 1527 : sac de Rome.

— Et par qui, je te prie ?

— Par les Impériaux de Charles Quint.

— Excellent, lui dis-je. Le rapport de A et O sur la planète appelée Terre avance à pas de géant. Il te suffira d'ajouter que les troupes de Charles Quint devant la Ville éternelle, pleine à craquer de chefs-d'œuvre et de plus de trésors que la caverne d'Ali Baba, étaient commandées par le connétable de Bourbon, qui avait rassemblé sous ses ordres une bande de lansquenets allemands, de mercenaires d'un peu partout et d'aventuriers de sac et de corde à qui il avait tourné la tête avec des rêves de pillage au pays du soleil, du pape, des courtisanes et qui avaient juré de le suivre « fût-ce à tous les diables », pour que les esprits les plus distingués d'Urql te considèrent comme un maître et acclament ton retour.

— Merci, me dit A. Tu es très chic. Tu es un frère. Si jamais tu viens à Urql...

— Mais attention ! lui dis-je. C'est là que tout se complique. Si tu veux comprendre quelque chose à ce que font les hommes, ...

— Je le dois, me dit-il. Je le veux.

— Alors, il te faudra beaucoup de mémoire et beaucoup

d'attention. Avec le connétable de Bourbon à la tête de ses lansquenets devant la Rome de Clément VII qui appartient à la lignée des Médicis aux mille ressources et qui est le premier de la longue série, ininterrompue jusqu'à Jean-Paul II, des papes venus d'Italie et de nulle part ailleurs, tu mets le doigt dans un engrenage qui ne te lâchera plus et te dévorera jusqu'au cœur.

— Quel engrenage ? demanda-t-il.

— Mais l'histoire, répondis-je.

IX

# *Le sac de Rome*

— L'avantage, avec l'histoire, c'est qu'on peut commencer où on veut. Il n'y a jamais de début, il n'y a jamais de fin. N'importe où, en histoire, mène toujours n'importe où. Sans même parler des Médicis, de Florence et de ses trésors, de ses peintres, de ses sculpteurs, de ses génies en tout genre dont chacun est un monde et occuperait toute une vie, Clément VII, à lui tout seul, t'entraînera assez loin. Il te fera remonter, vers le haut, jusqu'au premier Clément, qui intervient vers 96 d'après saint Irénée et Eusèbe de Césarée dans les affaires embrouillées de l'Église de Corinthe, jusqu'aux origines de la papauté, jusqu'à Clet, jusqu'à Lin, jusqu'à saint Pierre bien entendu, un des apôtres de ce Christ qui est tout ensemble plus qu'un homme et le plus homme des hommes et dont je te parlerai une autre fois, quand nous aurons le temps. Il te fera descendre, vers le bas et vers nous, jusqu'à Paul VI, à Jean XXIII, à Jean-Paul I^er^, à Jean-Paul II, le pape à l'accent rugueux, venu de la Pologne soumise au communisme et aussi le premier à faire reculer le communisme.

— Le communisme... ? demanda A.

— Plus tard. Plus tard. Le Christ. Le communisme. Je t'expliquerai plus tard. On ne peut pas tout faire en même temps. Et ne m'interromps pas sans arrêt. On n'en finirait plus. Tu connais déjà les parapluies, la Douane de mer, *L'Iliade* et *L'Odyssée,* le pinceau de Michel-Ange et la rue du Dragon. Te voilà entré, sans le savoir, dans le formidable labyrinthe de l'Église catholique et romaine et de la papauté, la plus vieille et la plus longue, avec l'Empire céleste en Chine, de toutes les institutions jamais créées par les hommes. Tu auras du mal à en sortir. C'est comme une pelote interminable dont tu viens de tirer le premier fil. Et des tonnes de laine et de soie vont te tomber sur la tête. Il y a un Clément IV, qui s'appelle Gui Foulques le Gros et qui est né à Saint-Gilles, dans le Gard. Il y a un Clément V, qui s'appelle Bertrand de Got et qui est né en Gironde. Il y a un Clément VI, qui s'appelle Pierre Roger et qui est né près de Limoges avant de devenir archevêque de Sens, puis de Rouen, et enfin pape à Avignon. Il est fastueux et dépensier, il achète Avignon, il négocie avec l'empereur d'Allemagne et le roi d'Angleterre, il l'emporte à Rome sur Cola de Rienzo, un fils de cabaretier jeté dans la révolution par le mépris des grands et célébré par Pétrarque comme le successeur de Brutus, il obtient la soumission de Guillaume d'Occam, franciscain nominaliste, professeur à Oxford, célèbre pour son rasoir...

— Quel rasoir ? demanda A.

— Je l'ignore, répondis-je. Tout le monde a entendu parler du rasoir d'Occam, mais personne ne sait ce que c'est... qui, séparant radicalement la raison de la foi, ne reconnaissait au pape aucun pouvoir temporel, et, au plus fort de la peste noire, une sale maladie qui régnait à l'époque, il prend le parti des juifs que les populations rendent, un peu partout, responsables de l'épidémie. Quelque cent ans avant le nôtre, il y a même, en Avignon, un autre et un premier Clément VII. Il s'appelle Robert de Genève et c'est un antipape, opposé à Urbain VI. Il marque le départ du grand schisme d'Occident qui devait durer trente-neuf ans, de 1378 à 1417.

— Au secours ! s'écria A. Un Clément, ça va, sept Clément...

— Attends un peu, lui dis-je. Voici le bout du tunnel. Notre

Clément VII à nous, un vrai pape, ce coup-ci, et qui habite Rome, comme il se doit, est le cousin de Léon X, second fils de Laurent le Magnifique, cardinal à treize ans, pape en 1513, qui...

— Ça va bien comme ça, me dit A. Je te dispense de Léon X.

— Comme tu voudras, lui dis-je sur un ton un peu sec. Je pensais que le plus majestueux des papes de la Renaissance — auquel succédera le dernier, pour longtemps, des papes non italiens, un Flamand, ennemi du luxe, qui s'appelait Adrien — aurait pu t'intéresser. Je vois bien que non. Tu n'as pas la tête assez forte. Ça ne fait rien. Dépêchons. Courons la poste. Coupons au plus court. Ne retenons que l'essentiel. Et tant pis pour le rapport dont je commence à me demander, mais je n'y serai pour rien, s'il ne sera pas affreusement incomplet et un peu décevant pour les habitants d'Urql qui y chercheront en vain le nom de Léon X. Clément VII est archevêque de Florence avant d'être élu pape le 18 novembre 1523. C'est lui qui, en refusant de reconnaître le divorce d'Henry VIII, sera plus tard à l'origine du schisme de l'Église d'Angleterre.

— C'est important ? demanda A.

— Tout ce qui touche à la religion est toujours important et l'idée que les hommes se font de Dieu a coûté autant de sang que l'idée qu'ils se font d'eux-mêmes et de leur bonheur à venir. Et il me semble que les Anglais sont beaucoup plus anglais que les Français ne sont français ou les Italiens italiens. En attendant, avec François Ier, avec le roi d'Angleterre, avec les princes d'Italie, il constitue la Sainte Ligue contre l'empereur Charles Quint. Les Impériaux s'emparent de Rome en mai 1527...

— Au refrain ! s'écrie A. Sac de Rome : 1527.

— Sac de Rome : 1527... ravagent la ville de fond en comble et gardent le pape prisonnier pendant sept mois dans le château Saint-Ange, l'ancien mausolée d'Hadrien...

— Encore un pape ? demanda A.

— Non, lui dis-je. Un empereur. Un Romain. Un successeur de César et d'Auguste. Un des maîtres de cet empire qui, pendant des siècles et des siècles, va se confondre avec le monde. Transformé en forteresse, son tombeau, sur les bords du Tibre, est couronné par un ange de bronze qui remet son épée au fourreau pour marquer aux yeux de la Ville éternelle la fin d'une de ces épidémies de peste qui, déjà au VIe siècle, sous saint Grégoire le Grand, fondateur de la chrétienté médiévale, le plus grand peut-être des papes de tous les temps, qui donne son nom au chant grégorien...

— Laisse tomber, me dit A.

— ... et surtout vers le milieu du XIIIe siècle, ont tué en Europe un habitant sur deux.

Tu seras heureux d'apprendre, et de noter dans le rapport, que l'ange pacificateur au sommet de l'ancien mausolée d'Hadrien joue le même rôle historique que l'église de la Salute, à Venise, derrière la Douane de mer où nous nous sommes rencontrés. En 1631, la construction, sur l'ordre de la Sérénissime, de l'église de Santa Maria della Salute — ou de la Santé — par un disciple de Palladio qui s'appelle Longhena et qui fait reposer l'édifice sur un million et demi de pilotis de bois célèbre le terme de la dernière offensive de la peste à Venise.

— Très heureux, me dit A.

Je le regardai de côté. Je me demandai un instant s'il se moquait de moi. Mais l'idée de se moquer de l'histoire me parut tellement absurde de la part d'un esprit venu d'Urql pour étudier la Terre que je décidai de poursuivre comme si de rien n'était.

— Le sac de Rome en 1527 marque à la fois l'écroulement et le triomphe de la Renaissance italienne. D'innombrables historiens, dont le dernier en date est André Chastel...

— Tu me donneras son nom, me dit A, avec l'orthographe exacte, les dates de sa vie terrestre et une bibliographie aussi complète que possible.

— ... ont souligné l'importance, moins pour l'histoire militaire que pour l'histoire des arts, de la chute de la capitale du monde occidental : la catastrophe allait détourner des bords du Tibre et envoyer vers toute une série de villes de moyenne importance en train de se développer, parfois déjà avec magnificence, en Toscane, en Ombrie, dans les plaines de la Lombardie, des peintres, des sculpteurs, des architectes, des orfèvres appelés à répandre un peu partout les splendeurs et le génie de la Renaissance italienne. Ainsi, dans ce monde étudié par le rapport que réclament les gens d'Urql, le bien surgit du mal comme le mal surgit du bien.

— Attends un peu, me dit A. Je note.

— Si tu ne devais connaître, dans les heures qui nous restent sur les trois jours dont tu disposes, qu'une seule ville sur cette Terre, c'est à Rome, sans hésiter, que je voudrais t'entraîner. Elle est comme le résumé de l'histoire universelle. Elle naît dans des légendes — Romulus et Remus, l'enceinte du Palatin, la suite des rois étrusques —, contestées au siècle dernier par la critique des textes, confirmées en revanche de nos jours par l'archéologie qui prend le contre-pied de la philologie. Elle s'enfle peu à peu jusqu'à dominer le monde connu et, pendant quelque mille ans, elle règne sur l'univers qui tourne, en ces temps-là, autour du centre des armes, des richesses, des esprits et des lois : la Méditerranée. Pendant près de mille ans encore, elle retourne au néant et, passée de plus d'un million à trois ou quatre dizaines de milliers d'habitants, Rome n'est plus que la coquille vide de sa splendeur évanouie. Jusqu'à ce que la Renaissance et le génie de ses papes la hissent, à nouveau, à force d'audace et de patience, au premier rang des cités où l'histoire se fabrique à coups de capitaines, de juristes, d'architectes, d'écrivains.

Rome n'a pas souvent été prise par ses ennemis. On compte les chutes de Rome sur les doigts des deux mains. Charles Quint s'en empare en 1527...

— Sac de..., dit A.

— Oui, lui dis-je, et Napoléon et Hitler occupent la Ville éternelle pendant les brèves années où l'Europe est française avant de devenir allemande. Mais ni Hannibal, ni Attila, ni

Frédéric II de Hohenstaufen, ni aucun des autres maîtres de cette construction formidable qui s'intitule avec orgueil le Saint Empire romain de nationalité germanique, ne viennent à bout des sept collines dominées par le Capitole. Tout au long de l'histoire de la Ville éternelle, seuls les Gaulois, les Normands, Alaric et les Barbares qui s'engouffrent à sa suite, Charles Quint, les deux Napoléon — le grand et son neveu — et le Führer Adolf Hitler voient leurs troupes camper au pied du Capitole.

Tout ce que ces assauts trimbalent avec eux de légendes et d'anecdotes — depuis les oies du Capitole et le *Vae victis* des Gaulois de Brennus jusqu'à la grâce fragile et émouvante du roi de Rome, depuis le feu sacré éteint en 410 par Alaric et ses Wisigoths jusqu'à la destruction, en 1084, par les Normands de Robert Guiscard, appelés au secours contre Henri IV d'Allemagne par le pape Grégoire VII, de l'église San Clemente, à deux pas du Colisée — remplirait plus de volumes que n'en pourraient parcourir tous les savants de la planète Urql. Le seul sac de Rome en 1527...

— Franchement, me dit A, ce sac-là commence à...

— C'est l'histoire, lui dis-je,... nous tiendrait en haleine pendant des mois et des années. Il faudra nous contenter de marquer dans le rapport le nom du général qui commandait, sous les remparts de Rome, les troupes de Charles Quint. Mais je parie que, sous cette avalanche de guerriers et de papes, tu l'as déjà oublié.

— Tu me prends pour un imbécile ? C'était le connétable de Bourbon.

— Alors, là, chapeau ! Mais ce connétable de Bourbon... Oh la la ! C'est comme les sentiments de Marie sous le parapluie de soie noire de la rue du Dragon. Il nous renvoie au monde entier. À vingt-quatre ans, il reçoit l'épée de connétable des mains du roi de France. Il a vingt-cinq ans à la bataille de Marignan où il fait preuve d'un courage qui devient vite légendaire. Comte de Montpensier, de Forez, de Mercœur et de Clermont, dauphin d'Auvergne, prince du sang, à la tête d'immenses domaines, il obtient quelques jours après la bataille de Marignan le titre de vice-roi du Milanais. « Si j'avais pareil sujet, dit à François I$^{er}$ Henry VIII d'Angleterre, un peu après le camp du Drap d'or, je ne lui laisserais pas longtemps la tête sur les épaules. » Il n'est pas impossible que Louise de Savoie, la mère de François I$^{er}$, soit tombée amoureuse de lui et qu'il se soit obstiné à repousser ses avances. Dépouillé de ses biens pour une raison ou pour une autre, il passe au service de Charles Quint qui est l'ennemi de François I$^{er}$ et le roi fait repeindre en jaune — c'était la couleur des traîtres — la lourde porte de bois de son hôtel à Paris. Au soir d'une bataille dont je t'épargne le nom, il tombe, pour son malheur, sur Bayard, le chevalier modèle, sans peur et sans reproche, sur le point de mourir. Couvert de sang, appuyé contre un arbre, Bayard, au moment d'expirer, fait honte de sa conduite au connétable renégat et illustre l'idée de patrie. C'est une image qui a bercé longtemps les enfants de mon pays, au même titre que le vase de Soissons, la culotte que le roi Dagobert avait mise à l'envers, le panache blanc d'Henri IV, « l'État, c'est moi » de Louis XIV, Danton en train de s'écrier, à la tribune de la Convention nationale : « De l'audace, encore de l'audace, toujours de l'audace ! » et les soldats de Verdun sous les obus du Kaiser.

— Des lieux communs ? me dit A.

— Peut-être, lui répondis-je. Mais d'abord des images, des récits et peut-être presque, déjà, des ébauches de romans. Trois ans après la rencontre avec Bayard en train de mourir, au moment où il s'élance sur l'échelle qu'il vient de dresser contre les fortifications, le connétable de Bourbon, à son tour, est tué sous les murs de Rome, un peu avant la chute et le sac de la ville, par un coup d'arquebuse tiré du haut des remparts. Et ce coup d'arquebuse, qui donc l'aurait tiré, ce beau matin de 1527 ? Je te le donne en cent, je te le donne en mille.

— Je ne suis pas fou de devinettes, me dit A avec humeur.

— C'était, d'après ses Mémoires, un aventurier de génie, un ami de Clément VII et de François Ier, un géant à l'égal des plus grands, qui était sculpteur, orfèvre, écrivain et soldat et dont, aujourd'hui encore, chacun peut aller voir, à Florence, dans la Loggia dei Lanzi, sur la piazza della Signoria, à deux pas des Uffizi, la fameuse statue de bronze qui représente Persée tenant la tête de Méduse. Il portait le beau nom de Benvenuto Cellini.

— Avec deux *l* ? demanda A.

— Avec deux *l*, lui dis-je. Il avait, il faut bien le dire, autant d'imagination qu'il avait de génie et il mentait sans vergogne. C'est un autre Français, Philibert de Chalon, prince d'Orange, qui succède à notre connétable à la tête des armées impériales en train d'assiéger Rome, qui s'empare du château Saint-Ange, qui impose à Clément VII les plus dures conditions et qui laisse ses lansquenets piller de fond en comble la capitale de l'univers. Ainsi, par trois fois en moins de deux millénaires, malgré les oies qui piaillaient, les fulminations des papes et les rodomontades des orfèvres juchés sur les remparts, des gens de mon pays...

— Rappelle-moi... ? murmura A.

— La France, lui dis-je,... là-bas, vers l'ouest, là où le soleil se couche sur le vieux continent,... auront ravagé Rome : Brennus avec ses Gaulois, Robert Guiscard avec ses Normands, Philibert de Chalon avec ses lansquenets à l'accent germanique. Ils auront détruit Rome avec plus de succès et plus de conviction que tous les Vandales et tous les Wisigoths qui rêvaient surtout de s'intégrer à un Empire dont la grandeur les fascinait et dont ils enviaient les richesses.

— Ouf ! me dit A. Si on allait boire quelque chose ?

Il devenait homme, de plus en plus.

X

# *Quand nous en irons-nous ?*

— Tu as raison, dis-je à A. Toutes ces histoires de lansquenets, de sculpteurs et de peintres, de papes, de connétables, on s'en fichait pas mal. Nous partions, Marie et moi. Nous tournions le dos à l'histoire. Nous nous bouchions les oreilles. Nous ne voulions plus rien savoir. Nous quittions les grandes villes que tu as survolées et leurs agitations. Nous en avions assez de la foule, du bruit, de la fatigue, de l'ennui et des répétitions de la vie de chaque jour. Nous en avions assez du travail, de la pluie, de courir après l'argent, de ce que les gens rabâchaient, à l'ombre des modes et des intrigues, sans jamais se lasser. Nous avions envie d'autre chose. Nous avions envie d'ailleurs. Nous avions de grands départs inassouvis en nous. Nous voulions changer de vie. Les hommes passent leur vie à vouloir changer de vie. Ils espèrent toujours quelque chose. Le bonheur quand ils ne l'ont pas. Du nouveau quand ils l'ont. Nous ne pouvions pas, comme toi, nous jeter dans l'espace et partir pour d'autres mondes. Nous restions dans le nôtre. Nous allions vers le Sud. Vers le Midi. Vers le soleil. J'ai beaucoup aimé le soleil. Il brillait de mille feux qui répandaient la paix. Il m'arrachait au tumulte, à la complication, aux bégaiements de l'histoire. Il me rendait au silence. Il me rendait à moi-même.

*Soleil, soleil!... Faute éclatante!*
*Toi qui masques la mort, soleil,*
*Sous l'azur et l'or d'une tente*
*Où les fleurs tiennent leur conseil;*
*Par d'impénétrables délices,*
*Toi, le plus fier de mes complices,*
*Et de mes pièges le plus haut,*
*Tu gardes les cœurs de connaître*
*Que l'univers n'est qu'un défaut*
*Dans la pureté du non-être!*

*Soleil, qui suscites l'éveil*
*A l'être, et de feux l'accompagnes,*
*Toi qui l'enfermes d'un sommeil*
*Trompeusement peint de campagnes,*
*Fauteur des fantômes joyeux*
*Qui rendent sujette des yeux*
*La présence obscure de l'âme,*
*Toujours le mensonge m'a plu*
*Que tu répands sur l'absolu,*
*O roi des ombres fait de flamme!*

— Qu'est-ce que c'est que ça? demanda A en levant un sourcil.

— C'est un poème, lui dis-je. C'est de la poésie.

La poésie ne disait rien à A. Il vivait dans la poésie, il était permis de soutenir qu'il se confondait avec elle, mais la poésie des hommes, c'est-à-dire d'abord la poésie des mots, il en ignorait tout.

— Ce sont des mots, repris-je. Et rien d'autre. C'est un langage. Mais choisi avec soin, mis dans un certain ordre, soumis à des règles variables, apparemment arbitraires mais toujours rigoureuses — et le plus haut de tous.

*Honneur des hommes, saint Langage,*
*Discours prophétique et paré,*
*Belles chaînes en qui s'engage*
*Le dieu dans la chair égaré.*

*Illumination, largesse,*
*Voici parler une Sagesse*
*Et sonner une auguste Voix*
*Qui se connaît quand elle sonne*
*N'être plus la voix de personne*
*Tant que des ondes et des bois.*

— Ce n'est pas si mal, me dit-il. Apprends-moi comment vous faites. Il faudra mentionner dans le rapport qu'il arrive aux hommes de se servir des mots comme d'une espèce de musique qui produirait un sens, mais où le sens, arrête-moi si je me trompe, me paraît très loin d'être tout.

Je lui parlai de Ronsard, de Racine, de Shakespeare et de Goethe, de Baudelaire, de Verlaine, de Heine, d'Apollinaire. Je lui dis qu'il y avait des poèmes pour l'emporter sur le temps et pour passer d'âge en âge dans la mémoire des jeunes gens.

*Je te donne ces vers afin que, si mon nom*
*Aborde heureusement aux époques lointaines*
*Et fait rêver un soir les cervelles humaines,*
*Vaisseau favorisé par un grand aquilon,*

*Ta mémoire, pareille aux fables incertaines,*
*Fatigue le lecteur ainsi qu'un tympanon*
*Et par un fraternel et mystique chaînon*
*Reste comme pendue à mes rimes hautaines...*

— C'est assez bien, me dit A.

— Assez bien ? lui dis-je. Je veux, mon neveu.

— Est-ce de toi ? me dit-il.

J'hésitai, je l'avoue. Je n'aurais pas détesté, fût-ce au prix d'une imposture et d'une usurpation, briller un peu aux yeux de A qui me traitait parfois, me semblait-il, avec un rien de désinvolture. Le rêve d'une gloire posthume passa sur moi en trombe. Mais il convenait mal à un mort de mentir à un esprit. Surtout si le mensonge risquait de s'inscrire à jamais dans un rapport destiné à circuler, pour les siècles des siècles, dans de lointaines galaxies.

— Non, lui dis-je, ce n'est pas de moi.

— Ah ! me confia-t-il aussitôt avec simplicité, lorsque c'est toi qui parles, c'est plutôt ordinaire et peu digne d'intérêt. Mais dès que c'est un poète qui s'exprime par ta bouche, j'aurais presque envie de me changer en homme.

Je me retins de le remercier avec trop de chaleur de ce témoignage de fraternité qui me faisait honneur. Il se tut un instant.

— Je me demande, reprit-il, d'où vient la sorte de bonheur que j'éprouve à écouter tes poèmes.

— C'est mystérieux, lui dis-je.

Je lui parlai des longues, des brèves, des dactyles, des spondées, des pieds, des rimes, des césures, des hémistiches, du rythme. J'ajoutai que la poésie ne se prouvait que par elle-même. Elle n'avait, comme la vérité, pas d'autre juge que son propre éclat. Elle n'était pas faite pour être expliquée, elle était faite pour être lue et pour être récitée. Elle était faite pour tourner les têtes et les cœurs et pour donner le vertige. C'était un poison délicieux et une griserie de l'âme. C'était les montagnes russes et les escarpolettes de la littérature.

— C'est vrai, me dit-il, j'ai presque un peu mal au cœur à force d'être balancé sur ces flots d'harmonie.

— Ne va pourtant pas imaginer qu'il y ait rien de mécanique dans ces transports si bien réglés. Ni les alexandrins, ni les octosyllabes, ni les pieds, ni la rime ne sont indispensables au plaisir que tu éprouves. Ce qui fait la poésie, c'est un équilibre secret entre le fond et la forme — qui ne se distinguent d'ailleurs pas —, c'est...

— Alors, coupa-t-il avec un peu d'impatience, ne les distinguons pas.

— ... c'est la charge de passion accumulée sous les mots, c'est leur couleur et leur poids, c'est leur sens et leur son, c'est la surprise mêlée à l'attente, c'est peut-être même ce qui n'est pas dit plus encore que ce qui est dit.

— La poésie telle que tu la dépeins et telle que je l'entends me paraît très supérieure à la prose insipide dont tu te sers à tort et à travers. Pourquoi, dans notre rapport, ne pas renoncer à la prose au profit de cette poésie qui pourrait susciter à Urql des sentiments d'étonnement et peut-être de plaisir ?

— La poésie, lui dis-je, est une cérémonie. C'est un jeu, une passion, une exigence de rigueur, un élan vers autre chose. Elle réclame beaucoup d'efforts et un peu de solennité. Nous ne l'utilisons pas dans nos relations quotidiennes avec les autres hommes, pour demander notre chemin, pour compter notre or, pour préparer un rapport, pour donner des instructions ou des informations de l'ordre de celles qui, grâce à toi, s'achemineront vers Urql. Nous avons recours à elle dans les exaltations du chagrin et surtout de l'amour.

— Encore l'amour ! me dit-il. C'est un peu lassant. Et toujours des mots. Entre nous, sur votre Terre, faites-vous autre chose que l'amour ? Et autre chose que des mots ?

— Beaucoup d'autres choses, lui dis-je. Et peut-être beaucoup trop. Je te parlerai des ponts, des châteaux forts, des voitures, des canons, des bateaux sur la mer que tu as déjà aperçus, des roulettes de casino et des machines à coudre. Mais la poésie, qui est hors d'atteinte du commun des mortels et qui me dépasse de si loin, n'est rien d'autre que de l'amour exprimé par des mots. La poésie est un art et je t'ai déjà indiqué que l'amour était au cœur de l'art. La musique est amour, la peinture est amour. La poésie aussi est d'abord de l'amour. Souvent mêlé à la tristesse, au regret, à la mélancolie. Un peu de chagrin et d'amour emportés par les mots.

*Comme on voit sur la branche au mois de mai la rose,*
*En sa belle jeunesse, en sa première fleur,*
*Rendre le ciel jaloux de sa vive couleur,*
*Quand l'aube de ses pleurs au point du jour l'arrose ;*

*La grâce dans sa feuille, et l'amour se repose,*
*Embaumant les jardins et les arbres d'odeur,*
*Mais, battue ou de pluie ou d'excessive ardeur,*
*Languissante, elle meurt, feuille à feuille déclose.*

*Ainsi, en ta première et jeune nouveauté*
*Quand la terre et ciel honoraient ta beauté,*
*La Parque t'a tuée et cendre tu reposes.*

*Pour obsèques reçois mes larmes et mes pleurs,*
*Ce vase plein de lait, ce panier plein de fleurs,*
*Afin que vif et mort ton corps ne soit que roses.*

— Ah ! bien sûr..., me dit A. Il me semble que même à Urql...
— Oui, oui, lui dis-je, même à Urql...

*Ils ont ce grand dégoût mystérieux de l'âme*
*Pour notre chair coupable et pour notre destin ;*
*Ils ont, êtres rêveurs qu'un autre azur réclame,*
*Je ne sais quelle soif de mourir le matin...*

*Quand nous en irons-nous où vous êtes, colombes !*
*Où sont les enfants morts et les printemps enfuis,*
*Et tous les chers amours dont nous sommes les tombes*
*Et toutes les clartés dont nous sommes les nuits ?*

*Vers ce grand ciel clément où sont tous les dictames,*
*Les aimés, les absents, les êtres purs et doux,*
*Les baisers des esprits et les regards des âmes,*
*Quand nous en irons-nous ? Quand nous en irons-nous ?*

A écoutait sans un mot, les ailes repliées.

— A mon goût, me dit-il, c'est un peu trop éloquent. Et peut-être un peu ampoulé.

Mais il m'avoua du même souffle que le monde tout à coup lui semblait moins indigne des espaces infinis qu'il avait traversés. Les parapluies s'effaçaient. Le sac de Rome aussi. Les papes Clément s'écartaient. Le connétable de Bourbon s'éloignait en silence. Et les hommes l'épataient.

— Ce sont les chants, lui dis-je, de l'amour et de la mort. Les hommes ont peur de la mort, mais ils l'emportent sur elle par l'amour et les mots.

— Il me semble, me dit-il, qu'ils ne sont vraiment grands qu'en renonçant à cette Terre à laquelle ils tiennent tant. Tu as bien de la chance d'avoir fini de vivre. Les hommes ne cessent d'être ridicules — car je dois t'avouer qu'ils me semblent l'être, dans la vie dont tu parles, plus souvent que de raison — qu'en aspirant à la mort qui est la seconde et la seule vraie naissance.

— Je ne crois pas, lui dis-je. Pour tous ceux qui ont connu la souffrance et la vie, être mort, bien entendu, est un immense avantage. Mais vivre avant de mourir n'était pas mal non plus. La vie aussi peut être belle. Ne partons pas tout de suite. Traînons encore un peu sur cette Terre méprisable aux répugnantes merveilles.

*Elle était déchaussée, elle était décoiffée,*
*Assise, les pieds nus, parmi les joncs penchants ;*
*Moi qui passais par là, je crus voir une fée*
*Et je lui dis : veux-tu t'en venir dans les champs ?*

*Elle me regarda de ce regard suprême*
*Qui reste à la beauté quand nous en triomphons*
*Et je lui dis : veux-tu, c'est le mois où l'on aime,*
*Veux-tu nous en aller sous les arbres profonds ?*

*Elle essuya ses pieds à l'herbe de la rive,*
*Elle me regarda pour la seconde fois*
*Et la belle folâtre alors devint pensive.*
*Oh ! comme les oiseaux chantaient au fond des bois !*

*Comme l'eau caressait doucement le rivage !*
*Je vis venir à moi, dans les grands roseaux verts,*
*La belle fille heureuse, effarée et sauvage,*
*Ses cheveux dans les yeux, et riant au travers.*

— Je parierais volontiers, mon pauvre ami, me dit-il en riant d'un air un peu contraint, que tu penses à Marie.

— Bien sûr, lui dis-je. Quand je pense à la vie, je ne pense pas à Galilée, ni à Benvenuto Cellini, ni à la mécanique des fluides, ni à la bataille de Pharsale, ni à la reproduction des phanérogames vasculaires, ni à aucun de ces mécanismes que j'ai essayé de te décrire pour te faire comprendre ce monde. Quand je pense à la vie, mon cher A, je me moque pas mal du monde. Quand je pense à la vie, c'est à Marie que je pense. Avant de partir pour de bon et de tomber sur toi au-dessus de la Douane de mer...

— Je m'en félicite tous les jours, bien que tu sois un voyou.

— Moi aussi, lui dis-je, bien que je ne sois pas poète.

— Ne te vexe pas, me dit-il. Je suis tout prêt à croire que tu n'es pas pire que les autres. Et ta prose est très convenable. Elle donne sur le monde et les hommes des informations très utiles. Elle fera, j'en suis sûr, un bruit énorme à Urql.

— Je m'en réjouis, lui dis-je. Je me vois déjà à Urql sous les acclamations... c'est avec Marie que je partais, loin de la rue du Dragon et de ses parapluies. Toute ma vie, j'ai rêvé de partir. Et de m'en aller ailleurs. Moins à la recherche d'autre chose qu'à ma propre recherche. Notre existence est pleine de charmes, et parfois de délices. Mais il arrive qu'elle nous paraisse aussi absurde qu'à toi. De ma naissance à ma mort, dans la joie et le chagrin, j'ai été poursuivi par un refrain que les esprits ne connaissent pas et qui est le propre des hommes, stupéfaits d'être jetés malgré eux, pour le meilleur et pour le pire, dans l'espace et dans le temps : c'était la chanson de l'à quoi bon. Mon démon le plus familier portait le nom d'à quoi bon. À quoi bon s'agiter ? À quoi bon vivre ? Et même, quelquefois, et c'était la pire et la plus cruelle des chansons, à quoi bon aimer et à quoi bon être heureux ? Il n'y avait que l'ailleurs pour combattre l'à quoi bon. Il y avait les routes, les îles, les plages, les petites villes inconnues où nous arrivions le soir. C'étaient autant d'antidotes au poison de l'à quoi bon. Le monde était beau. Il était aussi beau que Marie qui en était, à mes yeux, le symbole et l'image. Il se confondait avec elle. Je suis allé me promener avec Marie à travers cette planète que tu iras, dans quelques jours, raconter aux gens d'Urql.

Nous fuyions l'histoire, toujours en train de se faire et de nous envahir. L'histoire nous rattrapait. Nous avons passé notre temps à nous faire rattraper par le temps qui passait. Il y avait des guerres, des ruines, des révolutions, des typhons. Et il y avait des journaux pour nous en informer. Il y avait des malheurs et des crimes un peu partout, des incendies, des trahisons, des enfants qui mouraient. Il faut bien, de temps en temps, pour tenter de survivre, se détourner de l'histoire. Nous chassions le malheur des autres pour trouver notre bonheur. Nous étions l'un pour l'autre un assez grand théâtre.

*Les soirs illuminés par l'ardeur du charbon,*
*Et les soirs au balcon, voilés de vapeurs roses,*
*Que ton sein m'était doux ! Que ton cœur m'était bon !*
*Nous avons dit souvent d'impérissables choses*
*Les soirs illuminés par l'ardeur du charbon.*

*Que les soleils sont beaux dans les chaudes soirées !*
*Que l'espace est profond ! Que le cœur est puissant !*
*En me penchant vers toi, reine des adorées,*
*Je croyais respirer le parfum de ton sang,*
*Que les soleils sont beaux dans les chaudes soirées !*

*La nuit s'épaississait ainsi qu'une cloison,*
*Et mes yeux dans le noir devinaient tes prunelles,*
*Et je buvais ton souffle, ô douceur ! ô poison !*
*Et tes pieds s'endormaient dans mes mains fraternelles.*
*La nuit s'épaississait ainsi qu'une cloison.*

Je marchais avec Marie sur les plages désertes, sur les bords des grands fleuves, sur des places, le soir, éclairés par la lune. Le monde se refermait sur nous : sur Marie et sur moi.

— Je comprends mal, me dit A, l'avantage, sur votre Terre, d'être deux plutôt qu'un. Il me semble que l'histoire, que tu voulais tant fuir, commence dès qu'on est deux.

— C'est très vrai, lui dis-je. J'ai déjà remarqué que tu étais très intelligent et que tu comprenais vite ce qui se passe sur cette planète dont tu ignorais tout il y a encore quelques heures. Je te raconterai, si nous avons le temps, comment, tout au début, l'histoire a commencé avec Adam et Ève que nous ne cessons d'imiter depuis que le monde est monde et qui n'étaient rien d'autre, il y a très, très longtemps, que l'image primitive de Marie et de moi.

— Il y a combien de temps ? demanda A.

— Quelques millions d'années. Peut-être trois. Peut-être cinq.

— Est-ce beaucoup ? demanda A.

— Beaucoup pour nous, lui dis-je. Il est rare que les hommes vivent au-delà de cent ans. Beaucoup meurent à soixante ans, à cinquante, à trente. Sans même parler des soldats, dont le destin est de se faire tuer aussi vite que possible ni des enfants en bas âge qui n'ont longtemps été que des défunts en puissance, beaucoup de grands génies, des peintres, des prophètes, des mathématiciens, des rois, sont morts autour de trente ans.

— Tu me donneras les noms, me dit A.

— Je te les donnerai, lui dis-je. Tu me feras penser à Pic de la Mirandole, à Galois, à Giorgione, à Alexandre, à Jésus.

— Pic de la Mirandole, répéta A, en fermant les yeux sous l'effort. Galois. Giorgione. Alexandre. Et Jésus.

— Mais trois millions d'années, c'est très peu pour la vie et surtout pour la Terre. La vie a quelque chose comme quatre milliards d'années. Et la Terre, cinq milliards. Il faut que tu saches, pour le rapport...

— Je note, me cria A, je note.

— ... qu'un milliard vaut mille millions. Et, bien au-delà de cette Terre que tu es venu visiter, le vieil univers, auquel tu appartiens comme moi, car même les esprits purs sont liés à ce qui est et aurait pu ne pas être, a quinze milliards d'années.

— Je ne sais pas qui est Adam et je ne sais pas qui est Ève. Mais j'imagine que les ennuis ont commencé avec eux, et par eux, et que c'est d'eux que descendent les connétables et les parapluies. Je crains que Marie n'ait été pour toi la somme de beaucoup d'ennuis que, Dieu seul sait pourquoi, peut-être parce que tu es malade ? peut-être pour faire le malin ? tu camouflais en bonheurs. J'ai beau me creuser la tête, j'ai beaucoup de mal à deviner ce que tu faisais avec elle. Peut-être parlais-tu avec elle, comme tu parles avec moi, du sort du monde et des hommes ?

— Pas du tout, lui dis-je. Je ne parlais pas. Ou si peu. Je l'embrassais.

— Embrasse-moi, me dit A, avec une certaine brusquerie.

— Pas question, lui dis-je. Il faudrait être malade. Un mort n'embrasse pas un esprit. C'est Marie que j'embrassais. Parce qu'elle était vivante. Et que j'étais vivant.

— Il faudra bien, pour le rapport, que...

— Je me moque de ton rapport. Débrouille-toi comme tu voudras. Avec ton physique d'ange, tu dois pouvoir trouver un mortel encore vivant que tu pourras embrasser pour enrichir ton rapport. Moi, c'est Marie que j'embrassais. Je l'ai beaucoup embrassée. Je la prenais dans mes bras, je la serrais contre moi. Et ce qu'il y a de plus dur dans ma mort, c'est que je ne peux plus la serrer contre moi et que ce sont d'autres qui la prennent dans leurs bras.

— Rodolphe ? demanda A.

— Je ne sais pas. Fiche-moi la paix. Rodolphe, pour notre rapport, n'a pas le moindre intérêt. J'ai embrassé Marie dans ces villes d'Italie que tu as vues passer sous tes yeux. À Rome, à Sienne, à Florence, à Venise. Sur la terrasse de Pienza d'où la vue s'étend, au-delà des oliviers, jusqu'à Montepulciano. À Todi où, sur la place, il y a de grands escaliers qui montent vers une église et vers un vieux palais. J'ai embrassé Marie sur le sable de ces îles grecques que nous avons survolées. Elles portaient des noms qui étaient faits pour l'amour : Skyros, Skiathos, Skopelos, Amorgos, Kalymnos, Symi, Kouphonissia, Skinoussa... Quand nous passions au-dessus d'elles, je te parlais d'Aristote, de Thucydide, de Xénophon, d'Hérodote. Mais je ne pensais qu'à Marie. Et à nos baisers sur le sable que la mer recouvrait.

— Quelle idée ! me dit A. Je crains que les gens d'Urql ne se moquent beaucoup de toi. Et peut-être de moi par la même occasion. Et je dois t'avouer, mon pauvre O, que, dans ce monde si tragique et si plein de choses inouïes qui parlent d'éternité, tes baisers me consternent.

— C'est que tu ne sais pas, mon pauvre A, ce que c'est qu'un baiser. C'est ce que nos corps misérables ont inventé de mieux pour essayer, comme ils peuvent, d'oublier leur malheur et de monter vers l'amour. Les peintres, les musiciens, les poètes, les sculpteurs...

— Ceux-là, me dit A, parce qu'ils savent que la vie n'est

qu'une image provisoire et dégradée de la mort, je ferai vénérer leur mémoire par les populations d'Urql.

— Eh bien, ils n'ont jamais cessé, dans ce monde que tu t'efforces de comprendre et sur quoi porte ton rapport, de rêver à l'amour qui est une force aussi obscure et aussi irrésistible que la nécessité ou le temps. Deux rêves dominent les hommes : la religion et l'amour. La religion règne sur la mort. Et l'amour, sur la vie. Aussi loin que tu remontes dans l'histoire de ces hommes, tu trouveras des traces de l'image qu'ils se font de leurs dieux et de leur avenir inconnu. Et des traces de leurs passions, dont la plus vive est l'amour. Parce que j'étais un homme, je me suis beaucoup occupé, au temps où je vivais, d'amour avec Marie. Et je suis parti avec elle. Et nous nous sommes promenés ensemble dans ce monde que tu veux connaître.

— Je m'y serais bien promené avec vous, dit A.

— Nous n'aurions pas voulu de toi, lui dis-je. Nous voulions être seuls tous les deux. Nous partions pour être seuls. Pour sortir de ce monde dans lequel tu veux entrer. Quand nous partions seuls, tous les deux, pour Venise, pour Todi, pour Grenade et Symi, pour la Méditerranée tout entière, nous partions pour nulle part. C'était nulle part — en mieux. Et nous voulions être seuls dans ces nulle part de rêve. Il y avait pourtant, c'est vrai, dans notre amour et dans notre solitude, des foules inépuisables d'architectes et de saints, de jardiniers et de peintres : ils avaient fait ce monde où nous allions nous perdre. Nous étions seuls, à deux, au milieu des cyprès, des oliviers, des cloîtres. Et des ombres invisibles marchaient autour de nous.

Nous avons tous, naturellement, une lourde histoire derrière nous. J'avais un père et une mère, un métier, des amis, des souvenirs, des ambitions. Marie aussi avait un père, une mère, une grand-mère, un chat, des craintes et des espérances.

— Tu m'en parleras ? me dit A. Il faudrait, pour le rapport, que je sache presque tout de ton métier, de tes amis, de vos familles à tous les deux et du chat de Marie.

— Je t'en parlerai, lui dis-je. Ce sera un peu rude, je le crains, et je ne sais pas très bien comment faire pour te présenter en trois jours la philosophie d'Aristote et le chat de Marie. Le chat s'appelait Foutinou. Le système d'Aristote est un peu plus compliqué. Toi, tu veux tout apprendre. Nous, nous voulions tout oublier. Mais le savoir et l'oubli sont mêlés sur cette Terre comme le plein et le vide, et le noir et le blanc, et l'amour et la haine. Les rues, les places, les églises où nous nous cachions étaient toutes faites d'histoire. Les mers où nous naviguions, le sable des plages où nous dormions avaient vu passer, siècle après siècle, pèlerins et conquérants. Aucun homme n'est une île et nous sommes tous liés au monde par des liens innombrables. « *Never send to know for whom the bell tolls : it tolls for thee.* »

— Et ça, demanda A, c'est quoi ?

— C'est de l'anglais, lui dis-je. Une autre langue que le latin, et qu'on parle encore aujourd'hui un peu partout sur la planète.

— Plus largement que le français de Ronsard et de Hugo ?

— Oui, lui dis-je. Plus largement. « Ne demande jamais pour qui sonne le glas : c'est pour toi. »

— Je crois me rappeler, dit A, que l'Angleterre est une île.

— C'est une île, lui dis-je. Mais même les gens des îles ont des liens avec le monde. Car personne n'y échappe : ni les voyageurs, ni les Anglais, ni les ermites, ni les amants, ni même Marie et moi. Ces liens nous fabriquent et nous pèsent. Nous sommes tous des John Donne pour qui le glas ne cesse de sonner et nous avons tous, dans un coin de l'esprit et du cœur, le rêve d'un Robinson, jeté par le destin sur des rivages déserts et qui ne dépendrait de personne. Nous sommes tous un peu comme la colombe de Kant qui s'imaginait qu'elle volerait encore mieux si l'air ne la gênait pas. Nous profitions de l'histoire, Marie et moi, et puis nous la rejetions pour rester seuls tous les deux.

— Je vois ce que c'est, dit A. Le monde respire. Il bat à la façon d'un cœur. Il s'ouvre et il se ferme.

— Il s'ouvre, il se ferme ; il monte, il descend ; il avance, il recule ; il va dans un sens et dans l'autre. Le monde est d'abord le règne de la contradiction et de la confusion. Il faut que tu apprennes qu'on peut tout dire de lui. Il n'y a peut-être qu'une chose qui va toujours dans le même sens et dont on ne peut rien dire : c'est le temps. Tout bouge, tout change, tout se transforme, il n'y a que le monde qui reste. Il n'y a que le temps qui dure. Le temps est une catastrophe née de l'éternité, et il est simple comme elle. Et indicible comme elle. Tout le reste, sous le soleil, et d'abord les hommes, leurs pensées, leur fameuse psychologie, leurs œuvres, leurs amours, est une machine formidable qui n'a ni queue ni tête, qu'on ne sait pas comment prendre, dont on peut dire n'importe quoi et où l'esprit des hommes, et de chaque homme en particulier, essaie, mais toujours en vain, d'introduire un peu d'ordre. Ce qu'il y a d'inouï chez nous, essaie de comprendre ça et marque-le en lettres de feu sur tes tablettes de rêve, c'est que, jetés par Dieu sait qui dans une banlieue reculée et mineure de l'univers étoilé, les hommes ne sont presque rien...

— En effet, dit A.

— ... et que le monde, et l'univers, et le Soleil, et toutes les galaxies jusqu'à Urql et au-delà tournent pourtant autour d'eux. Et autour de chacun d'entre eux.

— Tiens donc ! dit A.

— Il y a eu, dans le monde et dans l'histoire, des millions et des millions et des milliards de Marie. Et il y a eu des millions et des milliards de moi. Un miracle plus grand que le miracle du parapluie qui t'a tant étonné, c'est qu'à travers tout l'univers, depuis toujours et à jamais, il n'y a pourtant qu'un seul moi. Il n'y en a jamais eu d'autre. Il n'y en aura jamais d'autre. Et c'est moi. Ou c'était moi.

— Je note, dit A : le seul moi, c'est toi.

— Mais chaque toi est aussi un moi. C'est le fondement de toute morale et de toute métaphysique.

— J'essaierai, murmura A qui paraissait accablé, d'expliquer ces mystères à ceux qui m'ont envoyé dans ce palais des miroirs que vous appelez le monde.

— Chacun de ces hommes que tu aspires à connaître pour parler d'eux à Urql est d'abord quelque chose d'unique et à jamais irremplaçable : il est d'abord lui-même. Et chacun de ces lui-même est encore un moi-même : un peu de conscience et de liberté. Nous sommes tous et chacun au centre de notre monde. Nous sommes tous et chacun au centre de l'univers que tu as traversé.

— Ah ! ah ! dit A.

— Nous partions, mon cher A. Le monde tournait autour de nous, et autour de notre amour. C'était le bonheur. Même à l'intérieur d'un monde que personne ne quitte jamais, partir est un grand bonheur. J'ai beaucoup aimé partir. J'ai beaucoup aimé le monde. J'ai beaucoup aimé la vie. J'ai beaucoup aimé les femmes, les routes, les paysages. J'ai beaucoup aimé le plaisir. J'ai beaucoup aimé l'amour.

*J'aimais, Seigneur, j'aimais, je voulais être aimé.*

— Et elle, me demanda A, est-ce qu'elle t'aimait ?

— Sait-on jamais ? lui dis-je. Elle avait l'air.

— Je m'interroge, dit A d'un ton rêveur. Si j'avais été un homme, et si j'avais été une femme, est-ce que j'aurais aimé un type comme toi ? Est-ce que je lui aurais été fidèle ?

— Je lui ai posé la question, lui dis-je.

— Et alors ? me dit-il.

— Alors, quoi ?

— Est-ce qu'elle t'a répondu ?

— Oui, lui dis-je. Elle m'a répondu.

— Et qu'est-ce qu'elle t'a répondu ?

— Elle m'a murmuré un truc qui ressemblait à une chanson.

— Ce que tu peux être agaçant ! me dit-il. Notre travail n'avance plus. On dirait que tu fais exprès de traîner en longueur.

Quel truc ? Quelle chanson ? Il faudra tout de même, que tu le veuilles ou non, qu'ils figurent dans le rapport.

— On ne peut pas toujours courir, lui dis-je. Laisse-moi souffler un peu. Rien ne retarde autant que le poids des souvenirs. C'était quelque chose comme ça :

*J'ai choisi de rester fidèle*
*Pour rien pour le souci du temps*
*Pour pouvoir dire elle était belle*
*La vie au creux de mon amant*

## XI

# *On efface tout et on recommence*

— Mon cher O, me dit A, ce que tu me racontes de toi-même me reste aussi obscur que ce que tu me racontes du monde. Il me semble que les mots que tu alignes avec tant de bonne volonté pour m'expliquer ta Terre pourraient tout aussi bien laisser la place à d'autres et qu'il y a dans tes discours quelque chose d'arbitraire.

— D'arbitraire ? m'écriai-je.

— D'accidentel, d'interchangeable, de lassant, d'inutile. Je ne suis pas très surpris de la mélancolie qui semble parfois t'envahir : on dirait que la vie n'est faite que de hasards.

— C'est la vie, lui dis-je. C'est l'histoire. Si nous menons à bien notre rapport pour Urql, il fera partie à jamais de l'histoire de ce monde où hasard et liberté sont les noms temporaires de la nécessité. L'histoire est nécessaire, immuable, de bout en bout rationnelle et logique. Il n'est pas question pour elle d'être différente de ce qu'elle est. Et elle est accidentelle, hasardeuse et inutile.

— Je te plains, me dit-il. Vivre est une sale affaire : autant pisser dans un violon. Tu m'assures que Rome a été prise, je ne sais plus très bien quand...

— 1527, lui dis-je.

— Ah ! oui, c'est vrai, 1527... par des lansquenets germaniques commandés par un Français et que tu as toujours aimé être ailleurs que tu n'es. Tout cela, je te l'accorde, est du plus vif intérêt. Mais on s'en passerait sans dommage. Le monde ne serait-il plus le monde sans Clément V ou VI — ou même sans Clément VII dont tu fais tout un foin ? Ce qui manque le plus à ton récit, c'est la nécessité. Pourquoi quelque chose au lieu de rien ? Mais aussi : pourquoi ceci ou cela plutôt qu'autre chose ? Je ne comprends presque rien au connétable de Bourbon, à Benvenuto Cellini, à Marie et à toi.

— Je détesterais que ton séjour sur cette Terre où je suis passé moi-même se soldât par un échec. Il faut que tu te mettes dans la tête que tout y est inutile et que tout y est nécessaire. Les parapluies et Marie et les règles du jeu de football autant que Clément VII et Benvenuto Cellini. On efface tout et on recommence.

— On recommence, me dit-il avec une lassitude mêlée de soumission.

— Je recommence, lui dis-je. Il y a, dans l'espace et dans le temps, quelque chose qui s'appelle le monde. Et il y a, dans ce monde, quelque chose qui s'appelle la vie. Et il y a, dans cette vie, quelque chose qui s'appelle l'histoire. Et dans l'histoire, il y a moi.

J'ai été, dans les jours de ma vie, un homme parmi les hommes. C'est une chance prodigieuse et une aventure sans égale. J'aurais pu ne pas être, ne rien savoir du monde, tout ignorer des hommes. Pas du tout. J'avais des yeux pour voir, des oreilles pour entendre, une langue pour parler et plusieurs autres outils pour faire pas mal de trucs dont nous parlerons en leur temps. Tout cela suggère qu'il y a quelque chose qu'on peut appeler le monde, et qu'il y a quelqu'un dans le monde qu'il est permis d'appeler moi. Ou peut-être qu'il y a moi, et le monde autour de moi.

Beaucoup de philosophes ont pensé que le monde et la vie n'étaient rien d'autre qu'un rêve. Un philosophe français, du nom de Descartes, a commencé, comme toi, par douter de l'évidence de tout ce qui semble si évident.

— Connu, ton Descartes? Important, ton Descartes? Je te demande ça pour le rapport.

— Très connu. Très important.

— Dois-je comprendre, insista-t-il en griffonnant le nom de Descartes dans l'absence de paume de son absence de main, un peu comme Charlot écrivait sur sa manchette, que les philosophes français sont les plus importants?

— Non, lui dis-je. Les plus importants, les plus séduisants, ceux qui ont lancé le plus d'idées dans l'air pur de l'Hellade, ce sont les Grecs. Et ensuite les Allemands, qui sont tous philosophes, musiciens et soldats. Mais aussi les Chinois. Les Chinois sont jaunes, et ils sont nombreux. Ils ont eu un philosophe du nom de Confucius, et un autre encore du nom de Lao-tseu qui a écrit un livre appelé le *Tao-tö king*. Ils ont inventé la poudre, la boussole, la porcelaine pour imiter le jade, la soie, les feux d'artifice. Et ils mangent du riz. Un philosophe chinois qui rêve d'un papillon se demande, au réveil, s'il n'est pas un papillon qui rêve d'un philosophe. Personne ne peut prouver que ce que nous appelons le réel soit autre chose qu'un songe d'une cohérence sans faille. Il n'est pas impossible que tu sois encore à Urql et que le connétable de Bourbon, et Benvenuto Cellini, son meurtrier présumé, et tous les parapluies de la rue du Dragon, et Marie, et même moi qui te parle ne soyons rien d'autre que ton rêve. Et il n'est pas impossible que je ne sois pas mort du tout et que la Douane de mer, et Urql, et toi-même venu d'Urql, et le rapport que tu prépares avec mon aide balbutiante, ne soyez rien d'autre que mon rêve.

— Il se peut que tu me rêves, me dit A. Mais ce qu'il y a de troublant, c'est que je te rêve aussi. Et il se peut que je te rêve, mais il me semble bien, alors, que tu me rêves aussi.

— Rien de plus juste, lui dis-je. Tu mériterais d'être allemand. Ou chinois. Ou peut-être même d'être grec. Il y a entre les esprits

— et permets-moi, je te prie, de me compter parmi eux depuis que je suis mort — une...

— Je t'en prie, me dit A.

— Merci beaucoup, lui dis-je... une espèce de dialogue et de correspondance qui donne au monde son épaisseur et sa réalité : il serait au moins surprenant que tant de monde rêve en même temps et puisse tenter de se comprendre en échangeant tant de rêves. Ou alors un réseau de rêves si bien coordonnés mériterait à coup sûr le nom de réalité. Il y a encore autre chose...

— Autre chose ?... demanda A en étouffant un bâillement. Et quoi donc ?

— C'est la souffrance. Les hommes se frottent les yeux et se demandent s'ils rêvent devant un grand bonheur ou devant beaucoup de beauté. « Est-ce que je rêve ? » s'écrient-ils dans les mauvais romans. Et parfois même : « Rêvé-je ? »

— « Rêvé-je ? », demanda A.

— Oui : « Rêvé-je ? » Et ils se passent la main sur le front, écrasés de stupeur. Ils ne se demandent jamais si la souffrance est un rêve. La souffrance est là. Elle ne laisse pas la moindre place aux jeux futiles de l'esprit ni aux subtilités de la métaphysique. La souffrance, dans ce monde, est ce qu'il y a de plus absurde. C'est aussi ce qui nous permet le moins de douter de sa réalité et de nous interroger sur son absurdité. Il est toujours possible de se demander si, oui ou non, on est heureux. Il est très difficile de nier un cancer, ou une sclérose en plaques, ou une balle en pleine poitrine, ou une jambe arrachée. Plus le plaisir est grand, plus le monde est léger. Plus la souffrance est dure, plus le monde est solide. Le monde existe, et nous aussi, parce que nous souffrons.

— Voilà une bonne nouvelle, dit A.

— Vraiment ? lui dis-je.

— Excellente. Tout ce que tu me racontais sur Michel-Ange et la rue du Dragon, et même tes poèmes, qui n'étaient pas déplaisants, avait quelque chose... comment dire ?... d'arbitraire et de flou. Je vois d'un seul coup d'œil, avec plaisir et clarté, comment la douleur et les larmes vous enracinent sur votre Terre. Voilà enfin du sérieux après tant de légèreté. Je crois que la souffrance plaira beaucoup à Urql.

— Je m'en réjouis, lui dis-je.

— J'imagine que la souffrance n'épargne jamais personne ?

— Personne, lui dis-je. Tout le monde meurt. Et mourir n'est pas gai.

— Ah bon ! me dit-il.

— La souffrance, la douleur, le malheur sont pourtant, si tu les observes avec soin, inégalement partagés entre les habitants de cette Terre qui risque d'apparaître aux yeux des belles âmes d'Urql comme un modèle d'injustice. Il y a des hommes dont la vie est plus facile et plus plaisante que celle des autres.

— Peut-être est-ce, me dit-il, parce que leur mérite leur a valu du bonheur ?

— Pas du tout, répondis-je. Dans la répartition des souffrances et des plaisirs règne le désordre le plus complet. Il y a des hommes dont on peut supposer que la vie est heureuse et des hommes dont la vie n'est qu'une caravane interminable de souffrances. Et il n'y a pas de justification apparente à cette inégalité de destins. Mais il se trouve aussi des philosophes...

— Encore ! s'écria A.

— Ils sont le sel de la Terre, lui répondis-je : ils s'interrogent comme toi sur tout ce qu'ils ne comprennent pas — et ils ne comprennent presque rien —... pour soutenir que l'équilibre se met de lui-même dans la vie et que ceux qui ont de grandes douleurs ont aussi de grandes joies alors que tout est insupportable à ceux qui ne semblent connaître que le bonheur. Ce n'est pas seulement pour les esprits que le monde est obscur. Rien n'est plus difficile, même pour un homme, que de comprendre les autres hommes. Et peut-être, d'ailleurs, de se comprendre lui-même. Les hommes sont à eux-mêmes une sorte de tâche infinie : ils dominent le monde et ne se comprennent pas.

— Tiens ! murmura A, c'est amusant.

— Amusant ?... lui dis-je.

— Enfin..., moins consternant que d'habitude. J'ai le sentiment — me trompé-je ? —...

— Ah ! bravo ! lui dis-je.

— ... que tu dis moins de bêtises quand tu parles de la souffrance que quand tu parles d'amour. L'amour, par nature, vous rendrait-il stupide — toi et les autres hommes ? Bien sûr, tu ne cesses jamais, je l'ai remarqué aussitôt, d'enfiler des sottises. Mais elles me semblent moins accablantes quand les choses vont très mal que quand elles vont trop bien.

J'exprimai, en termes choisis, ma gratitude à A. Je lui indiquai d'un mot qu'il retrouvait spontanément la sagesse des nations qui parle volontiers d'un imbécile heureux et du don divin des larmes.

— Bon, me dit A. Les choses s'arrangent un peu. Après tes élucubrations sur tous ces papes Clément...

— Mais c'est l'histoire ! m'écriai-je.

— Tant pis pour elle, me dit-il. Elle n'a ni queue ni tête.

— Pas si sûr, lui dis-je.

— ... et après tes insanités sur Marie et sur toi et sur vos départs vers le Sud qui n'avaient pas le sens commun, ta souffrance me fait chaud au cœur. Je me réjouis de voir les hommes enfin bons à quelque chose qui ne soit pas d'une futilité et d'une légèreté écœurantes. Souffrez-vous tout le temps ?

— Mais non ! Bien sûr que non. Je t'ai déjà expliqué que la vie était pleine d'agréments et que la plupart des hommes y tenaient comme à la prunelle de leurs yeux — et souvent plus qu'à tout.

— Et que faites-vous entre deux souffrances ? À quoi s'occupent les hommes quand ils ne souffrent pas ? Et quand ils ne dorment pas ? J'imagine que tous ne peuvent pas être papes, philosophes, connétables, lansquenets ou marchands de parapluies ? J'imagine que la hantise de partir vers le Sud pour s'emparer de Rome ou se promener au soleil n'est pas le ressort principal de leurs activités ?

— Non, lui dis-je, elle ne l'est pas. Les hommes travaillent. Autant que l'or, ou l'amour, ou la politique, ou le sommeil, ou le rire, ou l'ennui, ou tout ce que tu voudras et qui nourrit tant de systèmes toujours désireux et toujours incapables de résumer l'univers, le travail est le propre de l'homme.

— Voilà du nouveau, me dit-il. Et pourquoi travaillent-ils ?

— Pour vivre. Pour manger. Pour gagner de l'argent. Pour tenir leur place dans le monde.

— Comme c'est curieux, me dit-il. Et quel ennui d'être un homme ! Travailles-tu ?

— Je ne travaille plus, lui dis-je avec une ombre d'humeur. Ou je ne devrais plus travailler. Je suis mort.

— Tant mieux pour toi, me dit-il. Je vois décidément de plus en plus d'avantages à sortir de cette vie si encombrée de corvées. Mais avant de mourir et de me rencontrer, hier, travaillais-tu ?

— Bien sûr, lui dis-je. Hier, je travaillais.

— Et à quoi, je te prie ?

— À la même chose, lui dis-je.

— À la même chose que quoi ?

— Qu'aujourd'hui, lui dis-je. Que ce que tu me fais faire depuis notre rencontre à la Douane de mer.

— Mais tu ne fais rien ! me dit-il. Ou presque rien : tu parles, tu mets des mots les uns derrière les autres, tu enfiles des idées au petit bonheur la chance et tu les changes en phrases.

— C'est ce que je faisais, lui dis-je, tant que j'étais vivant, avant de m'y remettre après ma mort pour te donner un coup de main.

— Est-ce un travail ? me demanda-t-il.

— C'en est un, affirmai-je. À peine un peu spécial. Il réclame des efforts, il exige des sacrifices, il procure du plaisir, il rapporte de l'argent. Il n'est pas impossible qu'il relève de quelque grâce. C'est un métier. C'est un art. C'est presque une vocation.

— Ceux qui font la guerre sont des soldats. Ceux qui naviguent sont des marins. Comment appelle-t-on, chez vous, ceux qui font ce que tu faisais ?

— Parce qu'on voit bien qu'ils écrivent pour laisser une trace de ce qu'ils disent et des idées qui leur viennent, parce qu'on voit bien qu'ils passent leur temps à écrire comme j'écris en ce moment à l'intention des gens d'Urql, on les traite d'écrivains.

— Et penses-tu que c'est bien, sur cette Terre d'où tu sors et dans l'histoire des hommes, d'avoir été un écrivain ?

— Ah ! lui dis-je, c'est selon. Écrire est un art facile et tout d'exécution.

## XII

# *A se vexe*

— Eh bien, maintenant que nous savons — et c'est à se tordre — qu'il y a des hommes sur cette Terre et à quoi ils ressemblent, tâchons de découvrir, pour le noter dans le rapport, ce qu'ils font du temps qui leur est accordé. Je crois, si je me rappelle bien, car la tête me tourne un peu devant cette avalanche d'invraisemblances et de contradictions, que ce temps leur est compté ?

— Le temps dure, et il passe aussi. Les êtres et les choses s'en vont pour ne plus revenir, ils changent, ils s'évanouissent, et le temps les emporte.

— Où cela ? demanda A.

— Personne n'en sait rien, lui dis-je. Dans le passé, dans le souvenir, dans la mort, dans l'oubli. La seule chose qui subsiste dans ce temps qui s'écoule, c'est ce temps lui-même, qui n'est rien, qui est tout et qui n'a pas d'autre forme que les êtres qu'il dévore.

— Franchement, me dit A, j'ai beaucoup de mal à comprendre les délires que tu me racontes. Est-ce que les hommes les comprennent ?

— Ils ne se posent même pas la question, lui dis-je. Ils vivent dans le temps comme les poissons dans l'eau.

— Quel cauchemar, me dit-il, que cette vie d'illusion où votre seule liberté est d'explorer une prison dont les règles vous échappent ! Et le temps ne s'arrête jamais ?

— Il ne s'arrête jamais sur la vie qui n'existe que dans le temps et qui est liée à lui par des liens indissolubles et par son être même. Mais il s'arrête sur chacun de nous. Les hommes entrent dans le temps par la naissance et ils en sortent par la mort : c'est ce mince laps de temps qui constitue leur vie — et la vie de chaque homme n'est qu'une fraction minuscule de la grande vie du monde. Les hommes sont emportés par un temps qu'ils portent pourtant en eux et qui circule dans leur sang et dans leurs pensées. Ils sont tués par quelque chose qui fait partie d'eux-mêmes.

— Tant mieux pour eux, me dit-il.

— Tant mieux pour eux ?...

— Tu imagines l'horreur de rester à jamais enfermé dans le temps ? Je ne me méfie pas moins du temps, je dois te le dire, que du sexe et des corps. Je soupçonne que tout ce que tu me racontes de la vie et des hommes et que j'ai tant de peine à croire est déjà en germe dans ce mécanisme d'évanouissement et de mort.

— Tu as raison, dis-je à A. Le temps s'oppose à l'éternité comme l'ombre s'oppose au soleil. Le temps est le lieu de l'accident, du hasard, de l'éphémère, de la mort. Il est le lieu du changement. Il est le lieu des rencontres. Il est le lieu de l'histoire et de la parole parce qu'il est le lieu de la vie. L'éternité est le lieu de l'immuable, du silence et de la nécessité. Tu es toujours pareil à toi-même, tu n'as jamais parlé qu'avec moi que tu as rencontré dès que tu es tombé dans le temps au-dessus de la Douane de mer, et la vie des hommes ne peut t'apparaître que comme le comble de l'arbitraire.

— Les papes Clément..., me dit-il.

— Les papes Clément et tout le reste, et la mer, et le soleil, et la Ville éternelle qui finira bien par mourir, et les parapluies de la rue du Dragon, et même moi qui te parle, nous aurions pu ne pas être. Nous sommes des accidents surgis d'autres accidents dans le règne de l'arbitraire. Nous sommes entrés dans le temps qui nous a fait exister. Toi, tu n'existes pas. Parce que tu es éternel. Là où il y a du temps, il n'y a rien d'éternel. Et là où règne l'éternel, il n'y a ni temps ni vie. Le temps et l'éternité sont comme ces personnages qui, chaque fois que l'heure sonne, franchissent tour à tour, mais toujours séparément, pour frapper sur une cloche de bronze, la porte des horloges monumentales de nos cités médiévales. À l'intérieur du temps, quand il est midi, il ne peut pas être deux heures, et quand il est quatre heures, il ne peut pas être minuit. De la même façon, mais à l'étage au-dessus, il ne peut pas y avoir de temps là où il y a l'éternité et il ne peut pas y avoir d'éternité là où il y a du temps. Et pourtant...

— Et pourtant ?

— Et pourtant, on dirait que le temps a un souvenir de l'éternité. Il y a dans le temps comme une saveur, comme un parfum d'éternité. Un parfum passé, évanoui, qui traîne dans le souvenir, dans la mélancolie, dans les passions de l'amour et dans le soir qui tombe sur la mer ou sur le sommet des montagnes. Quand je te parle du temps des hommes, tu n'y comprends rien du tout, et c'est bien naturel puisque les hommes eux-mêmes, qui sont plongés dedans, n'y comprennent rien non plus. Mais quand tu me parles d'éternité, il y a quelque chose en moi qui s'agite et s'émeut. Le temps n'est peut-être rien d'autre que de l'éternité dégradée. « La lumière est l'ombre de Dieu », disait un philosophe qui a fini sur le bûcher. Le temps est de l'ombre, l'éternité est du soleil. Mais pour qu'il y ait de l'ombre, il faut qu'il y ait un soleil.

— Tous les hommes croient-ils comme toi qu'il y a de l'éternité derrière le temps, une immobilité cachée derrière le passage de l'éphémère et quelque chose d'essentiel derrière l'accidentel ?

— Pas du tout, lui dis-je. Beaucoup d'hommes, et des meilleurs, des plus illustres, des plus grands, sont persuadés que le temps n'a pas besoin de s'appuyer sur l'éternité. Ils croient que le temps et la vie sont sortis du hasard et que la nécessité a pris le relais du néant. Ils pensent que l'éternité est inutile pour expliquer le temps et que la nécessité est au cœur du réel.

— Ne s'interrogent-ils donc jamais sur la nécessité de ce qui passe chez vous pour la nécessité ? Pourquoi y aurait-il quelque chose de nécessaire dans cette nécessité qui n'est faite que de hasards, de rencontres, d'accidents et de temps qui passe ? Pourquoi l'effet suivrait-il la cause et pourquoi la somme des angles de vos triangles euclidiens serait-elle égale à deux droits de toute éternité ? Pourquoi, dans tous vos triangles rectangles, le carré de l'hypoténuse serait-il, depuis toujours et à jamais, égal au carré des deux autres côtés ? Pourquoi sauriez-vous d'avance que le soleil va se lever et que vous allez mourir ? La nécessité est bien autre chose qu'une répétition dont vous auriez pris l'habitude. Ce n'est pas pour la seule raison qu'il se lève tous les matins que le soleil se lèvera demain matin sur votre Terre. Ce n'est pas pour la seule et mince raison que tous les hommes d'un passé dont la rumeur vous poursuit ont bien fini par mourir que vous mourrez vous aussi. Tu soupçonnes, n'est-ce pas? qu'il y a derrière votre nécessité quelque chose de plus fort que toutes les routines de la constatation. Et que la nécessité qui se déploie dans le temps est enracinée hors du temps. Le soleil se lève et les hommes meurent parce que la nécessité est un ordre immuable. Et la nécessité est un ordre immuable parce qu'elle est le reflet d'une puissance inconnue, cachée à tous les mortels, autrement nécessaire que votre nécessité de pacotille et de substitution vouée à disparaître en même temps qu'un univers à qui l'éternité est à jamais interdite parce qu'il est inscrit dans le temps.

— Eh bien, dis-je à A, quelle tirade ! Toi, quand tu t'y mets... Il me semble que les rôles se renversent et que je deviens, comme il se doit, l'élève de mon élève.

— Pour tout ce qui est du temps et de la vie, je reste ton disciple, me dit A. Tu sais que je n'y comprends goutte. Tu as tout à m'apprendre. Je ne sais rien de votre Terre, si bourrée de mystères que vous appelez évidences. Rien, sinon qu'elle n'a pas pu surgir du néant par hasard ou par distraction, que le temps n'est pas cause de lui-même et que l'histoire des hommes n'est pas le centre de l'univers.

— Aïe ! aïe ! aïe ! lui dis-je. Tu parles comme les vieillards des temps évanouis.

— Je ne fais pas beaucoup de différence entre vieillards et jeunes gens ni entre siècles écoulés et siècles encore à venir...

— C'est que tu ne connais rien à un des ressorts les plus puissants des hommes — et surtout des hommes d'aujourd'hui : le progrès. Depuis quelques siècles, la plupart des esprits distingués de ce monde soutiennent précisément l'inverse de ce que tu viens de dire. Ils sont persuadés que l'homme est le centre de tout : c'est ce qu'ils appellent l'humanisme. Et ils sont persuadés que le hasard et la nécessité sont à la source de l'histoire, de la vie, du temps et de tout l'univers.

— C'est absurde, me dit A.

— Ils le reconnaissent, lui dis-je. Mais ils assurent qu'il est plus absurde encore d'imaginer que quelque chose d'inconnu, dont il est impossible de rien dire, ait créé les choses connues, dont il est au moins permis de parler — et personne ne s'en prive. Ils disent que rejeter sur un mystère dont personne ne sait rien tout le poids de l'absurde est une solution de facilité. Ils préfèrent une vie, un temps, une histoire qu'on a du mal à comprendre mais qui ont le mérite d'exister à une éternité qui est la perfection même mais dont le seul défaut est de ne pas exister. Et, pour tout dire d'un mot, ils préfèrent ce qui existe à ce qui n'existe pas et l'absurde au mystère.

— Et moi, me dit A, crois-tu donc que j'existe ?

— Eh bien..., lui dis-je, avec un peu d'embarras.

— Quoi, eh bien ? C'est oui ou c'est non ?

— Difficile de répondre, lui dis-je. Et peut-être impossible. Il est clair qu'il y a désormais pour moi — et peut-être même pour d'autres, pour les gens d'Urql par exemple — quelque chose ou quelqu'un qui porte le nom de A. Il n'est pas tout à fait exclu que quelques-uns, en ce moment même, aient une pensée pour A et suivent, au moins en esprit, son voyage vers notre Terre, ses aventures ici-bas et sa rencontre avec moi, qui existe à n'en pas douter puisque je rédige ce rapport. Dans le souvenir des hommes, et dans leur imagination, A se met à jouir, en moins célèbre bien entendu, du même statut qu'Arsène Lupin, qu'Ajax, qu'Aïda, qu'Ahasvérus, qu'Athos et Aramis et, bien sûr, d'Artagnan, qu'Adolphe et Aurélien, que le prince André et Gustave Aschenbach, que Céleste Albaret ou Albertine disparue, qu'Atala, Amélie ou le prince Aben-Hamet, qu'Amfortas et le roi Arthur, qu'Alice et son miroir ou la comtesse Almaviva, que Daniel d'Arthez et Amédée Fleurissoire, que madame Angot ou madame Arnoux, qu'Amadis de Gaule et la duchesse d'Amalfi ou Alexandre le Grand, ou encore Aladin et sa lampe merveilleuse ou Ali Baba et ses quarante voleurs et pas mal d'Angélique.

— Ou Andromaque ? dit A. Ou Achille, peut-être ?

— Bravo ! lui dis-je. Quelle culture ! Et comme tu apprends vite ! On finit par se demander s'il n'y aurait pas quelque chose qui manquerait si A ne venait pas prendre place aux côtés d'Aurore de Koenigsmark et de lady Brett Ashley sous les traits d'Ava Gardner. Il serait peu raisonnable, en ce sens, de voir en toi un pur néant.

— Merci beaucoup, dit A.

Et il prenait l'air boudeur d'un écolier que son application et ses louables efforts n'empêchent pas d'être traité avec un peu de désinvolture.

— Si exister, en revanche, consiste à prendre place dans le temps et dans l'histoire des hommes, il est tout aussi clair que tu n'existes pas. Toujours pour la même raison : parce que tu es éternel et que seul existe pour nous ce qui surgit dans le temps et disparaît avec le temps. Il n'est pas très surprenant que tu préfères l'éternité au temps et que tu la discernes derrière lui. Faute d'éternité, tu sombres dans le néant. Si tu n'es pas nécessaire, tu deviens inutile. Aucun mortel ne t'a jamais rencontré et il a fallu que je meure pour m'entretenir avec toi. Je dois même t'avouer que si j'étais encore en vie, je douterais sans doute de toi.

— Personne ne doutera plus de moi quand, grâce à toi en grande partie, des lecteurs par millions se jetteront sur notre rapport.

— Tant que cela ? lui dis-je. On lit beaucoup à Urql.

— À Urql, me dit-il, et chez vous, sur la Terre.

— Comment cela, chez nous, sur la Terre ?

— Mais bien sûr, me dit-il. J'aurais du mal à croire que nos conversations sur les hommes n'intéressent pas les hommes.

— Franchement, murmurai-je, je n'aimerais pas que le rapport soit connu sur la Terre...

— Je vois ce que c'est, me dit-il. La Terre et les hommes ne ressemblent en rien à tes récits extravagants. Je pensais bien que, pour étrange qu'il fût, ton monde ne pouvait pas être aussi invraisemblable. Tu t'es moqué de moi, tu m'as raconté n'importe quoi. Et tu ne veux pas que tes sottises circulent parmi les tiens.

— Pas du tout, répondis-je. La Terre est comme je te le dis, ou à peu près, et les hommes aussi. Je suis sûr qu'ils se reconnaîtraient dans les portraits que je fais d'eux et de leur histoire. Ce qui cloche, c'est toi. Personne ne voudra jamais croire sur la Terre qu'il m'a suffi de mourir pour rencontrer, à Venise, au-dessus de la Douane de mer, un esprit qui s'appelait A et qui te ressemblait.

— Pourquoi donc ? me demanda A. Ils croiront bien, à Urql, que j'ai rencontré à Venise un... Dis donc, j'y pense tout à coup, Venise, la ville de marbre et d'eau, la ville à ne pas croire, toute rouge avec ses canaux, elle existe bien, au moins ?

— Le monde existe, lui dis-je. Et Venise aussi. C'est une ville construite sur l'eau qui est belle jusqu'à la douleur et qui fait rêver les hommes. Tu l'as vue, tu te souviens ?

— Ah ! on ne sait jamais... Après tout ce que tu m'as dit, ce pourrait être un rêve, un mirage, un délire, une hallucination...

— Mais non ! lui dis-je. Ne t'affole pas. Venise n'est pas moins vraie que tout le reste sur cette Terre. Elle n'est pas plus un mirage que notre jeunesse évanouie ou l'assassinat de Jules César ou les Royaumes combattants dans l'Empire du Milieu. Nous avons des preuves par millions — des tableaux, des Mémoires, des récits de voyageurs, des photographies de touristes, des cartes et des plans... — de l'existence de Venise.

— Bon, alors, ils croiront bien, à Urql, que j'ai rencontré à Venise, ville improbable entre toutes, un mort qui te ressemblait et qui portait le nom de O. Ils peuvent bien croire, sur ta Terre, que tu as rencontré à Venise un esprit qui s'appelait A. Un mort — ou un vivant — est à peine plus vraisemblable qu'un esprit éternel.

— Tu ne les connais pas, lui dis-je. Ils se méfient de tout.

— Savent-ils, sur la Terre, ce qui se passe après la mort ?

— Non, lui dis-je, ils ne le savent pas. Ils savent des foules de choses. Sur la précession des équinoxes, sur la structure en double hélice de la molécule d'acide désoxyribonucléique, sur les fulgores porte-lanterne, sur les reines de Palmyre, sur les propriétés du quartz, sur les origines du tokharien. Ils connaissent la musique et la géométrie. Ils se livrent à la chasse à courre et à une quantité incroyable de manies et de plaisirs défendus. Ils ont inventé la pâtisserie, le violoncelle, l'informatique, les manières de table, la comptabilité en partie double, la montgolfière, le rugby, la relativité restreinte et généralisée. Ils ont déchiffré le maya et le linéaire B. Mais ils ne savent pas ce qui se passe après la mort. Les uns s'imaginent que la mort est une espèce de naissance et qu'elle ouvre sur la vraie vie dont la vie sur la Terre n'est qu'une image déformée et une caricature ; les autres croient qu'il n'y a de vie que la vie et que la mort est la fin de tout. Les uns et les autres camouflent une mort dont ils ne savent rien sous une vie dont ils ne savent pas grand-chose. Ni les uns ni les autres ne se jetteront sur un rapport conçu d'abord pour les gens d'Urql.

— Comme tu voudras, me dit-il d'un ton pincé. Je pensais que les hommes auraient été heureux d'en savoir un peu plus sur un esprit venu de si loin.

— Je crains, dis-je avec douceur, qu'une des passions les plus répandues chez les hommes que tu étudies ne soit en train de t'envahir.

— Ah bon ? me dit-il. Et laquelle, je te prie ?

— La vanité, lui dis-je. Rappelle-toi que le rapport n'est pas destiné à faire connaître des hommes un esprit venu d'Urql, mais à faire connaître les hommes de tes confrères, les esprits d'Urql. Et la gloire qui t'attend à Urql devrait, comme à moi, te suffire largement.

— Très bien, dit A. N'en parlons plus. Continuons à explorer ce monde qui ne saura rien de moi. Où en étions-nous ?

— Tu me demandais ce que les hommes, qui appartiennent au temps, pouvaient bien faire du temps, qui appartient aux hommes.

— Et qu'en font-ils ? dit A. Que font les hommes de ce temps qui est à eux ? Que fait le temps de ces hommes qui sont à lui ?

— Des histoires, lui dis-je. Des destins. Des romans.

## XIII

# *Est-ce ainsi que les hommes vivent ?*

Il y avait déjà plusieurs heures, pour compter comme les vivants, que je m'entretenais avec A et que je m'efforçais tant bien que mal de lui donner une idée de ce que vous êtes et de ce que vous espérez. J'aimerais beaucoup écrire ici que le soir tombait sur le monde. J'aimerais pouvoir écrire — quel repos ! — que nous nous souhaitions une bonne nuit et que nous nous quittions pour dormir. Mais les esprits, n'ayant pas d'yeux, ne peuvent pas les fermer, et le soir d'ailleurs ne tombe jamais sur un monde qui n'en finit pas de se poursuivre avant de se terminer. Il tombe ici, il tombe là, mais il y a toujours de la lumière et du mouvement quelque part. La nuit, le sommeil, les rêves impressionnaient beaucoup A. Je crois qu'ils lui faisaient peur. Il m'entraînait aussitôt vers le jour et vers l'activité. L'agitation des hommes le fascinait.

— Mais qu'est-ce qu'ils font ? me disait-il.

J'avais du mal à répondre. C'est vrai : qu'est-ce qu'ils faisaient ? J'avais tenté, comme je pouvais, de lui indiquer qu'il y avait l'espace où les choses coexistaient et qu'il y avait le temps où elles se succédaient et s'excluaient les unes les autres. Tout cela lui paraissait bizarre, invraisemblable, inutilement recherché, mais en fin de compte acceptable. Ce que je ne lui avais pas dit, ou à peine, parce que c'était beaucoup plus difficile à imaginer et à expliquer, c'est que les hommes pensaient.

— Parce qu'ils pensent ? demandait A.

Oui, bien sûr, ils pensaient. C'était même la pensée qui faisait d'eux des hommes. La main, la station debout, mais surtout la pensée. Le monde, pourtant si simple, était d'une affreuse complication. La matière était pleine de secrets que la vie la plus élaborée ne parvenait pas à percer. La fuite des galaxies et la marche des planètes, la nature de la lumière, la composition de l'air et de l'eau, la structure du moindre caillou ou du moindre fétu de paille posaient des questions innombrables et parfois insolubles. Ce n'étaient que jeux d'enfant et rosée du matin au regard de ce qui se passait dans la tête d'un idiot de village, alcoolique et goitreux. Les hommes riaient, chantaient, espéraient, se souvenaient, s'ennuyaient et aimaient. Les hommes pensaient.

— Ma pauvre tête, me disait A. J'ai le vertige du monde.

Les montagnes, les forêts, les plages le long de la mer, les rivières et les fleuves, les déserts et les lacs le remplissaient d'un bonheur mêlé d'un peu d'effroi. Il ne comprenait pas bien pourquoi certaines formes et certaines couleurs l'emportaient sur les autres. Mais, de temps en temps, devant la beauté de ce monde, l'enthousiasme s'emparait de lui. Le découpage des côtes, les îles au milieu des flots, avec de l'eau très claire autour d'elles, les pics couverts de neige, les vallées très vertes et les dunes dans le désert, plusieurs villes aussi, bâties auprès de la mer, ou au pied d'une montagne, ou dans les plis d'un fleuve, et d'abord Venise, bien entendu, mais aussi Todi et les rêves de Bramante, ou Gubbio et Urbino, ou Fatehpur Sikri, si vite abandonnée parce qu'il n'y avait pas d'eau, ou Udaipur au bord de son lac, ou Rio de Janeiro avec son Pain de Sucre et son Corcovado, ou la Corne d'or d'Istanbul, lui faisaient aimer l'espace et le temps, et le génie des hommes. Je serais prêt à jurer que, plus d'une fois, sous son calme apparent, derrière son flegme quasi britannique — s'il est permis d'attribuer à un esprit venu d'Urql les prétendues qualités, toujours un peu douteuses, de tel ou tel groupe national —, il éprouva quelque chose qui, au-delà de la stupeur, ressemblait à de l'émerveillement. Des choses minuscules et immenses — une toile d'araignée, une rose de sable, un cristal de neige sous le soleil, les couleurs des ailes d'un papillon d'Amazonie, le soir en train de tomber sur les îles de la mer Égée, sur Symi, sur Kalymnos ou sur Castellorizo, le fourmillement des étoiles dans la direction d'Urql, que les yeux des hommes ne pouvaient pas distinguer en raison de la distance — lui inspiraient des sentiments qu'il n'avait jamais éprouvés. Les hommes l'épouvantaient.

Les corps l'épouvantaient. Le sexe l'épouvantait. Le temps l'épouvantait, sous cette forme haletante, nécessaire et absurde que nous appelons l'histoire. Mais c'était surtout la pensée qui le plongeait dans des abîmes de chagrin et d'incrédulité.

— C'est très étrange, lui disais-je, puisque tu es toi-même un esprit et que tu n'es que pensée.

Mais la pensée, chez A, se confondait avec la nécessité, la cohérence, l'absolu. Ce qui le mettait hors de lui, c'était la contradiction. Le flou. L'incertitude. Ce n'était pas lui qui aurait chanté :

*Incertitude, ô mes délices...*

Sa pensée à lui se déployait dans une sphère bien ronde et bien close aux dimensions de l'infini et qui ne cessait jamais de coïncider avec elle-même. Il avait le sentiment, je crois, et c'était une vraie souffrance, que la pensée des hommes fuyait sans cesse de partout. Le mensonge, le changement, l'éphémère, l'accidentel le mettaient mal à l'aise. Ce qu'il aimait le mieux, chez nous, c'était la mathématique, dont les fondements, pourtant, lui paraissaient mal assurés. Il détestait l'arbitraire qui est la loi du temps et des hommes.

— Au fond, lui disais-je, avoue-le, ce que tu n'aimes pas, c'est la liberté.

Il prétendait que la seule liberté s'appelait nécessité. Le reste était des hoquets, des illusions, des grimaces, des faux-semblants. La pensée sur la Terre lui apparaissait comme un champ de bataille où régnait le désordre. Il déplorait que le monde visible fût doublé de bout en bout par le monde invisible de la pensée et des passions dont le foisonnement laissait loin derrière lui la multitude des grains de sable sur toutes les plages de la planète, des gouttes d'eau dans la mer et des étoiles dans le ciel.

— Nous créons ce désordre, lui disais-je, et nous en vivons. Il est notre honneur et notre bonheur. Les passions, c'est nous ; les idées, c'est nous ; les contradictions, c'est nous. Nous roulons d'erreur en erreur et de cette cascade d'échecs surgit notre vérité.

— Quelle horreur ! me disait-il.

— La grandeur des hommes, lui disais-je, ne vient pas d'une vérité qui nous échappe à jamais. Elle vient de nos efforts vers cette vérité inconnue : σὺν ὅλῃ τῇ ψυχῇ εἰς τὴν ἀλήθειαν ἰτέον.

— Qu'est-ce que c'est encore que ça ? me disait-il.

— C'est du grec, lui disais-je. Il faut aller à la vérité de toute son âme. Ce qui appartient aux hommes, ce n'est pas la vérité, c'est le chemin vers la vérité et l'effort pour y parvenir. On pourrait presque dire que, puisque nous sommes dans le temps qui ronge et détruit tout, la vérité ne nous regarde pas. Elle ne nous concerne pas. Ce n'est pas notre affaire. Le propre des hommes, et leur grandeur, c'est la suite de leurs erreurs dans la recherche de la vérité.

— Veux-tu dire que vos erreurs vous sont plus chères que la vérité ?

Je me grattai la tête.

— Elles ne nous sont pas plus chères, lui dis-je. Mais elles nous sont plus proches. Nous ne sommes qu'essais, tâtonnements, aller et retour, recherches. Notre vérité, c'est la mort. Et notre vie est faite d'erreurs puisqu'elle se déploie dans une histoire où rien n'est jamais acquis et où tout se transforme. Toute la beauté du monde est dans le passager, dans la diversité, dans la contradiction. Elle est dans la liberté, qui consiste le plus souvent à être libre de se tromper et de dire n'importe quoi.

— Alors, c'est ça, la vie ? me dit-il.

— Je ne sais pas, lui répondis-je. Moi aussi, puisque je suis un homme, ou plutôt que j'en étais un, je dis n'importe quoi. Moi aussi, je me trompe peut-être. Moi aussi, j'en ai peur, et plus encore que personne, je roule d'erreur en erreur.

*Elle avait un cœur d'hirondelle*
*Sur le canapé du bordel*
*Je venais m'allonger près d'elle*
*Dans les hoquets du pianola*
*Est-ce ainsi que les hommes vivent*
*Et leurs baisers les suivent*
*Comme des soleils révolus.*

## XIV

# *Les soleils révolus*

— Faut-il inscrire dans le rapport, demanda A en agitant son crayon entre l'index et le médius, que, poursuivis par des baisers à l'allure de soleil, les hommes aiment à s'étendre, au son d'un piano mécanique, sur des divans de maison de passe, auprès de cœurs d'hirondelles ?

— Je ne crois pas, lui dis-je. Ne te laisse pas entraîner jusque-là. Le génie d'Aragon...

— Est-ce que je le connais déjà, celui-là ? demanda A.

— Tu devrais, lui dis-je. Pour le rapport.

*Ô mon jardin d'eau fraîche et d'ombre*
*Ma danse d'être mon cœur sombre*
*Mon ciel des étoiles sans nombre*
*Ma barque au loin douce à ramer*

Ou :

*Je suis plein du silence assourdissant d'aimer*

Ou :

*Au cloître que Rancé maintenant disparaisse.*
*Il n'a de prix pour nous que dans ce seul moment*

*Et dans ce seul regard qu'il jette à sa maîtresse,*
*Qui contient toutes les détresses,*
*Le feu du ciel volé brûle éternellement.*

— Ah ! ah ! dit A.

— N'est-ce pas ? lui dis-je... ne doit pas t'égarer. Les hommes s'allongent très peu auprès de cœurs d'hirondelles. Ils sont plutôt tailleurs, architectes, astronomes, cuisiniers. Ils sont soldats et prêtres. Ils sont ambitieux, avares, barbiers, rongés par le remords, assoiffés de plaisirs, prêts à beaucoup de sacrifices et à beaucoup de crimes, danseuses, médecins, explorateurs et notaires. Ils sont aussi chasseurs, orgueilleux, pilotes de course, modestes, professeurs de musique, archivistes-paléographes, portés au rire ou au suicide, pleins de contradictions et de folies, amoureux et mystiques. Quelque chose les pousse, de toujours différent, et de toujours un peu semblable, qui les distingue des arbres, des pierres, des licornes, des trous noirs.

— Et qui les précipite dans des cloîtres.

— Rien de plus exact, répondis-je. Pas toujours. Pas à chaque coup. Mais parfois, et même assez souvent dans des temps évanouis. Tous les hommes se ressemblent et ils sont très divers. Presque tous, comme les singes, qui ressemblent eux-mêmes aux chiens, aux chats, aux veaux, aux chèvres, ont une tête, un cou, un tronc, deux bras achevés par deux mains et deux jambes achevées par deux pieds.

— Comme Marie ? demanda A.

— Comme Marie. Ne nous le dissimulons pas plus longtemps : la plupart du temps en moins bien. Mais les uns aiment l'argent, et les autres le détestent. Les uns veulent que tout change, et les autres que rien ne bouge. Les uns sont d'un côté, et les autres sont de l'autre. Et ce qui manque le moins, dans le monde, ce sont les côtés. En Europe, en Asie, en Amérique, un peu partout, il se trouve des hommes, tu le sais déjà, pour penser qu'il n'y a rien, mais alors rien du tout, en dehors de la matière, au-delà de cette Terre et de la vie qui s'y déroule. Et d'autres qui croient dur comme fer qu'il y a des dieux ou un Dieu et qu'il y a une vie après la mort. Ce sont eux surtout qui s'enferment dans les cloîtres. On leur donne le nom de moines, de bonzes, de nonnes, de vestales, de lamas. Rancé finit dans un cloître assez rude dont il fixa les règles et qui s'appelle la Trappe.

— À l'époque d'Aragon ?

— Pas du tout. Trois siècles plus tôt.

— Ce n'est pas grand-chose, remarqua A.

— Pas grand-chose pour toi. Et très long pour les hommes. Il faut que je te dise que notre rapport peut être conçu selon deux méthodes différentes. Et peut-être devra-t-il comporter deux parties, ou peut-être même deux tomes, pour résumer le monde et sa totalité.

— Deux tomes ! s'écria A.

— Au moins, lui dis-je. Le monde peut d'abord être considéré dans sa diversité à un moment donné. C'est déjà beaucoup. C'est une tâche infinie. Il peut aussi être reconstruit, à travers l'histoire et le temps, dans la variété de ses états successifs. Et c'est encore beaucoup plus. Avec le premier système, tu t'efforces d'obtenir une photographie instantanée de tout ce qui se passe à un même instant. Avec le second, tu reconstitues une évolution à travers une continuité, toute faite de changements qui s'engendrent sans se lasser.

L'une et l'autre entreprise est également illusoire et vouée d'avance à l'échec. Personne — et pas même toi — ne parviendra jamais à saisir d'un seul coup d'œil le formidable enchevêtrement de l'en-même-temps du monde. Et personne, bien entendu, ne peut ressusciter la totalité d'un passé qui fut jadis un présent mais que le passage du temps a changé en oubli ou, dans le meilleur des cas, en souvenir. Dans l'espace, déjà, il est impossible de savoir en détail ce qui se passe à Pékin, à Moscou, à Chicago, à Rome. Il est même impossible de rendre compte, jusqu'à épuisement du réel, de la situation d'un quartier, d'une maison, d'une chambre, si petite soit-elle — ou même vide. Notre vide est toujours très plein. La réalité déborde sa description de partout. Mais l'espace, qui conserve tout, est encore bien plus maniable que le temps, où tout se dissipe et se perd.

Dans le temps, l'historien, l'archéologue, le savant ne recueillent que des bribes d'un passé évanoui. Ils restituent le plan d'une bataille, les couleurs d'un vêtement, la forme d'un palais, les termes d'un traité, les feux éteints d'une passion qui fut jadis brûlante. Ils sont incapables de nous rendre l'allure, le rythme, la saveur d'un présent à jamais disparu et tombé dans le passé. C'est te dire que l'ensemble du monde, malgré mes soins dévoués, tu n'en sauras jamais rien. Le rapport, j'ai le regret de te l'annoncer, ne dépassera pas le stade d'un balbutiement lacunaire sur une réalité qu'il n'est pas permis de traiter d'infinie, mais dont les combinaisons, en nombre indéfini, défient tout inventaire. Je peux tout juste te murmurer quelques mots égarés sur ce qui se passait à Paris, à l'ombre d'un grand roi flanqué d'un cardinal, dans les jours de Rancé, dont Aragon, trois siècles plus tard, malgré tant de divergences qui suffiraient à elles seules à remplir douze rapports et dans une ambiguïté où se mêlent société, histoire, métaphysique, allait chanter la gloire.

— Cesse de me décourager, veux-tu ? Et de vanter la grandeur de cette Terre qui n'est qu'un détail minuscule et un peu ridicule de l'univers que j'ai traversé pour venir jusqu'à toi. Donne-moi plutôt quelques détails sur Rancé et sur Aragon. Puisque tu as l'air d'y tenir, j'aimerais bien, au moins, les citer dans le rapport.

— C'est déjà fait, lui dis-je.

— Et explique-moi, du même coup, deux ou trois choses qui m'échappent. Qu'est-ce qui peut bien séparer les hommes les uns des autres et, par exemple, Aragon de Rancé ? Et pourquoi Aragon, qui semble si loin de lui, se croit-il obligé de parler de Rancé ?

— Les hommes, mon cher A, passent leur temps à penser, souvent d'ailleurs à rien, et à parler les uns aux autres et aussi les uns des autres. Au-delà des collines et des vallées, des fleuves, des océans, des forêts et des fleurs, le monde est plein de pensées, de paroles et de rêves. Une sorte de voile, une brume recouvre toute la Terre. C'est une enveloppe invisible qui est toute faite d'esprit. Tu y trouverais des montagnes de savoir et un abîme d'oubli qui doit bien, lui aussi, figurer quelque part. Ce que les hommes oublient, ce qu'ils cachent, ce qu'ils n'ont jamais su existe encore je ne sais où. Les crimes impunis, les amours clandestines, les enfants qui auraient pu naître et qui ne sont jamais nés, les secrets chuchotés à mi-voix dans la nuit, ce qui n'a jamais été dit et peut-être à peine pensé flotte autour de ce monde. Les hommes sont des bêtes, mon cher A, des machines, des tas d'atomes et de boue. Mais ce sont aussi des esprits.

— Vraiment ? dit A. Comme moi ?

— Bien sûr que non. Pas comme toi. Ils sont cloués au sol, emportés par le temps, enfoncés dans l'argile, dans le souci, dans le désir. Mais ils communiquent entre eux et ils parlent comme nous parlons.

— J'ai déjà remarqué, dit A, que les hommes parlaient beaucoup.

— Ils parlent, ils écrivent, ils parlent de ce qui a été écrit et ils écrivent encore sur ce qui a déjà été dit. Le monde est un spectacle, il est aussi une glose, et le commentaire d'un commentaire. Le monde est une histoire, il est aussi un langage. Et, au moins autant qu'un langage sur le monde, la parole des hommes est un langage sur un langage. Ce qui leur permet, à l'infini, d'exprimer des opinions qui diffèrent les unes des autres et de se distinguer entre eux tout en se répétant. « Le monde », écrit un grand philosophe...

— Son nom ? demanda A en levant son crayon.

— Trop compliqué, lui dis-je. Il y a un *W* suivi d'un *i,* et puis deux *t* — *tt* — suivis d'un *g*, et puis encore un *e* et un *n* — *en* —, et enfin *stein,* ce qui est bien la seule chose prononçable dans son nom. « Le monde est tout ce qui arrive, le monde est l'ensemble des faits et non pas des choses. » Ce n'est pas assez dire. Le monde est aussi l'ensemble de tout ce qui n'arrive pas et qui est pourtant encore là : des idées, des paroles, des oublis, des silences, des croyances et des secrets. Rancé croit au ciel et Aragon n'y croit pas. Mais...

— Mais Rancé parle d'Aragon et Aragon de Rancé.

— Oh ! A ! m'écriai-je. Tu sais bien que les hommes sont emportés par le temps...

— J'oubliais, me dit A.

— ... et que seul Aragon a pu parler de Rancé. Mais s'il est vrai que Rancé a eu sur Aragon une influence évidente puisque des vers d'Aragon

*Au cloître que Rancé maintenant disparaisse...*

nous parlent de Rancé, il n'est pas tout à fait faux, parce que les hommes sont des esprits et qu'ils communiquent entre eux au-delà de l'espace et du temps, qu'Aragon, en un sens, a une influence sur Rancé : Rancé, après Aragon, n'est plus exactement, dans le souvenir des hommes, le même qu'avant Aragon.

— Et pourquoi Aragon, dans la masse innombrable des souvenirs de l'histoire dont tu as plein la bouche, a-t-il choisi Rancé qui, à beaucoup d'égards, si j'ai bien compris ce que tu racontais, était si loin de lui ?

— C'est que les hommes, comme toi, aiment beaucoup les histoires. Tu en réclamais tout à l'heure. Ils en réclament depuis toujours. Et, j'imagine, pour toujours. Les mythes, les légendes, les histoires d'amour et de mort les fascinent depuis le moment, précisément, où ils sont devenus des hommes. Au point qu'on peut se demander si ces hommes qui inventent des histoires, ce ne sont pas plutôt les histoires qui les ont inventés. Et l'histoire de Rancé est si belle que, comme l'histoire d'Ulysse, ou de Rama, ou d'Alexandre le Grand, ou de Sindbâd le Marin, ou de Tristan et Iseult, elle a été reprise sans fin par ceux qui l'ont suivi.

— Raconte-la-moi, me dit A.

— Tu le veux vraiment ? lui demandai-je.

— Oui, je le veux. Pas pour moi. Pour le rapport.

— Eh bien, commençai-je, il était une fois un grand roi qui régnait sur un beau royaume. Le royaume s'appelait la France et il dominait de sa richesse et de la masse de ses habitants tous les pays voisins : l'Espagne, l'Angleterre, les Pays-Bas, la Savoie et les terres de l'Empire. Les hommes y étaient distingués et classés selon les règles rigoureuses qui s'attachent aux cultures et qui les constituent. Il y avait des nobles, des prêtres et le commun du peuple. La tâche des nobles, autour du roi, avait été, jadis, de défendre contre l'ennemi ceux qui s'étaient mis sous leur protection et de faire la guerre au péril de leur vie. Privilégiés tombés le plus souvent dans une inutilité d'où surgissaient, ici ou là, des génies éclatants qui s'appelaient Turenne, le Grand Condé, Saint-Simon, Maurice de Saxe, La Rochefoucauld, ou encore, ailleurs, le prince Eugène, ils étaient devenus, avec le temps, grands seigneurs, courtisans, maréchaux, ducs et pairs. Ils détenaient les terres, la fortune et le pouvoir.

— Je ne comprends pas tout, coupa A, mais ça ne fait rien : continue.

— Les prêtres servaient Dieu et constituaient l'Église qui était, elle aussi, très puissante et très riche. Ceux qui la dirigeaient étaient les égaux des plus grands et donnaient en public, dans les églises où se rassemblait la foule des fidèles, des leçons au souverain. Les prêtres des campagnes étaient aussi pauvres que leurs ouailles, mais ils connaissaient le latin, souvent le grec, et ils savaient lire et écrire et compter. L'Église, pendant des siècles, s'était confondue avec le savoir, avec l'éducation, avec les lettres classiques dont elle avait assuré la survie. À l'époque de Rancé, des relations ambiguës de complicité et de rivalité unissaient l'Église aux ambitions d'un esprit en train de s'émanciper. Le plus grand nom de l'Église, en ce temps-là, était en même temps un des plus grands de cette littérature française dont je t'ai déjà parlé plusieurs fois.

— J'ai toujours l'impression que c'est la seule chose qui t'intéresse. Maniaque, hein ?

— Enfin..., lui répondis-je. Un peu, comme tout le monde. Toi aussi, tu verras, quand le rapport sera fini, tu aimeras les mots et leurs combinaisons. Le nom était celui de Bossuet qui se servait, pour régner sur les âmes, de toutes les ressources de la langue et de la rhétorique : « Dès ce soir, tu seras avec moi dans la maison de mon Père. Dans la maison de mon Père : quel séjour ! Avec moi : quelle compagnie ! Dès ce soir : quelle promptitude ! » Au-dessous des nobles et des prêtres, dont le séparait une classe intermédiaire de bourgeois, de notaires, de médecins, de financiers, d'avocats, de parlementaires qui parvenaient parfois, à force d'efforts et de capacités, à se hisser jusqu'à la noblesse, le peuple était composé de paysans, d'artisans, de commerçants, de domestiques, de manœuvres. Parce qu'il était pauvre et ignorant, il ne comptait guère. Et il travaillait.

— Le travail..., dit A.

— Le travail, lui dis-je. Les femmes, en ces temps-là, et depuis de longs siècles, et peut-être des millénaires, étaient soumises aux hommes. Il leur arrivait de se distinguer par leur intelligence ou leur caractère et d'occuper, jusqu'au sommet de l'État, des fonctions d'autorité. Mais ce qui les distinguait surtout, c'était leur beauté. Il y avait, à la cour de France, des femmes que leur beauté avait rendues célèbres à travers le monde entier, c'est-à-dire — la Chine et les Indes étant trop loin et l'Afrique ignorée — à travers toute l'Europe. Une des femmes les plus belles, et les plus célèbres par leur beauté, de la cour du grand roi était la duchesse de Montbazon.

Dès son âge le plus tendre, Marie de Bretagne avait brisé le cœur des hommes. Elle avait la beauté, elle avait la grâce, elle avait le charme et la majesté. Elle fut d'abord une enfant ravissante que les membres de sa famille regardaient grandir avec une sorte d'émerveillement. Bientôt sa réputation gagna, de proche en proche, des milieux de plus en plus larges. Le roi, la cour, tous ceux qui l'apercevaient ne pouvaient plus oublier l'impression laissée par son passage et par son regard posé sur vous. Son mariage avec Hercule de Rohan, duc de Montbazon, un des plus grands seigneurs de la cour, désespéra, au moins pour un temps, car, tu commences à le savoir, il n'est rien dans ce monde qui ne finisse par passer, tous ceux que sa beauté avait émus et fait rêver. Son nom se mit à être connu au-delà du cercle de ses familiers. On parlait d'elle jusque dans les faubourgs de la capitale ou dans les châteaux et les villes de province et elle devint l'héroïne d'un refrain populaire qui était encore chanté plus de trois siècles après sa mort :

*Y avait dix filles dans un pré,*
*Toutes les dix à marier.*
*Y avait Dine, y avait Chine,*
*Y avait Claudine et Martine,*
*Ah ! Ah ! Ah !*
*Catherinette et Caterina,*
*Y avait la belle Suzon,*
*La duchesse de Montbazon,*
*Y avait Célimène*
*Et y avait la du Maine...*
*Le fils du roi vint à passer...*

Un jour, après beaucoup d'autres, des princes et des capitaines, des poètes, des séducteurs dont elle avait tourné la tête et qu'elle n'avait pas toujours découragés, Rancé vint à passer. Elle se donna à lui.

Les hommes ne parlent pas seulement les uns des autres. Ils se rencontrent et ils se parlent les uns aux autres. Aucune aventure humaine, je te l'ai déjà expliqué, n'est une aventure solitaire. Les hommes sont liés entre eux par des liens innombrables qui vont de la foi à l'intérêt, en passant par la folie, l'amitié, la curiosité, la guerre. Aucun n'est aussi fort que l'amour qui emporte en même temps et les âmes et les corps. Rancé, comme beaucoup d'autres, se prit d'amour pour la Montbazon. Et la Montbazon, par une chance inouïe, se prit d'amour pour Rancé. Ils ont beau s'en défendre et se débattre contre eux-mêmes, il n'y a rien, mon cher A, que les hommes aiment autant que l'amour.

— Plus que l'or ? demanda A.

— Oui, je crois, lui dis-je. Je crois que les hommes aiment l'amour plus que l'or.

— Et les femmes ? demanda A. Aiment-elles aussi l'amour ?

— La même chose, répondis-je. Et peut-être pis encore. On raconte qu'un sage grec, du nom de Tiresias, avait obtenu des dieux de se transformer en femme. Il indiqua que les femmes, dans l'amour, éprouvaient neuf fois plus de plaisir que les hommes.

— Voyez-vous ça ! dit A. D'autres chiffres d'amour pour le rapport ? D'autres maximes bien frappées ?

— Il ne faudra pas trop parler de l'amour dans le rapport parce que, à la différence des échecs, de la navigation à voile, ou de la mathématique, on peut tout en dire et le contraire de tout. Notre rapport aux esprits d'Urql devra s'inspirer de toutes les rigueurs de la science. Rien de plus flou que l'amour. Ni de moins scientifique. Il n'est fait que de détails, d'accidents, de paradoxes, de surprises. Et de silence. Rancé était un libertin séduisant et doué. Il se destinait à l'Église, mais il ne croyait pas à grand-chose. Il jouait, il chassait, il plaisait beaucoup aux femmes. Un des drames de l'amour, c'est qu'il est contraire à toute morale, à toute justice distributive et qu'il est cumulatif. Comme l'argent va à l'argent, l'amour va à l'amour. Chacun de son côté, Mme de Montbazon et Rancé avaient déjà fait beaucoup de dégâts. Ils se jetèrent dans les bras l'un de l'autre. Ce furent des journées et des nuits de délire.

— Nous y voilà, dit A.

— Mon cher A, lui dis-je, il n'y a pas de rapport sur les hommes qui, à un moment ou à un autre, ne débouche sur l'amour. Il faudra t'y faire, malgré ta répugnance. Et malgré mon horreur pour ces ragots qui traînent dans tous nos romans. Mme de Montbazon et Rancé furent très heureux l'un par l'autre et ils se dirent de ces choses...

— Je les entends d'ici : révoltantes.

— ... ravissantes, mon cher A, délicieuses et très douces, que les amants se murmurent depuis qu'il y a des hommes et des femmes pour parler et pour écouter et tant qu'il y en aura. Un jour, Rancé, qui était un homme comme les autres et qui aimait s'amuser, quitta Mme de Montbazon pour aller chasser quelques jours. Je ne sais rien, je l'avoue, des dernières paroles qu'ils échangèrent entre eux. Il est permis de supposer qu'ils se séparèrent dans les baisers. On peut aussi imaginer qu'elle le trouva trop gai à l'idée de partir et qu'elle lui en voulut. Ou qu'au moment de s'en aller il éprouva quelque chose qui ressemblait à du soulagement parce que les hommes qui aiment les femmes aspirent souvent à les quitter pour le seul bonheur de les retrouver.

— Tu te moques de moi ? dit A.

— Cesse de croire que je me moque de toi alors que je te rapporte avec simplicité ce qui fait la vie des hommes. Est-ce ma faute à moi si elle te paraît invraisemblable ? Rancé partit pour je ne sais où. Mme de Montbazon prit froid en se promenant dans le soir près de l'étang, ou attrapa la scarlatine, ou la rougeole, ou la petite vérole : elle mourut en trois jours. Rancé revint de la chasse. Pour se faire pardonner son absence et parce qu'il avait envie de serrer son amour contre lui, il se précipita vers elle avec sa vivacité et sa gaieté coutumières. Le devines-tu en train de se jeter, les bottes encore boueuses et l'épée au côté, dans la maison pleine de beaux meubles et de tableaux de maîtres ?

— Oui, oui, dit A. Je le devine.

— La première chose qu'il aperçut fut le corps de sa maîtresse, étendu dans un cercueil. Mais le cercueil était trop petit pour ce qui avait été la duchesse de Montbazon. On avait dû lui couper la tête et la déposer sur sa poitrine, à la hauteur des seins.

— Tiens donc ! dit A.

— Le désespoir de Rancé fut à la mesure de sa passion. « Il invoqua la nuit et la lune. Il eut toutes les angoisses et toutes les palpitations de l'attente. Mme de Montbazon était allée à l'infidélité éternelle. »

— Je vois ce que c'est, me dit A : Aragon.

— Pas du tout, lui dis-je : Chateaubriand.

— Encore un, soupira-t-il.

— Et pas des moindres, lui dis-je. Chateaubriand...

— Allons-y, me dit A.

Et il s'installa pour m'écouter.

— Sûrement pas, lui dis-je. Ce serait trop long. Si je me mettais à te parler du vicomte de Chateaubriand, gentilhomme d'Ancien Régime, émigré sous la Terreur, libéral sous Charles X, défenseur des chats, de la liberté de la presse et de la monarchie légitime, symbole de toutes les valeurs et tissu de contradictions, toujours à contre-courant et croulant sous les honneurs, ambassadeur, pair de France, ministre des Affaires étrangères, menteur, rêveur, bluffeur, charmeur, épicurien à l'imagination catholique, théoricien de la fidélité, praticien de la séduction, pilier de la famille et de la tradition, peu hostile au sérail, amoureux de sa sœur Lucile, amant de Pauline, de Delphine, de Natalie, de Juliette, de Cordélia, d'Hortense et de tant d'autres, modèle de Hugo, de Barrès, d'Aragon, de tout ce qui leur ressemble dans le génie et la gloire, inventeur du romantisme, du progressisme conservateur, de la mélancolie moderne, rénovateur des ruines, de la nature, de la cathédrale gothique et des passions de l'amour, c'est le monde entier qui défilerait sous nos yeux.

— Je me demande, dit A, si n'importe lequel de ces hommes dont tu me parles sans te lasser ne ferait pas défiler le monde entier sous nos yeux ? Il me semble, si je te comprends bien, que tout l'univers, avec ses lois et ses rêves, se reflète en chacun d'eux.

— Rien n'est plus vrai, lui dis-je. Mais il y a des hommes — et des femmes — qui rendent le monde plus grand et plus gai. Un monde sans mer ou sans forêts ne me plairait pas beaucoup. Le monde sans Marie, le monde sans Chateaubriand me plairait encore moins. Mais avec eux auprès de soi, c'est une chance à ne pas croire d'avoir passé quelques saisons, des printemps pleins de charme, des automnes délicieux, sur cette planète que tu trouves loin et qui est si familière au dernier de nos crétins, savant ou ignare, riche ou pauvre, misérable ou puissant. Chateaubriand était un écrivain catholique. Il croyait, comme Mauriac, comme Bloy, comme Bossuet, comme saint Augustin, que le Christ Jésus, né d'une vierge du nom de Marie, crucifié sous Tibère, ressuscité d'entre les morts, était le fils de Dieu.

— Pas si vite. Cette affaire-là m'intéresse. Y a-t-il beaucoup d'hommes pour croire que ce Jésus était le fils de Dieu ?

— Beaucoup, lui dis-je. Pas tous. Mais beaucoup. Et, durant pas mal de siècles, ils ont tenu une grande place et constitué une famille dont les membres étaient liés entre eux par la fraternité, par l'habitude, par l'amour — et parfois par la haine. Chateaubriand avait un confesseur qui s'appelait l'abbé Séguin. L'abbé Séguin avait un chat jaune, une vieille soutane trop longue dont il retroussait les pans pour aller voir les pauvres, des convictions très arrêtées, beaucoup d'influence sur le plus grand écrivain de la première moitié du XIXe siècle. Il invita Chateaubriand, dont il connaissait le passé, les faiblesses, les tentations, à consacrer un travail à l'abbé de Rancé qui s'était jeté dans un couvent pour oublier son malheur et ses amours coupables. L'idée n'était pas mauvaise. L'abbé de Rancé avait une maîtresse : c'était Mme de Montbazon. Le vicomte de Chateaubriand avait une femme, Céleste, et il avait une maîtresse : c'était Juliette Récamier, la plus belle créature de son temps. Elle avait tourné la tête et brisé le cœur de Lucien Bonaparte, de Benjamin Constant, du prince de Prusse, de Wellington. Elle n'avait jamais aimé que René. Aragon, qui, plus tard, allait mettre ses pas dans les pas de Chateaubriand et parler encore de Rancé, dont nous parlons nous-mêmes dans le rapport aux gens d'Urql, avait aussi une maîtresse : c'était Elsa Triolet. Elle était née à Moscou et elle écrivait des romans. Tu vois que les idées — et les femmes aussi — font courir, à travers le temps, comme un fil entre les hommes.

— Et toi, tu avais une maîtresse ?

— Oui, lui dis-je. Tu la connais. Tu l'as vue. C'était Marie. Et j'aurais donné pour elle toutes les idées du monde. Et Marie, et Elsa, et Juliette, et Marie...

— Encore ! coupa A. Tu te répètes. J'aimerais, si tu veux bien, que le rapport ne bégaye pas comme un vieux disque rayé.

— Mais ce n'est pas la même ! m'écriai-je. C'est l'autre. C'est la première : c'est Marie de Bretagne, duchesse de Montbazon. Il arrive aux hommes de porter les mêmes noms. Il y a des foules de Marie, et des foules de Juliette, et des foules d'Armand, de François, de René et de Jean. Chateaubriand s'appelait François-René et Rancé, Armand-Jean.

— Des foules de A ? Des foules de O ?

— N'en doute pas, répondis-je. Tu sais bien que notre bonheur et notre drame, un de nos drames, un de nos bonheurs, c'est de ne pas être seuls au monde. Et Marie, et Elsa, et Juliette, et Marie, séparées par les siècles, par les croyances, par la culture, réunies par le souvenir et l'imagination, se répondent les unes aux autres à travers l'abbé de Rancé, libertin et trappiste, érudit et mondain, qui prêchait comme un ange et chassait comme un diable, le vicomte de Chateaubriand, ambassadeur et rebelle, pair de France, ami des chats, légitimiste et adultère, menacé par l'inceste, catholique couvert de femmes, et Aragon, surréaliste, directeur de journal, fils naturel d'un préfet de police, ami d'André Breton, d'Eluard, de Drieu la Rochelle emporté par le fascisme, communiste et poète aux érections difficiles, chantre des yeux d'Elsa tenté, et un peu plus, par le corps des jeunes gens. Quand Aragon — béni soit son nom ! — nous parle de Rancé — et béni soit son nom ! — et qu'il dépeint pour nous, avec des mots qui brûlent,

*cette tête coupée au bord d'un plat d'argent,*

il avait lu Chateaubriand — que béni soit son nom ! — et la *Vie de Rancé* imposée au pécheur par le doux abbé Séguin — que béni soit son nom ! — qui était la proie des pauvres et qui vivait, sous Louis-Philippe, au temps de Grégoire XVI, dans la rue Servandoni, à côté de Saint-Sulpice, pas très loin de la rue du Dragon, entre son vieux chat jaune, toujours en train de dormir sur une chaise de l'antichambre, et le crucifix de bois noir qui ornait son cabinet. Tu vois, mon pauvre A, le carrefour surpeuplé où nous nous arrêtons un instant pour regarder le paysage et pour reprendre un peu de souffle. Nous pouvons repartir, au choix, vers les pauvres de l'abbé Séguin, vers Louis-Philippe, le roi bourgeois, vers le pape Grégoire XVI qui, entre Pie VIII et Pie IX...

— Oh ! non ! gémit A. Pitié ! Pas les papes !...

— ... vers Elsa Triolet, maîtresse non seulement d'Aragon mais de Vladimir Maïakovski, bolchevik et poète, ennemi du monde tel qu'il est, qui devient son beau-frère et se tue en 1930, vers Mme de Montbazon, d'une beauté vigoureuse et épanouie, maîtresse non seulement de Rancé mais du duc d'Orléans, du prince de Condé, du comte de Soissons, du duc de Longueville, du duc de Guise, du duc de Beaufort et de plusieurs autres, née Marie de Bretagne, d'une illustre maison dont nous pourrions parler pendant des heures. Toute l'histoire d'un pays, qui est d'ailleurs le mien, se déviderait alors sous nos yeux. Le seul nom de Bretagne nous ferait remonter jusqu'à la nuit des temps, jusqu'à Merlin l'Enchanteur et à la fée Viviane dans la forêt de Brocéliande, jusqu'à la cour du roi Arthur et à la matière de Bretagne, avec Perceval et le roi Pêcheur et Guenièvre et

Lancelot du Lac, et de là au prêtre Jean, à Wolfram von Eschenbach, à Wagner, à Louis II de Bavière et à Lola Montes, ou descendre jusqu'à Versailles avec ses courtisans, ses chambrières, ses abbés de cour, ses mousquetaires, et à Tallemant des Réaux qui tient la fonction de la concierge dans la loge du palais : il file l'anecdote sur les dames de son temps qu'il connaît mieux que personne et nous assure au passage qu'à trente-cinq ans sonnés Mme de Montbazon « défaisait toutes les autres au bal ». Et là, au bal de la cour, à Versailles, comme à Vienne, à la Hofburg, au temps de la double monarchie — les Kinsky, les Lobkowicz, les Schwarzenberg, les Starhemberg, mon cher A, et Klemens Wenzel Nepomuk Lothar, prince de Metternich-Winneburg, et le maréchal comte Radetzky von Radetz, et Sissi et Mayerling et la baronne Marie Vetsera —, comme à Rome, sous Auguste, sous Trajan, sous Hadrien, sous Marc Aurèle, comme à Florence, sous les Médicis, comme à Athènes, sous Périclès, la tête t'aurait tourné comme aux duchesses devant le vicomte, comme aux jeunes gens devant Juliette, comme aux princes du sang devant la Montbazon. Où regarder? qui aborder? qui suivre? qui distinguer? Qui inclure dans notre rapport?

Parmi « toutes les autres » dont parle Tallemant des Réaux, parmi les jeunes femmes qui, au début de la *Vie de Rancé* commandée par l'abbé Séguin dans un esprit de pénitence, entourent l'irrésistible duchesse de Montbazon, maîtresse de Rancé avant sa conversion et son entrée à la Trappe, en voici une presque au hasard, choisie parmi tant d'autres : Renée de Rieu, dite « la belle Châteauneuf ». D'une beauté merveilleuse, elle aussi, elle a mené une de ces vies que nous racontent les vieux livres. Elle a été brillante et adulée, folle d'amour et de jalousie, emportée par toutes les fureurs. Elle a poignardé son premier mari, Châteauneuf, qui lui était infidèle. Son second mari, un Castellane, d'une vieille famille de Provence, a été assassiné par le grand prieur de France. Heureusement, avant d'expirer, il a eu le temps d'enfoncer son stylet dans le ventre de son assassin.

Bagatelles. Platitudes. Main courante de la vie. C'est sa fille, j'imagine, qui va t'intéresser. Et tu vas voir pourquoi.

La fille de « la belle Châteauneuf » avait hérité de la beauté de sa mère. Elle s'appelait Marcelle de Castellane. La ville de Marseille lui avait servi de marraine. C'est là, au bord de la mer qui nous est le plus chère, dans la cité des marins grecs et des galériens de Monsieur Vincent, qu'elle rencontre le duc de Guise et qu'elle devient sa maîtresse. « Marcelle de Castellane lui plut », écrit Chateaubriand au seuil de la vie de saint qu'il rédige pour racheter ses péchés et pour mieux s'en repaître. « Elle-même se laissa prendre d'amour : sa pâleur, étendue comme une première couche sous la blancheur de son teint, lui donnait un caractère de passion. À travers ce double lis transpiraient à peine les roses de la jeune fille. Elle avait de longs yeux bleus, héritage de sa mère. Elle dansait avec grâce et chantait à ravir. » Pourquoi reproduire ici, me diras-tu...

— Je ne dis rien, me dit A.

— N'importe, lui répondis-je. Tu le penses, je le sais. Pourquoi reproduire ici, et deux fois plutôt qu'une, dans la *Vie de Rancé* d'abord et dans le rapport destiné par nos soins aux autorités d'Urql ensuite, ce portrait d'une des jeunes femmes qui accompagnent les années folles du réformateur de la Trappe et qui tranchent sur son âge mûr et sur ta dignité d'esprit venu de si loin ? C'est que, sous les traits et le nom de la maîtresse du duc de Guise, Chateaubriand vieillissant trace le portrait de sa propre maîtresse, depuis longtemps évanouie dans les tumultes de l'histoire — et moi, celui de la mienne, abandonnée, tu le sais, pour cause de mort subite devant la Douane de mer. La maîtresse de René portait, elle aussi, le nom illustre des Castellane. Elle ne le cédait pas en beauté à la filleule de Marseille qui ne le cédait pas à sa mère, « la belle Châteauneuf », qui, malgré ce que raconte Tallemant des Réaux, ne le cédait pas à la Montbazon. Elle s'appelait Cordélia et, avec ses cheveux très noirs et ses larges yeux bleus, elle ressemblait à Marie.

— La tienne, cette fois-ci ? demanda A.

Je baissai la tête avec modestie.

— La mienne, lui répondis-je.

— Félicitations, me dit A. Mais je croyais que la maîtresse de M. de Chateaubriand portait le nom de Juliette.

— C'était une autre, lui dis-je. M. de Chateaubriand aimait beaucoup les femmes. Et beaucoup de femmes, hélas, sont passées dans ce monde. Pour vivre. Et pour mourir. Et aussi beaucoup d'hommes.

— Combien ? demanda A, penché sur son carnet.

— À l'heure où je te parle, on suppose que quelque chose comme quatre-vingts milliards d'hommes se sont succédé sur cette Terre. Y compris les femmes. Et les maîtresses de René. Cordélia de Castellane, dont Chateaubriand devient fou, est une de ces quatre-vingts milliards de créatures à visage humain — ou plus ou moins humain. Elle est la fille du banquier Greffulhe. Elle est aussi la femme du colonel comte Boniface de Castellane, lointain descendant des Castellane de Provence à l'époque des Guise et de Rancé. Parce que toutes les femmes sont la fille de quelqu'un. Et que la plupart des filles sont la femme de quelqu'un. Et que les hommes aussi sont les fils de quelqu'un. Et que beaucoup d'hommes, en ce monde, auront été, à leur tour, le mari de quelqu'un. Chateaubriand, en ce temps-là, est ministre des Affaires étrangères du roi de France qui est le petit-fils du petit-fils du fils de Louis XIV. Il est un grand poète catholique au sommet de sa gloire. La fille du banquier l'affole, lui tourne la tête, le rend chèvre.

— Mais qu'est-ce qu'ils ont ? demanda A. C'est contagieux. ?

— C'est la règle, lui dis-je. Tous les soirs que Dieu fait, il allait rendre visite à Juliette Récamier dans le petit logement qu'elle occupait, à quelques pas de chez lui, à quelques pas aussi de la rue du Dragon, à l'Abbaye-aux-Bois. À peine est-il tombé sur la coupe de Cordélia qu'il oublie et néglige Juliette qui se sent devenir soudain un chef-d'œuvre en péril. Que fait Juliette ?

— Elle pleure, me dit A.

— Bravo ! Tu comprends tout. La psychologie n'a plus de secret pour toi. Le cœur des hommes est ton affaire. Celui des femmes aussi. Elle pleure. Et puis, après ? Quoi d'autre ?...

— Elle se tue.

— Holà ! Pas si fort !

– Elle part.

— Eh bien, voilà ! Elle part. Elle part pour l'Italie, avec un jeune et un vieux pour respecter les convenances et rendre René jaloux. Le jeune s'appelle Ampère. Il est le fils d'un physicien très célèbre et très distrait qui se sert de son mouchoir pour effacer le tableau noir et fourre dans sa poche le chiffon plein de craie. Il est l'ami de Mérimée qui a écrit *Carmen* — c'est l'Espagne —, *Colomba* — c'est la Corse —, la *Vénus d'Ille* — c'est le fantastique — et beaucoup de choses sèches, belles, alertes, coupées au vif et toujours épatantes.

— Vous ne vous ennuyez pas, me dit A.

— On fait ce qu'on peut, lui dis-je. Le jeune Ampère a reçu un coup de marteau sur la tête le soir où son père — c'était le 1er janvier 1820, et il avait dix-neuf ans — l'a emmené chez Juliette. Il l'aimera jusqu'au bout d'un amour douloureux. « Quand elle est morte, écrit Prosper Mérimée, il m'a paru qu'il en éprouvait une sorte de soulagement. »

— Seigneur ! dit A.

— Voilà les hommes, lui dis-je. Le vieux était Ballanche. C'était un imprimeur emporté par la métaphysique, à jamais exilé du bonheur, qui avait pensé successivement à se faire prêtre et à se marier et qui avait renoncé à l'un et à l'autre projet. Il bégaye, il est gauche, il a un visage concassé, d'une laideur presque repoussante, et jusqu'à son dernier jour, où il demandera humblement à se faire enterrer aux pieds de son idole, il aime Juliette sans espoir. De Chambéry, en Savoie, à deux pas de la frontière, en cachette de ses amoureux, un jour sinistre de novembre, la plus belle femme du siècle envoie à son amant une lettre qui commence par « Monsieur ». « J'ai reçu votre billet de Chambéry, lui répond René. Il m'a fait une peine cruelle. Le *Monsieur* m'a glacé. Vous reconnaîtrez que je ne l'ai pas mérité... »

— Quel menteur ! s'écria A. Et quel mufle ? Je vois bien que tu l'aimes. Moi, je le trouve odieux.

— C'est vrai, avouai-je. Impardonnable. Et on lui pardonne tout, ses mensonges, son égoïsme, son orgueil, ses égarements, comme l'abbé Séguin lui pardonnait ses péchés. Les hommes, mon cher A, ont inventé le mensonge, l'orgueil, l'égoïsme, le crime, et il faudra le dire à Urql. Ils ont aussi inventé le pardon. Il vit un grand amour, une passion dévorante avec Cordélia de Castellane, comme il en avait déjà vécu avec Natalie de Noailles qu'il avait fini par rendre folle ou avec Pauline de Beaumont qu'il avait trompée sans vergogne avec Delphine de Custine.

— C'est compliqué, dit A.

— Je simplifie beaucoup, lui dis-je. Pauline n'avait pas trouvé d'autre solution, pour reprendre l'avantage, que de se traîner jusqu'à Rome pour venir mourir dans ses bras, enfin refermés sur elle, désespérée et ravie.

— Attends un peu, me dit A en comptant sur ses doigts. Je numérote les Madames.

— Pauline, Delphine, Natalie, Cordélia, récitai-je sans reprendre haleine. Et Charlotte avant elles, et Hortense après elles. Et sa sœur Lucile pour mémoire. Et sa femme Céleste pour les archives. Sans tenir registre des raseuses, des sœurs mystiques, ni des oiseaux de passage — hirondelles et pinsons — qui traversent le ciel à tire-d'aile. Et, en marge, au-dessus d'elles, au-dessus d'elles pour l'éternité, sublime parce que c'était comme ça, frigide parce que, sans le savoir, elle avait épousé son père, ce qui n'est bon pour personne, aveugle parce qu'elle avait trop pleuré à la mort de Ballanche, Juliette Récamier — et béni soit son nom ! — qui déposera sur son cœur, à l'instant où il cessera de battre, un bouquet de verveine.

Juliette aimait René ; Cordélia aimait le ministre. Il lui écrit des lettres insensées et superbes, mon amour, mon cœur, mon ange, ma vie, je ne sais quoi de plus encore, je t'aime, je donnerais le monde pour une de tes caresses, que m'importe le monde sans toi, je baise tes pieds et tes cheveux, il l'enlève en calèche, il l'invite au bord de la mer, on a quelquefois l'impression qu'il voudrait lui faire un enfant et quand le roi le renvoie et ne veut plus de lui pour ministre, elle le renvoie aussi et ne veut plus de lui pour amant.

— C'est assez moche, dit A.

— Très moche, lui répondis-je. Mais Juliette veille au grain. Dès qu'elle apprend, en Italie, que René n'est plus ministre, elle devine que Cordélia va le lâcher aussi sec. Elle plante là ses deux amoureux, le trop jeune et le trop vieux. Après quelques détours, comme pour fuir son destin, elle rentre enfin à Paris. Le roi est mort, un autre roi est en train d'être sacré dans la cathédrale de Reims qui s'y connaît depuis des siècles dans ce genre de momerie. Chateaubriand, qui est à Reims pour jouer le jeu social avec ses petits camarades, se fait ramener à Paris en berline par un autre soupirant de Mme Récamier, un homme très distingué, un ennemi de Napoléon, un cageot de première, dont nous pourrions nous occuper pendant des semaines et des semaines et qui s'appelle Montmorency...

— Mais, dis donc, remarqua A, elle a presque autant d'hommes que René a de femmes ?

— Pas le même usage, lui dis-je... et, usés par la vie, blessés par les passions, poussés par une tendresse où se mêle la pitié pour leurs souffrances passées, René et Juliette se précipitent l'un vers l'autre. Lui a pris quelques rides, elle a gagné des cheveux blancs. Et, jusqu'à la mort du génie dans les bras de la beauté, jusqu'au bouquet de verveine déposé par Juliette sur le cœur de René — lui ne peut plus bouger et elle ne peut plus voir —, ils ne se quitteront plus.

— Chapeau ! dit A. Et rideau.

— Pas tout à fait, lui dis-je. Même s'il n'y a rien après la vie, la mort, pour les hommes, n'est pas toujours la fin de tout. Il arrive que quelque chose se poursuive et s'agite encore. Quelques dizaines d'années après la mort de Cordélia, une autre comtesse Greffulhe et un autre Castellane — car les noms, chez nous, d'une façon ou d'une autre, passent des parents aux enfants et tout ce petit monde descend de nos personnages — devaient fasciner Marcel Proust, dont je t'ai déjà parlé...

— Il me semble même, coupa A avec un semblant d'humeur, que tu ne parles que de lui.

— Plus que d'Aragon ou de Chateaubriand ?

— À peu près autant, me dit-il. Il doit pourtant y avoir sur cette Terre des gens qui n'écrivent pas ?

— C'est bien possible, lui dis-je. Mais ce sont ceux qui écrivent qui t'apprendront le monde... et lui prêter leurs traits pour la duchesse de Guermantes et Robert Saint-Loup qui sont les héros d'un livre dont il faudra noter le titre et qui devra figurer en entier, avec la *Vie de Rancé* et les *Mémoires d'outre-tombe*, dans les annexes à notre rapport.

— Avec les règles du jeu de football, me rappela A en levant le doigt.

— Et avec *L'Iliade* et *L'Odyssée*. Le monde est un vertige, un tourbillon, un carrousel déglingué qui ne cesse jamais d'entraîner des victimes nouvelles dans sa course sans répit et où, sous d'autres formes et sous d'autres couleurs, repassent les mêmes figures et les mêmes chevaux de retour. Tu as pris note de Céleste ?

— C'est la femme de René.

— De Lucile ?

— C'est la sœur.

— De Juliette ?

— La maîtresse en titre. La nuit mystique. La tendresse et les serments. Le dernier rêve sera pour elle.

— Bravo ! Rappelle-toi, je te prie, la Madame n° 3 et la Madame n° 4.

— Delphine, peut-être ? Ou...

— Non. Delphine, c'est la 2.

— Alors, Natalie de Noailles et Cordélia de Castellane.

— Ah ! bientôt, je te l'annonce, fierté et larmes de joie, tu présideras à Urql des colloques Chateaubriand et tu feras des conférences qui auront beaucoup de succès sur l'Enchanteur et ses Madames. Toutes les deux, mon cher A, la belle Cordélia, qui avait si peu de cœur, et Natalie de Noailles, qui était duchesse de Mouchy et que René appelait Mouche, ne prennent pas seulement place, à jamais, dans le catalogue du vicomte, elles sont aussi les maîtresses d'un personnage étonnant auquel il est impossible que nous ne soyons pas renvoyés, en dépit de l'abbé Séguin et de ses pieuses intentions, par la *Vie de Rancé* qui travaille dans le péché au moins autant que dans la grâce : il s'appelle Mathieu Molé. Il était le fils d'un Premier Président guillotiné sous la Terreur — je t'expliquerai de quoi il s'agit. Il sera préfet, conseiller d'État, ministre de plusieurs choses et des Affaires étrangères. Il sera président du Conseil. Il entrera à l'Académie française. Il sera un des modèles de Balzac dans *La Comédie humaine.* C'est l'ennemi le plus intime de M. de Chateaubriand.

— Ça ne finira donc jamais ? gémit A.

— Bien sûr que non, lui dis-je. Tout le problème est là, et de savoir aussi s'il y a quelque chose ou quelqu'un pour résumer, à soi tout seul, la totalité de ce qui ne finit jamais. Ce ne sera pas, en tout cas, notre misérable rapport aux éminentissimes seigneurs d'Urql qui pourra aspirer à un pareil honneur. Je t'ai déjà prévenu que tu repartirais d'ici avec un mince échantillon d'une foire qui n'en finit pas — et dont on se demande pourtant si elle existe —, d'une exposition sans limites — et pourtant limitée — et d'un mystère insondable. Mathieu Molé est le double et le contraire de René. Il partage avec lui des espérances et des ambitions, des souvenirs, des honneurs — et surtout deux maîtresses. Ils règnent, l'un et l'autre, aux côtés de Napoléon, de Robespierre, de Wellington, de Byron, sur tout un âge de ce monde. Ils sont aussi semblables et opposés qu'on peut l'être.

« Notre espèce se divise en deux parties inégales, écrit Chateaubriand : les hommes de la mort et aimés d'elle, troupeau choisi qui renaît, les hommes de la vie et oubliés d'elle, multitude de néant qui ne renaît plus. » Chateaubriand est un homme de la mort. Molé est un homme de la vie. Il avait juré d'avance fidélité à tous les régimes présents et à venir. Libéral et conservateur, rallié successivement à l'Empire, aux Bourbons, à la monarchie de Juillet, il se mettra aux ordres de Napoléon, de Louis XVIII, de Louis-Philippe avant de finir par s'incliner devant Louis Napoléon, devenu Napoléon III. À son conservatisme opportuniste et sceptique s'opposent trait pour trait la fidélité désabusée et le goût des ruines du vicomte de Chateaubriand.

« Allez, venez, Mathieu, venez que je vous corrompe », lui disait René quand ils étaient amis au temps de leur jeunesse et qu'ils partaient se promener ensemble, bras dessus, bras dessous, dans le Paris du Premier Consul, du côté de la Butte-aux-Lapins, un terrain vague semé de blé où chantait l'alouette et qui s'étendait entre le haut de la rue de Miromesnil et le parc abandonné de Monceau. L'amitié, peu à peu, avait fait place à la méfiance, au mépris mutuel, à une espèce de haine à laquelle les femmes, naturellement, la pauvre Mouche devenue folle et Cordélia de Castellane, intrigante et superbe, n'étaient pas étrangères.

« Molé a réussi, écrit encore Chateaubriand, et tous les gens de sa sorte réussissent : il est médiocre, bas avec la puissance, arrogant avec la faiblesse ; il est riche, il a une antichambre chez sa belle-mère où il insulte les solliciteurs et une antichambre chez les ministres où il va se faire insulter. »

— Eh bien..., murmura A, le voilà habillé pour l'hiver.

— Tu penses bien que Molé n'allait pas laisser sans réponse

une telle volée de bois vert. Les hommes aiment beaucoup à se répondre les uns aux autres. C'est une façon parmi d'autres de faire avancer l'histoire. Une formule des souvenirs du rallié perpétuel atteint l'auteur de la *Vie de Rancé* au défaut de la cuirasse : « Ce qui m'a toujours étonné chez M. de Chateaubriand, c'est cette capacité de s'émouvoir sans jamais rien ressentir. »

— Mon Dieu ! dit A. Est-ce ainsi que les hommes vivent ?

— À peu près, lui répondis-je. Et leurs baisers au loin les suivent comme des soleils révolus.

XV

# *A tend un piège*

— Quel monde ! me dit A. Il y a des moments, je te jure, où l'envie me prend de tout plaquer et de repartir pour Urql les mains vides, sans le moindre rapport. Je prétendrai que je n'ai rien vu, rien trouvé et que la Terre n'existe pas. Et j'effacerai de mon cœur jusqu'au nom même des hommes.

— Tu aurais tort, lui dis-je. Un esprit ne peut pas mentir et, rêve ou réalité, il y a bien quelque chose sous le soleil que nous appelons le monde. Il est peuplé par les hommes et il est plus beau que tout à travers l'univers.

— Plus beau que Sirius ou Arcturus ? Plus beau que le reste de la Voie lactée ? Plus beau que les trous noirs que les hommes ne peuvent pas voir parce que la lumière n'a pas assez de forces pour réussir à s'en échapper ? Tu me fais rire, mon pauvre O.

— Beaucoup plus beau, lui dis-je.

— Malgré la douleur et le chagrin, malgré les massacres et les mensonges, malgré les chaînes d'amants qui n'en finissent jamais, malgré le hasard imbécile, guetté aussitôt par la nécessité, et les inepties de l'histoire ?

— Malgré tout, lui dis-je. Et peut-être à cause de tout. Ce qu'il y a de plus consolant dans le désastre de ce monde, c'est que le pire n'y est jamais sûr.

— Le meilleur non plus, j'imagine ?

— Ni le meilleur ni le pire. Autant que je me souvienne, il

n'était jamais impossible, chez nous, de découvrir une crapule sous le masque de l'honnête homme. Mais aussi un héros sous l'assassin. Et le salut dans l'abjection. Tout s'inverse, tout se combine, rien n'est jamais sauvé, rien n'est jamais perdu. Ce n'est pas par hasard que le symbole de la religion d'une bonne partie des hommes est un instrument de supplice. Le courage se mêle au crime, la pitié à la violence, l'amour au mensonge. Et l'espérance au désespoir devant l'horreur de vivre. Et tout, jusqu'au moindre détail, chante la gloire de l'univers.

J'ai eu tort, je le crains, de commencer par l'histoire. J'aurais dû commencer par les arbres, par la lumière du jour, par les petits matins et par le soir qui tombe, par l'eau qui t'intrigue tant et qui est la mère et la source et la condition des hommes. J'aurais dû commencer par le bonheur. Il est lié d'abord aux choses de tous les jours. L'eau, la pluie, la mer, la neige, et le soleil naturellement, sont des inventions de génie. Et, pour tout esprit un peu vif qui ne serait pas abruti par la routine et la paresse, une cascade de surprises. Le jour se lève : c'est une surprise. Il y a des fleurs : quelle surprise ! Des arbres, des rivières, des enfants et des chats : quelle surprise ! Il y a des êtres d'un autre sexe ou peut-être encore du même : quelle surprise ! Il arrive que les corps se taisent, qu'une grande paix t'envahisse, qu'aucune question ne te tourmente — et c'est encore une surprise. Les hommes sont d'abord faits pour vivre, et il arrive qu'ils y parviennent. Ils dorment, c'est délicieux. Ils se réveillent, c'est mieux encore. Ils sortent de chez eux et il y a le ciel au-dessus de leur tête avec des étoiles qui apparaissent quand le soleil s'en va et qui disparaissent quand il revient. On finit par s'habituer, mais c'est toujours une surprise. Quelquefois, la pluie tombe. Ils sortent le parapluie qui t'a tant fasciné. Parfois le soleil brille, et, je ne sais pas trop pourquoi, peut-être parce qu'on peut aller s'asseoir ensemble près du pont sur la rivière, le grand soleil a quelque chose qui réjouit les amoureux. Les cyprès, les canards, les pierres sur le chemin, le silence, les rires font partie de ce monde. Il y a de l'étrange dans tout, de la nuit dans les chênes, de l'imprévu dans les rencontres, du mystère dans chaque brin d'herbe, de la mélancolie dans le soir en train de tomber sur les îles, sur le désert, sur les banlieues surpeuplées. Les hommes sont comme toi : ils ont le sentiment d'avoir été jetés par hasard dans la patrie de l'absurde. Mais des liens de famille les unissent à l'absurde, le transfigurent du dedans et le rendent familier. Les hommes sont chez eux dans le monde. Ils n'y comprennent presque rien et ils lui sont attachés.

Ils marchent. Ils se promènent. Ils vont vers leur travail, leurs plaisirs, leurs amours. Ils sont emportés par le temps et ils l'emportent sur l'espace. Ils ne savent pas toujours ce qu'ils font, mais la seule vie suffit : elle les occupe tout entiers et elle les engage à agir sur le monde. Ils y sont obligés : la faim, la soif, le froid, la chaleur, le sommeil, l'amour. Et puis ils en rajoutent : ils inventent la patrie, les valeurs, le jeu d'échecs, le chemin de fer, les colloques, la peinture, l'honneur, la religion.

On dirait que la nature s'est d'abord chargée de tout. Elle impose ses règles, qui sont rudes, et qui contraignent les hommes. Il faut chasser, pêcher, cueillir des fruits, tailler des pierres, bâtir des huttes. Il faut fuir pour survivre. À mesure que le temps passe, les hommes, peu à peu, se sentent de plus en plus libres de prendre en main leur sort et de penser à autre chose. Ils rient, ils chantent, ils dessinent des bisons sur les murs, ils ornent les vases pour le vin, ils posent des masques d'or sur le visage des rois morts, ils construisent des pyramides, des ponts sur les rivières, des jardins suspendus, des citadelles pour faire la guerre. On voit surgir des comptables, des architectes, des capitaines, des pontifes. La pompe est amorcée. C'est ce qu'on appelle le progrès.

— Toi, me dit A, je te connais : tu ne vas pas tarder beaucoup à me parler de littérature.

— Tout juste, Auguste. Les uns disent qu'au début il y avait d'abord l'action. « *Am Anfang war die Tat.* » Les autres soutiennent que c'était la parole. « Au début était le verbe. » La différence est plutôt mince. Dès que les hommes n'ont plus été poussés par des forces inconnues et qu'ils se sont mis à leur compte pour agir et pour penser, ils sont entrés dans les mots. C'est le début des catastrophes et un séjour enchanté. On dirait qu'un autre monde prend la relève du premier. Ce n'est pas assez dire que les mots décrivent le monde : ils le renouvellent et le constituent. C'est une autre Genèse, et c'est la Genèse même. Ce que tu rapporteras à Urql sera beaucoup mieux que le monde : son récit par des mots, sa création une seconde fois, son texte sans les ratures, sa démarche sans les attentes, son parfum sans les épines.

— Tu crois vraiment ? demanda A.

— Non, lui dis-je, je ne le crois pas. Je ne crois pas ce que je dis. Rien n'est mieux que le monde et tu sais déjà ce que je pense du sort de notre rapport. Mais l'échec sera ma faute. Il ne sera pas la faute des mots. Tu n'as pas eu la chance de tomber sur Homère, sur Shakespeare, sur Balzac, sur l'auteur des *Mille et Une Nuits* ou du *Ramayana*. Eux recréaient des mondes. Moi, je n'ai pas la force de faire vivre une bruyère. Tu es venu trop tard, mon cher A. Et tu t'es mal débrouillé. Il y a pourtant eu sur cette boule dont tu parleras à Urql des machines à faire rêver qui ont laissé un nom dans la mémoire de ses hôtes. On les appelle des livres. Moins rapides que les fusées, moins puissants que les canons, moins commodes que l'or ou le papier-monnaie, ils ne devraient tenir aucune place dans le rapport que nous préparons. Ils y jouent un rôle capital. Ils ont transformé le monde que tu viens étudier. Tu sauras bientôt tout, ou peut-être presque tout, sur les quinze milliards d'années de notre vieil univers, les cinq milliards d'années de la Terre, les quatre milliards de la vie, les trois millions de l'homme...

— Tant mieux, me dit A.

— Les livres occupent à peine, mince goutte d'eau dans l'océan, quelques milliers d'années. Dans ce temps si restreint, ils ont changé l'image que les hommes se font du monde et qu'ils se font d'eux-mêmes. Ils ont changé l'image que tu peux te faire d'eux.

— Est-ce que le rapport sera encore un livre ? demanda A.

— Oui, bien sûr, lui répondis-je. Le rapport sera un livre. Il sera encore un livre. Je veux dire un livre de plus. Et aussi que les livres, c'est une chance, n'ont pas déjà disparu.

— J'aime les livres, me dit A. Je leur souhaite longue vie. J'espère qu'ils dureront toujours.

— Sûrement pas, lui dis-je. Ils ont déjà duré longtemps. Ils dureront peut-être encore. Mais toujours, sûrement pas. Je n'irai pas jusqu'à soutenir que notre rapport aux gens d'Urql risque de constituer le bouquet final d'un feu d'artifice étalé sur trois ou quatre millénaires et qu'il sonnera le glas d'un art qui, des *Vedanta* à *L'Éducation sentimentale,* aux *Copains,* au *Paysan de Paris,* au *Soleil se lève aussi,* à la *Recherche du temps perdu,* a produit des chefs-d'œuvre. Mais il n'est pas impossible que le grand moment du livre soit déjà derrière nous et que le roman et la nouvelle, qui ont brillé si fort dans les deux derniers siècles, se préparent en secret à rejoindre l'épopée, l'églogue, le fabliau, l'élégie, la tragédie, le sonnet dans le cimetière des dieux morts.

— Dis-moi, murmura A d'un ton si doux que je ne décelai pas aussitôt sa perfidie masquée, je crois me rappeler que toi-même, quand tu étais vivant, tu écrivais des livres ?

Je tombai dans le piège les yeux fermés.

— J'en ai écrit plusieurs, répondis-je en me rengorgeant. Je dois avouer que quelques-uns...

— Sur Venise, peut-être ? Ou sur Chateaubriand ? Tu sembles les connaître un peu moins mal que tout le reste et, je le crains, un peu trop bien.

— Sur Chateaubriand, sur Venise, sur ma famille, sur Marie, sur l'histoire et sur Dieu, on m'assure que...

À ma grande surprise et, je dois l'avouer, à ma contrariété, A m'interrompit sans vergogne et se mit à siffler entre ses dents de façon assez déplaisante pour un esprit de sa qualité.

— Si je comprends bien les hommes tels que tu me les décris, le déclin que tu dénonces dans les livres de ton temps risque de n'être rien d'autre qu'un effet du chagrin que tu éprouves à la médiocrité des tiens.

Le coup fut assez rude. Je n'avais rien éprouvé d'aussi désagréable depuis le jour où Marie, un peu longuement à mon goût, m'avait parlé de Rodolphe.

— Mon Dieu ! lui dis-je en me reprenant et en tâchant de faire bonne figure devant le messager d'Urql, porteur de mauvaises nouvelles, chacun fait ce qu'il peut. Il n'est pas impossible que tu aies raison et que l'image que je donne du monde soit entachée et faussée par mon insuffisance. J'espère que notre rapport n'en souffrira pas trop.

— Ne t'en fais pas, me dit A en me posant la main sur l'épaule. Je suis là.

Cet esprit-là, de temps en temps, il parvenait à m'épater.

— C'est vrai. Tu as compris assez vite comment fonctionnent les hommes. Il y a dans ce qu'ils sont, il y a dans ce qu'ils disent, des abîmes, des intérêts, des retournements, des souvenirs, des oublis, des secrets qui font que leurs jugements ne peuvent jamais être séparés de celui qui les exprime. Un grand seigneur français a découvert le pot aux roses dès l'époque de Rancé. Il a écrit des maximes assez courtes — un jeu à la mode dans les salons du temps — qui, à force de tourner autour d'un thème unique, constituent un système. Le thème, et le système, c'est l'amour-propre. « L'amour-propre est l'amour de soi-même et de toutes choses pour soi. On ne peut sonder la profondeur ni percer les ténèbres de ses abîmes. Il est inconstant d'inconstance, de légèreté, d'amour de nouveauté, de lassitude et de dégoût ; il est capricieux et on le voit quelquefois travailler avec le dernier empressement et avec des travaux incroyables à obtenir des choses qui ne lui sont point avantageuses, et qui même lui sont nuisibles, mais qu'il poursuit parce qu'il les veut. Il est bizarre, et met souvent toute son application dans les emplois les plus frivoles. Il est dans tous les états de la vie et dans toutes les conditions ; il vit partout et il vit de tout, il vit de rien ; il s'accommode des choses et de leur privation ; il passe même dans le parti des gens qui lui font la guerre, il entre dans leurs desseins et, ce qui est admirable, il se hait lui-même avec eux, il conjure sa perte, il travaille même à sa ruine ; enfin, il ne se soucie que d'être et, pourvu qu'il soit, il veut bien être son ennemi. »

— Eh bien, me dit A, vous n'êtes pas de tout repos.

— Il y a de plus grands génies dans la littérature que le duc de La Rochefoucauld. Il ne boxe pas dans la catégorie des Sophocle et des Cervantès, des Spinoza, des Goethe, des Shakespeare, des Tolstoï. Mais, avec ce soupçon d'un secret inavoué, enfoui au plus profond d'une conscience inconsciente, il entrebâille la porte qu'un des maîtres de mon temps, ou peut-être un peu avant, un médecin juif de la Vienne impériale déjà sur son déclin, armé d'outils autrement redoutables que le pauvre amour-propre — le rêve, l'inconscient, le refoulement, le complexe, et d'abord et avant tout le désir violent qu'ont les corps les uns des autres —, ouvrira à deux battants avec une subtilité et une brutalité enchanteresses : ce sera la révolution du Dr Sigmund Freud. Tu vois comment naissent, à travers livres et idées, des rivières souterraines, des généalogies spirituelles, des lignes de force imprévues et sans nombre. Comme celle de Darwin, de Karl Marx, d'Einstein...

— Je sais, dit A, je sais. Je déteste quand tu te répètes et que tu me prends pour un demeuré.

— ... la révolution du Dr Freud sera encore l'œuvre des livres. Je ne suis pas sûr, je l'avoue, de ce que valent les miens, mais je sais, mon cher A, que les hommes de ce temps sont les enfants des livres.

— L'âge des livres se clôt. Les gens de ton époque ont-ils cessé d'écrire ?

— Bien sûr que non. Au contraire. Tout le monde écrit plus que jamais. Les livres fleurissent parce qu'ils meurent. Ou ils meurent parce qu'ils fleurissent. Nous sommes enfouis sous les images, mais aussi sous les livres. Culture et Communication sont devenues des lieux communs de l'espèce la plus basse : on leur a collé des majuscules et elles se sont changées en ministères. Dans le règne de l'esprit, le succès est mauvais signe. Les majuscules aussi. Le monde est ainsi fait que le triomphe d'un système marque déjà son déclin. Il y a plus de quatre siècles, un économiste anglais qui portait le nom de Gresham a inventé une loi où la simplicité le dispute au génie : la mauvaise monnaie chasse la bonne. Les mauvais livres chassent les bons. Tu t'étonnais tout à l'heure de mon hésitation à voir notre rapport publié sur cette Terre. C'est qu'un livre nouveau dans nos bibliothèques — on dit : *une nouveauté,* on crie : *Vient de paraître !* on fait de la publicité, on va quêter des articles, on se rue à la radio et à la télévision, dans le pire des cas on parle de *best-seller* — n'est qu'un peu plus de papier dans des torrents de papier. J'imagine avec fierté le bruit que fera notre rapport, malgré toutes ses lacunes, parmi les esprits d'Urql, tes confrères et amis, qui ne savent rien des hommes ni de leurs drôles d'inventions. Ici, sur cette Terre, il ne serait rien d'autre qu'un livre encore de plus parmi tant d'autres livres. Un de ces écrivains dont nous conservons le nom parce qu'ils ont jadis bouleversé des jeunes gens a rédigé lui-même, à l'intention de son disciple qui s'appelait Nathanaël et qui était un peu pour lui ce que je suis pour toi, le mode d'emploi de ses livres : il conseillait de les jeter. Veux-tu, mon pauvre vieil A, il en est temps encore, que nous allions nous promener et que nous jetions le rapport ?

— Et moi, me dit A, je t'ordonne, Nathanaël, de ne rien jeter du tout et de poursuivre tant bien que mal la rédaction de notre rapport. Je sais ce que tu vaux et ce que valent les hommes. Mais il faut que l'écho de vos misérables aventures et les noms de Virgile et de Stevenson, de Carpaccio, de Haydn, de Proust et de Borges, d'Einstein, du Dr Freud...

— Des papes Clément, lui dis-je.

— ... des papes Clément, si tu y tiens, et de Benvenuto Cellini et du connétable de Bourbon...

— Et le mien ? suppliai-je.

— Je t'en prie..., me dit-il.

Et j'eus du mal, sur le moment, à comprendre s'il s'agissait d'un refus ou d'une invitation.

— ... mais de Maynard et de Baïf, de Heine, de Kipling, d'Offenbach, de Toulet parviennent jusqu'aux gens d'Urql pour les empêcher de s'imaginer qu'ils règnent seuls sur l'univers.

## XVI

# *La diligence ivre*

— Peut-être, me dit A, le moment est-il venu de voir où nous en sommes ?

— Les choses ont beaucoup changé depuis que le monde t'apparaissait comme une boule ronde dans l'univers. Dans la boule et dans le rapport, quelque chose a surgi. Mettons, pour faire bref et pour ratisser large, comme disent les imbéciles, qu'il s'agisse de la pensée. Avec tout ce qui la compose et tout ce qui la concerne : la science, la morale, la religion, l'imagination, le souvenir, l'espérance ou l'ironie, la métaphysique ou l'art. Avec tout ce qu'elle suppose de conséquences et de complications, de retournements, de remords et de contradictions. La pensée, par définition, s'exerce d'abord contre elle-même. Elle se combat, elle se réfute, elle se remet en cause, elle s'avance en se moquant, elle se méfie d'elle-même, elle se construit en se détruisant. Elle est partout et elle n'est nulle part, mais elle est d'abord où elle n'est pas. Elle se nie et elle ne se nie pas. Il lui est interdit et de rester où elle est et de s'éloigner à jamais. Il est impossible de la contester et de s'élever contre elle, car il n'y a que la pensée pour revenir sur la pensée et pour la dénoncer. Il est difficile, à la limite, de parler de la pensée, car c'est toujours d'elle qu'il s'agit et c'est elle-même qui se juge. Les hommes s'opposent à la nature, ils la conquièrent, ils la dominent ; ils ne peuvent rien contre la pensée, car la pensée, c'est eux-mêmes. Le seul moyen pour les hommes de l'emporter sur la pensée serait de tuer tous les hommes — y compris les tueurs. Les hommes, qui se croient libres, sont prisonniers de beaucoup de prisons. Ils sont prisonniers de l'espace. Ils sont prisonniers du temps. Ils sont prisonniers de la vie. Ils sont prisonniers de la pensée. Et la plus cruelle de toutes les prisons, la plus folle, la plus sublime, c'est la pensée. Parce qu'elle est en même temps la prison et la libération.

— Ne te donne pas trop de mal, me dit A. Tu n'as pas besoin, figure-toi, de me parler de la pensée. Parce que je sais ce que c'est.

— Non, lui dis-je, tu ne le sais pas. Tu sais ce qu'est la pensée triomphante des esprits, sans obstacles et sans limites. Tu ne sais pas ce qu'est la pauvre, la misérable pensée des hommes, empêtrée, balbutiante, guettée par le mensonge, par l'erreur, par la mauvaise foi, par l'ennui, par le hasard, par la folie. Menacée par l'échec. Plus menacée encore par le succès. Christophe Colomb se trompe, et il découvre l'Amérique. Einstein triomphe, et il ouvre la voie à la destruction de la planète par elle-même. Le monde, où la logique et la nécessité règnent avec une rigueur implacable, n'est qu'un immense paradoxe. Quand nous obtenons des réponses — et la science en obtient beaucoup —, c'est que nous oublions la vraie question. Et quand nous posons la vraie question, nous n'obtenons pas de réponse.

— Il faudra mettre tout cela par écrit pour l'édification des gens d'Urql.

— En un sens, c'est déjà fait. En un autre sens, c'est impossible. Je crains que tu ne sois déjà devenu un peu un homme. Parce que tu es venu sur notre Terre, que tu as vu Marie et que je t'ai beaucoup parlé de Benvenuto Cellini et du parapluie de la rue du Dragon, tu comprends à peu près ce que j'essaie de te dire avec tant de maladresse et de contradictions. Imagine un peu ce que pourraient représenter pour un esprit moyen d'Urql la conversion de Rancé ou les relations entre Molé et le vicomte de Chateaubriand. Il verrait dans le monde un enchevêtrement de mécanismes sans queue ni tête, d'une complication insensée, dont aucun habitant d'Urql n'aurait jamais été capable d'imaginer le moindre rouage. Les hommes dessinent parfois les silhouettes imaginaires de créatures venues d'autres planètes et ils inventent des antennes, des organes aberrants, des allures étranges ou grotesques, aussi éloignées que possible de notre propre univers, et pourtant, bien entendu — comment faire autrement ? — encore inspirées par lui. Personne, hors de ce monde, ne pourrait ni inventer ni même comprendre un homme. Les pierres, les rochers, à la rigueur les arbres et les algues dans la mer, un esprit extérieur pourrait les étudier et s'initier à leur structure ou à leurs transformations. Seul un homme — et encore — pourrait comprendre un homme. Toi, grâce à moi, grâce à notre rencontre devant la Douane de mer, tu es déjà un homme. Tu me dois une seule chose, mon cher A, mais ce n'est pas tout à fait rien : c'est d'avoir pris place dans ce monde où je t'ai fait entrer au moment d'en sortir.

— Très bien, dit A avec un soupçon d'impatience. Rédigeons.

— « Durant quinze milliards d'années... », commençai-je.

— Je constate, remarqua A, que nous remontons bien au-delà du déluge.

— Bien au-delà, lui dis-je. Le déluge, tel que le rapporte la Bible et plusieurs traditions extérieures au peuple hébreu, dont les tablettes d'Ebla et l'histoire de Deucalion, c'était hier. Et tu ne voudrais pas que je remisse aux esprits distingués d'Urql, qui s'étonneraient de notre légèreté, une description hâtive et bâclée, arbitrairement limitée aux dernières secondes de cette Terre. Je reprends. Durant quinze milliards d'années, le monde est livré à lui-même. Après, c'est-à-dire hier, il est livré aux hommes. L'époque primitive, celle des quinze milliards d'années, se divise à son tour en deux périodes inégales. La première dure une fraction infinitésimale de seconde : c'est ce qu'on appelle le *big bang*. La deuxième dure quinze milliards d'années moins la fraction de seconde. Mais le plus important, c'est la fraction de seconde. Parce que c'est le début, le début du début du début du début, et que personne n'en sait rien et ne peut rien en dire. Quelque chose comme : *Pfuittt...,* ou peut-être plutôt : *Top.*

— *Top,* dit A.

— C'est ça : *Top.* Très bref. Et encore ce *top* très bref est-il beaucoup trop long. Il faut le diviser par quelques milliards de milliards de milliards. Tout, absolument tout, se joue dans cet espace de temps minuscule où l'histoire universelle est déjà en puissance et en germe : la victoire d'Alexandre le Grand sur Darius à Issos en 333 avant J.-C. et son mariage avec Roxane, la fille du satrape Oxyartès, la naissance de Jésus à Bethléem, sous le roi Hérode et sous l'empereur Tibère, entre un âne et un bœuf, celle du Bouddha à Kapilavastu, au pied de l'Himalaya, quelque cinq cents ans plus tôt, celle de Mahomet à La Mecque, quelque six cents ans plus tard, et la rédaction de ce rapport destiné aux gens d'Urql.

— Quoi ! s'étonna A. Tout cela ?

— Et tout le reste, précisai-je.

— Tout cela est déjà contenu dans le *top,* dans cet espace de temps si ridiculement bref ?

— C'est contenu sans être contenu. C'est contenu et ce n'est pas contenu. Ce n'est pas encore là et c'est pourtant déjà là. Le couronnement de Charlemagne et ma rencontre avec Marie et la rédaction de ce rapport ne sont rien d'autre que le fruit du développement de cette première fraction de seconde. Ils n'auraient jamais existé si cette première fraction de seconde n'avait pas existé. Ils en découlent nécessairement, avec une rigueur atroce, et pourtant librement, dans les quinze milliards d'années qui suivent notre *top* sonore et infinitésimal — sans compter les milliards et les milliards d'années qui sont encore devant nous.

— Ou peut-être seulement les millions ?

— Ou peut-être seulement les millions. Personne n'en sait rien sur cette Terre où tu débarques et d'où je me retire. Mais s'il n'y a pas de catastrophe provoquée par les hommes, ce sera plutôt des milliards.

— Je ne comprends pas grand-chose, me dit A. Je crains que mes amis d'Urql, qui voyagent moins que moi et dont on peut supposer qu'ils ont l'esprit moins ouvert...

— Certes, acquiesçai-je peut-être un peu trop vite et pour me faire bien voir.

— ... ne comprennent rien du tout. On dirait un château de cartes que des enfants schizophrènes ou autistes se mettraient à édifier. Ou quelque Meccano géant, menacé d'un coup de vent.

— Ce qui vient au jour, mon cher A, dans cette première fraction de seconde...

— C'est l'espace, me dit A. Je sais. Il ne prête pas à rire. J'ai eu assez de mal à le traverser pour venir jusqu'à toi.

— Bien sûr. Mais aussi tout le reste. Et d'abord le temps. Et l'histoire. Et tout ce qui se déroule par la cause et par l'effet, par le jeu si bien trouvé de la cause et de l'effet. L'invention de la poudre et de la boussole par les Chinois, la découverte de l'Amérique par Christophe Colomb, l'invention de la roue on ne sait où par on ne sait qui, l'invention du zéro par un savant indien, du nom peut-être d'Aryabhata, qui le refile aux Arabes qui le refilent à l'Europe sont des trouvailles de génie. Elles ont quelque chose de mesquin et presque de ridicule à côté du coup d'audace et de théâtre qu'est l'invention de la cause suivie de son effet. Chaque effet ajoute quelque chose, dans le temps, à la cause qui le précède. Et la cause, pourtant, est déjà lourde de l'effet. Et l'effet tout entier est déjà dans la cause. L'effet est dans la cause comme le chêne dans le gland qui s'enfonce sous la terre, comme l'enfant à venir dans la semence du père dans le ventre de la mère. Il n'y a pas encore d'enfant, mais l'enfant est déjà là. L'avenir n'est pas encore là, mais il est déjà tout entier dans le passé qui le précède, le commande et l'annonce. Tout l'avenir du monde, tous les enfants des hommes sont déjà dans la fraction de seconde où éclate le *big bang*. Si je te donne le *big bang,* je te donne le monde entier et toute la suite des temps. Le seul ennui, c'est que je ne peux pas te le donner. La première seconde de l'univers nous est fermée, et sans doute à jamais. Nous pouvons remonter dans le passé jusqu'à quatorze milliards d'années, et peut-être jusqu'à quinze. C'est la moindre des choses. Une bagatelle. Un jeu d'enfant. Mais en aucun cas jusqu'à la première seconde de ces quinze milliards d'années. C'est ce que les physiciens, les astronomes, les savants appellent d'un joli nom : une *singularité.* Comme la naissance d'Adam et d'Ève, comme la première psychanalyse, elle échappe au jeu qu'elle déclenche dans le monde — et, par là, à la connaissance. Interdit. *Verboten. Off Limits. Pericoloso sporgersi.*

La seule chose que nous devinions de cette hypothèse très probable que constitue le *big bang,* c'est que l'univers, à ce moment-là, c'est-à-dire au début, se réduit à une pointe d'épingle. Minuscule. Imperceptible. Plus petite, de beaucoup, que ce qu'il y a de plus petit. D'une densité accablante. D'une chaleur effroyable de plusieurs milliards de milliards de milliards de degrés. Et puis, tout cela explose. Éclate. Se répand. En moins de trois secondes, la densité s'affaisse, la température s'écroule à quelques misérables petits milliards de degrés. C'est parti. L'histoire commence.

Le chevalier de Rancé et la Douane de mer et Marie et le parapluie de la rue du Dragon et jusqu'au dernier des mots de notre commun rapport sont déjà programmés. Ils sont déjà dans la boîte. Ils n'ont plus qu'à venir au jour, à grandir, à se développer, et à briller de tous les feux de l'existence et du temps avant de se retirer à leur tour, leur spectacle terminé, de ce fameux théâtre d'ombres que nous appelons réalité. Il y aura des étapes. Bien sûr, il y aura des étapes. Au bout de dix milliards d'années...

— Ça fait quelque chose, si je compte bien, comme cinq milliards d'années avant notre rencontre devant la Douane de mer ? dit A en baissant la tête sous l'effort.

— Jour pour jour, lui dis-je. Il y a donc cinq milliards d'années, apparaît sous le soleil l'objet favori de ton investigation : la Terre. Voilà une bonne chose de faite. En Europe au moins, on a longtemps cru, avec la Bible, que la Terre avait quatre mille ans à la naissance du Christ. Jusque vers 1830, pour des raisons surtout religieuses, un grand savant comme Cuvier maintient encore ce chiffre que Buffon, un demi-siècle plus tôt, avait eu l'audace de porter à soixante-quinze mille ans. Six ou huit siècles avant le Christ, les *Upanishad* indiens étaient plus près de la vérité : ils donnaient à la Terre quelque chose comme deux milliards d'années.

À peine la Terre est-elle là que les événements s'accélèrent et prennent, hop, hop, hop, un rythme endiablé : encore un milliard d'années et — quatre milliards d'années avant nous — la vie pointe son museau. C'est une deuxième révolution, et une deuxième création, aussi inexplicable que la première : il est presque aussi fort de voir de la vie surgir de la matière que de voir de la matière surgir de rien du tout. Affublés d'un chapeau-claque et d'une baguette magique sous une large cape noire, voilà le hasard et la nécessité sous les traits de Mandrake, magicien de l'enfer, ou de Robert Houdin, prestidigitateur de génie. La soupe primitive mijote assez longtemps, dans des conditions improbables, à la bonne température, pour que des bactéries, des prébiontes, des algues vertes ou bleues apparaissent dans les eaux de la mer. Des algues vertes aux agnathes ou aux cyclostomes, qui sont des poissons sans mâchoires, au meganeura monyi, qui est une espèce de libellule, aux dinosaures et aux diplodocus, qui ne sont plus des libellules, et à l'archéoptéryx qui est déjà un oiseau mais qui ne vole peut-être pas, c'est une promenade de santé, une routine un peu longue, une série de catastrophes qui font plutôt bâiller parce que les hommes ne sont pas là pour nous amuser de leurs grimaces et de leur babillage. Quand les mammifères entrent en scène, et surtout les délicieux primates — les lémuriens, les tarsiens, les musaraignes et nos amis les singes —, les hommes frappent à la porte. Ils arrivent au dernier moment, hier ou avant-hier, dans les trois ou quatre millions d'années qui viennent de passer comme une flèche. Les quinze milliards d'années qui nous séparent de la naissance de l'univers et même les quatre milliards d'années de la vie sont déjà presque entièrement écoulés quand la bande joyeuse des hommes vient s'installer parmi nous avec armes et bagages. La pensée des hommes se lève tard sur le monde. Et c'est un troisième mystère, aussi épais que les deux premiers : la naissance du bien et du mal, de l'espérance, du remords est aussi incompréhensible que la naissance de la vie ou la naissance de la matière.

— Mon pauvre O, me dit A, si tu comptes coller dans notre rapport ce feuilleton picaresque au scénario un peu débile où la diligence de la vie, plus ivre que tous les bateaux chantés par vos poètes, menée à un train d'enfer par un mystérieux postillon masqué à la Zorro, échappe par miracle à tous les guets-apens dressés par la géologie, la température, l'alimentation ou les météorites sur le chemin tourmenté qui va de la matière à la pensée, j'ai peur que personne, à Urql, ne nous prenne au sérieux.

— Simplifions ! m'écriai-je. Simplifions ! « Durant quinze milliards d'années, la Terre est livrée à elle-même — c'est-à-dire à la nature dont les lois rigoureuses mènent la matière et la vie, qui est née de la matière, qui est née d'on ne sait quoi. Au bout de quinze milliards d'années, un peu plus, un peu moins, la Terre est occupée par des envahisseurs venus de l'intérieur et surgis de la vie. Ils s'appellent eux-mêmes : les hommes. L'homme. *Homo. Uomo. Hombre. Man. Mensch. Menneske. 'Αθϑρωπος. Tchelovek. Ember. Ren. Hito. Baniadam. Rajoul.* Et ils pensent. »

— Ouais..., marmonna A.

— Qu'est-ce à dire ? demandai-je.

— L'idée me vient que tu es une algue avec du temps en plus. Tu es du temps, greffé sur l'algue.

Parce que j'avais pris l'habitude de me conduire comme un homme, c'est-à-dire comme un esprit, je réfléchis un instant.

— Rien de plus juste, lui dis-je.

— Quelle aventure ! me dit-il.

— Quel roman ! lui dis-je.

— Maintenant que je sais que vous êtes tous des algues qui ont eu la chance de durer, Chateaubriand m'étonne moins. Et Molé plus du tout.

— Ou peut-être, au contraire, t'étonnent-ils davantage ?

— Ah ? tu crois ?... Oui, peut-être... Tu me feras penser à y penser.

## XVII

# *Les tétrarques et la poupée russe*

— Le monde est une poupée russe. Dans le grand roman de l'univers, il y a le roman de la Terre. Dans le grand roman de la Terre, il y a le roman de la vie. Dans le grand roman de la vie, il y a le roman de l'histoire. Dans le grand roman de l'histoire, il y a le roman de chacun de nous. Dans le roman de chacun de nous, il y a des nouvelles innombrables. Quand tu es arrivé au-dessus de Venise et que tu m'as trouvé en train de partir, tu as vu la ville et ses canaux, ses ponts, ses églises, l'Arsenal à un bout avec ses lions de pierre, San Nicolò dei Mendicoli, si sombre et seule, à l'autre, la place Saint-Marc au milieu, avec la basilique et le campanile et l'escalier des Géants dans le Palazzo Ducale, et les palais lombards ou gothiques ou Renaissance ou baroques le long du Grand Canal, et des maisons en grand nombre, souvent rouges, parfois vertes ou jaunes, ou même bleues comme à Burano que je ne détesterais pas te montrer avant de disparaître pour de bon de ce monde où il y a des couleurs et où il y a des maisons. Dans chacune de ces maisons, il y a des hommes et des femmes qui ont une vie, des pensées, des sentiments, des passions. Tu sais déjà combien ces passions et ces pensées se combinent et s'enchevêtrent. Elles s'attachent à chaque détour d'une vie qui n'en finit pas. Car Dieu est dans les détails — et l'histoire des hommes aussi.

Sur un des murs de Saint-Marc, du côté du palais des Doges, il y a un groupe de porphyre rose qui représente quatre personnages. Ce sont les deux Augustes et les deux Césars de l'Empire romain en déclin que ses dimensions mêmes avaient contraint de partager. Souvent Marie et moi nous nous sommes arrêtés devant le groupe des tétrarques en train de s'embrasser en un geste maladroit. Nous nous tenions par la main parce que nous nous aimions. Nous regardions les quatre hommes de pierre avec leurs robes et leurs épées à la poignée en bec d'aigle et leurs sandales à lacets et leurs drôles de chapeaux et nous les trouvions beaux. Ils nous faisaient rire avec un peu d'émotion. Nous ne savions pas qui ils étaient, nous ne savions rien d'eux. Ce sont les livres, naturellement, qui nous ont appris leur histoire. Un lien ténu s'établissait entre les empereurs romains dont nous voyions l'image et dont nous ignorions jusqu'au nom, l'artiste inconnu qui les avait sculptés il y avait mille cinq cents ans, tous ceux qui, à Byzance d'abord, puis à Venise, les avaient contemplés avec admiration, avec ennui, par routine, par plaisir, après une longue attente impatiente ou pour faire comme les autres, en ne sachant rien ou en sachant tout, et Marie et moi qui venions, à notre tour, nous planter devant eux.

Longtemps, les tétrarques de porphyre sur le flanc de Saint-Marc ont incarné pour moi tous les mystères de l'art, de l'histoire et du temps. Ils jetaient un pont entre Venise et Byzance, entre l'Empire romain et les jours de notre vie, entre toute la beauté du monde et mon amour pour Marie. « Tu te souviens des tétrarques ? » était devenu un mot de passe entre Marie et moi. Nous nous l'étions répété en riant ou les larmes dans les yeux, à Paris, en Grèce, à Ravello, à New York, quand le soleil brillait dans nos cœurs comme il brillait sur le Grand Canal ou quand notre amour s'en allait en lambeaux avant de renaître de ses cendres pour me permettre de mourir dans les bras de Marie.

Tout autant que Venise et ses tétrarques de porphyre, Maubeuge, ou Valenciennes, ou Saint-Chely-d'Apcher, ou n'importe quel bled perdu du Canada ou du Nouveau-Mexique, ou cette petite ville d'Italie qui porte le beau nom de Borgo Pace mais qui ne possède ni le paysage ni les églises qui font la gloire de Todi ou d'Orvieto ou de Positano, peuvent servir de décor aux désirs, aux souffrances et aux passions des hommes. Ce qu'il y a à Venise, c'est que chaque pierre y est belle et que chaque coin de canal renvoie à quelque chose, à un souvenir, à une image, à des rêves évanouis. C'est pourquoi je m'y promenais si souvent avec Marie et que j'ai eu la chance d'y mourir devant la Douane de mer et de t'y rencontrer. Des Gesuiti, sur le chemin de l'Abbazia et de la Madonna dell'Orto, où les tentures vert et blanc, jetées ici ou là avec désinvolture, sont sculptées dans le marbre, aux Gesuati, sur les Zattere, des Fondamenta Nuove à la Giudecca et à l'isola di San Giorgio, nous marchions aux côtés de Byron, de Casanova, de Thomas Mann et de Visconti, d'Henri de Régnier et de Paul Morand. C'étaient nos amis dont, à la différence des tétrarques, nous savions presque tout, ce qu'ils étaient venus faire à Venise et qui ils avaient aimé, ce qu'ils avaient écrit et comment ils étaient morts, ce qui ne les empêchait pas, tu en sais quelque chose, d'être toujours avec nous, plus fidèles et plus présents que tant de vivants dont nous nous moquions comme d'une guigne. Il y avait nous et il y avait eux. Venise n'aurait pas été Venise s'ils n'avaient pas parlé de ses ponts, de ses peintres, de ses prisons, de ses gondoles avec tant de drôlerie et de subtilité :

*Car sinueuse et délicate*
*Comme l'œuvre de ses fuseaux,*
*Venise est semblable à l'agate*
*Avec ses veines de canaux*

et eux n'auraient pas été eux, le cœur de ce qu'ils étaient leur aurait manqué à jamais, s'ils n'avaient pas aimé Venise et s'ils ne l'avaient pas fait revivre dans ce qu'ils écrivaient. Wagner — nous le retrouvions à Ravello, dans la villa Rufolo, où traînait aussi le souvenir de Styron et du plus beau de ses livres, *La Proie des flammes,* qui dépeint Ravello sous le nom de Sambuco — avait écrit *Parsifal* dans ce palais du Grand Canal devant lequel nous passions et repassions en gondole ou en vaporetto et que nous contemplions en silence. Chateaubriand — nous le retrouvions partout — était venu trois fois à Venise où il était descendu à l'auberge du Lion d'Or, puis à l'hôtel de l'Europe, à l'entrée du Grand Canal, en face de la Salute et de la Douane de mer. Et, chaque fois, mon cher A, c'est une comédie bouffe et un roman d'aventures.

— Il nous manquait, celui-là, bougonna A.

— Il manque toujours, lui dis-je. Comme manquent tous ceux qu'on aime et qui, à la différence de tout ce qui nous tire vers le bas, s'obstinent avec allégresse à nous tirer vers le haut. Les uns vivent avec la Bible, avec Homère, avec Hadrien ou avec Marc Aurèle, avec Virgile ou Horace, avec saint Augustin. Les autres avec Montaigne, avec Pascal, avec Shakespeare ou Mozart, avec Verlaine ou Carpaccio dont nous allions voir, Marie et moi, le *Songe de sainte Ursule* à l'Accademia ou la *Vie de saint Jérôme* à San Giorgio degli Schiavoni, avec la fuite des moines comme une volée de moineaux blanc et noir devant un lion plutôt placide et le fameux caniche de saint Augustin, éberlué par la lumière mystique qui tombe du ciel par la fenêtre. Beaucoup ne vivent avec personne et restent enfermés dans leur jardin minuscule, sans un regard sur la campagne d'automne ou de printemps qui prend tant de couleurs différentes ni sur les villes d'alentour où il se passe tant de choses. C'est un grand privilège de faire un bout de chemin avec ce qu'il y avait de mieux, de plus gai, de plus vivant parmi ceux qui sont morts. J'ai beaucoup vécu avec l'ami — et l'ennemi, et pourtant toujours l'ami — de Molé, de Joubert, de Fontanes, de tant d'autres, avec l'amant fidèle et infidèle de Juliette Récamier. J'ai beaucoup ri avec lui — comme avec Rabelais, avec Cervantès, avec Proust. Il faut que tu saches, mon cher A, que la vie des hommes est sinistre, pleine de souffrances et de larmes, obscurcie par l'absence, par la mort, par le chagrin, par la maladie, par la trahison et le mensonge. Et qu'elle est follement gaie. Quand Chateaubriand, venant de Paris dans une de ces belles et grosses voitures de voyage qu'on appelait joliment des « dormeuses », arrive à Venise pour la première fois, au cœur de l'été 1806 — il a mis dix jours de la place de la Concorde à l'auberge du Lion d'Or —, il a la tête pleine d'une grande affaire qui l'occupe tout entier.

— Un livre ! s'écria A.

— Pas du tout.

Il se gratta la tête.

— 1806 ? Peut-être la politique, la France, ses relations avec l'Empereur ?

— Bien vu ! *Complimenti,* mon cher A ! *E tanti auguri !* Mais c'est encore autre chose.

— Alors, c'est une histoire d'amour.

— C'est une histoire d'amour. Chateaubriand, comme toi et moi, est fou d'amour pour une dame.

— Je n'ai jamais été fou d'amour pour une dame, murmura A.

— Excuse-moi, lui dis-je. Chateaubriand est amoureux de la dame qui, avant Cordélia de Castellane, va commencer lentement à l'éloigner de Mathieu Molé : elle s'appelle Natalie de Noailles.

— Oui, oui, dit A. Je sais. Elle est très belle.

— Je ne crois pas, lui dis-je, mais ça ne fait rien. Il l'aime. Ou il croit l'aimer. Quand il part pour Venise sous des prétextes divers — s'embarquer pour la Grèce, recueillir des images pour son livre sur les martyrs, aller prier sur les lieux de la passion du Christ —, il ne pense à rien d'autre qu'à Natalie de Noailles. Les algues, les diplodocus, les primates, les simiens, les milliards d'années de la Terre avant le premier sourire aboutissent à l'image, si vive qu'elle en devient floue et presque douloureuse, de Natalie de Noailles dans l'esprit, ou la mémoire, ou le cœur, on ne sait pas très bien, du vicomte de Chateaubriand. Mais parce que le monde est une poupée russe et qu'on peut, chaque fois, monter vers un ensemble plus vaste ou descendre vers un détail plus mince, l'amour de René pour Natalie est à son tour un univers à l'architecture envahissante et aux aventures innombrables. Ils nous renvoie à l'Empire, à Napoléon, à la Révolution française, à la Terreur qui expédie vers l'échafaud le marquis de Laborde, père de Natalie ; à Londres où se réfugie le vicomte de Noailles, qui est aussi prince de Poix, qui sera duc de Mouchy, et qui est le mari de Natalie ; aux paysages écrasés de soleil de la Grèce et de la Terre Sainte où Chateaubriand part en pèlerinage, le cœur tout plein de Natalie ; à l'Andalousie, fille de l'islam, où, nouvelle Pénélope d'un Ulysse catholique, légitimiste et adultère, Natalie passe son temps à dessiner les colonnes de la mosquée de Cordoue ou la cour des Lions et la salle des Deux-Sœurs de l'Alhambra de Grenade en attendant le retour du navigateur éperdu qui, dévorant les moments sous sa voile impatiente, demande à l'étoile du soir des vents pour cingler plus vite et de la gloire pour se faire aimer.

— C'est de toi, ça ? demanda A.

— Non, lui dis-je. C'est de Chateaubriand.

— C'est bien ce que je pensais, dit A.

— N'importe lequel de ces épisodes, tu peux t'en emparer et le changer à son tour en un continent à explorer, un océan à parcourir. Le monde est fini, limité étroitement dans l'espace et dans le temps, en un sens minuscule — et il ne s'épuise jamais. Quand la Terreur se termine et que Natalie de Noailles, libérée de sa prison par la chute de Robespierre, peut enfin aller rejoindre à Londres son mari qu'elle aime d'un amour passionné et naïf, lui est tombé dans les filets et les bras d'une femme qui avait fait les beaux jours de la société londonienne de l'extrême fin du XVIIIe siècle et qui était la maîtresse du prince de Galles.

— Voilà que ça recommence, dit A.

— Le mari de Natalie avait une seule idée en tête : c'était de se débarrasser de sa femme qui venait le gêner dans ses nouvelles amours. Il demanda à un de ses amis, qui s'appelait Vintimille, de s'occuper de Natalie. Vintimille s'acquitta de sa tâche avec tant de conscience qu'il tomba amoureux fou de Mme de Noailles. Mais Natalie de Noailles, qui avait beaucoup d'affection pour son soupirant exalté, se refusait à lui par fidélité à un mari dont elle ignorait les intrigues et dont elle restait amoureuse. Vintimille, n'y tenant plus, se jeta à ses genoux et lui révéla, dans les larmes, la comédie cruelle inventée par Noailles. Ce fut un coup terrible pour Natalie dont la tête et le cœur avaient déjà été affaiblis par les épreuves de la prison et de la séparation. C'était l'époque du Directoire. Les femmes montraient leurs seins dans des robes transparentes.

— Ça ne m'étonne pas, dit A.

— Elle se jeta dans les plaisirs du haut de ses chagrins. Elle détesta le mari qu'elle avait tant aimé. Elle se donna à Vintimille tout en le méprisant. Elle méprisait son mari, elle méprisait son amant, elle méprisait les hommes — et elle les aimait. Le mépris est une arme mortelle. Vintimille finit par quitter la France pour aller se noyer dans les eaux de la baie de Naples. Et Natalie commença à donner les premiers signes de la folie qui devait l'emporter. Tu te rappelles Molé ?

— Je ne pense qu'à lui, dit A.

— Molé la dépeint à peu près à cette époque où, à cause des malheurs qu'elle avait traversés — tu vois comment la vie se tricote et s'arrange ? —, elle voulait plaire aux hommes et obtenir des preuves de plus en plus ardentes de leur admiration et de leur attachement : « C'était l'Armide... »

— L'Armide ? demanda A.

— Une déesse. Ou une héroïne. De l'Arioste ou du Tasse, je ne sais plus. Une dame, en tout cas, qui plaît à la folie. « C'était l'Armide. Soit qu'elle parlât, soit qu'elle chantât, le charme de sa voix était irrésistible. Sa coquetterie allait jusqu'à la manie. Elle ne pouvait supporter que les regards d'un homme s'arrêtassent sur elle avec indifférence. Je l'ai plus d'une fois surprise à table, cherchant avec inquiétude sur le visage des domestiques qui nous servaient l'impression qu'elle produisait sur eux. » C'est de cette femme blessée à mort que Chateaubriand tombe amoureux. Toujours assoiffée de preuves d'admiration et de fidélité, toujours anxieuse de voir restaurée sa puissance sur les hommes si cruellement ébranlée par la trahison de son mari, elle se donnera à lui à Grenade s'il vient l'y rejoindre au terme de son pèlerinage en Grèce et en Terre Sainte. Tu imagines l'état d'excitation de René quand il arrive avec sa femme à l'auberge du Lion d'Or, à Venise, d'où, *via* Mestre et Trieste, il s'embarque pour l'Orient et pour le Golgotha avec Grenade dans le cœur ?

— Oui, oui, répondit A, j'imagine.

Je crus discerner dans le ton de A comme une ombre d'impatience.

— La vérité, je vais te la dire : Chateaubriand, on s'en fiche.

— Vraiment ? demanda A en inclinant la tête d'un mouvement ravissant.

— Je l'aime beaucoup, bien sûr, parce qu'il a écrit des choses épatantes qui font du bien quand on les lit : « L'homme n'a pas besoin de voyager pour s'agrandir. » Ou encore...

— Je ne sais pas si je me suis agrandi, dit A. Mais j'ai beaucoup voyagé.

— Je te signale qu'un autre écrivain français, du nom de Céline, considère le voyage comme « un petit vertige pour couillons ».

— Merci beaucoup, dit A.

— ... ou encore, et là, tu l'avoueras, l'auteur des *Mémoires d'outre-tombe* mérite en toute simplicité son épithète d'enchanteur : « Il faut être économe de son mépris en raison du grand nombre des nécessiteux. » Mais je pense toujours au rapport et l'épicurien catholique nous sert seulement à comprendre comment les algues avec du temps se débrouillent dans ce monde et comment marche la vie. Un point, c'est tout. Venise fut une déception. « Cette Venise, si je ne me trompe, écrit René à un ami dont je pourrais te parler et dont je ne te parlerai pas parce que nous n'avons que trois jours pour rédiger le rapport, vous déplairait autant qu'à moi. C'est une ville contre nature. On n'y peut faire un pas sans être obligé de s'embarquer, ou bien on est réduit à tourner dans d'étroits passages plus semblables à des corridors qu'à des rues. La place Saint-Marc seule, par l'ensemble plus que par la beauté des monuments, est fort remarquable et mérite sa renommée. L'architecture de Venise, presque toute de Palladio, est trop capricieuse et trop variée. Ce sont presque toujours deux, ou même trois palais bâtis les uns sur les autres. Il reste quelques bons tableaux de Paul Véronèse, de son frère, de Tintoret, du Bassan et du Titien. »

Le jugement brille, je le crains pour la mémoire du grand homme, par l'ignorance et la légèreté. Il rappelle les pages irrésistibles d'un voyageur français de grand renom — avant une certaine date, les voyageurs, surtout français, sont toujours de grand renom —, le président de Brosses, qui, un demi-siècle plus tôt, avait quitté son parlement de Dijon pour descendre vers l'Italie et envoyer des cartes postales à ses amis restés en France. Après avoir traité la peinture à Florence de « très méchants ouvrages pour la plupart », le président de Brosses, qui n'aime que le baroque, nous a laissé une description célèbre de Saint-Marc qui annonce déjà celle de René : « Vous vous êtes figuré que c'était un lieu admirable, mais vous vous trompez bien fort : c'est une église à la grecque, basse, impénétrable à la lumière, d'un goût misérable, tant en dedans qu'au-dehors... On ne peut rien voir de si misérable que ces mosaïques... Le pavé est aussi en entier de mosaïque. Le tout a été si bien joint que, quoique le pavé soit enfoncé dans certains endroits et fort relevé dans d'autres, aucune petite pièce ne s'est démontée et n'a sauté : bref, c'est sans contredit le plus bel endroit du monde pour jouer à la toupie. »

— C'est déjà quelque chose, dit A. Je ne détesterais pas être le premier esprit venu d'Urql à jouer à la toupie avec le président de Brosses, du parlement de Dijon, dans la basilique de Saint-Marc.

— C'est délicieux, lui dis-je, de te voir devenir, peu à peu, si semblable à nous autres. Mais ne finirons-nous pas par préférer à tous ces gens de talent qui se trompent avec tant d'ardeur la bonne Mme de Chateaubriand, si naïve, si simple, et qui souffre en silence de Pauline, de Natalie, de Juliette, de Cordélia et de toutes les Madames ?

— Céleste, prononça A.

— Céleste, en effet, qui mériterait à elle seule la moitié du rapport.

— Pas question, trancha A. À l'extrême rigueur, une note en bas de page.

— Pauvre Céleste, dont Victor Hugo écrira, avec un peu d'injustice : « Mme de Chateaubriand était fort bonne, ce qui ne l'empêchait pas d'être fort méchante. Elle avait la bonté officielle, ce qui ne fait aucun tort à la méchanceté domestique. » Elle envoie de Venise quelques lignes à son ami Joubert, cloîtré dans sa maison de Villeneuve-sur-Yonne, entre ses vignes et ses fleurs, où il déchire, dans les livres qu'il lit en marchant à petits pas parce qu'il est toujours souffrant, les pages qui ne lui plaisent pas : « Je vous écris à bord du Lion d'Or, car les maisons ne sont ici que des vaisseaux à l'ancre. On voit de tout à Venise, excepté de la terre. Il y en a cependant un petit coin qu'on appelle la place Saint-Marc, et c'est là que les habitants vont se sécher le soir. »

— C'est amusant, dit A.

— Ce qu'il y a aussi d'amusant, c'est qu'au moment de s'embarquer pour la Grèce, pour la Turquie, pour le tombeau du Christ — et pour ses amours adultères —, le poète catholique a trouvé quelqu'un à qui confier sa femme. C'est... Devine !...

— Molé ! lança A.

— Ce n'aurait pas été mal non plus. Mais, non, ce n'est pas Molé. C'est le métaphysicien bégayeur au visage concassé qui, quinze ou vingt ans plus tard, passera quelques mois à Rome où tu l'as déjà rencontré parce que ne comptent pour toi ni le temps ni l'histoire : c'est Ballanche.

— Je croyais que Ballanche était amoureux de Juliette ?

— Dans le monde où vivent les hommes, mon cher A, et c'est un autre de ses secrets, on peut à la fois être amoureux de Juliette et ami de Céleste. On peut être capitaine et ivrogne, bourrelier et manchot, assassin et orfèvre, intelligent et idiot. Ballanche était l'ami de Mme de Chateaubriand et, pendant que René naviguait sur les mers, l'image de Natalie gravée dans l'esprit et dans le cœur, il s'occupa tant bien que mal de la veuve provisoire. Ils purent lire tous les deux, dans le *Mercure de France,* une lettre que Chateaubriand avait réussi à faire parvenir au journal. Elle était précédée d'une notice de deux lignes, ciselée par la rédaction : « Nous croyons faire plaisir aux lecteurs du *Mercure* en leur donnant des nouvelles d'un voyageur...

— De renom, souffla A.

— De renom, bien entendu, auquel s'intéressent si vivement les amis des lettres et de la religion. »

— Il me semble, murmura A de la voix la plus douce, que je commence à comprendre, grâce à Chateaubriand et à toi, comment fonctionnent les hommes.

— Eh bien, tant mieux ! lui dis-je. Le rapport avance un peu. Mais il faut que tu saches aussi que pendant le voyage en mer de M. de Chateaubriand, attiré et habité par Mme de Noailles, on se tue beaucoup en Europe. C'est Auerstaedt et Eylau, et la gloire de l'Empereur, et déjà, dans le lointain, ses défaites et sa chute. L'Espagne, où Natalie attend son voyageur en dessinant des cours et des colonnes et en flirtant vaguement avec de grands seigneurs portugais ou des colonels écossais, est déjà menacée par une guerre dont les horreurs et les flammes seront peintes par Goya. Et dans les Allemagnes en miettes, Hegel met la dernière main à la *Phénoménologie de l'esprit* qui est une espèce de rapport, inférieur au nôtre bien entendu, et à l'usage des seuls hommes. Et dans chaque palais et dans chaque masure de chaque ville et de chaque village, les passions des hommes se déchaînent.

— Je crains, remarqua A, que le rapport ne recule à mesure qu'il avance.

— C'est que le monde, lui dis-je, est un abîme sans fond, une tapisserie de Pénélope, une quête du Graal sans Graal.

— Et une poupée russe, dit A.

## XVIII

# *La Grande Ourse*

J'entraînais ainsi A à travers le monde et les hommes pour nourrir le rapport et le faire avancer. De temps en temps, je l'avoue, je me prenais la tête entre les mains, je m'arrachais les cheveux. Dans quelle entreprise m'étais-je encore lancé ? Longtemps, le monde m'avait paru compliqué. Obscur. Souvent presque hostile. Son mode d'emploi m'échappait. Je passais mon temps à me débattre sans savoir où aller. Il me semblait être enfermé dans un univers clos où, par un cruel paradoxe, je ne parvenais pas à pénétrer. Ma place n'était nulle part. Je ne pouvais ni entrer ni sortir. Alors, vous entrez ou vous sortez ? Je ne savais pas, je bafouillais, je dansais d'un pied sur l'autre. Un mélange d'échecs et de tentations me tournait sur le cœur. J'aspirais au repos. Au moment où ma vie se simplifiait enfin puisque j'étais mort, voilà que je repartais dans une de ces aventures auxquelles, de mon vivant, je m'étais juré de renoncer. En voletant avec A au-dessus du Danube et du Rhin, du Congo et du Nil, de l'Amazone et de l'Orénoque, les grandes villes sous les yeux où s'entassaient les gens, entre les Alpes et l'Himalaya, le long des Rocheuses ou des Andes, hanté par le grand ouvrage qui occupait ma mort, je cherchais à me rappeler comment était la vie.

Je me souvenais qu'elle était belle. Elle était bonne. Elle était belle. « *Wie es auch sei, das Leben ist gut.* » D'après ce qu'on m'avait dit, elle ne commençait pas bien. Dans le sang et les cris. Elle ne finissait pas mieux. Dans l'angoisse et la mort. Les femmes souffraient pour la donner. Les corps qui la recevaient, autant que ceux qui la donnaient, étaient des machines à douleur. Et elle était belle.

À chaque instant, à chaque mot, me revenaient des images de ma vie avec Marie. J'aurais voulu, en vrac, les lier en bouquets et les remettre à A pour qu'il les emporte avec lui dans les vertes prairies d'Urql.

— Sont-elles vertes ? lui disais-je.

— Je croyais, me répondait-il avec un bon sourire, que nous ne parlions pas d'Urql ni de moi, mais seulement de cette Terre et des hommes qui l'habitent ?

— Tu as raison, lui disais-je. Il n'y a rien d'autre. L'univers est la banlieue des hommes et tu n'existes que par moi.

Je me battais contre l'oubli. C'était une tâche désespérée. « Je suis né... », lui disais-je. Et ma vie défilait à l'usage des gens d'Urql. Je lui racontais mon enfance, ma première scarlatine, mon premier émoi devant la fille d'un tailleur qui portait une robe rouge avec un nœud sur le côté, ma première rédaction sur une promenade à la campagne qui m'avait tant bouleversé...

— La promenade ? demandait A.

— Non, lui disais-je, la rédaction... qu'il avait fallu me coucher et appeler le médecin, mes études dans un lycée, derrière le Panthéon, où une poignée de génies à venir étaient nourris de Platon, de Virgile et d'Horace, de Montaigne, d'Henri Heine, de Hegel et de Marx, le concours d'entrée à une école où la mythologie se mêlait à chaque pas à la réalité et où des infirmières en blouse blanche guettaient l'évanouissement des philologues et des grammairiens rejetés par le hasard, la nécessité ou le destin dans les ténèbres extérieures.

A bâillait et prenait des notes.

— Rien n'est plus excitant et plus lassant à la fois que les biographies. Toutes les vies se ressemblent. Elles commencent par la naissance et elles finissent par la mort. C'est d'une banalité écœurante. C'est toujours la même chose. Les dieux eux-mêmes s'en vont, d'une façon ou d'une autre, et ceux qui les incarnent, les prêchent, les annoncent : Adonis au cours d'une chasse, Atys sous les coups de Cybèle qui va le changer en pin, Jean-Baptiste chez Hérode qui lui fait couper la tête pour plaire à Salomé, le Christ au Golgotha, le Bouddha du côté de Kuçinagara, Mahomet à Médine. Mais entre la naissance et la mort court une brève et longue surprise, toujours semblable à elle-même et pourtant toujours neuve. Et derrière l'histoire de chacun, comme derrière celle des dieux et de leurs prophètes ici-bas, il y a quelque chose d'immense qui est plus grand que la vie.

Seule comptait dans la mienne la présence de Marie. Cervantès et Shakespeare pâlissaient devant elle. Il y a eu des millions de Marie sur cette Terre. Mais il n'y en avait qu'une dans ma vie, et il n'y en aura qu'une dans le rapport : c'était elle. Seule dépasse de cette Terre où tout se ressemble toujours et où les enfants ne sont pas seuls à devoir être élevés, l'idée que les hommes se font d'eux-mêmes et de leur élévation. Mon élévation à moi portait le nom de Marie.

Marie — mais tu l'as vue — avait un mètre soixante-quatorze, les cheveux noirs, les yeux très bleus, un père marin, une mère bretonne. J'ai oublié son tour de hanches et son tour de poitrine. Ce n'était pas mal non plus. Nous nous promenions sous la pluie. Nous roulions en voiture. Nous nous jetions dans la mer. C'est ce que les hommes appellent vivre. Nous nous levions de la table où nous avions, selon des rites dérisoires mais d'une extrême importance, et à peu près universels dans leur diversité, qu'on appelle manières de table...

— C'est très comique, remarqua A.

— C'est les hommes mêmes, lui répondis-je,... passé une heure, ou un peu moins, ou parfois un peu plus, à nourrir la machine, et nous allions au cinéma. Nous allions au cinéma parce que nous vivions à l'époque des frères Lumière, de Méliès, de

Hollywood, de Chaplin, d'Orson Welles. À une autre époque et en un autre lieu, nous aurions assisté aux courses de chars dans le cirque, à des tournois où des hérauts auraient agité des oriflammes et salué le vainqueur par des sonneries de trompettes, à des bouzkachis dans le désert, à des jeux de pelote dont la mort était le prix, à des régates de gondoles entre le bassin de Saint-Marc et le pont du Rialto. Mais nous vivions dans de grandes villes, au temps du machinisme, de la culture de masse et de la montée des images : nous allions au cinéma.

C'était une oasis au cœur de la foule innombrable, c'était le noir, la paix, le départ, le bonheur. Nous ne disions presque rien, nous nous tenions par la main. Le monde était là, nous nous confondions avec lui et il nous emportait. Ava Gardner ou Humphrey Bogart n'étaient que les prétextes où accrocher nos rêves. Le temps avait coulé. Il coulait. Il allait couler encore. Il bouillonnait en nous. Nous n'étions que souvenirs dont nous n'avions que faire. Nous n'étions qu'espérance. Aux Agriculteurs, aux Ursulines, dans des salles obscures au fin fond de la ville, nous buvions un peu de monde mis en bouteille pour nous. D'autres ont eu la guerre, le jazz, la foi, la tuberculose, la révolution, la terre ou la vigne, la mer, l'opéra, les ruines à déchiffrer de l'Antiquité classique, le cheval, l'Orient désert ou surpeuplé, n'importe quoi, un peu de tout. Nous avions le cinéma, l'Italie, l'automobile, les livres. Entre Ben-Hur, les tragiques grecs, les papes Clément et nous, il n'y avait que l'épaisseur du temps, de l'occasion et des mots. Depuis que les hommes sont hommes, ils n'ont jamais changé. Ils changent. Ils restent les mêmes. Tout bouge. Tout reste semblable. C'est le secret du monde.

— Enfin, tout de même, bougonna A, entre les algues et toi...

— Tu as raison, lui dis-je. Le décor se transforme, les choses se modifient. Mais lentement, si lentement... Entre Abraham et Homère, entre Zoroastre et Marie, il n'y a que des nuances. Je passe sous silence, je rejette dans les ténèbres tous ces milliards d'années où le monde existe à peine puisqu'il n'y a personne pour le penser, comme je tiens pour rien tout l'espace infini que tu as traversé. Je ne te parle que des hommes : une poussière, un soupir, une larme dans l'océan — et pourtant presque tout. Veux-tu que je te dise quelques mots de la prise de Constantinople, des événements de la Sorbonne au mois de mai 68, de la découverte de l'Amérique le 12 octobre 92, de la mort de Boèce, de l'enterrement d'Alaric ? Je vais te parler de Marie.

Marie avait un chat, une grand-mère, des amis. Nous avons longtemps été seuls tous les deux. Je ne vivais pas de l'air du temps : il ne nourrit pas ses gens. Tu sais déjà que pour aller voir *Notorious,* que nous appelions *Les Enchaînés,* où Ingrid Bergman, agent secret par amour, empoisonnée par son mari à la solde des nazis, est si belle dans l'escalier qu'elle descend en titubant, effondrée, rayonnante, appuyée sur son amant qui n'est autre que Cary Grant ravagé par la passion, ou *Philadelphia Story,* que nous appelions *Indiscrétions,* avec Katharine Hepburn et son voilier si *yawr,* pour absorber des langoustines et des bloody mary, pour filer en Toscane ou dans les îles du Dodécanèse, il faut de l'or, appelé argent. J'aurais préféré ne rien faire, m'abstenir de travailler, regarder ce qui se passe quand il ne se passe rien et me promener dans le monde, le nez en l'air, comme aujourd'hui avec toi. J'avais dû prendre un état. J'enseignais le grec classique et la philosophie de Platon, d'Aristote, de Plotin. Chacun fait ce qu'il peut. Marie avait étudié le droit pour devenir avocate et défendre des hommes d'affaires indélicats et véreux qui se faisaient passer pour des veuves et pour des orphelins. C'était la vie. Elle ne comptait pas. La vraie vie est ailleurs. Nous rêvions d'autre chose. Nous partions, comme tu sais, pour échapper à l'histoire, aux papes Clément, au connétable de Bourbon, à Benvenuto Cellini — et pour les retrouver aussitôt. Nous partions surtout pour changer de vie.

Je me souviens d'un soir — c'était plusieurs mois après notre rencontre dans la rue du Dragon — où nous étions allés, Marie et moi, à un de ces grands machins qui se donnaient, à Paris comme ailleurs, tout au long des derniers siècles, sous le nom de thé, de concert, de souper, de dîner, de redoute, de media-noche, de fête de charité, de bal masqué, de cocktail, de raout, et qui brillent de mille feux dans les romans de Pétrone, de Mme de La Fayette ou de Nancy Mitford, de Maupassant, de Morand ou de Proust, dans les Mémoires de Mme de Boigne, de Mme de la Tour du Pin, de Mme de Clermont-Tonnerre, de Maurice Martin du Gard, dans les films de Visconti, de Fellini, de René Clair, dans les pièces d'Oscar Wilde, dans les vaudevilles de Feydeau, dans les opérettes d'Offenbach. C'était un cocktail chez un éditeur installé à Paris, sur la rive gauche, au coin de la rue de l'Université et de la rue Sébastien-Bottin. L'éditeur s'appelait Gallimard comme je m'appelle O et toi A. Il avait publié beaucoup de livres dont quelques-uns au moins — il y en a de franchement nuls — seront très utiles pour le rapport. Il était, aux yeux de beaucoup, un des centres du monde.

— Si on allait le voir ? me dit A.

— Qui ça ? demandai-je.

— L'éditeur, me dit-il.

— Pour quoi faire ? demandai-je d'un ton déjà un peu rogue.

— Pour le rapport, bredouilla-t-il.

Je le regardai de travers.

— Je t'ai déjà expliqué, lui dis-je, que le rapport était pour Urql, et pour Urql seulement.

— Bon, bon, me dit-il. Ne te fâche pas. Continue.

— C'était le printemps. Nous étions jeunes et un peu impatients. Marie éclatait de beauté. Le pays où nous vivions était dominé, en ce temps-là, par la figure et peut-être plus encore par la voix d'un général de légende, exécré par les uns, vénéré par les autres. Et le monde autour de nous, par la rivalité de deux ennemis associés qui se disputaient le pouvoir et se le partageaient. C'était la grande affaire de l'époque, la constellation majeure qui commandait toutes les autres. Elle avait été annoncée, plus de cent ans à l'avance...

— Cent ans ! dit A. C'est bien peu. Il n'y a pas grand mérite.

— C'est énorme pour les hommes... par des génies comme Tocqueville ou comme Chateaubriand. Maintenant, elle était là. Et elle bloquait l'horizon. Personne, mais alors personne, au sein de la foule qui se pressait dans la chaleur presque intenable des salons surpeuplés de la maison Gallimard, n'aurait osé supposer que, quelques dizaines d'années plus tard, l'équilibre de la planète serait bouleversé de fond en comble par l'écroulement de l'un des deux géants.

Parce que nous étions en France, à la fin des années cinquante ou au début des années soixante, le fond des esprits était tapissé d'une étoffe impalpable où étaient brodés les noms du maréchal Staline et du général de Gaulle, la faucille et le marteau, la croix de Lorraine, l'aigle déployé, et peut-être un peu déplumé, des États-Unis d'Amérique et les filets rouge et noir de la couverture blanche des éditions Gallimard, appelées aussi N.R.F. pour surprendre un peu plus et embrouiller les esprits, comme Mme Verdurin prend le nom de Guermantes et comme l'abbé Vautrin n'est autre que Trompe-la-Mort.

Il y avait plusieurs salons aux plafonds assez hauts, avec des buffets où des serveurs en veste blanche versaient à boire aux invités, qui étaient venus en foule se faire voir les uns des autres, et offraient aux élégiaques tourmentés par le suicide, aux métaphysiciens de l'absurde ou de la transcendance, aux révolutionnaires qui réclamaient dans leurs livres une guerre des classes sans merci des sandwichs à la tomate et des brioches au pâté de foie.

— C'était bon ? demanda A.

— Pas terrible, répondis-je. Il y a mieux. Mais métaphysiciens et élégiaques se contentaient de ce qu'on leur donnait et ne boudaient pas leur plaisir. Les salons ouvraient sur un jardin où se promenaient pêle-mêle, au milieu des bureaux où s'entassaient des manuscrits qui hésitaient encore, avant lecture, entre navet et chef-d'œuvre, tous les hauts fonctionnaires de la cour de l'esprit, tous les dignitaires qui régnaient sur les livres à l'âge de l'industrie et de la publicité. Des critiques couverts de contrats, de préfaces, de voyages en Sicile — ou, plus simplement, d'espèces ou d'enveloppes remises et acceptées avec la plus charmante simplicité. Des écrivains de droite qui avaient fait carrière dans la désinvolture et que le succès de leurs cadets remplissait d'amertume. Des philosophes de gauche tourmentés également par les honneurs qu'ils avaient et ceux qu'ils n'avaient pas. Des poètes dévorés par la passion de réussir et de ne pas le montrer. Deux ou trois jeunes gens ambitieux qui se juraient à eux-mêmes de ne jamais ressembler à ces spectres vivants qu'ils avaient tant admirés quand ils lisaient leurs livres avant de les rencontrer. Plusieurs ministres au rebut, guettés par la retraite ou le désaveu des électeurs et qui voyaient dans des souvenirs rédigés par des nègres un espoir de survivre dans la mémoire du public. Et pas mal de femmes du monde, avides d'un peu de culture à l'ombre du génie et d'un doigt de champagne pour oublier le sexe qui leur tournait le ciboulot ou qui les avait déçues. Nous errions, Marie et moi, parmi les lauréats des prix Broquette-Gonin et les historiens du marxisme-léninisme.

Des nuages passaient dans le ciel, au-dessus du jardin. Quelques gouttes de pluie se mettaient à tomber. La foule des invités reflua dans les salons, à la recherche des grands hommes dont les livres nous avaient enchantés. On entendait Paulhan, à la parole mystérieuse, évoquer, d'une voix fluette, où se mêlait une ombre d'ironie et d'accent du Midi, une œuvre monumentale du plus vif intérêt, qu'il avait lue avec passion, qui ressemblait à la Bible et qu'il était urgent de renvoyer à Montpellier d'où elle avait été expédiée. On apercevait Aragon, l'air serré, les cheveux blancs, en train de s'entretenir avec un jeune homme vêtu de cuir, d'une beauté accablante. Morand, l'air d'un Mongol, croisait Caillois, l'air d'un Bouddha. Caillois racontait que

Morand, coincé la veille dans un banquet en son honneur où toute retraite était coupée et où il s'ennuyait à périr, était passé sous la table pour regagner l'air libre. Morand racontait qu'au temps du surréalisme et du café Cyrano, en compagnie d'Aragon, d'Eluard, de Roussel et de quelques autres explorateurs de régions inconnues, impatients de changer la vie, Caillois, désormais rangé des voitures, installé à l'Unesco avant de l'être quai Conti, s'était pris de dispute avec André Breton à propos de haricots sauteurs rapportés du Mexique. Au nom de la raison conquérante et du droit à la vérité, Caillois avait proposé d'ouvrir, pour voir ce qu'il y avait dedans, les haricots que Breton, au nom de la poésie et du droit au mystère, voulait laisser sauter en paix dans la nuit de l'esprit. Les ombres de Proust et de Valéry, de Gide, de Saint-John Perse, de Claudel, de Larbaud flottaient dans l'atmosphère en même temps que des ragots sur les coucheries des uns ou des autres, des chiffres de droits d'auteur et des spéculations, la plupart démenties par la réalité, sur le prochain prix Goncourt. Intimes, ennemis, brouillés, jaloux, Sartre, Camus, Malraux, défilaient devant nous. Et toute l'armée allemande. Et Drieu la Rochelle. Et le communisme militant. Et le nouveau roman. Et le cortège sans fin des talents et des modes.

— Allons-nous-en, disait Marie.

Nous sortions. Le vacarme de la rue nous enveloppait de silence. J'avais une vieille Peugeot, à la capote déchirée où j'avais collé des rustines.

— Et maintenant ? dis-je à Marie.

— Partons.

— Mais pour où ?

— N'importe où. Mais partons.

C'est ainsi que Marie et moi, une fois encore, une fois de plus, nous sommes partis pour le Sud dans une voiture découverte. Nous avons roulé toute la nuit. Il faisait beau. L'air était doux. J'ai eu la chance, dans le ciel qui brillait sur nos têtes, de reconnaître la Grande Ourse et de la montrer à Marie. Un peu plus loin, dans le noir, nous avons deviné l'ombre des premiers oliviers et des premiers cyprès.

— Ça va ? lui disais-je.

— Ça va, me disait-elle.

Elle aimait beaucoup le vent, la nuit, les cyprès, les oliviers, les étoiles, la Grande Ourse. Par lassitude sans doute, ou peut-être par distraction, ou pour se protéger de la fraîcheur de ces petites heures qui précèdent le matin, elle se serrait contre moi, elle mettait sa tête sur mon épaule. La vie était toute simple et, c'est vrai, elle était belle. Quand nous sommes arrivés au-dessus de Portofino, le soleil se levait.

## XIX

# *Mort, où est ta victoire ?*

— Bon, bon, me dit A. Les hommes descendent des algues et l'amour les occupe. Ils rient. Ils pleurent. Ils chantent. Ils écrivent des romans et de petites choses épatantes dont on pourrait se passer.

— Tu as tort de dire ça, remarquai-je.

— Ils se déplacent sur la Terre. Ils se retrouvent entre eux sur les champs de bataille ou chez leur éditeur. L'argent est la plus funeste des inventions de génie. Les hommes travaillent pour en gagner. On n'est jamais très sûr du sens que prend l'histoire. Et quelque chose d'obscur, dont personne ne sait rien, attire les hommes ailleurs, et plus loin, et plus haut.

— Mon cher A, lui dis-je, il faut avoir pitié des hommes parce qu'ils sont malheureux. Et il faut les envier parce qu'ils ont du génie. L'histoire est toute pleine de peintres, de musiciens, de chefs de guerre, de prophètes qui, de Moïse à Einstein, et avant, et après, ont laissé de grands noms qu'on rabâche aux enfants. Et on a bien raison. Car il n'y a rien de mieux que de façonner le monde, le comprendre, le transformer, le vaincre, le rendre plus beau. Je crois que, plus que les batailles, les traités, les lois, l'adoucissement des mœurs, et même les inventions qui changent la vie quotidienne — le feu, la roue, l'agriculture, la ville —, les petites choses inutiles dont tu parlais tout à l'heure rendent la vie supportable. Il n'est pas nécessaire, pour survivre, d'écrire *Œdipe roi* ou *Les Noces de Figaro,* de peindre *Le Miracle de la profanation de l'hostie* ou *La Bataille de San Romano,* avec ses croupes et ses lances, de faire surgir du marbre les pavements noir et blanc de la cathédrale de Sienne. Ce n'est pas nécessaire. C'est autre chose. Comme une sorte d'appel ou d'élan. Comme un besoin de mettre au jour. Comme une envie de donner à un rêve trouble et encore indistinct la solidité et la permanence de la pierre ou du chêne. Ce qui était inutile devient alors plus nécessaire que la nécessité parce que, par un mystère que je ne peux pas t'expliquer car il est inexplicable, la beauté aussi est nécessaire aux hommes. Une espèce de grammaire des rêves de l'homme se constitue siècle après siècle. Les œuvres ne renvoient plus seulement au monde réel d'où elles sortent : elles se renvoient les unes aux autres.

*C'est un cri répété par mille sentinelles,*
*Un ordre renvoyé par mille porte-voix ;*
*C'est un phare allumé sur mille citadelles,*
*Un appel de chasseurs perdus dans les grands bois.*

Au même titre que la religion, tout ce que tu trouves inutile — le livre ou le tableau, la cantate, le temple sur la colline ou au bord de la mer — est d'abord un lien entre les hommes. Il n'y a pas de livre s'il n'y a pas de lecteurs. Il n'y a pas de cathédrale s'il n'y a pas de fidèles. Le public est l'ennemi et la condition même de l'artiste. Pour un écrivain, pour un musicien, pour un peintre, il est aussi meurtrier de rechercher un public que de ne pas en avoir. Les grandes choses de ce monde sont faites à l'écart des autres, en dépit des autres, souvent contre les autres. Et elles sont faites pour eux. Tout finit, dans ce monde, par être jugé par les autres. Par ceux qui sont autour de nous, par ceux qui viennent après nous. Ils ont tous besoin d'autre chose que des choses nécessaires qui sont si inutiles et dont il suffit de mourir pour voir l'insignifiance. Il y a des sons, des formes, des couleurs et des livres pour enchanter les hommes. Et pour les rendre un peu plus hommes — ou peut-être un peu moins. Je veux dire pour les élever au-dessus de ce qu'ils étaient.

On discute beaucoup, chez nous, de la réalité du progrès. Les uns soutiennent que, oui, il y a un progrès chez les hommes, qu'ils avancent vers quelque chose, on ne sait pas très bien vers quoi, et que l'avenir, à coup sûr, vaut mieux que le passé. Les autres affirment que les hommes ne feront jamais beaucoup mieux que ce qu'ils ont déjà fait, que ce qu'on appelle le progrès est aussi une menace et qu'il est douteux que Hegel ou Picasso soient supérieurs à Platon ou à Piero della Francesca qui a peint, à Arezzo ou à Borgo San Sepolcro, des anges au sexe incertain et des empereurs en train de rêver.

— Et alors ? demanda A.

— Et alors, répondis-je, je ne fournis pas la réponse. Ce n'est pas O, mon cher A, qui va donner des leçons à un esprit venu d'Urql. Je suis, tu t'en doutes bien, du côté des ignorants, des sceptiques, des imbéciles.

— Oui, dit A.

— Je trouve le monde épatant. Il m'amuse à la folie. Je ne sais pas où il va. Et parce que je suis un ignorant, un sceptique, un imbécile, je crois, contrairement à l'opinion de la quasi-totalité de mes contemporains, que l'homme n'est pas le maître de son propre destin, qu'il y a quelque chose au-dessus de lui qui donne un sens à l'univers et que ce qu'il a de mieux à faire...

— Eh bien, demanda A en penchant la tête d'un geste brusque, ce secret des secrets, dis-moi donc ce que c'est ?

— C'est de faire ce qu'il peut. « *Wer immer strebend sich bemüht, den können wir erlösen.* »

Je ne sais pas où est l'âge d'or. Devant nous ? J'en doute un peu. Derrière nous, avec les Grecs, où la vie, à Athènes, sous Socrate ou sous Périclès, devait être délicieuse quand on avait la chance d'être un homme libre et de ne pas être un esclave ? Avec la Renaissance, au temps des papes Clément, ou de ce pape

Léon X dont tu n'as rien voulu savoir, ou encore de Jules II? Avec l'âge classique ou le temps des Lumières? Je n'en suis pas très sûr. Je ne suis pas de ceux qui pensent qu'il aurait mieux valu vivre à l'époque de la guerre du feu ou des grottes ornées de dessins de bisons et de cerfs. Je suis bien où je suis, j'accepte ce que j'ai reçu, je me contente de ma vie, je ne cherche guère de réponses que pour répondre à tes questions et je me répète le précepte d'un philosophe chinois qui a vécu de mon temps : « À côté du noble art de faire faire les choses par les autres, il y a celui non moins noble de les laisser se faire toutes seules. »

— J'espère, me dit A, que tu ne comptes pas laisser le rapport se rédiger tout seul? Et que tu n'es pas en train de te retirer de ta mort et de me le refiler?

— La contradiction règne sur les hommes, et d'abord sur moi-même. Pourquoi, mais pourquoi donc, alors que j'étais si mort et si calme, ai-je accepté le tintouin que suppose le rapport? Il faut que je sois tombé sur la tête quand je suis tombé sur toi.

— La gloire à Urql..., me dit A.

— Tu te moques de moi? lui dis-je. La gloire à Urql, je m'en tape. Non, je crois que j'ai eu envie de t'expliquer, à toi, qui venais de si loin et ne savais rien de ce monde, ce qu'étaient la vie et les hommes. Parce que je leur appartiens et que je suis ce qu'ils sont. Et tu sais ce qu'ils sont?

— Des génies, me dit A avec un drôle de sourire.

— Eh bien, oui : des génies. Et inutile de rigoler. Je veux bien t'accorder qu'ils ont eu de la chance. Et même beaucoup de chance. On se demande un peu pourquoi la fameuse évolution a toujours été dans le bon sens. Aucune mutation ne les a jamais desservis. Aucune impasse mortelle, aucune erreur d'aiguillage. De l'algue verte à Tolstoï, à Wagner, à Einstein, le chemin est montant, sablonneux, difficile, mais il ne se perd jamais dans les dunes ou dans les marécages. Quand ils étaient quelques milliers à se balader à travers le monde, un souffle pouvait les éteindre. On raconte que les diplodocus ont été détruits par une catastrophe dont nous ne savons pas la nature. Jusqu'à présent au moins, pas de catastrophe pour les hommes. Ce qui les menace, c'est eux-mêmes, et une vieille invention grecque, puisque les Grecs ont tout inventé. Les Grecs disaient que le danger le plus mortel pour les hommes, c'était l'ὕβρις — l'orgueil. Il n'y a plus guère que l'ὕβρις pour mettre les hommes en péril. Et, veux-tu que je te dise ?

— Dis-moi, me dit A.

— Si les hommes, par malheur, étaient emportés par l'ὕβρις, eh bien, je me demande si ce ne serait pas trop tard. Ils auraient fourni la preuve de ce qu'ils savaient faire. Ils ont eu de la chance, mais ils en ont profité. Ils laisseraient Sophocle derrière eux, et Cézanne, et Mozart, et Machu Picchu, et le temple de Konorak avec ses roues de pierre, et la Toscane avec ses vignes, ses oliviers, ses cyprès, et la Douane de mer où nous nous sommes rencontrés. Et mon amour pour Marie. Car la vraie gloire des hommes, ce ne sont pas les génies, les talents, ceux qui se distinguent des autres. Les génies, je les vénère, et les talents m'enchantent. Je détesterais me passer de Toulet, de Paganini, d'Arsène Lupin, de Lubitsch, des nouvelles de Somerset Maugham, et du *Temps des cerises*. Génies ou talents, la vraie gloire des hommes est ailleurs. Dans le silence, dans le travail, dans la patience, dans le courage. La vraie gloire des hommes, ce sont les hommes eux-mêmes, dans leur diversité et leur totalité. Les milliards et les milliards d'hommes dont les noms sont perdus mais dont la seule existence a fait marcher l'histoire. Si le monde était balayé, s'il était détruit sans recours, un cri s'élèverait encore : « Mort, où est ta victoire ? »

— Mais qui entendrait ce cri ? demanda A. Et surtout : qui le pousserait ?

— C'est toute la question, lui dis-je. Y aura-t-il quelqu'un, y aura-t-il quelque chose pour se souvenir du monde et des hommes quand les hommes auront disparu ?

— Quelqu'un... ? Quelque chose... ? Ah ! Peut-être le rapport ?

— C'est ça, lui dis-je. Le rapport.

## XX

# *Histoires*

Pour absurde qu'elle me parût, car pour la modestie je ne crains personne, l'idée que le rapport, conservé dans les archives d'Urql, constituerait un jour prochain, dans cinq milliards d'années, ou dans quinze, ou peut-être dans cinquante, le seul témoignage sur cet objet d'art sans pareil qu'aurait été le monde me trottait dans la tête. J'essayai, d'un seul coup, comme un client de supermarché s'efforce d'entasser sur son chariot le plus grand nombre possible de produits de première nécessité, de refiler à A l'essentiel des trésors de cette Terre. Renonçant, à contrecœur, au *Didon et Énée* de Purcell, résigné à l'impasse sur Johann Nepomuk Hummel et sur Marc-Antoine Charpentier, je me mis, comme je pouvais, à fredonner *La Traviata,* la *Cantate du café,* un bon bout du *Messie,* de longs passages de *Don Juan,* le prologue de *Tannhaüser, Le Roi barbu qui s'avance... bu qui s'avance... bu qui s'avance...* et *Ich bin von Kopf bis Fuss auf Liebe eingestellt.* Puisque les esprits et les morts, grâce à Dieu, sont plus vifs que les vivants, je lui décrivais en même temps, vaille que vaille, les subtilités sans fin de la composition des *Ménines,* au Prado de Madrid, si abondamment explorées par tant de commentateurs jusqu'à Michel Foucault dans *Les Mots et les Choses,* et de l'*Invention du corps de saint Marc,* où le saint en personne indique au commando de Vénitiens débarqués à Alexandrie pour le ramener chez eux l'emplacement de son propre corps. Je griffonnais à grands traits la Montagne Sainte-Victoire, le nez cassé de Montefeltre, le petit pan de mur jaune que vous apercevez à droite, de l'autre côté de la rivière, en débouchant sur Delft, les lances de la ronde de nuit qui luisent à contre-sens des lances de l'averse. Je lui parlais de la dame, abandonnée sous sa voilette, assise, après l'amour, ou peut-être juste avant, en face d'un bellâtre à moustache, un peu trop bien nourri, un canotier sur la tête, type sanguin sans aucun doute, du genre de ceux qui se retournent, en remettant leur chemise, pour demander : « Alors, heureuse ? », dans une barque sur l'eau qui envahit toute la toile. Je l'entraînais avec moi à Segeste, à Lecce, à Urbino, à Jaisalmer, parmi les tombes lyciennes à moitié immergées, ou dressées vers le ciel, de la baie de Kekova, au pied des observatoires de Samarkand ou de Fatehpur Sikri, au *Bom Jesus* de Congonhas do Campo où règne la gloire boîteuse de l'Aleijadinho. Je lui racontais les belles histoires à rire et à pleurer, à faire peur, à rêver que les hommes n'ont jamais cessé de réciter aux hommes.

— Peut-être parce que chacun d'eux est lui-même une histoire, les hommes aiment à la folie qu'on leur raconte des histoires. Le monde n'est qu'une histoire où s'emboîtent des histoires. La tienne, la mienne, la nôtre, celle de Marie et de moi, celles de Don Quichotte de la Manche et de Gargantua, de Sindbâd le Marin et de Robin des Bois, les aventures d'Arsène Lupin et celles du Juif errant. Elles commencent avec Adam et Ève, avec Gilgamesh, avec le *Mahabharata* et la *Baghavad-Gita,* avec Ulysse, bien entendu, et Agamemnon, et Hélène de Troie, et Jason et Œdipe. La Bible n'est qu'une longue histoire dont les héros sont Dieu, le temps qui passe, la Terre promise et le peuple élu. Épisodes dramatiques et coups de théâtre se succèdent à un rythme affolant. Quand Ève naît d'une côte d'Adam, le nombre des hommes est doublé. Quand Caïn tue son frère Abel, c'est la moitié de l'humanité qui disparaît d'un seul coup : le plus terrible génocide de toute l'histoire du monde. Quand le Déluge se produit et tue tous les êtres qui prospèrent sur la terre, la partialité de Jéhovah en faveur des poissons a quelque chose de révoltant. Un des plus courts poèmes de la langue française rapporte, sans détails inutiles, comment Loth, pris de boisson, eut l'idée consternante de s'unir à sa fille :

*Il but, il devint tendre,*
*Et puis, il fut son gendre.*

La tragédie classique, le roman de formation, le mélodrame des boulevards s'ouvrent en fanfare avec le sacrifice d'Isaac par son père Abraham. Les récits de voyage qui brilleront de tous leurs feux avec *Les Mille et Une Nuits,* avec les récits de Rubroek ou de Jean du Plan Carpin, avec *Le Million* de Marco Polo, avec les aventures de Fa-hieng, de Yi-jing ou de Huian-tsang, pèlerins bouddhistes venus de Chine, malgré les déserts de Gobi et du Takla-Makan, malgré le Pamir, malgré l'Himalaya, à la recherche du Bouddha, avec Christophe Colomb et Magellan, avec les lettres du président de Brosses, avec Goethe et Chateaubriand, avec Stendhal et les Anglais qui partent pour l'Italie, pour les îles du Pacifique, pour la passe de Khyber et pour l'Afghanistan en compagnie de Byron, de Stevenson ou de Rudyard Kipling, sont déjà tout entiers dans *L'Odyssée* d'Ulysse qui tombe, d'un bout à l'autre de l'arc-en-ciel romanesque, du génie d'Homère dans le labyrinthe irlandais et tourmenté de James Joyce.

Il y a plus simple encore et encore plus fécond que la Bible et *L'Odyssée.* Un homme rencontre une femme, ils s'aiment, ils se quittent : plusieurs millénaires de l'histoire de ce monde tournent autour de ce modèle aux variations sans fin, inlassablement repris, transformé, compliqué par les générations successives et qu'il faudrait jeter par paquets entiers dans la fournaise de ton rapport. Un homme, une femme : quelle famille, quel milieu, quelle parenté, quelle fortune ? Comment se sont-ils vus ? grâce à qui ? depuis quand ? en quels lieux ? La société entière est tapie derrière eux. Des règles, des interdits, des intérêts, des passions. La plus simple des histoires d'amour entretient des relations avec la religion, avec l'argent, avec un passé immémorial, avec l'histoire dans tous ses états autant qu'avec le sexe et avec le cœur. On a pu soutenir que le roman, genre littéraire dominant pendant pas mal de siècles dans l'Occident chrétien largement soumis aux influences des Grecs, des Romains et des Juifs, était lié à la bourgeoisie où des restes de sacré se mêlent à la dérision, où la communication et l'échange se combinent aux privilèges et à l'interdiction. Entre l'homme et la femme, héros par excellence de toute histoire sur cette Terre depuis que l'histoire y est née, il faut, pour qu'il y ait histoire, qu'une attraction se produise. Il faut aussi des obstacles. Sans attraction, pas d'histoire. Mais sans obstacles, non plus.

Tous les obstacles les plus fous que tu peux inventer, l'histoire s'en est servi pour condamner le sexe et pour le magnifier. Les familles séparées par une haine ancestrale, le frère et la sœur, le père et la fille, la belle-mère et le gendre, le prêtre, le cardinal, la vestale ou la nonne, la séparation dans l'espace, la maladie et la mort, la fidélité au-delà du tombeau, l'amour de A pour B qui aime C qui aime A, l'impuissance, la frigidité, le vice ou l'ambition à l'assaut de l'innocence, l'inconscient et le crime et le bonheur dans le crime, l'attachement à la vertu, au trône, à la patrie, à la mère, à une situation économique, à un parti politique, l'homosexualité, célébrée chez les Grecs ou chez les Amazones, hier encore clandestine, aujourd'hui déclarée, la pitié, le remords, la tendresse, la bestialité et la haine de soi-même et l'amour de la souffrance, tout a été utilisé dans les histoires de cœur qui sont au cœur de l'histoire.

La ligne de chance, sans cesse, se mêle à la ligne de cœur et à la ligne de vie. Les jeux du hasard et du destin font les délices des hommes. Ne parlons même plus du neveu qui tombe amoureux de la femme que son oncle lui a demandé de ramener en bateau d'un pays étranger, ni de la femme qui meurt d'amour à l'ombre des forêts pour le fils de son mari, ni de l'adolescent qui s'éprend de la femme d'un soldat qui est parti pour la guerre, ni de la veuve qui aime un homme à qui le souvenir de son mari l'empêche de se donner, ni... Mais la liste est trop longue pour les trois jours dont nous disposons. Les mythes fondateurs se bousculent autour de la mort et de l'amour qui, plus que tout le reste, commandent et intriguent les hommes. Celui-ci, qui doit mourir, s'enfuit jusqu'à Samarkand pour échapper à la mort — qui l'attend à Samarkand. Celui-là, qui sait que l'enfant à qui il a donné le jour doit lui ôter la vie, fait disparaître son fils qui échappe par miracle à la mort préparée, revient, vingt ans plus tard, sur les lieux de son enfance et tue dans une bagarre un personnage inconnu qui n'est autre que son père, dont il épouse la femme qui n'est autre que sa mère. Ce troisième, car le fait divers et la chronique judiciaire ne cessent jamais de se mêler à la mythologie dont ils sont le miroir et l'envers et la cause et l'effet, poursuit pendant des années une femme qui le repousse et ne veut pas de lui. Quand, lassé de ses échecs, déjà usé par le malheur, il se détourne enfin d'elle pour finir sa vie avec une autre, elle lui cède et le tue.

Dans le comique, dans le tragique, les ressorts sont les mêmes et Feydeau, après tout, n'est pas si loin de Racine. Dans les chambres à éclipses et à répétition de l'hôtel du Libre-Échange, les portes claquent avec moins de grâce et de génie mais avec autant de rigueur que dans le palais de Néron. Les ressorts de l'homme sont semblables aux mécanismes de l'univers : limités et sans fin.

Les mêmes ressorts à l'œuvre dans les aventures de Moïse, de Joseph et de Putiphar, d'Esther, du cyclope Polyphème, dans *Britannicus* ou dans *Bajazet,* dans *Zadig,* dans *Le Rouge et le Noir,* dans les contes extraordinaires d'Edgar Poe, bien entendu, *La Lettre volée,* ou *Double Assassinat dans la rue*

*Morgue,* mènent à un autre type d'histoire dont tu devras parler à Urql et qui donne ses couleurs à tout un pan de monde moderne : le roman policier, le polar, le feuilleton d'aventures, le *giallo,* le film noir. La clé de l'affaire est la crainte, la surprise, la terreur, l'incertitude de ce qui va se passer et qui est toujours inattendu, encore imprévisible, et déjà inévitable. Le refrain est : « Et après ? » La méthode relève du tricot, du dessin d'un labyrinthe, de l'art de l'artificier qui dispose au bon moment ses pétards et ses bouquets. Il y a toujours un secret, un mystère, des héros noirs ou blancs, une intrigue en forme de question aux rebondissements successifs. À l'angoisse sacrée et à l'admiration que suscitaient les grands mythes derrière lesquels s'agitaient l'ordre du monde et les dieux succède la terreur feinte et l'amusement de la recherche d'un coupable qui n'est jamais qu'un homme. Passé des dieux aux héros et des héros aux créatures, le drame de l'univers est descendu sur la Terre jusqu'à s'enfermer dans un lieu clos : une cour, une ville, un groupe d'amis, souvent un quartier, une maison, jusqu'à une chambre fermée à clé. L'assassin, au fil des siècles, et de la complication croissante de la technique et de la société, devient de plus en plus improbable : le juge, le mari, le prêtre, le policier, le narrateur lui-même, ou le lecteur, trois personnes réunies, ou dix, ou douze, ou treize, ou, au contraire, une seule qui se cache sous plusieurs masques. L'important est de jouer avec notre destin pour nous distraire du temps qui passe et de détourner vers des voies de garage l'angoisse de notre condition, toujours pareille à elle-même mais camouflée par le talent. Sherlock Holmes, Rouletabille, Arsène Lupin, Hercule Poirot sont les prêtres laïques des mystères d'une humanité qui a appris à rire d'elle-même. Ils sont, dans un monde technique, ironique, blasé, déjà un peu fatigué de comprendre et de ne pas comprendre, nos préposés truqués à la terreur ancestrale.

Tout est histoire. Les guerres, les maladies, les larmes, les souffrances, le savoir, l'inconscient, la mort, les autres mondes et les dieux qui descendent sur cette Terre finissent par se changer en histoire. Il y a des histoires plus complètes, plus achevées, plus cohérentes que d'autres. Il y a des histoires qui renvoient, avec plus de style et d'éclat, à plus de réalité ou à plus de mystères que d'autres. On les appelle des chefs-d'œuvre. Le chef-d'œuvre le plus achevé, le plus cohérent, le plus complet, c'est l'histoire du monde dont les héros sont les hommes. C'est elle que tu raconteras à Urql sous les acclamations des esprits, tes confrères.

— Ce sera le rapport ? demanda A, une ombre d'inquiétude dans la voix.

— Ce sera le rapport, confirmai-je.

— Et le rapport lui-même sera-t-il un chef-d'œuvre ?

J'hésitai encore un instant.

— Je t'ai déjà prévenu que, malgré tous nos efforts, le rapport ne sera jamais qu'un résumé de la totalité dont j'essaie, comme je peux, de te donner une idée. Ce sera une brève histoire de l'infini, un résumé de l'ineffable, une biographie de l'éternel — ou de ce qui paraît éternel aux yeux de l'éphémère. Il ne parlera que de l'image que les hommes se font d'eux-mêmes et de leurs éternelles espérances, à jamais déçues par cette autre forme du rêve qu'ils appellent réalité et à jamais renaissantes. Ce sera le reflet d'un reflet. Ce sera un miroir aux alouettes. Ce sera un échantillon des illusions des hommes qui sont plus grandes et plus belles que leurs œuvres les plus réussies.

— Alors, me dit A, ce sera mieux que le monde ?

— Ça fera moins de mal, lui dis-je. Mais il y manquera toujours quelque chose, un je ne sais quoi, un presque rien qui est presque tout, une ouverture vers ailleurs, une béance...

— Une béance... ? demanda A.

— Une béance, lui dis-je. Une béance, une ouverture, une attente d'infini qui fait que le monde est le monde et le rapport, un rapport.

— Ah ! mon Dieu ! s’écria A, ce sera moins bien que le monde ?

— Beaucoup moins bien, lui avouai-je. Mais plus bref et plus maniable. Tu pourras le mettre dans ta poche et l’emporter avec toi.

# DEUXIÈME JOUR

*Surtout, pas de ragots. Le défunt avait horreur de ça.*

MAÏAKOVSKI

## I

# *Le voyage à Rome*

— Je ne sais pas pourquoi, je ne sais même pas si j'ai raison, mais les villes d'hier, quand elles n'étaient pas trop grandes ni trop hautes, que des remparts les entouraient et que les rues étroites, un peu prises de boisson, s'avançaient en titubant, à la va-comme-je-te-pousse, parce qu'il n'y avait pas de voitures ni trop de monde dans le monde, me paraissent plus plaisantes que les villes d'aujourd'hui. Peut-être me diras-tu que je suis un mort arriéré. C'est bien possible. Ce que j'aimais en Italie, c'est que les murs n'étaient pas neufs et qu'ils avaient vécu. Et qu'ils étaient jaunes et ocre.

Nous nous installions, Marie et moi, sur de petites places au soleil où nous parlions de tout et de rien en regardant les passants et les façades des maisons où du linge de toutes les couleurs était en train de sécher. Le monde, mon cher A, c'est Hegel et Giorgione et Haendel et l'or des Scythes. C'est surtout du linge à sécher à toutes les fenêtres de la planète.

— Du linge ? demanda A. Nous allons inscrire dans le rapport que le monde est du linge ?

— Sans la moindre hésitation. Les hommes sont d'abord un corps. Et le monde est d'abord du linge. Du linge, des lessives, des courses, des commissions, de la cuisine, du ravaudage. Et des places au soleil. J'ai un faible pour les places. Il y en a de grandes et de somptueuses où passent les chefs d'État et les cars de touristes : elles sont comme le centre et l'emblème des villes, pleines d'affaires et de crimes, édifiées autour d'elles. La place de la Concorde, la place Vendôme, la place des Vosges à Paris. La piazza Navona à Rome. La place Saint-Marc à Venise. Maydân Châh à Ispahan. La place Rouge à Moscou. La place T'ien an Men à Pékin. Je préférais les plus petites, dont on ignore le nom, sur lesquelles on tombe tout à coup, avec un cri de surprise, derrière l'église ou le marché et dont le soleil et l'ombre se disputent les tilleuls, les bancs où dorment des clochards, les tables couvertes de bouteilles de vin ou de tasses de café. Nous avons beaucoup couru, Marie et moi, derrière ces places dans les villes où se cache le bonheur. Et les larmes me viennent aux yeux quand je nous revois tous les deux, nous tenant par la main, sur la place de Crémone ou sur celle de Bergame, là-haut, au-dessus de la plaine, sur la piazza San Ignazio, à Rome, qui a l'air d'un décor pour Marivaux ou pour Mozart, sur la place qui s'étend devant les vieilles mosaïques de Santa Maria in Trastevere, la première église chrétienne ouverte au culte à Rome, ou sur le campo, planté de trois platanes, qui entoure, à Venise, San Giacomo dell'Orio, dans ce quartier reculé qui est si loin du Lido et si loin de Saint-Marc et où ne viennent jamais les touristes.

Sur ces places si calmes et si belles, le monde nous rattrapait encore. Je me souviens d'un jour, c'était, je crois, au mois de juin...

— Est-ce à inclure dans le rapport ? m'interrompit A.

— Je n'en suis pas sûr, lui répondis-je. Non..., je ne crois pas... Je te raconte plutôt cette histoire pour que tu comprennes bien comment avance le monde. Tu pourras toi-même la répandre à Urql parmi les esprits de ton entourage, pour les distraire un peu quand ils te parleront du rapport qui les aura tant frappés.

— Et éblouis, ajouta A.

— Et qu'ils te feront part, en hochant la tête l'air soucieux, de leur stupeur et de leur incrédulité. C'était donc en juin, à Rome, sur la piazza Campitelli, à quelques pas du Capitole et du théâtre de Marcellus, en direction, si je ne me trompe, du Campo dei Fiori et de la piazza Farnese, vers la fin des années cinquante ou au début des années soixante.

— Lesquelles ? demanda A.

— Mais les miennes, bien sûr. Au cœur du XX^e siècle après le Christ Jésus qui, malgré bouddhistes et musulmans en train de remâcher leur fureur et de ronchonner dans leur coin, et on peut les comprendre, nous sert de borne milliaire pour calculer le temps. Ce qui fait, dans un autre registre, un peu plus de deux mille sept cents ans après la fondation par Romulus de la Ville éternelle. Ou encore, si tu préfères, autour des années 1375 ou 1385 de l'hégire. J'aurais bien aimé connaître Rome, quelque deux cents ans plus tôt, vers la fin du XVIII^e siècle, avant l'entrée des troupes françaises qui exportaient la Révolution à la pointe de leurs baïonnettes. C'était déjà moins bien que sous Jules II ou Léon X...

— Ah ! le cousin de...

— Oui. Celui dont, par paresse, tu n'as rien voulu savoir... Il y avait moins de génies. L'air était plus pesant. C'était déjà moins bien. Mais encore pas si mal. Je me serais débrouillé comme j'aurais pu pour me faire attacher, en qualité de faquin, de valet, de messager, à un peintre, à un musicien, à un cardinal, à un grand seigneur. Au cardinal de Bernis, par exemple, archevêque d'Albi, ami de Mme de Pompadour, ambassadeur à Venise, secrétaire d'État aux Affaires étrangères, ambassadeur à Rome auprès de Clément XIV...

— Encore ! s'écria A.

— Encore, dis-je avec calme. Des poésies un peu maniérées dans le genre de celle-ci :

À UNE MARQUISE
QUI LUI DEMANDAIT CE QUE C'EST QUE L'AMOUR

*L'amour est un enfant, mon maître.*
*Il l'est aussi du berger et du roi.*
*Il est fait comme vous, il pense comme moi,*
*Mais il est plus hardi peut-être.*

l'avaient fait surnommer par Voltaire *Babet la Bouquetière* avant de le faire élire, à vingt-neuf ans, à l'Académie française. Ç'aurait été délicieux de me promener le long du Tibre, au pied de la Trinité des Monts ou sur la via Appia, en compagnie du cardinal. Ou, le siècle d'après, c'est-à-dire, pour moi, le siècle d'avant...

— Pas si vite, dit A.

— C'est tout simple, lui dis-je. Toujours le temps. Fais un effort. Vers 1840. Mettons, pour changer un peu, avec ce galopin de consul à Trieste, puis à Civitavecchia, qui se permettait de se moquer de son supérieur hiérarchique, quelques années à peine plus tôt, le vicomte de Chateaubriand, ambassadeur auprès du Saint-Siège de Sa Majesté le Roi Très Chrétien. Je ne sais pas si Stendhal — « le côté du lieutenant », disait Albert Thibaudet —, qui n'avait pas de tendresse pour l'auteur des *Martyrs* et de *Génie du christianisme,* a jamais rencontré Chateaubriand — « le côté du vicomte ». Le vicomte, en tout cas, ne mentionne nulle part, ni dans sa correspondance avec Juliette Récamier — « Qu'on est heureux à l'écart de tout cela, et de vous aimer ! À vous pour la vie ! À vous ! À vous ! » — ni dans les *Mémoires d'outre-tombe,* le nom du père de Julien Sorel et de Fabrice del Dongo qu'il n'avait sans doute jamais lu. Malgré le mépris de Chateaubriand pour le relâchement des mœurs modernes sur les ruines du Capitole — « Ce qu'il y a de vraiment déplorable ici, ce qui jure avec la nature des lieux, c'est cette multitude d'insipides Anglais et de frivoles dandys qui se tiennent enchaînés par les bras comme des chauves-souris par les ailes » —, je n'aurais pas détesté les prendre tous deux par ce bras si sévèrement condamné et me balader avec eux sous le château Saint-Ange, dans l'isola Tiberina et dans le Trastevere. Ç'aurait été fameux pour le rapport. Ç'aurait été du gâteau.

— Tu crois ? demanda A, un peu d'inquiétude dans la voix.

— Sûr. Ils m'auraient, tour à tour, dit du mal l'un de l'autre.

— C'est un poseur, aurait murmuré Henri en profitant de l'absence de René qui, appuyé le long d'un mur, se serait attardé à jeter des regards mélancoliques sur la coupole de Saint-Pierre et sur Saint-Onuphre où le Tasse avait trouvé refuge. « La lune se leva au milieu de la nuit. Bientôt elle répandit dans les bois ce grand secret de mélancolie qu'elle aime à raconter aux vieux chênes et aux rivages antiques des mers » ou « Dites à la mer toutes mes tendresses pour elle. Dites-lui que je suis né au bruit de ses flots, qu'elle a vu mes premiers jeux, nourri mes premières larmes et mes premiers orages, que je l'aimerai jusqu'à mon dernier soupir et que je la prie de vous faire entendre quelques-unes de ses tempêtes d'automne » : hein ! qu'est-ce que vous en pensez ?

— Pas si mal, aurais-je répondu. Pas si mal.

— C'est vrai, dit A. Pas si mal.

— Quoi ! Comment, pas si mal ? La moindre de ces fadaises suffirait à me faire prendre en grippe toute la littérature française. C'est un phraseur, un hypocrite, un menteur, un père de l'Église couvert de femmes, un ascète en quête d'argent et assoiffé d'honneurs. Ce qu'il veut, c'est un confessionnal où baiser des jeunes femmes qui ne lui appartiennent pas et une cellule sur un théâtre où jouer la chattemitte. Tout ce qu'on déteste. C'est très précisément un de ces salauds que tu trouveras dans *La Nausée*, autour d'Antoine Roquentin, à l'époque où je triompherai. J'attends Henri Guillemin pour lui régler son compte et je félicite d'avance Jean-Paul Sartre d'aller pisser sur sa tombe.

— Parce que Sartre... ? demanda A.

— Oui, mon ami, lui dis-je. Et il s'en vantait.

— Et où Sartre est-il enterré ? demanda A.

Je le considérai d'un air glacial.

— Ça ne te regarde pas, lui dis-je. D'ailleurs, personne ne s'en souvient plus, malgré les plus belles obsèques d'un écrivain depuis Victor Hugo.

René aurait rappliqué, sa belle tête tourmentée sur un corps presque difforme.

— Ce jeune homme, m'aurait-il confié après quelques mots aimables à mon endroit qui n'étaient pas volés, a moins de talent qu'il ne le croit. Il n'a pas le moindre principe. Il ignore tout de la dignité. Il prétend aimer à la fois l'Empereur et la liberté : est-ce assez absurde ? Ce n'est pas par hasard qu'il tombera sur la mort du côté des grands boulevards, là où guettent dans l'ombre les femmes de mauvaise vie. Il nasillonne dans le vide et rien ne m'irrite comme ce succès qu'il attend de l'avenir.

Je les aurais entraînés tous les deux, chacun grommelant de son côté, jusqu'aux ruines du Colisée. Là, au cœur de Rome, parmi le sang des martyrs jetés aux bêtes ou crucifiés, ils s'étaient succédé dans les jours de leur vie. L'un serait sorti d'une visite dans un salon du Corso, d'une audience du Saint-Père, de la fête, gâchée et illuminée par un orage violent, que le vicomte ambassadeur, pair de France, ancien ministre des Affaires étrangères, vainqueur de la guerre d'Espagne, poète quasi officiel de la catholicité triomphante, venait d'offrir, dans le cadre somptueux de la villa Médicis, à la grande-duchesse de Russie. L'autre, encore touriste ou peut-être déjà consul, aurait rédigé un guide de Rome et des passions de l'amour et se serait installé, pour rêver, sur les gradins de l'amphithéâtre. Malgré les honneurs sous lesquels il croulait, l'ambassadeur catholique avait l'esprit et le cœur aussi occupés par les femmes que le voyageur inconnu. Et pas seulement par la sienne et par la grande-duchesse.

Quelques jours avant la fête à la villa Médicis, le jeudi saint, au lendemain d'une lettre célèbre et souvent remaniée, car il faut ce qu'il faut, à Juliette Récamier — « Je sors de la chapelle Sixtine, après avoir assisté à Ténèbres et entendu chanter le *Miserere*. Le jour s'affaiblissait, les ombres envahissaient lentement les fresques de la chapelle et l'on n'apercevait plus que quelques grands traits du pinceau de Michel-Ange. Les cierges, tour à tour éteints, laissaient échapper de leur lumière étouffée une légère fumée blanche. Les cardinaux étaient à genoux, le nouveau pape prosterné. L'admirable prière de pénitence et de miséricorde, qui avait succédé aux lamentations du prophète, s'élevait par intervalles dans le silence et la nuit. Que n'étiez-vous là avec moi ! Quand aurai-je fini de mon avenir et quand n'aurai-je plus à faire dans le monde qu'à vous aimer et à vous consacrer mes derniers jours ? C'est une belle chose que Rome pour tout oublier, mépriser tout, et mourir » —...

— Eh bien, dit A, la lettre me plaît beaucoup. Il a bien fait de la travailler. Est-ce qu'il meurt ?

— Pas du tout, lui dis-je. Attends un peu. Quelques jours avant la fête à la villa Médicis, le jeudi saint, au lendemain de la lettre à Juliette Récamier, à la veille de se jeter aux pieds du Saint-Père pour commémorer la mort du Christ avant de fêter sa résurrection, Chateaubriand venait de recevoir, sur la recommandation de Fortunée Hamelin — une créole de Saint-Domingue aux aventures innombrables, surnommée « la jolie laide » —, un jeune bas-bleu ravissant, affolé d'écriture, qui sera son dernier amour : il s'appelait Hortense Allart.

— N° 6, me souffla A.

— Voyez, aurais-je dit à Henri, il aime les femmes autant que vous. Un homme qui aime les femmes à la folie et qui aime aussi l'accordéon...

— L'aimait-il ? demanda A.

— Il s'y essaie, en tout cas : quatre ans plus tard, dans la vieille calèche de voyage du prince de Talleyrand qui le ramène de Prague où il est allé rendre visite à Charles X déchu...

— Chateaubriand dans la calèche de Talleyrand ? Mon monde s'écroule, dit A. Ou plutôt le tien.

— Sans Talleyrand, dis-je très vite. Sans Talleyrand. Il avait racheté la voiture : « Je fis radouber celle-ci, afin de la rendre capable de marcher contre nature : car, par son origine et ses habitudes, elle était peu disposée à courir après les rois tombés. »

— Ah bon ! dit A.

— Sur les routes de Bohême, dans la calèche de Talleyrand, il jouera de cet instrument tout neuf qui vient d'être inventé par Buschmann sous le nom d'*handaoline* ou d'*harmonica à main* avant d'être baptisé *accordéon* par les musiciens autrichiens.

— En annexe au rapport, sous la rubrique : *Accordéon !* glapit A.

— Qu'est-ce que je disais ? demandai-je. Ah ! oui : un homme qui aime les femmes à la folie et aussi l'accordéon ne peut pas être tout à fait mauvais.

— Un snob, aurait grogné Henri, un boursouflé, un cagot, un jésuite, un ami des Bourbons, notre grand hypocrite national. Je l'ai toujours détesté.

— Mais j'y songe, aurais-je glissé à Henri avec une ombre de perfidie, il y a un lien entre vous.

— Un lien ? je voudrais bien voir ça.

— Vous l'avez vu, lui aurais-je dit. Il était bien joli. C'était le jeune bas-bleu ravissant. C'était la visiteuse du jeudi saint. C'était Hortense Allart.

— Hortense Allart ? Aucun souvenir. Je me souviens d'Alexandrine, d'Angeline et d'Angela, de Matilde et d'Alberthe, de Menti, de Giulia...

— Ah ! lui aussi..., dit A.

— Tout le monde, lui dis-je. Tout le monde. Les écrivains comme les autres. N'avez-vous jamais habité au 71, rue de Richelieu ?

— Bien sûr que si, aurait répondu Stendhal. Mais je ne vois pas...

— Elle vous y adresse une longue lettre pour vous supplier de vous occuper d'elle et de son manuscrit qui n'est pas un chef-d'œuvre : « Veuillez me rendre ce service qui ne vous coûtera que quelques mots et qui m'obligerait infiniment. » Prometteuse de secret, à la rigueur d'argent, ou peut-être même de caresses, la formule finale est un peu ambiguë : « On ne saura pas, si vous voulez, que c'est vous qui vous en êtes mêlé, et toutes les conditions me seront bonnes. »

— On ne peut pas être plus simple, dit A.

— Il semble que vous ne soyez pas resté tout à fait sourd à ces objurgations puisque, un mois et demi plus tard, elle fait parvenir une nouvelle lettre à M. Bayle (avec une faute d'orthographe), 71, rue de Richelieu : « J'ai reçu votre lettre avant-hier, Monsieur, et dans mon transport je vous dis que vous êtes un homme *charmant...* »

— Diable ! se serait écrié M. Beyle.

— Vous auriez eu tort, d'ailleurs, de profiter de ces transports pour tenter de la monter, selon vos vœux secrets, contre M. de Chateaubriand. Sainte-Beuve s'y était essayé et il s'était attiré de cette jeune femme audacieuse et pourtant fidèle une réponse plutôt cinglante : « C'était un homme que l'amour a charmé autant que la gloire, qui a aimé toute sa vie et qui était le plus tendre du monde. Il était bon et bienveillant. Il était très fier, surtout avec moi qui étais plus jeune que lui. Il ne croyait pas qu'on pût tant l'aimer alors qu'il était si doux, si beau, si soumis, si tendre... Prenez donc garde à ce que vous allez dire. »

— Je ne dis rien, aurait dit Stendhal.

— Et vous faites bien, aurait lancé Chateaubriand, qui était moins sourd et moins absent que tu ne pourrais le croire.

— Je ne crois rien, dit A. Et je ne dis rien.

— Et tu fais bien, lui dis-je. Il faut être très prudent quand il s'agit des hommes, toujours prêts à surprendre et à faire le contraire de ce qu'on est en droit d'attendre d'eux. Tu les crois sourds, et ils entendent. Tu les crois honnêtes, et ce sont des fripouilles. Tu les crois lâches ou légers, et leur courage t'étonne. Autant dire tout de suite que la psychologie, qui ne prophétise que le passé, est la plus vaine des sciences de l'homme dont aucune n'est très sûre. Aussi t'ai-je très peu parlé, pour le rapport, de ces sentiments de fiction que les romanciers du dimanche prêtent à leurs personages. Le monde est déjà assez peuplé, assez flou, assez incohérent pour qu'on n'en rajoute pas et qu'on n'entasse pas de l'incertitude sur de l'incertitude ni de la prolifération sur de la prolifération. Je ne crois qu'à l'anecdote et à la métaphysique. C'est pourquoi notre rapport reposera sur l'histoire, qui se situe à mi-chemin du fait divers et de la philosophie.

— Et Stendhal ? demanda A. Qu'est-ce qu'on en fait ?

— Mais on s'en fiche, lui dis-je. C'est comme Chateaubriand. On ne va pas fêter le réveillon sur leurs bretelles, sur leurs calèches, sur leurs manies, sur leurs amours. Je ne les convoque dans le rapport que pour te distraire un peu. Ce sont de bons compagnons et ils t'en apprendront plus sur le monde que les banquiers ou les notaires qui ne s'occupent que d'argent et qui répètent tout le temps les mêmes choses. Avec Stendhal au moins, ou avec Chateaubriand, on s'amuse plus qu'avec les autres. Quand tu en auras assez du rapport, tu pourras toujours lire *Le Rouge et le Noir* ou les *Mémoires d'outre-tombe.* On ne peut pas faire beaucoup mieux. Mais nous, ici, toi et moi, qui apprenons le monde, nous n'avons pas le temps, comme le font les savants, les biographes, les historiens, de les suivre pas à pas. Il y a mille choses qui nous attendent. Elles nous attendent ici même, à Rome, où je te rappelle que nous sommes installés, à l'affût de la vie, sur la piazza Campitelli, à deux pas du Forum et du théâtre de Marcellus, au cœur de l'éternité.

Si j'avais été toi, mon cher A, je n'aurais cessé de me promener dans Rome avec les innombrables voyageurs — amants, artistes, pèlerins, conquérants, commerçants, écrivains ou savants —, qui, depuis près de trois mille ans, ont défilé au pied des sept collines. J'aurais suivi Brennus, les Allemands, les Normands, et le cardinal du Bellay, et Luther, et les Anglais du

Grand Tour, et Claude Lorrain, et Hubert Robert, et Byron, et Goethe, et Maupassant, et Zola, et le Dr Sigmund Freud qui, pour des raisons obscures et, dans son système au moins, trop claires, eut tant de mal à parvenir jusqu'à la Ville éternelle. Je me serais mêlé à leur troupe, j'aurais marché avec eux, j'aurais écouté ce qu'ils disaient et j'en aurais appris sur les hommes plus que partout ailleurs.

— C'est ce que je fais, me dit A.

— C'est ce que tu fais ?

— Bien sûr, me dit-il. Pendant que je suis ici avec toi, voletant au-dessus du monde dans les feuillets du rapport, je suis aussi ailleurs avec les autres. Je suis les autres et je suis toi autant que je suis moi. C'est que je suis un esprit, mon pauvre O. Et les esprits, tu le sais, sont partout à la fois. Ils se promènent dans le passé, ils se promènent dans l'avenir. N'as-tu pas encore compris que j'étais tous les hommes ? Je me confonds aussitôt avec ceux dont tu me parles, j'entre dans l'un, j'entre dans l'autre, et j'en ressors à toute allure pour venir te rejoindre.

— Ça alors ! lui dis-je. Et qu'est-ce que je fais là-dedans ? Tu pourrais très bien écrire le rapport tout seul.

— Pas question, me dit-il. C'est un magma sans nom. Tu mets de l'ordre.

— Vraiment ? lui dis-je.

— Mais bien sûr. Tu me guides. Tu me limites.

— Je fais ce que je peux, lui dis-je en baissant la tête.

— Le monde est un bordel terrible. Malgré ta nullité, tu me rends un fier service. Tu m'expliques ce que je sais, tu rédiges ce que je suis. Mais si, d'une façon ou d'une autre, je n'étais pas tous les hommes, je ne comprendrais pas un seul mot de tout ce que tu me racontes.

— Ça alors ! répétais-je. C'est plus fort que de jouer au bouchon.

— Tu m'as déjà expliqué qu'il n'y a jamais que les hommes pour comprendre les hommes. C'est peut-être pour cette raison que votre Dieu s'est fait homme. Mais, dès que tu es un homme, tu comprends tout des hommes : Socrate, qui accouchait de leur pensée ceux qui parlaient avec lui, enseignait que savoir, c'est se souvenir et que chacun sait déjà tout.

— Alors, tu savais déjà tout ?

— J'aurais pu le savoir. Mais je ne le savais pas. Ce qu'il y a de bien dans le rapport, c'est que je m'y étonne, avec toi, de ce que j'aurais pu savoir. Et que je ne savais pas.

II

# *La voyante de Riga*

Sur la piazza Campitelli, à quelques pas du Capitole et du théâtre de Marcellus — et tu vois bien que le monde entier est déjà contenu dans ces mots en apparence sans mystère comme il est contenu dans l'édit de Milan ou le sacrifice d'Abraham, comme il est aussi contenu dans le moindre regard, dans le moindre brin d'herbe écrasé sous tes pas, dans la première idée qui nous vient le matin —, nous mangions des figues et du jambon de Parme : *prosciutto con fichi.* Et nous buvions du lambrusco, qui est un vin rouge pétillant de la région de Modène. La nourriture occupe beaucoup les hommes qui ont fait de la cuisine un art sans doute mineur, inférieur en élévation et en charme à la danse ou à la musique, mais autrement présent dans l'existence quotidienne du grand nombre. Car on est son père et sa mère, on est l'enfance et le paysage, on est les gens qu'on voit et les livres qu'on lit. On est aussi ce qu'on mange. Nous en étions à l'*espresso,* brûlant et très serré, le vin, l'alcool, le café tiennent dans notre vie une place plus importante que l'impératif catégorique ou le rayonnement de Hubble...

— Et pourtant..., lança A. Le rayonnement de Hubble !... le décalage du spectre vers le rouge !... Les soixante mille kilomètres parcourus à chaque seconde par les galaxies qui fichent le camp !...

— ... quand un garçon insignifiant, à mes yeux tout au moins, et une jeune personne blonde aux cheveux courts, comme on en voit des centaines dans les rues de toutes les villes, vinrent s'installer à côté de nous. Marie, à ma stupeur et, je dois l'avouer, à ma contrariété parce que notre solitude était rompue d'un seul coup et que nous rentrions dans le monde que nous voulions quitter, se jeta avec exaltation dans les bras de Lisa : c'était le nom de la blonde.

Je ne vais pas t'expliquer, inutile pour le rapport, les liens qui les unissaient. On peut toujours fournir des détails à la pelle. Ce qui est important, c'est les rencontres. La vie et les romans ne sont faits que de rencontres.

— Comme la nôtre ? demanda A.

— Comme la nôtre, lui dis-je. Et tout ce qui en découle. À la façon de tout le monde, Lisa avait un père, une mère, une famille, un métier, des histoires de cœur et des attaches un peu partout qui nous mèneraient n'importe où. À la façon de personne, elle était surtout lettonne. La Lettonie est un petit pays du Nord...

— Du nord de quoi ?

— Du nord de l'Europe, à l'histoire compliquée, entre l'Allemagne et la Russie. Dans les siècles où nous vivions, et dans les autres aussi, c'était une situation difficile. Il y avait des landes, des lacs, des bouleaux et des rennes, les Russes, les Polonais, les Finlandais, les Suédois, les Prussiens un peu plus loin, mais terriblement proches, les chevaliers Porte-Glaive et les chevaliers Teutoniques, les deux batailles de Tannenberg, Ivan le Terrible et Pierre le Grand, Charles XII et Lénine, le traité de Brest-Litovsk et le maréchal Pilsudski, Eisenstein et Paderewski. Tout ce joli monde était assis avec nous autour de l'*espresso* de la piazza Campitelli.

— Les papes Clément sont de retour, gémit A.

— L'ennui avec les papes Clément, et avec tous les autres, y compris ceux du Nord, dont les noms flottent encore dans nos mémoires embrumées, c'est qu'ils enfoncent des échardes dans le cœur et les corps des hommes. Une fameuse écharde — et encore une rencontre —, c'est le pacte germano-soviétique, entre Molotov et Ribbentrop, c'est-à-dire entre Staline et Hitler, le 23 août 39.

— Tu m'agaces avec ton snobisme. Chaque homme a la folie de se croire au centre du monde et du temps. Précise le siècle, au moins.

— 1939, lui dis-je. Il y avait, dans ces temps-là, deux grands empires d'une puissance formidable, héritiers d'Alexandre, de Jules César, de Charlemagne et de Frédéric II, de Ts'in Che Houang-ti, de Gengis Khân ou de Tamerlan : le Reich allemand d'Adolf Hitler, l'Union soviétique de Staline. C'étaient des pays où revivait la conjonction qui avait fait la force des Chinois, des Romains, des Mongols : une caste militaire toute-puissante et des masses dominées, réduites à une obéissance qui pouvait passer pour volontaire et où se mêlait l'orgueil d'appartenir à une puissance conquérante à qui l'avenir était promis. Beaucoup plus que la jalousie, l'argent, l'ambition individuelle ou le sexe qui constituent le cœur et la matière de ces romans que personne ne lit plus, la politique, l'histoire, l'ambition collective sont les ressorts de la vie des hommes. Au moins à mon époque, soumise aux injonctions de Hegel et de Marx, où l'État était tout. Il y avait d'immenses prisons avec des détenus par millions, des polices secrètes, des procès réglés d'avance, des défilés sous le grand soleil de tous les printemps de la jeunesse ou aux flambeaux, la nuit, dans des cathédrales de lumière, une propagande incessante qui finissait par détruire l'idée même de vérité, et les deux armées les plus terrifiantes que le monde eût jamais connues. Aucun roman noir, aucune histoire de fantômes, aucun film policier, aucune pièce d'Eschyle ou de Shakespeare n'a fait plus peur au monde que les *S.S.* à tête de mort ou les chars soviétiques appuyés sur le K.G.B. Le coup de pistolet dans la nuque et la hache du bourreau se partageaient l'Europe. Le communisme avait dressé contre le capitalisme une formidable machine de guerre où la philosophie se mêlait à l'histoire et à l'économie politique. Le Reich allemand s'était édifié contre les juifs, chargés de tous les maux, contre le traité de Versailles, qui avait mis fin à une première guerre entre les nations de l'Europe divisée en deux camps, contre le capitalisme libéral et contre le communisme qui s'était emparé de la Russie en 1917. Ça va ?

— Ça va, me dit A. Continue.

— Les nationaux-socialistes de Hitler détestaient le communisme et la démocratie. Les communistes de Staline détestaient le national-socialisme et la démocratie. Les démocrates détestaient le communisme et le national-socialisme. C'était une partie de billard à trois bandes, un colin-maillard à trois coins, un jeu de barres à trois camps, dont chacun était l'ennemi des deux autres. Le 23 août 1939, le national-socialisme s'unissait au communisme contre la démocratie. Pour un peu moins de deux ans. Juste le temps de faire éclater la plus grande guerre de l'histoire.

— Très curieux, nota A. Inégalé dans le délire et par les dimensions, et pourtant vaguement répétitif. Est-ce que Thucydide, Charles Quint, Napoléon...

— La même farine, lui dis-je. Avec beaucoup de morts en plus, et des crimes en pagaille, et des souffrances sans fin, et quelque chose de subtil et de violent...

— Plus subtil que la politique ? Plus violent que l'ambition ?

— Je crois que oui, lui dis-je. C'est l'idéologie. Au nom de la race et de la nation, de la lutte des classes, du matérialisme historique, de la fin de l'histoire, elle a tué les hommes par dizaines de millions.

— Est-ce beaucoup ? demanda A.

— Beaucoup, lui dis-je. La mort d'un homme est une catastrophe.

— Pourquoi cela ? demanda A.

— Parce que la vie est sacrée, lui dis-je.

— Toute vie ? demanda A.

— Toute vie. Mais celle des hommes plus que toute autre. Car l'homme n'est pas une créature parmi les autres. Il est radicalement différent. Il y a un fil unique qui court à travers l'existence. À travers toute l'existence, si diverse qu'elle puisse être. Il y a un lien entre la terre et l'eau, entre l'eau et la vie, entre les lamproies et les escargots, entre les étoiles et les hommes. L'homme est parent des éponges, des oursins, des canards sauvages, des lamas d'Amérique. Mais il n'est ni une éponge, ni un oursin, ni un canard sauvage, ni un lama. Et, parce qu'il est un esprit en même temps qu'il est un corps, il est presque comme toi.

— N'exagérons pas tout de suite, dit A.

— Enfin, il est quelque chose entre une éponge et toi. La vie des hommes, du coup, est plus précieuse que l'or, que l'eau, que le feu. Elle est plus précieuse que l'amour.

— Plus précieuse que l'amour ?

— Aussi précieuse, si tu veux. Peut-être d'ailleurs est-ce la même chose. J'ai passé mon temps à t'expliquer qu'aux yeux des hommes au moins, et, j'imagine, ailleurs, mais ailleurs je ne sais pas, rien de plus précieux que l'homme, qui n'est rien et qui est tout, qui est une poussière dans le monde et le monde tout entier. La mort d'un homme est une fin du monde. La mort de dix millions d'hommes est une fin du monde multipliée par dix millions. Ce qui se passe alors, c'est que tu as le choix entre deux attitudes.

— Deux seulement ? demanda A.

Je haussai les épaules.

— Une quantité, bien entendu. Une foule. Une infinité. Mais simplifions toujours, et mettons deux pour le moment. Tu peux prendre les grandes masses, la carte de la planète, la poussée allemande vers la Norvège et les Pyrénées, vers le Caucase et la Caspienne, vers le monde arabe avec Rommel, la ruée japonaise vers la Chine, vers Singapour, vers l'Australie et vers l'Inde, le resserrement des liens entre l'Angleterre de Churchill et l'Amérique de Roosevelt en vue de dominer les mers et le pétrole et de résister à Hitler et, pour couronner le tout, l'alliance victorieuse des démocraties libérales et du totalitarisme communiste contre les totalitarismes japonais et national-socialiste qui finissent par s'effondrer après avoir été à deux doigts de conquérir la planète — et avant de se changer, à leur tour, en démocraties libérales pour regagner dans la paix tout ce qu'ils avaient perdu dans la guerre.

— Important ? demanda A. Pour le rapport ?

— Capital, lui dis-je. Et aussi insignifiant que la guerre du Péloponnèse ou la lutte de Rome contre Carthage. Une page de l'histoire du monde — et une des plus sanglantes. Mais rien de plus qu'une page. Ce qui compte, c'est la souffrance. À travers l'histoire et ses péripéties, ce qui se dessine peu à peu, dans la sueur et les larmes, c'est la figure des hommes. Les batailles, les peintures, les inventions, les techniques n'ont de sens que par l'homme — et pour l'homme.

— Humaniste, je parie ?

— Pas si sûr. Pas si vite. On verra ça plus tard. Revenons à nos deux attitudes. Tu peux regarder les armées parcourir la planète. Tu peux aussi descendre dans une mercerie juive de Berlin ou de Vienne où le fils aime la musique et la fille les romans, dans un goulag de Sibérie peuplé de traîtres et de trotskistes, dans une famille française d'instituteurs ou de cheminots, écrasés par la défaite, où les uns se rallient à Pétain en souvenir de Verdun et les autres à de Gaulle dans l'espoir du lendemain. Ce qui règne là, c'est la douleur. Les grands desseins des puissants reposent sur le malheur d'une multitude de postiers, de confiseurs, de mineurs de fond, de jardiniers. La famille de Lisa rencontrée par hasard sur la piazza Campitelli avait la chance et le malheur d'être établie à Riga en 1939.

C'était une chance. Il y avait dans le passé de la Lettone aux cheveux blonds des juifs, des Allemands, des Polonais, des Russes, des Scandinaves, des Hongrois, des Italiens. Il y avait même des Lettons. Ils avaient construit une maison. C'était une belle maison où habitait depuis toujours...

— Depuis toujours ? demanda A.

— Toujours, chez les hommes, a le sens de longtemps, la grand-mère de Lisa. C'était une femme remarquable. Tout le monde, à Riga, la connaissait sous son prénom : Anna. À une époque où les femmes restaient le plus souvent, quand elles n'étaient pas à l'église, dans leur cuisine ou leur lingerie — les trois K, disaient les Allemands : *Kirche, Kinder, Küche,* l'église, les enfants, la cuisine —, Anna dirigeait le plus grand, et d'ailleurs peut-être le seul, des journaux de Riga. Trois ou quatre fois par an, elle partait avec les siens pour Berlin, si proche, pour Leningrad, plus proche encore, qui s'appelait naguère Saint-Pétersbourg, puis Petrograd, puis Leningrad, avant de s'appeler à nouveau Saint-Pétersbourg, pour Moscou, pour Paris ou pour Londres. Elle parlait le russe, l'allemand, l'anglais, le français. Elle comprenait l'italien qui était la langue de sa mère. Elle était partout chez elle. Elle était l'Europe à elle toute seule. Le charme, le savoir, la prospérité, la longue durée de l'Europe. Son insouciance, aussi, devant les drames qui montaient. Souvent, elle emmenait avec elle ses deux filles qui étaient belles comme le jour et, dans le hall du Ritz, place Vendôme, au casino de Monte-Carlo, à la cour d'Angleterre, à l'Opéra de Berlin, leur arrivée à toutes les trois faisait tourner les têtes. C'était un bonheur, à Riga, entre les deux grandes guerres, d'être Anna, ou une de ses filles, ou une de ses petites-filles.

C'était un malheur. Comme l'Arménie, comme le Liban, comme le Cachemire ou l'Irlande du Nord, comme Israël au XX^e^ siècle ou l'Alsace-Lorraine à la fin du XIX^e^, les pays Baltes étaient situés dans une zone de fracture historique. Il y a des régions de fracture géologique. Il y a aussi des régions où l'histoire a longtemps hésité et où le mélange des races, des langues, des croyances, des opinions entraîne des turbulences. Il arrive que les choses, tout à coup, à cause de leur passé, prennent une allure chaotique. C'est embêtant. Il arrive que les hommes, individuellement ou en masse, soient coincés par ce qui se passe et emportés, malgré eux, car nul n'est méchant volontairement...

— Nul n'est méchant volontairement ?

— Nul n'est méchant volontairement : c'est Platon qui le dit, dans des conflits meurtriers. Ils en sortent par le crime, par la prison, par la psychanalyse, par le suicide quand il s'agit des individus — ou par la guerre quand il s'agit des nations.

*Et les quarante de Sébaste*
*Moins que ma vie martyrisés.*

La grand-mère de Lisa connaissait mieux que personne la politique européenne entre les deux guerres mondiales. Elle connaissait pas mal de gens à Moscou et à Berlin. Elle connaissait Ribbentrop, Rudolf Hess, le maréchal Goering qui l'avait, plusieurs fois, invitée à la chasse. Elle avait aperçu en deux occasions le secrétaire général du parti communiste de l'Union soviétique qui était un ancien séminariste géorgien du nom de Joseph Vissarionovitch Djougachvili et qui deviendrait bientôt le maréchal Staline. Et elle connaissait Litvinov, Molotov, Vychinski, quelques autres dignitaires du régime à qui il lui arrivait de parler de Goering et de Goebbels. Elle connaissait aussi un intellectuel à lunettes qui devait atteindre plus tard à une espèce de célébrité anonyme en inspirant un des personnages — un intellectuel à lunettes qui lutte contre le héros — d'un film au succès mondial tiré d'un livre au succès mondial : *Le Docteur Jivago.* Au retour de Monte-Carlo et de Londres, où toute la famille avait été présentée à la reine dans un bal où les débutantes étaient laides à faire peur, une des deux filles d'Anna, la tante de notre Lisa, tomba amoureuse du communiste à lunettes. Tu vois le tableau, camarade ?

— Lequel ? demanda A. Le *prosciutto con fichi* de la piazza Campitelli ? La famille de Lisa dans la capitale de la Lettonie à la veille de la Seconde Guerre mondiale ? La situation de la planète au temps de Hitler et de Staline ? Ou les mouvements désordonnés de la passion amoureuse entre une jeune bourgeoise du Nord et un communiste à lunettes passé à la postérité dans un film américain sur la révolution d'Octobre ?

— Tout en même temps, lui répondis-je. Tu es maintenant assez grand, je veux dire assez vieux sur cette sacrée planète, pour comprendre que tout se passe en même temps dans ce monde où l'infini est une dimension du fini et où le moindre battement de cil ébranle tout l'univers. Tout s'enchaîne dans l'espace et tout s'enchaîne dans le temps. Car chaque instant de ce monde est le fruit du passé et chaque fraction du présent est déjà lourd de l'avenir. Chacun de nous, de proche en proche, est l'ensemble du monde, et une chaîne ininterrompue, qui prend tout en écharpe à la surface du globe, relie — peut-être est-ce surprenant pour un esprit qui débarque comme toi de ces espaces lointains où règne la simplicité de l'éternel et du vide ? — le *prosciutto con fichi* de la piazza Campitelli au secrétaire général du Parti communiste de l'Union soviétique et au plan quinquennal.

Ici s'introduisent, à l'intérieur du récit découpé au laser dans le rêve douloureux de la totalité souffrante, et qui passait, par bribes, d'Anna à ses deux filles, de ses filles à Lisa, de Lisa à Marie, de Marie à moi-même et de moi-même à toi, et peut-être de toi à Urql, des personnages subalternes qui font tourner le destin sur ses gonds bien huilés : un consul général d'Allemagne — depuis longtemps épris d'Anna — qui a compris très vite, ou peut-être même appris par ses relations à la Wilhelmstrasse, que des tractations secrètes entre Hitler et Staline risquent de valoir aux pays Baltes le sort assez peu enviable d'une monnaie d'échange ou d'un enjeu entre Russes et Allemands ; un homme d'affaires américain, d'origine arménienne, amoureux lui aussi de l'inusable grand-mère et très hostile, bien entendu, pour des raisons publiques et privées, au consul général ; et une espèce de vieille folle, alliée, selon ses dires, mais rien n'est plus douteux, aux illustres familles des Sobieski et des Czartoryski, qui traîne dans les salons des barons baltes de Riga où on la reçoit par pitié et où on l'appelle « la voyante » : elle lit l'avenir dans les tarots, dans les lignes de la main et dans le marc de café.

Anna, qui était veuve, belle, encore jeune, toute-puissante en Lettonie et qui dirigeait son journal d'une main de fer, donnait chaque année, dans sa grande maison de Riga, une réception à laquelle se pressaient les membres du gouvernement, le corps diplomatique et consulaire, toute la crème des barons baltes et tout ce qui comptait dans la presse lettone. À la fin de l'hiver ou au printemps 39, cinq ou six mois avant le pacte germano-soviétique, juste avant ou juste après l'invasion par Hitler de la Tchécoslovaquie, elle fit comme d'habitude. Il y avait là le consul général d'Allemagne et l'homme d'affaires américain qui arrivait d'Erivan, *via* Moscou. Il y avait le communiste à lunettes qui était l'amant de la tante de Lisa. Il y avait deux membres de la famille balte qui apparaît dans *Le Coup de grâce* de Marguerite Yourcenar. Et il y avait la vieille folle qui lisait dans les lignes de la main.

Vers la fin de la soirée, au moment où plusieurs invités allaient déjà reprendre leur manteau ou leur canne au vestiaire sur lequel veillait, en blouse noire et tablier blanc, une jeune femme de chambre de dix-neuf ans, originaire de Pologne, qui venait d'être engagée, la diseuse de bonne aventure prit la main d'Anna.

— Alors ? demanda Anna.

L'autre regardait la main, prenait des mines, se taisait.

— Eh bien ? répéta Anna avec un peu d'impatience.

— Je vois des gens... je vois des choses... Mieux vaudrait quitter Riga, murmura-t-elle brusquement.

Et elle fondit en larmes. Une rumeur s'éleva parmi les invités.

— Ce n'est rien, dit Anna à mi-voix en se tournant vers ses amis. Elle est un peu folle.

La folle se leva, très pâle, et sortit.

## III

# *Le monde est un spectacle*

— Rapporté par Marie comme je le rapporte à toi-même, le récit de Lisa m'emportait avec lui. Comme m'auraient emporté les aventures de Gengis Khân ou de Sindbâd le Marin, ou celles d'un paysan du Yang Tse-kiang au temps des Royaumes combattants, ou celles d'un capitaine de la Grande Armée de Napoléon en train de repasser le Niemen ou la Berezina au cœur de l'hiver 1813, ou celles de Candide chez les Bulgares ou chez les Indiens Oreillons. J'aurais voulu tout savoir du communiste à lunettes qui occupait à Moscou des postes de plus en plus importants en attendant d'être soupçonné de trotskisme et de déviation idéologique et dont la tante de Lisa était tombée amoureuse. J'aurais voulu tout savoir de la tante de Lisa qui devenait comédienne et montait sur les planches. J'aurais voulu tout savoir des deux soupirants qui se disputaient le cœur d'Anna. J'aurais voulu tout savoir d'Anna dont me fascinait, je ne sais pourquoi, la figure lointaine et déjà presque effacée. J'aurais voulu tout savoir de la vie à Riga entre Hitler et Staline dont nous parlait Lisa, vers la fin des années cinquante ou au début des années soixante, à deux pas du théâtre de Marcellus, ravagé et reconstruit par les Orsini ou les Barberini — *quod Barbari non fecerunt, Barberini fecerunt* —, et de la statue équestre de Marc Aurèle qui se dressait encore, en ce temps-là, au centre du Capitole. Tu sais d'où nous arrivions quand nous étions tombés, Marie et moi, sur la Lettone de la piazza Campitelli ?

— De Portofino, dit A. Et d'une espèce de fête avec de drôles de gens rue de l'Université.

— Rien ne t'échappe, lui dis-je. On jurerait que, de toute ta vie, tu n'as jamais rien fait d'autre que d'être un homme parmi les hommes. Je me demande si tu n'auras pas du mal à redevenir un esprit étranger à ce monde qui absorbe tout ce qui le touche. Lisa était flanquée de ce type, tu te souviens ? qui m'avait paru insignifiant. Il était grand, maigre, aux yeux de Marie plutôt bien. Lui aussi avait une histoire, un passé, un métier, des parents — ce qu'il y a de fatigant, chez les hommes, c'est que, au moins jusqu'à ces temps-ci où tout change assez vite et où les enfants naissent d'éprouvettes, ils ont tous des parents — et nous pourrions partir sur ses traces à la poursuite de la vie et de ce monde sans fin auquel tu t'intéresses. Il portait le nom de Rodolphe.

— Ah ! ah ! dit A.

— C'est à Rome que Marie a rencontré Rodolphe.

— Marie t'aimait, me dit A en me mettant la main sur l'épaule. J'imagine que l'amour met un peu d'ordre chez les hommes ?

— Et du désordre, lui dis-je. J'aimais Marie. Elle m'aimait. Elle devint l'amie de Rodolphe. Et Rodolphe, pourquoi pas ? tomba amoureux d'elle. Il vivait avec Lisa. Il la quitta pour Marie. Ou pour l'image de Marie qui vivait avec moi. Ce qui s'est passé, à Rome, à Paris, à Venise, de mon temps et après moi, entre Marie et Rodolphe, je ne peux pas te le dire parce que je ne le sais pas. La vie est faite aussi d'un voile enchanteur et cruel qu'on appelle le secret.

— Il n'y a pas de secret pour les esprits. Veux-tu qu'à mon tour je te parle de Rodolphe ?

— Merci beaucoup, lui dis-je. Je n'y tiens pas. Je te raconte la vie. Ne me raconte pas la mienne. Et encore moins celle des autres. Ce qu'il y a de délicieux dans la mort, c'est que nous avons fini de vivre, c'est-à-dire de souffrir. Toute vie est amère parce qu'elle se termine par la mort. La vie est une maladie mortelle, à transmission sexuelle, dont on se guérit un peu chaque jour et qui finit par nous emporter. La vie est un prêt gratuit que nous ne pouvons pas refuser, que nous devons toujours rembourser, qui nous est successivement consenti et retiré, et auquel nous tenons plus qu'à tout. Au moins tant que nous vivons.

Il n'y aurait qu'une chose de pire que de mourir : ce serait de ne pas mourir. Ne me replonge pas dans la vie : elle n'a de prix que parce qu'elle cesse. Tous, ou presque tous, nous avons peur de mourir. Mais, une fois dans la mort, dans la paix, dans l'oubli, aurions-nous envie de revenir sur cette Terre ? Et toi, à qui je raconte comme je peux ce que sont le monde, et la vie, et l'amour, et les parapluies, et les places de Rome et ces villes de Toscane et d'Ombrie où tu arrives, quand tu viens de France, par la vallée d'Aoste ou par les lacs italiens, aurais-tu envie de te changer en homme pour quelques dizaines d'années et de prendre un *espresso,* en attendant de mourir, sur la piazza Campitelli ?

— Je ne sais pas, me dit A. J'hésite.

— Je te comprends, lui dis-je. Moi, j'ai déjà donné. J'ai aimé à la folie descendre vers l'Italie à la façon d'Hannibal, de Bonaparte, de Goethe et de Byron, de Chateaubriand, de Stendhal. Le cœur me battait comme à eux, éléphants et génie et ambition en moins. Je n'avais pas d'éléphants. Je ne dirai rien du génie. Je n'avais pas beaucoup d'ambition.

— Pas beaucoup d'ambition ? demanda A.

— Non, répondis-je, pas beaucoup. Je n'avais pas envie de devenir consul, ni ministre, ni ambassadeur. Je n'avais pas envie de gagner des fortunes, de m'installer dans l'existence, d'être un gros propriétaire ou un industriel ou un chef d'entreprise. Je n'avais pas envie de commander des armées ou des flottes, de diriger des peuples. Je n'avais même pas envie de choisir un état. Encore moins de réussir. Réussir est un des mots les plus ignobles des temps modernes. Je détestais les affaires, les dossiers, les colloques, les brigues, les longs desseins. Je préférais la paresse, ne rien faire, le soleil sur la mer. J'ai adoré la vie quand il ne s'y passait presque rien. J'ai aimé le soir qui tombe et les petits matins, les poèmes d'Horace, de Hâfiz, d'Omar Kayyâm, de Toulet qui chantent le vin et les filles, les nouvelles de Borges avec leurs masques et leurs couteaux, leurs labyrinthes, leurs loteries, les voitures qu'on prenait pour s'en aller ailleurs et qui roulaient très vite sur des routes bordées d'arbres d'où partaient des chemins de terre, la naïveté de Marie. Quitte à embrasser quelque chose, je préférais, à coup sûr, que ce ne fût pas une carrière. Il m'a bien fallu montrer, à qui m'aimait et aux autres, que je pouvais, moi aussi, m'agiter comme tout le monde et faire ce qu'ils faisaient. J'ai eu, Dieu me pardonne, des idées, des opinions, des bureaux, des métiers. J'ai passé des concours. J'ai occupé des postes. Je m'en fichais pas mal. J'ai écrit quelques livres.

— Je sais, dit A. Sur Chateaubriand. Sur Venise. Et sur toi.

— J'ai fait ce qu'il fallait faire. J'ai surtout fait ce que j'ai pu. Je suis content d'être mort et de parler avec toi qui viens enfin d'ailleurs. Le monde est inutile. Je n'ai aimé que Marie.

— Rien d'autre ? demanda A. Rien d'autre dans ce monde ?

Je cherchais dans mes souvenirs ce que j'avais aimé.

— Peut-être le monde lui-même, lui dis-je. La vie, bien sûr. Mais plus encore le monde. Le monde et son spectacle. Il y a dans la vie une prétention, une violence, un côté content de soi et vaguement conquérant qui ne me plaisaient qu'à moitié. Les imbéciles répètent que la vie est un combat, qu'il faut lutter pour vivre. Ces sonneries de clairon, ces appels aux armes me fatiguaient plutôt. J'aimais regarder le monde d'un peu loin, comme nous le faisons aujourd'hui, comme Lucrèce sur sa falaise — « *Suave mari magno...* » —, comme si j'étais de passage. Et je l'étais en effet. Une sorte de touriste en vacances sur les plages de cette planète, dans ses collines, dans ses campagnes. « Et vous restez combien de temps ? » « Oh ! Sauf accident, un peu moins d'un petit siècle. » Visitez le monde au printemps ! Visitez le monde en automne ! Vous ne le regretterez pas : soixante-quinze ans de souffrances et de plaisirs mêlés et d'émerveillement garanti ! *All the world's a stage :* le monde est un théâtre. Nous y bâclons tous notre numéro sous les projecteurs de l'histoire, nous récitons notre texte, on nous applaudit, on nous siffle et, après avoir fait de la figuration à peine intelligente dans la plus belle des pièces — un succès universel, un triomphe, un chef-d'œuvre : l'histoire des hommes sur la Terre —, nous rentrons à jamais dans les loges de l'oubli et de l'éternité.

— Il doit pourtant y avoir, me dit A, des choses qui agitent les hommes et qui les font agir...

— Tu as raison, lui dis-je. Il y a pourtant au cœur des hommes quelque chose d'aussi fort que l'amour de la vie : c'est la curiosité. Ils veulent toujours savoir ce qui se passera après, ce qui s'est passé avant, ce qui se passe ailleurs, un peu plus loin, au-delà de la mer ou des collines. J'ai ressenti en moi tous les élans obscurs de la curiosité. Et, au cœur de la curiosité, il y a quelque chose qui est comme l'âme du monde, et son moteur : c'est le désir. Si j'ai aimé quelque chose en dehors de Marie — et peut-être Marie n'était-elle que son image descendue dans un corps —, c'est le désir. Il jette les hommes hors d'eux-mêmes. Il les fait partir sur les mers et au-delà des déserts, à la recherche de l'or, du sexe, du pouvoir, du savoir. S'il n'y avait pas de désir, il n'y aurait pas d'histoire et il n'y aurait pas d'hommes. Il n'y aurait que des animaux, des plantes, des machines. Les hommes, mon cher A, et c'est leur seule grandeur, sont toujours un peu plus loin.

— Les esprits aussi, me dit A. C'est pourquoi je suis venu d'Urql.

— Et c'est pourquoi je rédige pour toi et à l'usage des tiens le rapport sur la Terre.

## IV

# *La marche du temps*

Les années passèrent. Livrés à l'Union soviétique par le pacte Molotov-Ribbentrop, Riga, la Lettonie, les pays Baltes furent occupés par l'Armée rouge. Puis ce fut le tour des Allemands qui, après avoir été, pendant un peu moins de deux ans, les alliés de l'Union soviétique, étaient devenus ses ennemis. Ils restèrent trois ans. De l'été 41, moins éclatant que l'été 40 mais encore triomphal, à l'été 44, déjà annonciateur du crépuscule des dieux et de l'apocalypse. Après les Allemands, d'abord vainqueurs, puis vaincus, les Russes revinrent en maîtres pour un peu moins d'un demi-siècle.

Ce que fut l'occupation allemande, ce que fut l'occupation russe, il y a, pour nous l'apprendre, des souvenirs et des livres. La guerre est toujours cruelle. Elle est toujours semblable à elle-même. Mais, depuis Caïn et Abel et les empereurs de Chine, elle parvient encore à inventer des ruses nouvelles pour faire souffrir et de nouveaux délires. Le délire de Hitler, c'était les juifs. Le délire de Staline, c'était l'ennemi de classe. Il y avait eu les Romains et les Carthaginois, les croisés et les musulmans, les Aztèques et les Espagnols, les Huns, les Mongols, les colonnes de Turreau en Vendée et les expéditions de Simon de Montfort contre les Albigeois. Tous tuaient avec allégresse, brûlaient, crucifiaient, fusillaient, guillotinaient, égorgeaient, torturaient. L'extermination des juifs était d'une simplicité biblique : les juifs, sans exception, étaient des criminels par droit de naissance. Une histoire courait l'Europe. Quelqu'un annonce : « On a arrêté tous les juifs et tous les coiffeurs. » Et l'autre demande : « Pourquoi les coiffeurs ? » Un peu de l'histoire du monde et de ses souterrains est aussi dans ces mots. Hitler conquit l'Europe. Les juifs des pays Baltes furent massacrés comme ceux de Pologne. Quand les Allemands furent battus et que les Russes arrivèrent, ce fut une autre paire de manches — et pourtant toujours la même : la grand-mère de Lisa...

Je m'interrompis tout à coup. Je secouai la tête.

— Alors ? demanda A. Qu'est-ce qui se passe ? La grand-mère de Lisa... ?

— Je crois que je vais trop vite. Il faut que tu comprennes que le temps du rapport n'est pas celui de la vie. Quand je te raconte le monde, je ralentis, j'accélère, j'élague, je cours la poste. Je reviens en arrière, je me précipite en avant, je traîne, j'insiste, je choisis, je laisse tomber. Nous passons plus de temps devant notre *espresso* de la piazza Campitelli qu'à Riga dans les années noires sous Hitler et Staline. Chacune de nos histoires est découpée dans l'histoire. Tout l'art de qui les raconte est dans la façon de découper. On abandonne le monde entier. On suit à la trace un amour, une famille, un soldat, une maison. On dévide un fil rouge. On joue avec le temps comme d'un accordéon. Je soutiendrais volontiers que raconter une histoire n'est qu'une affaire de temps. Dans tous les sens du mot : les verbes et la durée.

Il faut d'abord savoir si tu emploies, dans ton récit, aussi bien pour les hommes que pour les esprits d'Urql, le présent, l'imparfait, le passé simple, le passé composé ou le plus-que-parfait, voire le futur ou le futur antérieur, temps métaphysique par excellence. « A rencontra O au-dessus de la Douane de mer le 26 juin vers midi. » Ou : « Le 26 juin vers midi, au-dessus de la Douane de mer, A rencontre O. » Ou encore : « A aura rencontré O le 26 juin vers midi au-dessus de la Douane de mer. » Tu vois les nuances, non seulement de temps, mais d'allure et de sens qu'entraîne le choix de la modulation du verbe.

Le passé simple est allègre, rapide, militaire, romanesque et stendhalien : « Le 15 mai 1796, le général Bonaparte fit son entrée dans Milan à la tête de cette jeune armée qui venait de franchir le pont de Lodi et d'apprendre au monde qu'après tant de siècles César et Alexandre avaient un successeur. » Ou : « La première fois qu'Aurélien vit Bérénice, il la trouva franchement laide. » Tu es embarqué malgré toi. Tu pars avec les autres et le monde est à toi.

Le présent enregistre avec une sorte de sécheresse. C'est un procès-verbal, un constat, une évidence : « Il n'y a qu'un problème philosophique vraiment sérieux : c'est le suicide. » « L'homme est né libre, et partout il est dans les fers. » « Les familles heureuses se ressemblent toutes, les familles malheureuses sont malheureuses chacune à leur façon. »

« *Dans Venise la rouge*
*Pas un bateau ne bouge.* »

L'imparfait, cher à Flaubert, est l'instrument du peintre qui te fait assister à une scène déjà close et frappée d'éternité dont, contrairement à ce qui se passe chez Stendhal, tu ne fais pas partie et que tu regardes du dehors sans pouvoir rien y changer : « Le 15 septembre 1840, vers six heures du matin, la *Ville-de-Montereau,* près de partir, fumait à gros bouillons devant le quai Saint-Bernard. » « Comme il faisait une chaleur de trente-trois degrés, le boulevard Bourdon se trouvait absolument désert. » « C'était à Mégara, faubourg de Carthage, dans les jardins d'Hamilcar. » Ou encore : « René Dubardeau, mon père, avait un autre enfant que moi : c'était l'Europe. » Tout est réglé d'avance. Tu n'as plus qu'à contempler le destin en train de se dérouler sous tes yeux.

Le passé composé est un regard en arrière, teinté de mélancolie : « Longtemps, je me suis couché de bonne heure... » Le futur antérieur, temps mystérieux s'il en est, t'expédie dans un avenir où tu n'es pas encore et d'où tu contemples un passé qui, au moment où tu parles, est à l'état de présent et parfois de futur. C'est le début vu de la fin, c'est la vie vue de la mort. Il faut ajouter que les temps de verbe ont des colorations sentimentales tout à fait indépendantes du déroulement temporel : il y a de la tendresse dans l'imparfait — on s'adresse souvent à l'imparfait aux animaux domestiques et aux enfants en bas âge —, de l'aventure dans le passé simple et du soupçon, voire de la menace, dans le futur antérieur.

Plus décisif encore est le choix, dans le moindre récit — et, bien entendu, dans le rapport que nous rédigeons sur l'état de la Terre —, d'un certain rythme du temps. Si j'avais voulu, mon cher A, présenter aux gens d'Urql l'intégralité du spectacle du monde — *All the world's a stage...* —, nous aurions dû, toi et moi, revivre, en temps réel, depuis les débuts, tous les milliards d'années qui se sont écoulées depuis les trois coups du *big bang*. Et c'est seulement au *big bang* que, par un paradoxe inouï, puisque c'est le seul événement dont l'accès reste interdit à la science, nous aurions pu vraiment assister dans sa totalité. Car, pour une fraction minuscule de seconde, l'univers se réduit, au moment du *big bang,* à une pointe d'épingle imperceptible, incandescente, d'une chaleur et d'une masse infinies, et qui contient tout ce qui existe. Immédiatement après, une seconde, une fraction de seconde après, il aurait déjà fallu être à la fois dans tous les points de l'espace. Et quelques milliards d'années plus tard, il aurait fallu, non seulement s'étendre à tous les horizons de la géographie et de l'histoire, mais se glisser, tâche impossible, dans tous les recoins et dans tous les détours de chaque conscience humaine. Tant d'espace ! Tant de temps ! Tant de pensée éparse ! Nous n'avons qu'un rapport. Et il ne doit pas être trop long ni trop lourd pour que tu puisses l'emporter avec toi jusqu'à Urql. Nous n'avons que trois jours. Et ce n'est pas beaucoup pour résumer le monde. Voilà pourquoi, après avoir traîné trop longtemps autour d'un *espresso,* je passe à toute allure...

— Avant de t'en aller, me dit A.

— Oui, lui dis-je, avant de m'en aller, sur les années terribles de la Lettonie soviétique au lendemain du pacte entre Hitler et Staline le 23 août 39, puis de la Lettonie allemande et nazie à la suite du déclenchement de l'opération *Barbarossa* dans la nuit du 21 au 22 juin 41, et enfin de la Lettonie à nouveau soviétique après la victoire de Staline sur Hitler et l'entrée à Riga des soldats de l'Armée rouge en train de poursuivre jusqu'en Pologne, jusqu'à l'Elbe, jusqu'à Berlin la *Wehrmacht* en déroute.

Si, entraînés par la conversation autour de l'*espresso* de la piazza Campitelli, nous entreprenions, toi et moi, le récit des aventures de la grand-mère de Lisa et que nous décidions de leur consacrer, à elles toutes seules, comme elles le méritent — mais comme le mérite aussi tout le reste : la revue par Homère des troupes et des navires rassemblés devant Troie ; l'appel par Chateaubriand ou par Proust des morts du Jockey Club ou du congrès de Vérone ; la liste des chapeaux, chez Rabelais, et des objets usuels qui peuvent servir de torche-cul ; l'interminable catalogue des maîtresses de don Juan —, quatre ou cinq volumes du rapport, c'est du soir du 23 août qu'il nous faudrait partir. C'est là que tout commence.

La journée a été plutôt calme. Le temps est beau. Anna est rentrée du journal. Elle cause avec ses deux filles et avec quelques amis — parmi lesquels, bien sûr, le consul général d'Allemagne et l'Américain d'origine arménienne — dans le grand jardin qui entoure la maison. Voilà déjà un ou deux ans — depuis Munich, en tout cas, en septembre 38, et peut-être depuis l'*Anschluss* en mars — que le climat politique est très lourd en Europe. À chaque début de printemps, à chaque début d'automne, on se demande ce qui va arriver. L'hiver et l'été sont des plages plus sereines. Des trêves dans une course haletante. Quand le téléphone sonne dans la maison de Riga en ce beau soir d'août où il a fait très chaud, personne ne s'inquiète. Quand la maîtresse de maison, que la petite Polonaise est venue chercher dans le jardin, revient parmi ses filles et parmi ses amis, tout le monde comprend aussitôt, à sa démarche, à son air, qu'il se passe pourtant quelque chose.

— Rien de sérieux, j'espère ? lance quelqu'un.

— Je ne sais pas, répond-elle. Je ne suis pas sûre. Ribbentrop et Molotov ont signé aujourd'hui à Moscou un pacte de non-agression.

— Mais c'est la paix ! dit une voix.

— C'est plutôt la guerre, dit Anna.

Personne ne sait rien de plus. Les annexes secrètes qui prévoient le partage de la Pologne et qui livrent les pays Baltes et quelques autres territoires à l'Union soviétique ne sont pas publiées. L'annonce du pacte lui-même est parvenue très vite à la grand-mère de Lisa parce qu'elle dirige un journal et qu'elle occupe à Riga une situation exceptionnelle. Et peut-être aussi parce qu'elle est de ceux qui ont servi de lien entre les gens de Hitler et les gens de Staline. Le lendemain et les jours qui suivent, quand les journaux et les radios auront diffusé la nouvelle, beaucoup d'hommes et de femmes à travers le monde n'en saisiront pas aussitôt la signification et la gravité. Elle a déjà compris ce que signifie le rapprochement entre Hitler et Staline. Elle sait que la France et l'Angleterre négociaient depuis longtemps avec Staline et Litvinov, son commissaire aux Affaires étrangères, remplacé en mai dernier — et c'était déjà un signe — par Viatcheslav Molotov. Elle sait aussi que Staline pense que les démocraties ont donné à Munich, en septembre 38, la mesure de leur faiblesse. Elle sait que l'occupation de la Tchécoslovaquie par Hitler, il y a à peine quelques mois, en mars 39, lui a paru la suite naturelle de la honte de Munich et ne l'a pas surprise. Elle devine le sens de la double volte-face soviétique et allemande :

l'entente entre les deux chefs tout-puissants et ennemis est dictée, pour chacun, par une froide appréciation de leurs intérêts respectifs et elle indique, pour bientôt, une action conjointe contre le pays qui les sépare et dont la destruction va les unir — la Pologne.

Au soir du 23 août 1939, dans le jardin de sa maison où elle parle avec ses enfants, la grand-mère de Lisa a-t-elle une pensée pour la folle de Riga ? Il y a autre chose à faire, tant de décisions à prendre. Toute la nuit, la mère et les deux filles tournent et retournent dans leur tête les projets et les risques.

— C'est la guerre, dit la mère.

— Partons, dit celle des filles qui est la mère de Lisa.

— Impossible, dit la mère. Le journal, la maison, la famille, les gens. Il faut que vous partiez toutes les deux. Je reste.

— Je reste avec vous, dit la tante de Lisa.

— Je ne veux pas. Tu dois partir.

— Je ne veux pas. Je reste.

Ce qu'il y avait naturellement dans la tête et le cœur de la tante de Lisa, c'était l'image du communiste à lunettes. Il n'y avait pas très loin de Riga à Moscou. Moins loin encore de Riga à Leningrad où le communiste à lunettes se rendait très souvent. Partir pour Londres ou pour Paris, c'était couper à jamais les liens avec l'Union soviétique — et avec ses amours. La mère des deux filles était une femme très forte et très tendre. Elle aimait ses enfants. Elle voulait leur bonheur. Entretenait-elle, elle-même, une liaison avec le consul général ou avec l'Arménien — ou peut-être avec les deux ? Toi, sans doute, tu le sais ou tu pourrais le savoir. Mais Lisa ne le savait pas. Et je ne le sais pas non plus. Grâce à Dieu, je ne sais pas tout, puisque j'étais un homme.

Le consul général d'Allemagne et l'Américain d'Arménie, qui tiraient, comme tous ceux qui ne fermaient pas les yeux, les conclusions du pacte germano-soviétique, insistèrent, chacun de son côté, auprès de la femme qu'ils aimaient pour qu'elle se mît à l'abri, avec toute sa famille, des événements qui s'annonçaient.

— Que voulez-vous que je fasse ? leur répondait-elle. Que j'abandonne le journal, ses rédacteurs, ses typographes, ses lecteurs ? Que j'annonce que je m'en vais parce que j'ai peur ? Vous savez bien que je dois rester.

Ils le savaient, bien entendu. Quarante-huit heures plus tard, le 25 août, par le train du soir, la mère de Lisa et Lisa, encore en barboteuse ou en robe à fleurs et à smocks, ou peut-être même installée dans quelque chose qui tenait du berceau et du sac de voyage, partaient pour Berlin, pour Paris et pour Londres. La tante de Lisa et sa mère restaient en Lettonie parce qu'il y avait à Riga un journal et ce qu'on appelle un devoir, parce qu'il y avait à Moscou un communiste à lunettes et ce qu'on appelle une passion.

La semaine d'après, la guerre éclatait en Pologne. Les Allemands et les Russes se la partageaient entre eux. Les pays Baltes devenaient une terre isolée entre le communisme et le national-socialisme.

Quelques mois plus tard, le général Karlis Ulmanis, tout en même temps *Vadonis,* c'est-à-dire Führer ou Duce, Premier ministre, président de la République, un dictateur, en vérité, qui dirigeait la Lettonie d'une main de fer et avec qui Anna entretenait les meilleures relations, était contraint de quitter le pouvoir et, en exécution des clauses secrètes du pacte Molotov-Ribbentrop, les troupes soviétiques pénétraient dans les pays Baltes.

On s'arrangea comme on put. Le *Vadonis* était déporté quelque part en Sibérie. La Lettonie était annexée à l'Union soviétique. Le communisme s'installait. Le journal, bien entendu, passait sous le contrôle du K.G.B. On survivait pourtant. Le consul général d'Allemagne était toujours en poste. L'Américain d'Arménie poursuivait ses affaires. La tante de Lisa, qui tenait des rôles de jeune première sur la scène du Grand Théâtre, filait le parfait amour avec le communiste à lunettes et envisageait de l'épouser. On recevait de temps en temps, par des voies détournées, par le consul, par l'Américain, une lettre de la mère de Lisa : la mère et la fille étaient, toutes les deux, installées en Angleterre, aux environs de Londres, où les risques de la guerre, déjà en train de rôder et de gronder sur la Manche après l'effondrement stupéfiant de la France, se révélaient soudain, par un imprévisible paradoxe, plus redoutables qu'en Lettonie. Londres flambait sous les bombes. Coventry n'existait plus. L'Angleterre tout entière vacillait au bord du gouffre où la France était déjà tombée.

— Vous souvenez-vous, dit un soir à ses amis la grand-mère de Lisa, vous souvenez-vous de la vieille folle qui prétendait lire l'avenir dans les lignes de la main ?

Oui, oui, plusieurs de ceux qui étaient présents avaient connu la voyante. Mais personne ne savait ce qu'elle était devenue.

— Elle voulait que je quitte Riga..., dit Anna d'un ton rêveur. J'ai peur que la vie de ma fille ne soit plus dure encore à Londres que la nôtre à Riga.

— Mon Dieu ! lança quelqu'un, c'est vrai. Qui l'eût cru ?

Les autres hochèrent la tête. Ils avaient de la chance dans leur malheur. Le monde autour d'eux était devenu un enfer.

Les larmes montaient aux yeux d'Anna qui pensait à Lisa.

## V

## *L'être est ce qui est*

— Oh ! O, me dit A, rien ne m'amuse comme les hommes.

— Ils souffrent, lui rappelai-je.

— Je sais. Mais le récit de leurs malheurs donne un bonheur amer. J'aime à pleurer sur leurs souffrances. Je crois que mes amis d'Urql prendront autant de plaisir que moi à vos guerres, à vos passions, à vos échecs, à vos larmes, à toutes les folies où vous entraîne le désir. J'imagine que des histoires comme celles des dames de Riga, tu en as des centaines.

— Des milliers, lui dis-je. Sans compter toutes les autres — celles qui existeront un jour et qui n'existent pas encore. Car il faut bien noter dans le rapport sur la Terre que toutes les histoires que je te raconte sont des reflets du passé. Parce que j'étais un homme, je ne sais rien de l'avenir. Je ne peux que me souvenir. Ou alors inventer. Mais tout ce que les hommes imaginent est toujours marqué par le passé. Ils se contentent, pour faire du neuf, d'organiser autrement ce qui existe déjà. Il n'y a, pour inventer vraiment, que l'histoire en marche, l'histoire en train de se faire. Et ce que l'histoire inventera, aucun être vivant n'est capable de l'imaginer. L'avenir est un monopole du temps. Il faut que ce soit toi qui me dictes, pour le rapport, ce que feront les hommes et ce que sera le monde dans un million d'années

— Mon cher O, me dit A, tu as été très bon pour moi. Nous

savons, toi et moi, inutile, bien entendu, de le mentionner dans le rapport qui doit passer pour un chef-d'œuvre aux yeux de tous ses lecteurs, que tu n'es pas très fort. Mais tu as fait de ton mieux. Si je peux, de mon côté, t'apprendre si peu que ce soit en t'entraînant dans le monde tel qu'il sera après toi, je suis tout prêt, à mon tour, à te servir de guide dans un avenir qui t'est encore plus étranger que ce passé dont tu ne sais déjà pas grand-chose.

L'offre de A me séduisait. Je pesais le pour et le contre. J'hésitais, comme d'habitude.

— Réflexion faite, lui dis-je, je préfère ne rien savoir. C'est un peu comme pour Rodolphe. Ce qui se passera après moi ne me regarde plus. J'en ai déjà assez avec tout ce passé qui me colle à la peau. Je sais, puisque tout se tient, que je ne peux pas me laver les mains de l'histoire après moi. Mais je voudrais que tu me tiennes quitte et que notre rapport sur les hommes se termine à ma mort. Tu écriras tout seul, si tu veux, la brève annexe nécessaire sur les cinq milliards d'années qui sont encore à venir et qui feront de nos enfants quelque chose d'aussi étranger aux êtres humains d'aujourd'hui que les êtres humains d'aujourd'hui sont étrangers aux algues. Je préfère te laisser à ton destin, ou au nôtre, et suivre le chemin interrompu par notre rencontre, qui m'a fait tant de plaisir, au-dessus de la Douane de mer. J'ai déjà eu assez de mal avec ma propre vie, sur laquelle pèse d'un poids très rude tout le passé du monde. Je renonce à un avenir dont je me sais pourtant, pour une part minuscule, solidaire et responsable.

Ce n'est pas que je sois aveugle ni plus couard que les autres. Il faut regarder les choses en face. Je sais bien que beaucoup de choses que j'ai aimées dans ce monde risquent de disparaître à jamais dans un avenir assez proche : les livres, les forêts, une certaine façon d'être, de se tenir, de penser, la Méditerranée elle-même dont on m'assure qu'elle ne sera plus, dans quelques millions d'années, qu'un souvenir éclatant. Ce qu'il adviendra après moi de ce qui fut mon monde, je ne le sais pas. Je ne veux pas le savoir. J'imagine que c'est pour épargner aux hommes des chagrins trop cruels qu'on les fait mourir avant que leur monde ne change avec trop de violence. Il y a des progrès, des succès, des triomphes qu'ils ne supporteraient pas. Je t'ai trop parlé du temps qui passe pour ignorer qu'il passe. J'ai trop aimé son allure et ses inventions dans le passé pour ne pas aimer son allure et ses inventions dans l'avenir. Je suis sûr que le monde sera très beau pour ceux qui viendront après moi. Mais je suis trop habitué à écrire avec un crayon et à me promener dans les forêts ou le long de la mer où naviguaient Ulysse et Virgile et toute la suite des doges sur le navire *Bucentaure* pour ne pas, tout à coup, être saisi d'une angoisse, non pas devant mon départ que je peux encore supporter, mais devant ce qui se passera après mon départ — et qui sera sans doute beaucoup mieux. Qui sera autre chose, en tout cas, et que je ne serais pas capable d'affronter. Il faut que tu me pardonnes : je ne suis pas, comme toi, un esprit venu d'Urql. Je ne suis qu'un homme qui appartient à son temps. Mon pauvre et vieil esprit à jamais éternel, je vais te dire quelque chose qui va te faire rire : ce qu'il y a de bien chez les hommes, c'est qu'ils s'évanouissent dans le temps et qu'ils s'en vont avec lui.

Avec une amitié qui me toucha beaucoup, A passa son bras autour de mes épaules. Je crois que je versai quelques larmes.

— Ne t'en fais pas trop, me dit A. Tu sais bien ce qui va se passer. Tout va changer, mais si lentement qu'il semblera toujours que rien ne bouge jamais. La Terre disparaîtra, mais il y aura longtemps que les hommes auront quitté cette planète. La Terre est le berceau des hommes, mais les enfants des hommes ne restent pas à jamais confinés dans leur berceau. Les progrès seront stupéfiants, et ils ne régleront rien parce qu'aux souffrances guéries succéderont d'autres souffrances et qu'aux obstacles franchis succéderont d'autres obstacles. Il est aussi impossible pour toi d'imaginer l'univers dans cinq milliards d'années qu'il était impossible à une roche en fusion, ou à une algue bleue, ou même à Lucy, la petite créature africaine découverte de ton temps au sud-est de l'Afrique, d'imaginer Platon, Michel-Ange ou Darwin. Tous les problèmes que tu te poses et que se posent les tiens, je veux dire les hommes autour de toi depuis trois ou quatre mille ans, ne seront pas résolus. Mais ils seront contournés parce que l'esprit des hommes aura inventé autre chose et que l'histoire de l'univers inventera encore autre chose que l'esprit même des hommes. Ce sera de plus en plus fort — et peut-être, il faut bien le dire, de plus en plus sinistre. Quand les hommes auront quitté cette planète parce que la chaleur ou le froid ou une explosion atomique ou un accident encore imprévisible l'auront rendue invivable et qu'ils se seront établis quelque part dans une galaxie ou dans l'autre, ils se souviendront de la Terre comme d'un rêve évanoui. Vos doutes, vos souffrances, la brièveté de votre vie, votre soumission à une nature qui aura disparu sous la forme des forêts, des mers, des animaux sauvages, des régions inconnues, votre ignorance, votre naïveté apparaîtront comme un âge d'or. On parlera de la Terre comme vous parlez de l'Atlantide ou du jardin d'Eden. On finira par mettre en doute son existence légendaire. La vie, ou ce qui lui aura succédé, sera devenue abstraite, théorique, entièrement dominée, dans les siècles à venir, par la science et la technique — et, plus tard, par autre chose dont tu ne sais encore rien et dont personne ne sait rien et auprès de quoi la science, telle que tu la vénères et la redoutes aujourd'hui, sera quelque chose comme la magie du temps de l'âge de pierre ou de la guerre du feu.

Alors, peut-être, dans un temps très lointain, dans un espace inconnu, un savant venu d'Urql, car la Terre sera morte ou aura explosé, retrouvera le rapport. Les créatures, en ce temps-là, ou les créatures des créatures, ne sauront plus le bonheur que vous donnaient les livres. Elles communiqueront entre elles par des canaux qui n'ont encore aucun nom dans les langues que tu parles. Le rapport apparaîtra comme un objet mystérieux et qui fera un peu peur. Le savant venu d'Urql aura du mal à le déchiffrer et même à comprendre de quoi il s'agissait. À force d'efforts et de recherches, il découvrira pourtant les papes Clément, le connétable de Bourbon, cette cité étrange de Venise qui était bâtie sur l'eau et la Méditerranée qui aura disparu. Il découvrira Paris, qui ne sera plus qu'un souvenir dans le souvenir de la Terre, et la rue du Dragon, qui ne sera plus qu'un souvenir dans le souvenir du souvenir. Il vous découvrira, Marie et toi, mon cher O, comme des choses très précieuses dans le genre des primates et des diplodocus.

— Des diplodocus ? lui dis-je.

— Enfin..., me dit A. En moins grand. Peut-être pas en moins stupide. Tu vois ce que je veux dire. Des choses très vieilles, un peu comiques et un peu affolantes. Il se penchera sur toi, mon vieil O. Et il te trouvera délicieux. Il tombera sur Venise et il tâchera d'imaginer ce que pouvait bien être la Douane de mer. Et le palais des Doges. Et les fresques de Carpaccio à San Giorgio degli Schiavoni. Tout cela, bien entendu, lui paraîtra un peu fou. Et il ne manquera pas de bons esprits, parmi les savants, ses confrères, pour soutenir avec obstination que tout ce que raconte le rapport n'est que légende et invention. Il n'y aura qu'un personnage qui lui sera familier, comme il aurait été familier à un paysan du Moyen Âge, à un légionnaire romain, à un hoplite d'Alexandre, à n'importe lequel de tes ancêtres en train de polir une pierre ou un os — et comme il l'est à toi : c'est moi. Moi, je suis éternel. Tout au long de l'histoire des hommes, même ceux qui ne croient pas à moi, et à plus forte raison tous ceux qui veulent bien y croire, comprennent très bien qui je suis. C'est toi, mon pauvre O, qui, dans cinq milliards d'années, sera incompréhensible.

— Dans cinq milliards d'années ?

— Et même dans cinq millions. Moi, je serai toujours là, immuable, immarcescible, toujours nié bien sûr, et toujours renaissant. Dans un monde qui change comme tu changes toi-même — et en quelques jours, tu le sais bien, tu as beaucoup changé —, il faut quelque chose qui ne change pas. C'est moi. Je suis peut-être un rêve. Tu en es un aussi.

— Salut, lui dis-je. Salut à l'immortalité.

— Salut à la vie, me dit-il.

— C'est un salut à la mort, lui dis-je. La vie, la mort ne sont pas le contraire l'une de l'autre. Elles sont une seule et même chose qui s'oppose à l'éternité. Et pourtant...

— Et pourtant... ?

— Et pourtant, je ne crois pas que tu sois aussi loin de moi que tu le penses ni que je sois aussi loin de toi que je le crains. Nous appartenons, toi et moi, à quelque chose d'immense qui est plus grand que le monde et plus grand que cette vie que nous regardons comme sacrée, plus grand que l'histoire des hommes que je mets pourtant si haut, plus grand que l'univers d'où tu es tombé sur Venise, plus grand que moi, bien sûr, et plus grand que Marie, plus grand aussi que toi.

— Et qu'est-ce donc ? demanda A avec un peu de méfiance et d'humeur.

— Mais c'est l'être, lui dis-je. La vie qui monte si fort depuis quatre milliards d'années n'est qu'un sous-produit de l'être. Le monde et l'univers sont des fragments de l'être. Le passé et l'avenir et le temps tout entier ne s'inscrivent que dans l'être. La Terre appartient à l'être. Urql appartient à l'être. Et les esprits comme toi et tous les rêves de l'esprit n'existent que par l'être. Même achevée par la mort, la vie est une splendeur. Mais la folie des hommes est d'adorer la vie au lieu d'adorer l'être qui en est la cause et la source et le garant et la fin.

— Mon cher O, me dit A, je te trouve bien audacieux d'oser parler de l'être. Je suis venu sur cette Terre pour t'entendre parler de la vie. Peut-être — peut-être... — sur la vie et l'histoire as-tu quelque chose à dire. Pas grand-chose, d'ailleurs. Mais de l'être, à coup sûr, tu n'as le droit de rien dire.

— Mon cher A, lui dis-je, il faut être savant pour parler de la vie. Et pour parler de son histoire. Je t'ai prévenu aussitôt que je ne savais presque rien. La date du sac de Rome,

— 1527.

— le prénom de Molotov,

— Viatcheslav.

— la liste des papes Clément, la piazza Campitelli, quelques fragments épars de l'existence ici-bas du vicomte de Chateaubriand, quelques vers d'Aragon, la rue du Dragon sur la rive gauche de la Seine et à quoi sert un parapluie : toute ma science s'arrête là. Tu ne pouvais pas trouver, dans ce monde et dans son histoire, un moins bon guide que moi. Mais sur l'être, mon cher A, j'en sais autant que toi. Parce que la science de l'être, ou plutôt sa lumière, est en chacun de nous. Et que Platon, ou Spinoza, ou Hegel, ou Michel-Ange, ou Mozart, ou Tolstoï ou Léonard de Vinci — ou le Christ Jésus ou Mahomet ou le Bouddha — ne font rien d'autre, tu le sais comme moi après tout ce que je t'ai dit, que de le révéler au plus stupide d'entre nous. Et plus le message est grand, plus il est simple aussi. Tout le monde n'est pas capable de comprendre Aristote, d'aimer Haydn ou Rembrandt. Mais tout le monde est capable de comprendre le Bouddha, ou Mahomet, ou Jésus. Ils parlent aux masses, aux pauvres, aux enfants avant de parler aux savants. Et c'est eux qui nous parlent de l'être avec le plus de force. La vie, cette vie unique et irremplaçable que nous mettons au-dessus de tout, cette vie qui nous est sacrée, cette vie qui règne, sous forme de conscience, de pensée, de science, sur le monde et sur l'univers, il n'est pas exclu que cette vie ne nous ait été donnée que pour camoufler l'être. La vie est manifeste. L'être est caché sous la vie, sous la matière, sous les lois de l'univers. La vie éclate de partout. L'être se masque et se tait. La vie bouge, change, évolue, se transforme, prend les visages les plus divers. L'être reste immobile et toujours identique à lui-même. La vie passe. Et l'être est. L'être n'est pas ce qui apparaît, ce qui bouge, ce qui change, ce qui s'en va. L'être est ce qui est.

— Mon cher O, murmura A, je suis venu...

— Je sais : tu es venu de très loin et tu m'as rencontré au-dessus de la Douane de mer pour en savoir un peu plus sur ce monde et la vie. Et tu t'imagines que sur l'être tu en sais un bon bout, et en tout cas plus que moi qui n'étais qu'un homme emporté par le temps et par ses illusions. Et il est vrai que le monde est un spectacle insensé qui fait tourner les têtes et qui donne le vertige. Mais je ne voudrais pas que tu crusses...

— Que je crusse... ? me dit-il.

— ... que tu crusses que, dans ce monde de délire, réglé par le hasard et la nécessité, la vie, à jamais, l'a emporté sur l'être. La vie est devenue si riche, si puissante et si riche, qu'elle a refoulé l'être dans des abîmes obscurs. Partout, de tout côté, nous nous heurtons à la vie, à ses inventions de génie, à son pouvoir sans borne. Mais l'être est toujours là, en dessous, un peu plus loin, dissimulé aux regards et à l'orgueil des algues avec du temps. On ne voit que le monde et la vie. On n'entend que le monde et la vie. On ne parle que d'eux. On ne sent qu'eux. Il n'y a plus que la pensée et les mots pour se souvenir encore de l'être. Il est permis de soutenir que l'être s'est réfugié dans la grammaire et la mathématique. Dans la souffrance, aussi, dans l'étonnement, dans la surprise, dans le vide. Dans le dénuement et dans les signes.

— Ah ! bravo ! dit A d'un ton qui me plut à moitié. Très bien. Revenons sur Terre. Et le monde ? Et la vie ? Et notre rapport sur les hommes ?

— Le monde et la vie sont de toutes petites choses qui commencent avec le *big bang* il y a quinze milliards d'années, qui s'épanouissent avec les hommes et qui finiront bien par finir.

— Ah ! les hommes ! s'écria A. Les petits hommes de la Terre !

— Quand il pleut..., commençai-je, quand il pleut sur le monde,...

— Pardon ? me dit A.

— ... ils passent sous des parapluies dans la rue du Dragon.

VI

# *Le monde bascule*

— De temps en temps, le monde bascule. Souvent, il semble dormir. On tue des hommes ici ou là, on s'aime, on se déteste, on construit des machines, mais il ne se passe pas grand-chose. Et puis, tout à coup, le monde bascule. Il bascule avec le premier rire, avec le premier mot, avec le premier feu, avec la première ville où s'élèvent quelques pierres. Il bascule avec l'Égypte. Il bascule avec les Grecs. Il bascule avec Alexandre. Il bascule, bien sûr, avec la mort du Christ qui le marque si fort qu'elle coupe l'histoire en deux. Et puis, il semble qu'il bascule de plus en plus souvent. Avec l'adoption de l'étrier, qui bouleverse la cavalerie, avec l'invention de l'arbalète, qui épouvante le pape, du canon, du collier de trait, du gouvernail d'étambot, de l'imprimerie, de la machine à vapeur, de l'électricité. Avec la chute de Constantinople. Avec la découverte de l'Amérique, le 12 octobre 1492, qui entraîne le déclin de la mère de toutes les mers et la fin de Venise. Avec la Révolution française. Avec Pearl Harbor. Avec la bombe atomique. Avec l'automobile, l'avion, la télévision, la pilule, le premier homme sur la Lune, le sida, la révolution d'Octobre et la fin du communisme dans la patrie du socialisme.

Dans la nuit du 21 au 22 juin 1941, le monde a encore basculé. Jusque-là, Hitler, à la tête des armées allemandes, a marché de succès en succès. À quelques exceptions près, l'Europe est devenue allemande. Du cercle polaire à la Méditerranée, de Brest à la frontière russe. Hitler a un allié qui s'appelle Mussolini et qui lui pèse plus qu'il ne lui sert. Les Italiens ont du mal à venir à bout des Grecs. Les Allemands doivent intervenir contre la Yougoslavie et la Grèce et la résistance est plus forte que prévue. L'offensive contre Staline, l'allié de l'été 39, qui devait se produire au printemps, est retardée de plusieurs semaines, jusqu'au premier jour de l'été. Le solstice d'été, avec son symbolisme, n'est pas une mauvaise date pour l'héritier de Siegfried, le protégé de Wotan, le maître des Nibelungen. Dans la nuit du 21 au 22 juin 41, avec des millions d'hommes et des milliers de chars et d'avions tapis dans un secret qui semble presque incroyable, l'opération *Barbarossa* déclenche la plus grande guerre, et la plus meurtrière, de l'histoire de l'humanité.

Rien n'échoue comme le succès. À la fin de juin 41, Hitler, au sommet de sa puissance, est déjà perdu. Il ne le sait pas encore, bien entendu. Il croit, et beaucoup croient avec lui, qu'il a gagné la guerre. Contre le communisme et l'Union soviétique, les troupes allemandes, un peu partout, et jusque dans l'Ukraine soviétique, sont accueillies en libératrices. Bientôt, massacres et incendies les feront détester et combattre. Aux premiers jours de l'offensive, elles sont plutôt bien reçues. Dans les pays Baltes et à Riga, la nouvelle de l'attaque est un coup de tonnerre. Comme en Bukovine ou en Moldavie, les Russes sont des envahisseurs et, sauf par une minorité d'intellectuels marxistes qui vont bientôt prendre le pouvoir pour un peu moins d'un demi-siècle — mais personne n'en sait encore rien —, le communisme est haï. Malgré le souvenir de Tannenberg et des chevaliers Teutoniques, le 22 juin 41, une explosion de joie secoue la Lituanie, la Lettonie, l'Estonie. Quand les blindés allemands, qui avancent à toute allure sans trouver beaucoup d'obstacles, pénètrent dans Riga, la grand-mère de Lisa, qui a connu pendant un an une occupation russe encore relativement supportable, partage les sentiments de l'immense majorité de la population. Durant trois années, les pays Baltes vont servir de base arrière aux troupes allemandes qui enlèvent Minsk, Pskov, Vitebsk, Smolensk, qui attaquent en vain Leningrad et qui sont arrêtées net, l'histoire est comme ça, par la conjonction de l'internationalisme chanté par Marx et Lénine et du nationalisme russe incarné par Staline, qui est d'ailleurs géorgien. À quoi il faut ajouter le capitalisme américain qui fournit ses dollars, sa technique, ses bateaux.

Pendant trois ans, c'est la guerre. De la mer du Nord à la mer Noire, dans la neige et la glace, sous une chaleur écrasante, le canon tonne et la terre tremble. Plus question de partir. Pour aller où, grand Dieu ? Le monde est coupé en deux. Anna ne reçoit plus la moindre nouvelle de Londres, de sa fille, de sa petite-fille qui, quinze ou vingt ans plus tard, boira du lambrusco avec Marie et moi, dans une lumière d'été, sur la piazza Campitelli. Au moment où cinéma et théâtre commencent à la rendre presque célèbre en Lettonie, la tante de Lisa n'a plus aucune nouvelle du communiste à lunettes qui doit se battre à Leningrad contre les officiers allemands à la croix de fer et à la tête de mort, aux grands manteaux à revers blancs, qu'elle côtoie à Riga. Un peu moins de trois ans plus tard, au printemps 44, à peu près au moment où les Américains débarquent enfin en Normandie, c'est la débâcle allemande. Et la victoire de l'Armée rouge. Les Russes s'installent. Et le communisme. Après la croix gammée dont les morceaux brisés sont jetés à jamais dans les poubelles de l'histoire, la faucille et le marteau étendent leur ombre sur le monde. La fin de l'histoire est pour demain.

— J'ai un peu de mal à te suivre dans ces cascades d'invasions, plus compliquées que celles des Goths, des Suèves, des Vandales. Et je continue à ignorer ce qu'est ce communisme dont tu parles sans te lasser. Il y a déjà longtemps, c'était hier je crois, pour parler comme les hommes, tu m'avais promis de revenir sur deux choses qui semblaient t'agiter, je ne sais pas trop pourquoi, et qui me restaient un peu obscures : je crois que l'une d'elles était le communisme.

— Quelle mémoire ! m'écriai-je.

— Il faut bien, grogna-t-il. Toi, tu n'en as aucune. Tu oublies, tu te répètes, tu dis n'importe quoi, tu es guetté par Alzheimer.

— Pas toujours, triomphai-je : la seconde des deux choses était le christianisme.

— Il me semble, est-ce que je me trompe ? que, presque autant que tes conversations sur la piazza Campitelli et les parapluies de la rue du Dragon, presque autant, oserai-je le dire ?...

— Ose donc, l'encourageai-je. Ose donc.

— ... que les aventures, peut-être un peu répétitives, du vicomte de Chateaubriand avec ses belles Madames, les deux choses mystérieuses ont leur place dans le rapport. Peut-être, mais c'est toi qui décides, le moment est-il venu de me mettre au parfum ?

## VII

# *Nietzsche est mort*

— Tu as raison, répondis-je. Notre rapport sur la Terre risquerait d'être incomplet si n'y figuraient pas un Allemand né à Trèves, en 1818, sous le nom de Karl Marx, et surtout un juif dont il n'est même pas permis de dire qu'il avait du génie et que nous appelons Jésus-Christ. J'hésite un peu, je l'avoue, à aborder ces chapitres. Parce que Marx et Jésus sont au cœur de ce que pensent les hommes, de ce qu'ils sentent, de ce qu'ils croient. Des ouvrages innombrables leur ont été consacrés et beaucoup d'hommes sont morts ou pour l'un ou pour l'autre. Des passions se sont déchaînées autour de l'un et de l'autre. Et depuis deux millénaires...

— Ce n'est pas beaucoup, remarqua A.

— C'est toujours la même chose, lui dis-je : ce n'est pas beaucoup pour toi, mais c'est beaucoup pour nous, depuis deux millénaires et pour des milliards d'hommes, le nom de Jésus est sacré.

— Pour toi aussi ? demanda A.

— Pour moi aussi, lui dis-je.

— Et celui de Marx, demanda A, est-il sacré aussi ?

— Non, lui dis-je. Et pour personne. Mais il a laissé son empreinte sur l'histoire, et ce n'est déjà pas mal.

— Pour combien de temps ? demanda A.

— Ah ! lui dis-je. Personne ne le sait. Car, contrairement à ce qu'il soutenait, l'histoire ne s'arrête pas. Elle se poursuit. Elle modifie les paysages et change les proportions. Le nom de Marx et celui de Jésus ne peuvent pas être comparés. Ils ne peuvent pas être mis sur le même plan. Ils ne peuvent pas être joints l'un à l'autre. Il n'est même pas impossible que nous ayons souffert, en prononçant leurs noms d'un même souffle, d'une erreur de perspective qui paraîtra stupéfiante à ceux qui viendront après nous. Car l'un est un philosophe. Et l'autre...

— Et l'autre... ? demanda A.

— C'est difficile à dire, répondis-je. L'autre, pour des milliards d'hommes, est un Dieu.

— Ah ! dit A.

— Je sais que vous n'avez à Urql aucune idée des hommes. Mais n'avez-vous jamais, à Urql, entendu le nom de Jésus ?

— Jamais, répondit A.

Je me tus un instant.

— Je n'en suis pas surpris, repris-je. Car ce Dieu est aussi un homme.

— Un homme ? demanda A.

— C'est un homme, répondis-je.

— Et pourtant Dieu ?

— Pour des milliards d'hommes et de femmes qui croient en lui, le Christ est homme et Dieu.

A se tut à son tour.

— C'est mettre les hommes bien haut, dit-il, et la divinité assez bas que de changer un homme en Dieu et de faire de Dieu un homme.

Je me tus à nouveau.

— Oui, lui dis-je. Avec le Christ, Dieu descend jusqu'aux hommes. Et, puisque le fils de l'homme est aussi fils de Dieu, Dieu, avec le Christ, fait monter l'homme jusqu'à Dieu. C'est précisément ce lien entre Dieu et les hommes qui est le propre du christianisme et qui fait sa grandeur.

— Qui décide de ces choses ? Sont-ce des hommes ? Ou est-ce Dieu ?

— Ce sont des hommes, lui dis-je. Mais inspirés par Dieu fait homme.

— Je vois bien, me dit A, que tu ne peux rien me dire de Dieu parce qu'il n'est pas donné aux hommes de rien savoir de Dieu.

— C'est vrai, lui dis-je. Et pourtant...

— Alors, comme toujours, parle-moi seulement des hommes.

— Depuis toujours, commençai-je — enfin, depuis qu'ils pensent, qu'ils ont ce malheur et ce bonheur de penser —, les hommes se sont fait des images très diverses de puissances extérieures et supérieures au monde, qui portent des foules de noms et que, dans le corps du rapport à l'usage des gens d'Urql et pour plus de commodité, nous appellerons divinités. Chez les Grecs, chez les Romains, chez les Aztèques, chez les Germains, chez les peuples d'Afrique et d'Asie, partout, dans les cultures les plus hautes et chez les barbares les plus reculés, ces divinités ont été innombrables. Mais, il y a trois ou quatre mille ans...

— Ah ! dit A, c'était hier.

— ... du côté du Tigre et de l'Euphrate, puis sur les bords orientaux de la Méditerranée, pour la première fois, un homme de génie, un des plus grands, un des plus illustres de toute l'histoire de la vie, adore un Dieu unique, caché, tout-puissant, sans commencement et sans fin, justicier et vengeur, dont le nom ineffable ne peut être prononcé ni écrit. L'homme, qui s'appelle Abraham, donne son fils à Dieu comme, deux mille ans plus tard, Dieu donne son fils aux hommes. Entre ces deux sacrifices s'inscrivent les origines de la grande alliance entre les hommes et Dieu et naît le monothéisme. Sans même parler de l'islam qui s'y rattache aussi, c'est toute l'histoire du peuple juif, si clairement élu et si clairement maudit, et des débuts du christianisme.

Épuisé par l'effort, je m'arrêtai hagard, incapable de poursuivre.

— Continue, me dit A.

— J'ai du mal, avouai-je. Je dois te prévenir ici que je sais très peu de chose sur la mécanique ondulatoire, sur la navigation à voile, sur la culture du maïs qui n'apparaît en Europe qu'après Christophe Colomb, sur la géologie, sur la médecine, sur la philosophie d'Avicenne, d'Averroès, de Maimonide, qui ont joué un rôle si décisif dans l'histoire de la pensée, mais que je ne sais rien du tout, non seulement sur Dieu...

— Bien entendu, dit A. Aucun homme ne sait rien de Dieu. Dieu ne va pas se confier aux algues avec du temps.

— ... mais encore sur les idées que les hommes se font de Dieu et qui constituent une science appelée théologie.

— Est-ce une science exacte ? demanda A.

— Non, lui répondis-je, ce n'est pas une science exacte. Les sciences exactes tirent des conclusions rigoureuses aux conséquences sans appel de postulats arbitraires que personne ne peut prouver et dont elles ne s'occupent pas. La théologie est la science des fins dernières et des débuts absolus. Elle est la science des postulats.

— D'où les tient-elle ? demanda A.

— Des livres sacrés, lui dis-je.

— J'imagine que ces ouvrages sont plus importants pour notre travail que les règles du jeu de football qui figurent en annexe, et même que *L'Iliade* et *L'Odyssée* dont tu fais tant de cas ou que les *Mémoires d'outre-tombe*. Dis-moi le nom, je te prie, de ces livres sacrés dont je commence à me demander s'ils ne suffiraient pas, à eux seuls, à composer le rapport.

— Tout le monde a les siens, répondis-je : les Aztèques, les hindous, les bouddhistes, les Mongols, les taoïstes, les Parsis, et même les mormons, ou saints des derniers jours, qui pensent que les Indiens d'Amérique sont les restes des tribus perdues d'Israël et dont le chef, Joseph Smith, découvrit, le 22 septembre 1827, sur une colline de l'État de New York, des plaques d'or gravées d'hiéroglyphes égyptiens qu'il réussit heureusement, à l'aide de deux pierres mentionnées dans la Bible et qui lui tombèrent par miracle sous la main, à déchiffrer en hâte avant leur disparition. Les musulmans ont le leur : c'est le Coran. Les juifs ont le leur : c'est la Bible, dont ils vénèrent surtout le début sous le nom de Torah. Et les chrétiens aussi ont le leur : c'est la Bible chrétienne. Elle comprend l'Ancien Testament, qui se confond avec la Bible juive, et le Nouveau Testament, dont le cœur est les Évangiles qui racontent la vie de Jésus, fils de Dieu et des hommes, Messie annoncé par les saintes Écritures. Car, selon ses propres mots, le Christ n'est pas venu abolir la loi juive, mais l'accomplir et l'achever.

— Tous ces livres, demanda A, racontent-ils la même chose ?

— Oui et non, répondis-je. Des choses assez différentes pour nourrir des haines qui durent encore entre juifs et chrétiens, entre chrétiens et musulmans, entre juifs et musulmans.

— C'est embêtant, dit A. J'aimerais que le rapport fût un peu cohérent.

— Et pourtant des choses assez semblables sur l'existence de Dieu, sur le bonheur du salut, sur le rôle de la prière et de la charité. La vraie différence est une différence de langage : Dieu ne porte pas le même nom dans les différentes religions. Et une différence de grammaire, de syntaxe et de signes : on ne lui plaît pas de la même façon, on ne l'adore pas selon les mêmes rites.

— Es-tu chrétien ? me demanda A.

— Je le suis. Ou je l'étais : j'imagine que, là où je vais quand je t'aurai quitté, les étiquettes de ce monde sont effacées assez vite et qu'il n'y a pas, chez les morts, les chrétiens et les autres. Ou j'essayais de l'être. Mes parents l'étaient. Et les parents de mes parents. Avant de me mettre à l'école de maîtres laïcs et progressistes, qui s'imaginaient eux aussi détenir la vérité, mais qui lui donnaient un sens nouveau en la mêlant de tolérance, j'avais été élevé, sans rigueur excessive, dans la religion catholique, apostolique et romaine. Et s'il fallait vraiment, dans tout l'espace des siècles, suivre quelqu'un jusqu'au bout, je crois que c'est Jésus que j'aimerais le mieux suivre. Il était fils d'une vierge, il est ressuscité des morts après avoir été crucifié sous le règne de Tibère, son corps s'élève au ciel sous les yeux de ses disciples, jusqu'à la fin des siècles son corps se change en pain, son sang se change en vin.

— Crois-tu tout cela ? demanda A.

— Je ne sais pas, lui dis-je. Il m'arrive d'hésiter. Le Christ, en vérité, n'a enseigné que deux choses : qu'il fallait aimer les autres et qu'il fallait aimer Dieu.

— Les aimes-tu ? me dit A.

— J'aime beaucoup Dieu, lui dis-je. Aimer Dieu est très commode. C'est beaucoup plus facile que d'aimer les autres. Dieu est un rêve. Il est loin. Il est ailleurs. Il est toujours en voyage. On ne sait rien de lui. Il te ressemble un peu, en beaucoup mieux bien entendu. Les autres sont là, et ils m'assomment. Ils réclament, ils prennent de la place, ils font du bruit, ils sentent mauvais. Il leur arrive, de temps en temps, d'écrire des livres meilleurs que les miens. Les autres me gênent tout le temps. Dieu ne me gêne jamais. Quand tout va bien, je le remercie. Quand tout va mal, je l'implore. Je sais que Dieu a d'autres chats à fouetter que les algues avec du temps. Il s'occupe de milliards d'étoiles dans des milliards de galaxies et de milliards de particules dans des milliards de molécules. Mais ce sont les hommes qui le turlupinent. C'est pourquoi, j'imagine, il nous a envoyé son fils sous le nom de Jésus.

Lui, Jésus, ne s'occupe que des hommes. Lui nous prend par la main. Lui pense à nous sans cesse puisqu'il est devenu un homme avant de mourir pour nous et qu'il sait comment ça se passe quand on trimbale un corps dans l'espace et dans le temps. Lui a fait descendre Dieu jusqu'aux souffrances des hommes. Il n'est pas un chef, un roi, un empereur, un richard, un patron. Il est un pauvre, un faible, un condamné à mort. Celui qui veut gagner sa vie la perdra, dit Jésus par la bouche de l'un ou l'autre des disciples qui s'expriment en son nom. C'est le coup de génie du christianisme et de l'Église catholique, qui a tant aimé, par la suite, la puissance et la gloire : ce qui triomphe, avec Jésus, c'est l'échec, la misère, la souffrance. Parce qu'il y a plus d'amour, sur cette Terre, du côté des vaincus que du côté des vainqueurs. On dirait que l'amour se taille quand se pointent les puissants. Jésus fuit la puissance comme les autres fuient la misère. Dès qu'il n'est plus un enfant, il se change en victime. Même si Jésus n'était qu'un mythe — et les savants assurent qu'il n'est pas plus un mythe qu'Alexandre ou César ou Cléopâtre ou Moïse —, il me semble que tant d'hommes et de femmes ont pensé à lui avec tant de tendresse qu'un peu de la tendresse du monde me revient sous son nom.

Je me dis quelquefois que, même si le christianisme et la religion catholique, apostolique et romaine...

— C'est joli, me dit A. Ça roule.

— Je sais, lui répondis-je. C'est tout le génie de l'Église... finissaient par disparaître...

— Disparaîtront-ils ? demanda A.

— Je n'en sais rien, lui dis-je. C'est toi qui le sais. Pas moi. Mais même si le christianisme et la religion catholique finissaient par disparaître, emportés par le temps qui emporte les hommes et leurs institutions, la religion des pauvres, des vaincus et des faibles ne finirait jamais. La gloire du Christ est dans sa souffrance plus encore que dans son triomphe. Les triomphes passent. La souffrance reste. Tout au long des siècles, avec l'Inquisition, avec l'ignominie éclatante des Borgia et de tant d'autres, avec la stupidité des prélats attachés au passé, avec un prince de Bourbon qui reçoit à l'âge de huit ans son chapeau de cardinal, avec la pompe et la pourpre de l'Église qu'il avait fondée aux côtés de pêcheurs et de prostituées, le Christ a souffert de son triomphe. Il triomphe dans sa souffrance. Et peut-être dans son échec. J'imagine très bien, dans un monde riche et dur qui aurait fini par rejeter les absurdités de nos dogmes, un petit groupe de sceptiques, écœurés par le conformisme et par la prospérité, avides enfin de paradoxes, vaguement tentés par autre chose, qui se réuniraient dans une cave et qui rompraient du pain et qui boiraient du vin en souvenir du Christ Jésus dont ils ne sauraient plus rien, sauf qu'il aimait les pauvres, les vaincus, les rebelles, ceux qui pleurent. Alors peut-être Jésus, à qui personne ne croirait plus, et pas même eux bien sûr, reviendrait-il parmi eux.

Plus que personne d'autre, Jésus introduit dans l'histoire quelque chose de sublime qu'il faudra noter dans le rapport parce que seuls les hommes le pratiquent et qu'il est leur bien propre au même titre que la pensée, mais à l'étage au-dessus : c'est le pardon. Plus encore qu'il n'ordonne et impose, le Christ oublie et efface. Au Dieu de vengeance et de ressentiment de l'Ancien Testament succède un homme d'amour et de miséricorde. Ce n'est pas par hasard qu'on l'appelle le Rédempteur : il rachète, et il pardonne. La croix cesse, avec lui, d'être un instrument de supplice pour devenir un signe de rachat.

— Je ne comprends pas, dit A. Qu'est-ce qu'il rachète ?

— Les péchés du monde, lui dis-je.

— Il les avait vendus, ou quoi ?

— C'est le seul fait d'être au monde qui est déjà une faute. Pour l'Église catholique, tous les hommes — sauf la Vierge, mère de Dieu — naissent avec un péché. C'est le péché originel.

— Faut-il inscrire dans le rapport que, sauf la Vierge, bien entendu, tous les hommes sont coupables et qu'ils sont tous enclins à être mauvais ?

— C'est un grand débat, lui dis-je. Il y a eu des philosophes pour soutenir que l'homme était bon par nature. L'Église est moins angélique que la Philosophie. L'homme n'est que faute aux yeux d'une doctrine qui remonte à Adam et où le fils de l'homme meurt pour sauver les enfants de Dieu. Et il n'est que pardon. La faute est au cœur de toutes les religions. Le pardon de la faute est au cœur du christianisme. Et, plus proprement, de la religion catholique qui aime tant les pécheurs qu'elle est capable de pardonner, en un clin d'œil de repentir, une vie entière de crimes. A un homme qui vient lui dire : « Mon père, j'ai tué », le prêtre catholique répond par une question : « Combien de fois, mon fils ? » Et un dernier soupir d'espérance et de foi suffit à effacer toute une carrière de débauche. C'est pourquoi tant de libertins ont été catholiques. Et que tant de catholiques ont été libertins.

— Chateaubriand, dit A. Et l'abbé de Rancé.

— Et toute la foule des autres. Il y a un mot de Luther...

— Était-il catholique ?

— Justement, il cessait de l'être. Et, pour une multitude de raisons qui sont toujours les mêmes et dont la première...

— ... est que tu ne sais rien...

— Et toi, tu devines tout... nous n'entrerons pas dans des querelles de religion qui ont occupé les hommes autant et plus que l'amour ou que l'or et qui ont fait verser des flots de sang pour des thèses obscures que personne ne lit plus, pour des phrases ambiguës, pour des mots contestés, pour une seule voyelle — le *iota* de *῾ομοουσιος* ou de *῾ομοιουσιος* qui déclenchait des passions que nous ne comprenons plus.

— Alors, dit A avec un peu d'impatience, ce mot de Luther ?

— « *Peccate fortifer. Credete fortius* » : « Péchez avec vigueur. Mais ayez une foi plus vigoureuse encore. » Ce qu'il y a de plus beau dans le christianisme, qui a donné au monde, sous les espèces pourpre et or de l'Église catholique,

— apostolique et romaine,

— le plus formidable exemple d'une institution réussie et durable, avec ses fastes inouïs et ses compromissions et sa volonté de puissance et ses richesses sans bornes, ce sont ses filles perdues et ses mauvais garçons.

Avec l'Incarnation, avec la Trinité, avec l'Esprit-Saint qui fait le lien entre le Père et le Fils, l'Église catholique, mon cher A, est une chose si grande, et le christianisme, qui renverse l'ordre du monde et qui jette les rois, les puissants, les riches au pied d'un instrument de torture qui n'est ni plus ni moins qu'une guillotine ou qu'un gibet ou qu'un peloton d'exécution, est un mouvement du cœur d'une audace si stupéfiante que la totalité d'un rapport, qui couvrirait, du coup, la totalité de l'homme, pourrait leur être consacrée. Je me demande un peu pourquoi, depuis notre rencontre au-dessus de la Douane de mer, nous avons parlé d'autre chose.

— Et Dieu ? demanda A. Apparaît-il, de temps en temps, dans ces palais d'idées, dans ces constructions de mots, dans cette religion des hommes que des hommes ont conçue à la gloire des hommes au moins autant qu'à celle de Dieu ?

— Est-ce que les hommes parlent de Dieu ? Ont-ils le droit de parler de Dieu ? Ils parlent à Dieu, c'est tout. Ils l'adorent, ils le supplient, ils se jettent à ses pieds. Ils n'ont rien à dire de ce qu'ils ne peuvent pas concevoir. Dieu s'occupe des hommes et il décide de leur sort. Ce n'est pas aux hommes de s'occuper de Dieu ni de décider de son sort. Dieu n'existe pas dans l'histoire et dans le temps puisqu'il est éternel. Et eux ne sont que des hommes dans l'histoire et dans le temps.

Il y a quelques années, à un congrès de philosophie qui se tenait à Moscou, alors capitale d'un communisme qui, à défaut d'être sans maître, était au moins sans Dieu, le président de séance, un professeur à l'université de New York ou de Chicago, après avoir consulté sa montre, lança aux délégués : « Il nous reste cinq minutes. Nous pourrions peut-être aborder le problème de Dieu. » Il faisait bon marché de l'histoire qui courait, vers la même époque, amphithéâtres et campus. Sur les murs de la faculté de philosophie s'étale une inscription tracée en lettres géantes au marqueur ou à la bombe :

| |
|---|
| DIEU EST MORT<br>signé :<br>NIETZSCHE |

Une main mystérieuse efface l'inscription et écrit à la place :

NIETZSCHE EST MORT

signé :

DIEU

Il y a beaucoup de choses géniales dans le christianisme et dans l'Église catholique. La plus géniale, à coup sûr, est d'avoir fait descendre Dieu, dont il n'est permis de rien dire, parmi les hommes que tout le monde connaît. C'est ce qu'on appelle l'Incarnation. Dieu est hors du temps et il est hors de l'histoire. Voilà qu'il entre dans le temps et qu'il entre dans l'histoire sous le nom de Jésus. Il n'est peut-être pas tout à fait interdit de penser que le christianisme, avec d'infinies précautions, et peut-être sans le savoir, sous couvert de faire de Dieu un homme, a fait de l'homme un Dieu.

D'innombrables hérésies, aux rebondissements et aux coups de théâtre dignes des films d'Hollywood, tournent autour de ce mystère : Jésus est-il d'abord un Dieu ou est-il d'abord un homme ? Toutes les questions annexes, auxquelles sont liés les noms d'Arius ou des nestoriens, les conciles de Nicée, de Constantinople, d'Éphèse ou de Chalcédoine — le Fils est-il l'égal du Père ? Y a-t-il deux natures dans la personne du Christ ? Marie est-elle la mère du Dieu ou seulement la mère de l'homme ? Et la querelle du *Filioque*... — découlent de cette question où se joue, en vérité, tout le sens de notre rapport sur le monde et les hommes. La réponse de l'Église est qu'indissolublement Jésus est Dieu et homme. Un Dieu le Père — qui est le Fils en même temps que le Père puisque le Fils est aussi le Père et que les trois Personnes ne font jamais qu'un seul Dieu — règne toujours, inconnu, ineffable, à jamais immuable, identique à lui-même de toute éternité, hors du monde et du temps. Il s'est envoyé lui-même, sous les espèces du Fils, fils de Dieu et de l'homme, dans l'espace et dans le temps créés par le *big bang*. Pour y vivre comme les hommes. Et y mourir comme eux.

— Serait-ce là, demanda A, ce que tu appelles théologie ?

Nous survolions des mers, des îles, de grands lacs dans les îles, et des volcans dans la mer.

— Je n'oserai jamais prétendre que ces récits en plein vol soient de la théologie : j'entends d'ici monter des lieux augustes où ils se rassemblent les rires des théologiens. Mais j'imagine que la théologie doit s'occuper comme nous — autrement, mais comme nous — de l'Incarnation et de la Sainte-Trinité.

— Serait-ce aussi, demanda encore A, ce que tu appelles philosophie ?

— Même motif, même punition. Le rapport destiné à Urql est à la philosophie ce que Courteline est à Shakespeare, ce que Guignol est au Second Faust. En moins drôle, malheureusement. Le rapport est muni d'une poignée, pour que tu aies moins de mal à l'emporter avec toi. Tu sais déjà que la philosophie se demande, avec étonnement, pourquoi il y a quelque chose au lieu de rien et ce que nous faisons sur cette Terre où tu as la chance, ou la malchance, de n'être que de passage.

— J'hésite, me confia A. Chance ou malchance ? J'hésite. J'ai d'abord pensé, tu le sais, que c'était un grand malheur d'être un homme sur la Terre au sein de l'univers. Je commence à me demander s'il n'y a pas de la gaieté, mêlée d'un peu de désespoir, à être, depuis toujours et dans les siècles des siècles, à la façon d'un héros, vaguement éberlué, de roman policier ou de roman d'aventures, une énigme dans une énigme au sein d'une autre énigme.

— Nous y voilà ! m'écriai-je. Voilà la philosophie : l'énigme, la stupeur, le désespoir, la gaieté. Tout y est. Le philosophe est gai parce qu'il sait qu'il ne sait rien et qu'à la différence des autres il n'espère plus du monde qu'un peu d'étonnement. Jusqu'où nous surprendrons-nous ? Jusqu'où nous mènera la stupeur devant notre condition ? Le philosophe est aussi perplexe devant le monde et les hommes que tu l'étais toi-même au-dessus de la Douane de mer.

— Je me souviens..., me dit A. Et l'impatience de savoir se mêlait à la stupeur devant ce que je voyais.

— Iris est fille de Thaumas. Le savoir naît de l'étonnement. Toute la partie du monde qui s'étend autour de la Douane de mer et que nous appelons l'Europe — un cap déchiqueté et minuscule à l'extrême bout de l'Asie — s'est construite sur deux piliers : la philosophie grecque, qui va essayer de répondre par la tragédie, par l'histoire, par la géométrie, par la science — par tant de statues aussi — à l'étonnement métaphysique devant cette merveille qu'est l'homme; et la théologie chrétienne, aboutissement et renversement de la tradition juive, qui va demander à l'amour d'un Dieu tombé dans le temps et incarné dans l'histoire une réponse à ce mystère qu'est l'homme et une consolation à ses souffrances.

— Eh bien!..., me dit A.

— Ça t'en bouche un coin, lui dis-je.

— Ce qui me chipote..., me dit-il.

— Qu'est-ce qui se passe encore? lui demandai-je. Tout ne baigne pas dans la lumière? Tout n'est pas clair comme de l'eau de roche?

— Ce qui me chipote encore, me dit A, c'est que Dieu arrive dans le monde à un moment donné et dans un lieu donné. Pourquoi pas plus tôt ou plus tard? Et pourquoi pas ailleurs?

— Ne m'en parle pas, lui dis-je. C'est un casse-tête. Dieu descend chez les juifs — et, avec l'aide des Romains, ce sont des juifs qui le tuent. Tu ne peux pas savoir les catastrophes déclenchées par ce meurtre. C'est la guerre des gangs à l'échelle de la planète. Le plus curieux est que les juifs, qui se considéraient déjà, dans l'Ancien Testament, comme le peuple élu par excellence, sont confirmés, par le Nouveau, dans ce destin d'exception puisque, pour reprendre une formule de

Mgr de Quélen, archevêque de Paris sous la Restauration, prédécesseur sous la Coupole de notre ami Molé...

— Roule ma poule ! s'écria A qui ne se conduisait pas toujours comme on l'aurait souhaité.

— ... Jésus n'est pas seulement fils de Dieu par son père, il appartient aussi, par sa mère, à une très bonne et très vieille famille de la tribu de David. Le peuple élu, bien sûr, se transforme en peuple maudit dès qu'il envoie le Messie au gibet, à la guillotine, au peloton d'exécution. Mais le moyen d'entrer dans l'histoire et dans le temps sans tomber dans les tumultes d'une situation politique, économique, sociale, sans faire partie d'un peuple, sans appartenir à une époque ? Jésus naît sous Auguste et il meurt sous Tibère, représenté par Ponce Pilate auprès du roi Hérode, qui collabore sans vergogne avec les troupes d'occupation. Et surtout, fondateur de tout le christianisme, père de l'Église catholique, des Églises orthodoxes, des Églises protestantes, de toutes les sectes schismatiques ou hérétiques qui se réclament du christianisme, Jésus est d'abord juif. Les protestants sont des catholiques qui se sont écartés de l'Église. Les catholiques sont des juifs qui se sont écartés d'Israël.

— Tu m'as déjà expliqué que les enfants, chez vous, sont la mort des parents.

— Jésus n'échappe pas à la règle. Une fois qu'il est entré dans l'histoire, et je ne sais pas si tu te rends compte de la catastrophe formidable — j'emploie le mot *catastrophe* dans le sens de bouleversement — qu'est l'entrée d'un Dieu dans l'histoire, une fois que le Christ est entré dans l'histoire, il suit les lois de l'histoire. Il les suit à la lettre — avec le coup de pouce nécessaire, parce que cet homme est Dieu. Il naît d'une femme — mais elle est vierge. Il vit comme tous les autres — mais il fait des miracles. Il meurt — mais il ressuscite.

Il fallait, pour que Jésus soit le Messie annoncé par les saintes Écritures et le fils de l'homme, que Marie soit une femme, mais il fallait aussi qu'elle puisse être mère de Dieu : d'où l'Immaculée

Conception qui fait que Marie est, dans la doctrine chrétienne, la seule femme de l'histoire des hommes à naître d'une femme sans péché. Il fallait, pour que Jésus soit le fils de l'homme et le Christ Sauveur, qu'il soit crucifié par les siens : d'où la trahison de Judas. Si Judas, pris de remords, avait renoncé, au dernier instant, à livrer Jésus aux Romains et aux Juifs, il n'y aurait pas eu de christianisme. Le succès des zélotes, de ceux qui voulaient tout tout de suite, eût été la ruine des chrétiens dans les siècles des siècles. Le triomphe du christianisme — c'est sa clé et son cœur — devait passer par l'échec ; et sa vie, par sa mort. Tu vois bien que tu touches ici à quelque chose qui va plus loin que la seule doctrine religieuse pour atteindre la nature même et la racine de ce qu'est l'homme dans son histoire : Mort, où est ta victoire ?

Et l'artisan de cette victoire de l'échec sur la victoire, c'est celui-là même qui n'avait pas compris que la mort est plus forte que la vie pour assurer l'éternité dans le souvenir des hommes : c'est Judas. Le traître est la pierre maîtresse de l'entrée de Dieu dans l'histoire. Dieu pénètre dans l'histoire des hommes grâce à Marie qui lui donne la vie et grâce à Judas qui lui donne la mort. Le mal collabore avec le bien pour faire de l'histoire des hommes quelque chose de divin. Et Judas, le traître, le seul homme, peut-être, qui soit voué à jamais à l'enfer éternel, est, au même titre que Marie, la Vierge, assise dans le Paradis à la droite de Dieu le Père qui est le père de leur Fils livré aux bourreaux pour sauver le monde et l'histoire, l'artisan noir de notre salut.

Et ce n'est pas assez dire que Judas, comme Marie, collabore à l'entrée, pleine d'amour et de sang, du Fils de Dieu dans le temps. C'est l'histoire tout entière qui l'annonce et la prépare. Adam, avant la faute, est déjà l'image de Jésus puisqu'il est le fils de Dieu. Ève, la première femme, qui ne naît pas comme les autres et qui se laisse emporter par le mal pour que l'histoire se fasse, est déjà Marie et Judas à la fois. Et Noé, et Abraham, et Isaac, et Moïse, et David, et Salomon ne sont, comme saint Jean-

Baptiste, que les hérauts du Christ et de la descente de Dieu dans l'histoire obscure des hommes.

— Ce qui m'inquiète, quand tu parles des juifs, des catholiques, des protestants, des musulmans, c'est la diversité des interprétations possibles de l'histoire. Je ne voudrais pas que le rapport soit confisqué par une religion ni qu'il puisse être accusé de partialité métaphysique. Je me demande si l'or, dont tu m'as tant parlé, est aussi important que tu me l'avais dit et si les hommes ne sont pas divisés par leurs idées au moins autant que par leurs intérêts. Y aurait-il, chez les hommes, autant de religions que de langues ?

— Jusqu'à présent en tout cas, il y a, grâce à Dieu, moins de religions que de langues. Mais il y en a plusieurs, et beaucoup sont très belles. Et ceux qui croient à une religion croient naturellement, du même coup, qu'elle est la seule à être vraie. Ils se feraient tuer pour elle — et peut-on les en blâmer ? — plus sûrement que pour de l'or.

— Crois-tu que ta religion était la seule à être vraie ?

— Je ne sais pas, lui dis-je. Je ne croyais pas que ma famille était la seule à être bonne. Je ne croyais pas que ma patrie était la seule à être juste.

— Mais tu te ferais tuer pour elles ?

— Sans aucun doute, lui dis-je. J'aurais été trop heureux de me faire tuer pour la religion catholique, apostolique et romaine, à laquelle je ne croyais pas tout à fait, comme j'aurais été trop heureux de me faire tuer pour ma famille qui ne cessait de m'irriter ou pour ma patrie dont tu finiras bien par apprendre, par la bouche de l'un ou de l'autre, qu'elle est insupportable.

— Et pourquoi donc, je te prie, te battre pour des causes dont tu n'étais pas sûr ?

— Mais parce que c'étaient les miennes, lui répondis-je. Tu sais maintenant que les hommes ont un temps, et un lieu, et des amis, et des sentiments. Et que tout cela n'est que hasard, mêlé de nécessité. Mais il y a aussi quelque chose qui s'appelle souvenir, honneur, fidélité et qui fait que les hommes aiment à se battre et à mourir pour ce qu'ils croient et pour leurs attachements. Il n'y a rien de pire pour un homme que de ne croire à rien. C'est pourquoi un des plus grands de tous nos philosophes, le père de Fichte et de Schelling, le grand-père de Hegel, l'arrière-grand-père de Marx, a limité le savoir pour faire place à la foi.

— Son nom ! s'écria A. Je veux son nom pour le rapport !

— Il s'appelait Kant, lui dis-je, Emmanuel Kant, et il est né à Königsberg, dans la Prusse-Orientale, à l'époque des Lumières, à la fin de l'Ancien Régime, à la veille de la Révolution française qui a bouleversé le monde peut-être autant que le Christ. Il fait tourner les choses autour de l'esprit au lieu de faire tourner l'esprit autour des choses et sa révolution copernicienne est aussi radicale que celle des sans-culottes : en laissant dans une nuit noire des secrets hors d'atteinte, en montrant que les phénomènes ont besoin, pour surgir, de l'espace et du temps, il fonde un système formidable qui annonce bien d'autres systèmes.

— Dis-moi la vérité, supplia A. Ne te laisse pas aveugler par ton admiration pour Kant, par ton amour pour le Christ. N'y a-t-il pas, dans l'histoire, toute une foule de philosophes, de savants, de saints, de prophètes et de religions à avoir bouleversé le monde ?

— Bien sûr que oui, lui répondis-je. Tu as raison. Une foule. Einstein bouleverse le monde. Et Mahomet bouleverse le monde. Et Bouddha bouleverse le monde. C'est parce que mes parents étaient chrétiens, et les parents de mes parents, que je t'ai parlé du Christ dont ils me parlaient eux-mêmes. Il y a beaucoup d'autres systèmes, aussi forts, aussi subtils, et dont les disciples croient dur comme fer qu'ils détiennent la vérité. J'ignore presque tout des grandeurs du christianisme, de la transsubstantiation, de la grâce, de la parousie, du Saint-Esprit et des conciles sans fin où les hommes ont voté sur Dieu comme des députés sur une taxe ou sur une loi agraire et d'où est sortie la sainte Église. Je sais seulement, et à peine, qu'il y a quelque chose de très beau qu'on appelle, je crois, la communion des saints et qui permet à l'amour et aux mérites de circuler par la prière parmi tous ceux qui croient : dans l'état où je suis, j'attends tout du concours de ceux que j'ai aimés et qui, peut-être, m'ont aimé. De l'islam ou du bouddhisme, dont l'histoire, plus longue pour le bouddhisme et plus courte pour l'islam, est aussi compliquée que celle du christianisme, avec des schismes, et des hérésies, et des sages, et des écoles en pagaille, je ne sais rien du tout.

— Quel ennui ! gémit A. Qu'allons-nous faire pour le rapport ? Je ne peux tout de même pas me jeter pour combler ces lacunes sur toutes les âmes des morts qui passent et dont quelques-unes, j'imagine, sont musulmanes ou bouddhistes ?

— Ce n'est pas si grave, lui dis-je. Je t'avais prévenu, dès le début, c'est-à-dire dès ma fin, que je ne savais rien sur presque tout. C'est plutôt une chance. Si j'avais su quoi que ce fût sur la querelle des investitures, sur les origines de l'opéra, sur la culture de la vigne, sur le précambrien, sur Thucydide ou sur Vivaldi, notre pauvre rapport aurait pris aussitôt des dimensions monstrueuses. Ne sachant rien sur rien, je passe, je glisse, je survole, je me hâte — glissez, mortels, n'appuyez pas — et une espèce d'équilibre s'établit dans la minceur. Et tu repartiras vers Urql aussi léger qu'une plume, une ombre de tentative de brouillon d'esquisse de projet de rapport entre tes mains de feu.

Et tu ne dois pas te faire d'illusions — faut-il te le dire encore une fois et te le répéter sans répit ? — sur la valeur du rapport. Je ne sais rien de l'avenir : il vieillira très vite. Je t'ai assez répété que les hommes sont dans l'espace et dans le temps. Le rapport aussi sera dans l'espace et dans le temps. J'étais blanc, bourgeois, français, européen, chrétien. Un ouvrier musulman, un paysan bouddhiste t'aurait livré un rapport tout à fait différent. Et puis, surtout, j'étais dans le temps. Un rapport, mon cher A, a beau parler de l'éternité, il n'est jamais éternel. Il est daté dans le temps et par l'histoire de ses auteurs. Je veux bien croire que tu es éternel. Mais, moi, je ne le suis pas. La preuve, c'est que je suis mort. Les dates de ma vie devront figurer dans le rapport dont la couverture portera nos deux noms :

A & O

RAPPORT
SUR LE MONDE
ET LES HOMMES

Tu vois que ma vie, ma pauvre vie, marque toute notre entreprise et qu'elle la rendra bientôt caduque. Il faudrait, pour bien faire, que le rapport fût revu et complété, par d'autres que moi il va sans dire, tous les quatre ou cinq ans.

— Tous les quatre ou cinq ans ! Comme tu y vas ! Je n'ai pas que ça à faire. As-tu réfléchi, mon cher O, à la durée du voyage, même pour un esprit comme moi qui se déplace, grâce à Dieu, un peu plus vite que la lumière ?

— Tu ne serais pas obligé de venir chaque fois toi-même. Le plus gros sera fait. Tu pourrais envoyer un de tes assistants — s'il y a, je n'en sais rien, des assistants chez les esprits. Un jeune esprit, peut-être, en train de finir ses études ?

— Cesse de dire des bêtises. Le rapport doit être établi une fois pour toutes. Je le vois comme un classique, comme la Bible, comme *Don Quichotte,* comme *L'Iliade* ou *L'Odyssée. A thing of beauty is joy for ever. Opus aere perennius.* Et *κτῆμα ἕις ἀει.*

— Cet ouvrage impérissable, il serait bien de le remanier à intervalles réguliers. Il serait mieux encore d'avoir autant de rapports qu'il y a de morts sur la Terre. Chaque mort aurait son rapport, chaque mort ferait rapport, chaque mort serait un rapport. Après tout, c'est à peu près ce qui se passe avec l'histoire du monde qui n'est elle-même rien d'autre qu'un rapport infini, écrit par tous les hommes. C'est bien parce que tu ne peux pas emporter jusqu'à Urql avec toi le monde et son passé que je me fais ici, pour toi, le greffier de l'histoire. Mais tu dois savoir que, du coup, conçu sans documents, sans archives, sans enquêtes par un ignorant aux idées très étroites, le rapport est plus près de l'œuvre d'imagination que du procès-verbal. Lâchons le mot : c'est un roman dont les personnages seraient les algues, le temps, les espaces infinis d'où tu es tombé parmi nous, et les hommes.

— Un roman ! s'écria A. Quelle horreur ! Je te supplie de ne pas laisser cette grossièreté vulgaire traîner dans le rapport.

— Je la retire, lui dis-je. Je l'efface. Je la biffe. Mais rien n'y fait et rien n'y fera : je n'en sais pas beaucoup plus sur l'islam ni sur le bouddhisme.

— Encore un effort, supplia A. Essaie de te rappeler. Est-ce que, dans le bouddhisme, un Dieu descend sur la Terre ? Et Mahomet est-il, comme Jésus, le fils de Dieu fait homme ?

— Non, non, lui dis-je. Mahomet n'est qu'un prophète et il y a un seul Dieu dans le ciel de l'islam. Et son nom est Allah. On pourrait même soutenir que l'islam est un monothéisme plus radical que le christianisme avec sa Trinité et une religion plus abstraite, plus pure, plus dégagée.

Quelques années à peine après la mort du Prophète, l'islam se répand à une allure vertigineuse de l'Espagne à la Perse. Deux des plus grandes batailles de l'histoire — al-Qadisiyya et Nehavend — livrent la Perse indo-européenne des souverains sassanides aux Arabes musulmans, sous les ordres d'Omar, deuxième calife des croyants. C'est à ce moment précis que les Perses se changent soudain en Persans — avant de devenir ou de redevenir des Iraniens. Et, de l'autre côté du monde de la vigne et de l'olivier, les conquérants de l'islam traversent le nord de l'Afrique et s'emparent de l'Espagne. On m'a assuré que cette formidable cavalcade, où un nombre restreint de guerriers était sans doute engagé, avait été rendue possible par l'hérésie d'Arius qui, mettant en question, au profit de Dieu le Père, la divinité de Jésus, préparait le terrain, en Méditerranée et en Orient, pour le monothéisme rigoureux de l'islam.

La complication de l'islam ne vient pas de sa doctrine, qui est plus simple que celle de l'Église, mais de ses interprètes et de ses divisions. L'histoire de l'islam est plus tourmentée encore que l'histoire du christianisme et il faudrait des volumes entiers en annexe au rapport pour en donner une idée. Parce que l'image de Dieu, bien entendu, mais aussi le visage de l'homme n'ont pas le droit d'être reproduits, tu ne trouveras pas dans l'islam l'équivalent des Titien, des Giorgione, des Michel-Ange, des Léonard, des Raphaël...

— Encore une chance, grommela A.

— Mais la calligraphie, les arabesques, les miniatures, et surtout les commentaires et les gloses du Coran, et les gloses des gloses et les commentaires des commentaires, suffiraient à nous occuper pendant un bon bout d'éternité. Et, avec une foule d'histoires de commerçants et de chameliers qui s'emboîtent les unes dans les autres et que récite, pour ne pas mourir, à son époux sanguinaire la belle sultane Schéhérazade, *Les Mille et Une Nuits* sont un chef-d'œuvre au même titre que *L'Iliade* ou *L'Odyssée.* Veux-tu que je te raconte à mon tour pour les faire figurer dans le rapport l'histoire d'Aladin et de sa lampe merveilleuse ou celle d'Ali Baba et des quarante voleurs ?

— En annexe ! glapit A. En annexe ! T'imagines-tu par hasard que nous allons passer notre temps dans des contes à dormir debout et dans de vieilles paperasses illisibles ?

— Elles sont très lisibles, au contraire, et si le rapport, par miracle, pouvait leur ressembler, tu n'aurais plus à t'inquiéter de ton retour à Urql ni de l'accueil des tiens.

— J'ai d'autres choses à faire, s'écria-t-il au comble de l'énervement. Il faut que j'aille voir la Bourse, les avocats, les soldats qui se battent dans les plaines et le long des grands fleuves, les prostituées, les médecins, les architectes, les directeurs de cabinet des principaux ministères, les chefs d'entreprise dont tu ne me parles presque pas — es-tu tombé sur la tête ? — et dont je soupçonne, d'après ce que je vois, qu'ils font des choses considérables, et les bœufs de Kobé — mais tu te gardes bien de m'en rien dire — que les Japonais massent à la bière, je le sais de source sûre. Pour toi, je le vois bien, il n'y a que les philosophes et les littérateurs : on dirait que le monde a été construit à coups d'histoires de bonnes femmes, de contes de fées, de romans et de systèmes fumeux. Il n'y en a, à t'écouter, que pour saint Augustin et saint Thomas d'Aquin, pour Einstein, pour Spinoza, pour Hegel et pour Proust. Voilà que tu rappliques avec Schéhérazade. Tu es d'une légèreté, mon pauvre ami... Enfin... passons... Dis-moi vite, pour en finir, quelques mots, mais pas plus, après nous lâcherons la religion, qui nous a beaucoup occupés, pour revenir aux affaires sérieuses, sur Bouddha et le bouddhisme.

— Je ne crois pas que le bouddhisme soit vraiment une religion. Ce serait plutôt une sagesse. On peut, c'est très courant, être shintoïste et bouddhiste. On pourrait, à l'extrême rigueur, être chrétien et bouddhiste. Je connaissais au moins un jésuite, il est vrai qu'il était indien — et qu'il était jésuite —, qui se disait aussi bouddhiste. De tous les grands systèmes, qui constituent chacun comme une sorte de rapport sur l'état de la Terre, mais à l'usage des hommes cette fois et non à l'usage d'Urql, il me semble que le bouddhisme est le plus tolérant. Tu me reproches d'aimer les histoires. Toutes les religions sont des histoires merveilleuses. Il n'y a pas de plus belle histoire que l'histoire du Bouddha.

— Bon, bon, me dit A en s'installant comme pour dormir. Allons-y. Raconte-la.

## VIII

# *Le sourire du Bouddha*

— Il était une fois dans une région de collines où, à l'ombre de hautes montagnes toujours couvertes par la neige, vivaient des singes, des tigres, des éléphants et des hommes, un tout petit royaume gouverné par un prince qui était très riche et très juste. Le prince et la princesse, qui était très belle, bien entendu, car les princes, dans les contes, ont toujours des femmes très belles, étaient les parents d'un fils qu'ils avaient appelé Gautama. Ils aimaient beaucoup ce fils qui avait fait preuve, très jeune, de beaucoup de vertus. On racontait que les statues de pierre d'un temple qu'il avait visité dans son enfance s'étaient agenouillées sur son passage. Le jeune prince, comme tous les jeunes gens, aimait la vie, et s'amuser. Pour le protéger le plus possible des dangers de ce monde, qui est injuste et cruel, et de ses tentations, qui sont nombreuses, le père et la mère de Gautama le faisaient vivre, sous la garde de serviteurs dévoués et nombreux, derrière les murs d'un palais et de son vaste jardin, plein de fleurs, de plantes rares, de fontaines et de kiosques où évoluaient des danseuses et jouaient des musiciens.

Souvent la princesse s'inquiétait, comme toutes les mères, du destin de son fils.

— Ah ! disait-elle, s'il venait à s'éprendre d'une des danseuses du jardin et qu'elle ne fût pas digne de lui, que deviendraient le trône et le pays ? Et s'il allait à la chasse sur son éléphant et qu'il rencontrât un de ces tigres mangeurs d'homme qui ne distinguent pas les princes des simples soldats, quel serait mon désespoir !

Et elle allait trouver le prince, son mari, pour que les gardes qui veillaient sur leur fils fussent invités par leurs capitaines à accroître encore leur vigilance et leur sévérité.

Or, un jour qu'il regardait par la fenêtre de son palais avec un peu de mélancolie, car il aurait aimé se mêler à la foule des jeunes gens de son âge qui allaient chasser et danser, Gautama vit un spectacle en quatre scènes qui le frappa et l'émut, parce que sa nature était sensible et bonne, jusqu'à lui tirer les larmes des yeux.

Il aperçut d'abord un vieillard qui se promenait parmi la foule en agitant une sébile. C'était un mendiant écrasé par le poids des années. Son visage était couvert de plaies et d'une barbe dévorante. Ses mains tremblaient. Ses vêtements tombaient en loques. Il marchait avec difficulté, en s'appuyant sur un bâton. Les gens dans la rue se détournaient de lui, et parfois avec dégoût. Quelques-uns l'insultaient et lui reprochaient de mendier au lieu de travailler comme tout le monde. Mais l'âge et les infirmités l'empêchaient de travailler à la façon des porteurs d'eau, des tisserands, des pêcheurs sur la mer et de ceux qui s'occupent des éléphants. Les chiens aboyaient et grondaient à sa vue. De temps en temps, une femme compatissante lui donnait une obole ou versait dans l'écuelle de bois qu'il tendait aux passants un peu de riz ou de lait de buffle.

— Mon Dieu ! s'écria Gautama. Cet homme pourrait être mon père, ou mon grand-père, ou mon arrière-grand-père. Se peut-il que je sois heureux quand des hommes sont si malheureux ? La vie de misère qu'il mène fait honte à ma vie de plaisir. Il faudra que j'en parle à ma mère et que moi, qui jouis de tout dans un palais de délices, je fasse quelque chose pour soulager le malheur des vieillards et des mendiants du royaume de mon père.

À peine avait-il pris cette résolution que, se penchant à nouveau par la fenêtre, il vit passer un malade qu'on transportait sur une civière. Une femme âgée, qui devait être sa mère, le tenait par la main. À chaque pas de ceux qui le portaient avec beaucoup de précautions, le malade poussait des cris de douleur.

— Ah ! criait-il, je souffre, je souffre tant que je voudrais mourir ! Tuez-moi ! Tuez-moi ou guérissez-moi !

Et sa mère essuyait avec une étoffe de soie la sueur qui couvrait son visage.

— Quelle horreur ! se dit Gautama. La souffrance est un si grand malheur que tous les plaisirs de la Terre ne suffisent pas à l'effacer. Je la sens planer au-dessus de moi comme au-dessus de tous les hommes.

Pendant qu'il se livrait à ces sombres réflexions, il entendit une rumeur qui montait de la rue. C'était un cortège de gens riches, vêtus avec splendeur, qui accompagnaient un mort dont ils allaient brûler le cadavre. Toute une famille en larmes, qui s'arrachait les cheveux et déchirait ses vêtements, suivait le corps du défunt. Les crécelles et les instruments de musique ne parvenaient pas à couvrir les sanglots de tous ceux et de toutes celles qui pleuraient un enfant, un père, un mari ou un frère.

Gautama baissa la tête et s'éloigna lentement de la fenêtre. Comme il était étrange de vivre dans l'insouciance, au milieu des fleurs et des mets les plus raffinés, quand la mort était déjà là ! La mort n'était pas un accident qu'un peu de prudence ou de courage permettrait d'éviter. Elle était inévitable pour tous et pour chacun et elle se confondait avec la vie dont elle assombrissait les plaisirs.

L'angoisse qui le pénétrait devant la misère, la souffrance, le temps qui passe et la mort lui devenait si pénible qu'il ressentit un besoin de fraîcheur et de grand air. Il revint vers la fenêtre. C'est alors qu'il aperçut dans la rue un moine errant en train de prier. Le moine ne voyait rien, n'entendait rien, ne disait rien. Le spectacle de la rue, si animée, si vivante, lui était étranger. Il regardait en dedans. Il vivait dans un autre monde qui niait le monde d'ici-bas. Il rayonnait d'un bonheur qui ne devait rien au plaisir ni aux illusions de l'existence. Il était sorti de la vie et il était sorti du monde.

C'est ce jour-là que Gautama renonça à son rang, à son palais, à ses biens et se dépouilla de sa vie pour partir sur les chemins, pour prêcher la vraie doctrine et pour devenir le Bouddha — ou l'Éveillé. On l'appela aussi Çakyamuni, c'est-à-dire le Sage des Çakya, parce qu'il était le fils du chef de la tribu des Çakya. Et, en Asie et à travers le monde, il bouleversa l'existence de beaucoup de centaines de millions d'hommes qui se détournèrent du monde et de ses illusions pour rentrer en eux-mêmes et marcher sur les traces du maître de la loi.

— Bravo ! s'écria A. Bravo ! Voilà le plus joli conte que tu m'aies jamais raconté.

— Ce n'est pas un conte, lui dis-je. À quelques détails près, car je n'étais pas présent dans le palais des Çakya, c'est la réalité.

— Quoi ! le fils du chef de la tribu des Çakya a réellement vécu ? C'était un homme comme toi ?

— Comme moi, lui dis-je. Comme Jésus et comme moi. C'est ce que nous appelons un personnage historique.

— Es-tu, toi aussi, un personnage historique ?

— Non, lui dis-je. Il faut avoir changé le monde pour avoir droit au titre de personnage historique.

— Le rapport..., commença A.

— Même le rapport ne fera pas de ses auteurs des personnages historiques.

— Tu crois ? demanda A.

— Je le crains, répondis-je. Nous serons peut-être acclamés par les beaux esprits d'Urql, mais nous n'aurons pas changé un monde que nous nous serons contentés de décrire comme nous le pouvons. Alexandre le Grand et Platon sont des personnages historiques. Et Jésus, aussi, est un personnage historique. Et Mahomet. Et Bouddha. Mais avant d'être, l'un ou l'autre, des personnages historiques, ils sont d'abord des hommes qui sont entrés dans le temps et qui ont vécu sur cette Terre. Et moi aussi, j'étais un homme. Je suis un type dans le genre de Jésus et du Bouddha.

A siffla de nouveau entre ses dents. Cette habitude m'agaçait.

— Et comment sait-on que le Bouddha a vraiment vécu sur votre Terre ?

— Nous avons des centaines, des milliers, des millions de témoignages.

— Comme pour Venise ? demanda A.

— Si tu veux. Comme pour Venise. Mais c'est très différent. Venise, tu peux y aller, t'y promener, regarder les palais, visiter les églises. Le Bouddha et Jésus, c'est par le témoignage de ceux qui ont vécu et marché et souffert avec eux que nous connaissons leur existence. Il y a des savants — un certain Couchoud, par exemple — qui ont mis en doute l'existence historique de Jésus. Il y a aussi des illuminés qui ont mis en doute l'existence de Napoléon. Ils ont vu dans l'Empereur, né dans une île au milieu des mers, mort dans une île au milieu des mers, entouré, au cours de sa vie, par des princes et des maréchaux comme par autant de planètes, un mythe solaire incarné. On a pu hésiter sur l'existence réelle de Romulus ou de Zoroastre — qu'on appelle aussi Zarathoustra. Mais personne ne doute aujourd'hui de l'existence de Jésus ni de celle du Bouddha.

— Et alors ? me dit A.

— Alors, quoi ?

— Jésus et Bouddha ?

— Quoi, Jésus et Bouddha ?

— Eh bien, parle-moi un peu d'eux, dis-moi ce que tu en sais, compare-les l'un à l'autre. Ne prends pas cet air d'abruti. Après tout, ils proposent l'un et l'autre aux hommes en train de souffrir quelque chose qui ressemble à un salut. J'aimerais bien avoir dans le rapport un parallèle un peu vif entre Jésus et

Bouddha. Je ne sais pas pourquoi, j'ai le sentiment que ce coup-là devrait intéresser les gens d'Urql.

Je regardai A. Il taillait son crayon.

— Dis-moi...

— Oui ? me dit-il.

Il soufflait sur les petits copeaux de bois qui tombaient de son crayon sur les pages de son carnet de notes.

— Me prendrais-tu, par hasard, pour le rédacteur des pages culturelles d'un magazine de mode ? J'ai accepté, par faiblesse, de te balader parmi les hommes. Ce n'était pas pour entreprendre, une fois de plus, avec la vague idée de plaire aux lecteurs d'Urql, le parallèle usé entre Alexandre et César ou entre Corneille et Racine. C'était pour revoir le monde que j'avais dû quitter. J'ai beaucoup aimé le monde. J'aurais voulu retourner, une fois encore, avec toi, dans la campagne toscane, sur les routes du chianti du côté de Castellina ou entre Arezzo et Sienne, ou entre Montepulciano et Pienza où nous nous serions promenés dans la rue de l'Amour et dans la rue des Baisers. Ou encore en Ombrie où nous nous serions assis sur les marches des escaliers de Todi ou devant la façade de la cathédrale d'Orvieto dans le soleil couchant. Ou à Ravello, qui est si calme et si belle...

— Je sais, me dit A, je sais. Wagner. *Parsifal.* La villa Rufolo.

— Ou à Udaïpur...

— Je sais aussi. Il y a un lac. Et une île dans le lac. Et un hôtel dans l'île. Et le palais du rajah sur la rive en face de l'île.

— Ou dans les Sporades du Nord qui sont très vertes et fraîches et qui s'appellent Skyros, Skiathos, Skopelos, et que je ne verrai plus jamais parce que seuls les vivants ont le droit d'aller sur la mer et d'arriver dans des îles quand le soleil va tomber, ou à Patmos où vécut saint Jean...

— Lequel ? demanda A. Celui d'Hérode et de Salomé, dont la tête coupée fut présentée sur un plat, ou le disciple bien-aimé qui posait son front sur l'épaule de Jésus ?

— Celui aux longs cheveux blonds, répondis-je, et au front sur l'épaule du Christ. Il n'avait plus ses cheveux blonds, qui tombent au pied de la croix dans un tableau de Masaccio que j'admirais beaucoup au temps où je vivais, et il était déjà un vieillard quand il écrivit *L'Apocalypse* sur les hauteurs de Patmos où j'aurais tant voulu, une dernière fois, comme je l'avais fait avec Marie, et le ciel était très bleu et le soleil tapait très fort et nous étions très heureux parce que nous étions un homme et une femme et que nous nous aimions, monter à pied avec toi. Ou peut-être sur deux ânes qui auraient été contents pour une fois de porter la charge légère d'un esprit venu d'Urql et de l'ombre d'un mort. Et nous aurions vu, en bas, briller la mer Égée. La mer Égée... Entends-tu ?... La mer Égée !... Ou à Kalymnos, dont les maisons sont repeintes chaque année en bleu, en rose, en vert par les pêcheurs d'éponges. Ou encore à Symi...

— Je sais, soupira A. Tu m'as déjà parlé de Symi.

— Ô A ! lui dis-je, laisse-moi encore un peu te parler de Symi. Les âmes des pauvres morts sont liées à des lieux où ils ont été heureux et où ils aimeraient revenir. Moi, sans toi, jamais je n'aurais pu revenir à Symi. Si j'ai accepté de te servir de guide, c'était avec l'espoir secret de retourner à Symi. Au temps où j'étais un homme, j'ai vécu à Symi dans une grande maison blanche au bord d'une anse ronde et presque close qui s'appelait la baie de Pedi. La maison avait un jardin. Un mur entourait le jardin et les chèvres, le matin, descendaient des collines et défilaient le long du mur dans un tintement de cloches. Il y avait un arbre dans le jardin et il y avait une table sous l'arbre. J'ai passé là, avec Marie, quelques mois de ma vie, et, évanouis, éternels, ce sont à jamais les plus beaux.

— Et que faisiez-vous ? demanda A en agitant son crayon et sur un ton où la suspicion se mêlait vaguement à l'enquête.

— Mais rien, lui dis-je. Nous ne faisions rien.

— L'amour ? demanda A.

— L'amour, lui dis-je. Le matin, de bonne heure, après le

passage des chèvres, nous descendions à pied jusqu'au port de Symi où nous allions acheter du pain, du vin, de l'eau, du miel, du riz, des pâtes, du jambon. Nous revenions à pied. Nous dormions beaucoup. Nous nagions dans la baie. L'eau était calme et bleue. Nous voyions le sable et les pierres à quelques mètres sous nous. Quand nous avions fini de nous baigner, nous nous étendions sur les galets, le long du rivage, à la façon de gisants serrés l'un contre l'autre, et nous regardions la mer, au loin, où passaient des bateaux, de l'autre côté du goulet qui fermait notre baie. Et l'ouverture était si étroite qu'il fallait, pour les attraper dans la minceur du créneau, guetter les voiliers silencieux ou les pétarades des rafiots des pêcheurs qui laissaient dans le ciel des corolles de fumée : à peine apparaissaient-ils avec lenteur, presque avec solennité, dans l'angle étroit qui ouvrait sur le large qu'ils commençaient déjà à disparaître.

— Il y a quelque chose dont tu ne m'as pas parlé et qui, comme le rire ou le pardon, me semble très propre à l'homme : c'est l'ennui. Vous ne vous ennuyiez pas ?

Je me mis à rire en silence.

— Ta question m'amuse parce qu'on nous l'a souvent posée, à Marie et à moi, « Quoi ! nous disait-on, si loin des journaux et de vos amis, ne sachant rien de ce qui se passait, vous ne vous ennuyiez pas ? » Non, nous ne nous ennuyions pas. Nous vivions. Nous étions jeunes. Nous regardions le monde. Nous nous aimions. Nous nous gardions bien de rien faire. Nous nous suffisions à nous-mêmes. Nous avions deux ou trois livres que nous lisions le soir, dans le jardin, avant d'aller dîner de *souvlaki,* de *tzatsiki* et de poivrons rôtis dans le bistrot du coin, où venaient des pêcheurs, un couple de Suédois, une Française un peu folle, qui avait vécu longtemps, à Paris et à New York, avec un peintre presque célèbre, et des inconnus qui surgissaient de nulle part, durant un soir ou deux, avant de repartir pour nulle part. Les livres étaient bons. C'étaient des romans anglais de Wodehouse où un butler du nom de Jeeves entretenait avec son patron, l'élégant Bertram Wooster, des relations inénarrables qui nous faisaient pleurer de rire, des récits de voyages d'Eric Newby — *Un petit tour dans l'Hindou Kouch* — ou de Leigh Fermor — *Le Temps des offrandes* —, les *Chroniques italiennes* de Stendhal ou les *Mémoires* de Dumas. Les autres, les livres qui figuraient depuis des semaines et des semaines sur la liste des succès des hebdomadaires parisiens, et que nous avions emportés par distraction et par lâcheté, nous les avions laissés dans les cabinets du bateau qui nous avait amenés.

Un jour, pris d'une agitation que nous ne contrôlions plus ou de la folie des grandeurs, nous avons loué, pour faire le tour de l'île, un bateau de pêcheur. Nous étions trois : le pêcheur, Marie et moi. Le bateau était très petit. Le moteur faisait un bruit d'enfer. De l'huile s'échappait de partout. Trois nuits de suite, pendant que le marin couchait sur son bateau, nous avons dormi à la belle étoile, sur les rochers du rivage. À l'autre bout de l'île, sur une hauteur escarpée, il y avait un monastère où nous sommes arrivés le troisième jour. Nous avons grimpé jusqu'en haut par de beaux escaliers que gravissent les pèlerins. Après deux jours de solitude, nous avions l'impression d'être rentrés dans le monde. Le monastère était propre et blanc, avec une petite église et une grande cour, croulant sous les bougainvillées, sur laquelle donnait une petite chambre. Peut-être parce qu'ils étaient tombés eux aussi sous le charme de Marie, les popes nous ont proposé de nous louer la chambre. La vue sur la mer était belle à faire peur. Notre maison de Pedi avait l'air, à côté, d'un clapier, d'une HLM de banlieue. Nous avons hésité. Nous avons passé plusieurs heures à regarder l'île et la mer de la fenêtre de la chambre. Mais mon rasoir et Jeeves nous attendaient à Pedi. Nous sommes rentrés chez nous par le bateau du pêcheur.

— Et le Bouddha ? me dit A.

— Il souriait, lui dis-je.

— Comment ça, il souriait ?

— Tout le monde sait depuis toujours que le Christ n'a jamais ri. Rire n'est pas le propre de Dieu. Les dieux grecs riaient, les dieux germains riaient, il arrive aux dieux aztèques de rire d'un rire horrible. Le Dieu de la Bible ne rit pas. Et le Christ ne rit jamais. Il ne sourit pas non plus. S'il y a un humour de Dieu pour nourrir l'amour de Dieu, c'est un humour pince-sans-rire. Le rire du Dieu de la Bible n'éclate pas sur le monde, et la misère des hommes n'est jamais éclairée par un sourire de Jésus, dont la tendresse, chez Matthieu, chez Marc, chez Luc et chez Jean, est toujours proche des larmes. Sur les choses de ce monde, et sur ses illusions, flotte le sourire du Bouddha. Au don des larmes du Christ répond et s'oppose le sourire du Bouddha.

— Eh bien, me dit A, voilà ce que je voulais. Tu vois : dès que tu te donnes un peu de peine...

— Ne m'agace pas, lui dis-je. C'est assez dur d'être un homme, ou de l'avoir été. N'abuse pas de tes pouvoirs. Toi, tu fais ce que tu veux, tu es ici, tu es là, tu t'en vas, tu reviens, tu flottes dans les airs, tu dis n'importe quoi, à la façon d'un esprit, que tu es, ou de ce personnage de roman que tu aurais voulu être. Moi, parce que je suis un homme, ou que je l'ai été, je me débats comme je peux dans mes souvenirs, dans mes regrets, dans mes remords, dans mes contradictions. Dans les difficultés du rapport. Dans la tristesse de la vie.

— Dans tes espérances, me dit A.

— C'est vrai. Tant que j'étais un homme, j'avais, chevillé au corps, quelque chose de merveilleux, qui s'appelait l'espérance. Ô A ! Comme j'ai été heureux à Symi ! Je n'espérais rien d'autre que l'amour de Marie. J'avais ce que j'espérais. Ce qu'il y a de plus beau dans l'amour partagé, c'est qu'on n'espère plus rien d'autre. Le monde m'était bien égal. Il se réduisait à Marie. Je crois que, pour Marie, il se réduisait à moi. La rue du Dragon s'était évanouie. Il n'y avait plus de papes Clément, Chateaubriand lui-même faisait preuve d'une discrétion qui ne lui était pas coutumière. Nous étions seuls tous les deux. Et nous riions au soleil.

La vie est triste, mon pauvre A. Je ne suis plus à Symi. Et pourquoi, je te prie, ne suis-je plus à Symi ? Parce qu'il y a quelque chose qui passe, et qui n'est pas l'amour, mais qui est le temps, où l'amour est inscrit, comme toutes choses de ce monde. Je crois bien que c'est le temps qui fait sourire le Bouddha. Et rien n'est plus triste que le sourire du Bouddha. Rien n'est plus réconfortant que les larmes du Christ. Parce qu'elles nous promettent un autre monde où régnera l'amour. Où il n'y aura plus de tristesse, où tout sera pardonné, où l'amour régnera. Rien n'est plus triste que le sourire du Bouddha. Parce qu'il nous dit que ce monde, et le bonheur de ce monde, n'est rien d'autre qu'une illusion. Et que le seul salut est dans le néant.

Ce que le Bouddha, après avoir quitté le palais de son père à Kapilavastu, avait découvert dans l'Éveil, au pied d'un figuier pippala aux lourdes racines aériennes, appelé en souvenir de lui *ficus religiosa,* c'est que, même à Symi, vivre était très cruel. Puisque la souffrance, un jour ou l'autre, par les chemins de la vieillesse, de la maladie, de la séparation, de la mort, fait irruption dans la vie, même l'existence des riches, des puissants, des princes, même l'existence de ceux qui s'aiment, même l'existence des dieux est vouée à l'échec. L'origine de tout malheur est dans ce qui nous animait, Marie et moi, avec une force si irrésistible sous le soleil de Symi : dans la quête du bonheur.

— Le bonheur n'a pas bonne presse, remarqua A, chez vos prophètes et chez vos dieux.

— C'est que, pour le Bouddha, le malheur est la loi de l'existence et que le bonheur ne peut pas durer. Et qu'il s'oppose, pour le Christ, à l'amour des pauvres et à la charité. C'est pourquoi, pour le Christ, il sera si difficile aux riches, aux puissants, aux heureux de ce monde, qui ont préféré leur bonheur d'ici-bas à l'amour du prochain, d'entrer dans le royaume des cieux. Et c'est pourquoi, pour le Bouddha, il faut cesser de nourrir en soi la soif d'existence qui est la racine de l'illusion du bonheur.

— Eh bien, pour toi, me dit A, tout va on ne peut mieux dans le meilleur des mondes — ou plutôt dans le plus mauvais, puisque ce que le Christ et le Bouddha recommandent avant tout, pour des motifs différents, c'est de le quitter et de mourir. Tu es mort. Tout est bien. Je te présente mes vœux et mes félicitations.

— Oui et non, répondis-je. Ce n'est pas tout à fait aussi simple. Il est vrai que tout chrétien devrait aimer la mort, qu'il n'a pas le droit de se donner, mais qui est la porte de cet autre monde et de cette autre vie dont le monde et la vie ne sont que l'annonce et la promesse. Celui qui croit en Jésus, la mort le jette aux pieds d'un Dieu dont le monde le sépare. Tout l'espoir des chrétiens est dans l'immortalité de l'âme et dans la vie éternelle. Mourir pour un chrétien, c'est naître à la vraie vie. « Je suis, dit le Christ, la résurrection et la vie. » Et sur la tombe de Claudel est gravée cette inscription : « Ici reposent la cendre et la semence de Paul Claudel. » Croire au Christ et à ses paroles, c'est croire que ceux qui s'aiment se retrouveront dans un monde où la chair, enfin, ses délices trompeuses, ses souffrances, ses mensonges n'empêcheront plus l'amour. C'est croire que, pour toujours, à jamais, sans fin, tu comprends ça, j'imagine, je reverrai Marie dans la gloire du Seigneur, dans un lieu de lumière et de paix à côté de quoi Symi fera figure d'enfer.

— Le crois-tu ? demanda A.

— Je l'espère, lui répondis-je. Ma foi n'est rien d'autre que la forme de mon espérance. Ce qu'enseigne le Bouddha est un peu plus compliqué.

— Plus compliqué que le christianisme ?

— En un sens, oui. Plus compliqué. Tu te rappelles que la Réforme sort de l'Église catholique comme l'Église catholique sortait de l'Ancien Testament ?

— Je me rappelle très bien, dit A. J'ai déjà remarqué que, chez vous, les hommes, tout sort toujours de tout.

— C'est la faute du temps. Eh bien, justement, le bouddhisme sort du brahmanisme, plus vieux que lui de beaucoup de siècles.

Il en hérite une idée aussi invérifiable que la vie éternelle ou l'immortalité de l'âme : celle du cycle des renaissances. Il y a moins d'âmes dans le monde que de créatures pour y passer. Je meurs et je renais sous la forme d'un homme, d'un animal, d'un damné ou d'un sage. Chacune des renaissances et sa part de bonheur ou de malheur dans ce monde est déterminée, selon une justice immanente, rétrospective et inéluctable, par la valeur morale des actes accomplis dans les vies précédentes.

— Nom d'un chien ! s'écria A. Voilà une idée de génie !

— Tu vois bien que le but unique de toutes les religions est d'expliquer l'inexplicable. Pourquoi des riches et des pauvres, des larmes et des souffrances, des puissants et des misérables ? Le Christ prêche la patience : vous mourrez tous et les riches auront plus de mal que les autres à entrer dans le royaume des cieux où les souffrances et les larmes seront le meilleur des passeports. Les premiers seront les derniers, heureux les pauvres et les affamés, malheur aux riches et aux puissants car ils ont eu sur cette Terre ce qu'ils prenaient pour le bonheur. Et pour mieux montrer que les larmes et la souffrance sont la meilleure garantie de la vie éternelle, il se fait crucifier et il ne rit jamais. La solution du Bouddha est radicalement différente. Tu n'es plus responsable que d'une partie infime du destin qui t'est fait sur cette Terre : ce sont les autres, avant toi, qui en sont responsables. Tu n'as qu'à accepter le sort qui est le tien et qui ne dépend pas de toi dans la spirale des temps. Tout ce que tu peux faire, c'est tâcher que la vie qui viendra après toi soit meilleure que la tienne. Tu vois comment la morale est imposée par la religion : par la préparation et la crainte de la vie éternelle au sein de la vie de chacun dans le cas du christianisme ; par le cycle des renaissances successives dans le cas du bouddhisme. Si je torture les autres, si je couche avec ma mère, si j'ai volé ma fortune et si je suis chrétien, je serai privé à jamais de la vie éternelle où l'âme pure de Marie m'attendra en vain à l'ombre de la Sainte-Trinité et du Christ Jésus et de la Vierge, sa mère. Si tu massacres des innocents, si tu violes ta fille, si tu trahis tes amis et si tu es bouddhiste, tu seras changé en crapaud.

— Nom d'un chien ! répéta A.

— Ne t'occupe pas trop des conciles, des bulles des papes, de la liste des hérésies et des schismes qui donnent beaucoup de sa grandeur et de sa complication à l'Église catholique, ni des mots obscurs de karma, de dharma, de kalpa, de samsara, qui sonnent si bien à nos oreilles. Le Christ te dit seulement d'aimer d'un même amour le Père, le Fils, le Saint-Esprit qui ne font qu'un seul Dieu et d'aimer les autres comme toi-même pour entrer à jamais dans la vie éternelle. Le Bouddha te dit seulement que tout est passager, illusoire et changeant, qu'il n'y a ni âme immortelle ni Dieu éternel, omnipotent, créateur, et qu'il faut veiller à ne pas écraser une fourmi parce que l'âme de ton frère peut être passée en elle.

— Il me semble, remarqua A, que le rythme du bouddhiste est plus lent que celui du chrétien et que sa respiration spirituelle demande un peu plus de temps.

— Si tu veux, lui dis-je. Le destin du chrétien se joue durant une vie. C'est le pari de Pascal : l'éternité contre une poignée d'années. Et le sort d'une âme dans le souffle du repentir. Le destin du bouddhiste s'étire sur des vies sans nombre. Le but de la chaîne des vies est d'aboutir à l'extinction de la soif d'existence. « Extinction », en sanscrit, se dit *nirvana*. La voie de la délivrance ne peut guère être suivie que par des moines mendiants qui sont appelés *biksu*. À force de pauvreté, de sacrifices, d'élévation, le biksu, au lieu de se changer encore une fois en libellule ou en tigre, tombera enfin dans le néant si ardemment poursuivi. Le saint et le biksu s'abstiennent du mal et font le bien. L'un et l'autre ont un rêve qui s'appelle le salut. Le salut du saint chrétien est la vie éternelle. Le salut du biksu bouddhiste est la fin de toute vie.

Nous volions dans les airs. La Terre tournait sous nous.

— Je me demande, me souffla A en se tournant vers moi, si cette débauche d'idées, si ces jeux si savants n'ont pas d'abord pour but de faire accepter le monde par les hommes qui y vivent.

Je me tus encore un instant. J'en avais assez de parler, de prendre des notes pour le rapport, de voir A s'énerver et agiter son crayon. Le monde défilait sous nos yeux. Je devinais des villes, des campagnes, des montagnes et des mers. C'était la Terre. Elle était bleue et belle. Elle était minuscule. Les hommes s'y succédaient avec talent, avec génie, sans rien savoir d'eux-mêmes. Ils étaient pris dans le filet de l'espace et du temps, des effets et des causes. Jésus ne pouvait pas naître dans le sud du Népal. Jamais le Bouddha n'aurait pu voir le jour parmi les rabbins d'Israël. L'un et l'autre survenaient dans la nécessité du milieu et du temps. Le pain et le vin du Christ appartenaient au pays de la vigne et du blé, des cyprès, des oliviers. Le cycle des renaissances était lié à des peuples où la vie collective pesait d'un poids terrible sur les individus.

— Entre la fin de l'enfance et les dernières années, dis-je à voix basse à A, il y a une longue période de la vie de Jésus dont nous ne savons rien. Certains ont prétendu, sans beaucoup de preuves en vérité, que le fils de la Vierge était parti pour l'Inde où, depuis cinq cents ans, fleurissait le bouddhisme.

— Eh bien, dit A, en allongeant ses jambes — et je voyais le moment où il allait allumer sa pipe —, il faudra revenir sur tout cela.

Je me tus à nouveau.

— Ô Symi..., murmurai-je. Ô Symi... Symi...

IX

# *La fin de l'histoire*

— N'avons-nous pas laissé l'Armée rouge en train d'entrer dans Riga ?

— C'est exact, lui dis-je.

— Et Karl Marx et le communisme, dont tu m'as souvent parlé de façon aussi allusive que du Christ Jésus, n'étaient-ils pas tapis derrière les pays Baltes ?

— Rien de plus vrai, lui dis-je.

— Faudra-t-il indiquer dans le rapport que Karl Marx, comme Jésus, comme Mahomet, comme Bouddha, comme Joseph Smith, était lui aussi, il y a à peine cent cinquante ans, un fondateur de religion ?

— « Ô mon âme, n'aspire pas à la vie immortelle, mais épuise le champ du possible. »

— Qu'est-ce que c'est encore que ça ? marmonna A.

— Pindare, lui dis-je. Ou Hésiode, je ne sais plus. Pindare plutôt, je crois. Et traduit par Valéry, dont tu connais déjà le nom. Tout cela se répète et se répond. Le génie de Jésus, de Mahomet, du Bouddha, c'est qu'ils faisaient monter les espérances des hommes vers d'autres vies que celle-ci. Le génie de Karl Marx, c'est de faire descendre le ciel sur la Terre. Les religions promettent toujours que tout ira mieux ailleurs, et plus tard. Le cri de guerre de Karl Marx, qui devait courir à travers le monde comme une mèche enflammée, est : « Ici et maintenant ! »

Jamais la philosophie n'a été à pareille fête. On a pu soutenir que Hegel fermait le grand cirque de la philosophie qui avait été ouvert par les présocratiques et inauguré sous les acclamations de la foule par Platon et par Aristote. Avec Husserl, avec Jaspers, et d'abord avec Heidegger, il y a encore de jolis numéros après la fermeture officielle. Il y a surtout deux bouquets éblouissants qui closent le feu d'artifice — ou peut-être d'artifices : le premier est tiré par Marx, et le second par Nietzsche. Le coup de génie de Marx, qui a fait trembler sur leur base les Églises et les États, c'est d'avoir compris que la philosophie, jusqu'à lui, n'avait fait que penser le monde, et qu'il s'agissait maintenant de le changer.

Changer la vie ! Changer le monde ! Les hommes n'attendaient que ça. Depuis que les hommes sont hommes, je n'arrête pas de te l'expliquer, ils aspirent à autre chose. Ce trop-plein d'énergie, ce supplément d'espérance, la religion le détournait vers l'au-delà des vies renaissantes ou de la vie éternelle. Karl Marx arrive et dit aux pauvres : « C'est dans cette vie-ci et dans ce monde-ci que vous serez heureux. » Comment veux-tu que la foule des ouvriers et des paysans ne se jette pas derrière lui ? La philosophie, jusqu'à Marx, s'adressait à un petit lot de richards et de clercs, où se mêlaient des empereurs comme Marc Aurèle ou Frédéric II, le dernier des Hohenstaufen, celui qu'on appelait *Stupor mundi,* des papes, des moines, des maîtres d'école, des mendiants et des gueux au bord de l'anarchie et à l'extrême pointe de l'individualisme comme Diogène dans son tonneau, des saints comme François d'Assise. Le génie de Karl Marx consiste à découvrir une vérité d'une simplicité explosive : les riches sont de plus en plus riches et les pauvres sont de plus en plus nombreux. La philosophie, avec lui, jaillit en ouragan des cabinets de travail et des bibliothèques : elle soulève des foules énormes qui prennent le nom de masses. Le marxisme n'est rien d'autre que les masses populaires entraînées par la philosophie à la conquête de ce monde qui est l'objet de ton rapport aux autorités d'Urql.

— Très bien, dit A. Grâce à toi, je suis passé d'une conviction à une autre. J'ai été un peu chrétien. J'ai été un peu bouddhiste. L'islam m'a impressionné. Le stoïcisme m'a tenté. L'épicurisme aussi. Je n'ai pas détesté l'école de la désinvolture que tu as fait parader sous mes yeux. Voilà que je me sens marxiste. Peut-être pourrai-je convertir au matérialisme dialectique un certain nombre d'esprits purs...

— Ce n'est pas exclu, lui dis-je. Les affinités n'ont pas manqué entre le marxisme et les esprits purs.

— ... et établir à Urql la première démocratie populaire dans ce que vous appelez une lointaine galaxie.

— Tous mes vœux, lui dis-je. De Spartacus, chef de gladiateurs et d'esclaves révoltés contre Rome, à Pancho Villa et à Emiliano Zapata, révolutionnaires mexicains qui, vers le début de ce siècle, entraînent derrière eux dans de grandes espérances des dizaines et des dizaines de milliers de paysans exploités, en passant par les taborites en Bohême, les niveleurs en Angleterre, les babouvistes en France, et des quantités de mouvements plus ou moins messianiques un peu partout dans le monde, les pauvres, les misérables n'ont jamais cessé de se révolter contre les riches et les puissants. Ce qui leur manquait, c'était une justification, une théorie, un appareil idéologique, un corpus universitaire. Karl Marx les leur fournit avec surabondance.

Il les leur fournit parce qu'il a du talent, une vision, une formidable capacité de travail. Il les leur fournit surtout parce qu'il arrive au bon moment. Les Grecs avaient un petit dieu qu'ils appelaient Καιρος. C'était le dieu de l'opportunité et du juste moment. Le petit dieu Καιρος intervient souvent dans le monde. Karl Marx se situe au carrefour d'innombrables courants qui le mènent comme par la main — ne soyons pas trop marxistes pour expliquer Karl Marx et accordons-lui, par surcroît, une ombre d'invention créatrice et de liberté individuelle — jusqu'à ses théories. Il débarque au terme de la fameuse généalogie dont je t'ai déjà parlé.

— *Kant qui genuit Fichte qui genuit Schelling qui genuit Hegel qui genuit Marx,* ânonna A.

— Il lui suffit de renverser Hegel et de le remettre sur ses pieds pour que l'idéalisme absolu se change soudain — comme l'or se change en plomb ou comme le plomb se change en or, au choix, selon tes opinions — en matérialisme dialectique. Il y a la fameuse lignée de l'économisme anglais. Il y a la lignée du socialisme français. Il y a surtout le matériel humain nécessaire pour faire entrer les masses dans la philosophie et pour permettre au ciel de descendre sur la Terre : le prolétariat industriel et urbain, créé par le machinisme, fils lui-même de la science et des progrès techniques. Au confluent du prolétariat et de la philosophie, avec l'apport des rivières de l'économie politique et du mouvement socialiste : le fleuve immense du marxisme. Il emporte avec lui toute la jeunesse du monde.

Ce qu'a été pour les hommes de mon temps la révolution communiste, tu ne peux pas t'en douter. La présence des hommes sur cette Terre prenait un autre visage. C'était comme si tu déchirais et jetais à la poubelle de l'histoire tous les vieux rapports sur le monde pour en rédiger un nouveau. Le nouveau, c'était *Le Capital* et le *Manifeste du parti communiste.* Le monde changeait de base, la vie changeait de sens. Peut-être faudrait-il marquer dans notre rapport à nous, sous une rubrique « Fossoyeurs », ou — moins sinistre, vue de face — « Vers de nouveaux rivages », ou — poétique et aguichante — « La Terre tremble sous leurs pas », les noms de cinq voyous, parmi d'autres, qui ont transgressé les bonnes manières et tout ce qui se faisait jusqu'à eux dans les meilleures maisons : Darwin, qui saccage le passé de l'homme et remplace la main de Dieu par des bêtes répugnantes ; Marx, qui renverse l'ordre des choses, jette la vaisselle par la fenêtre et fait entrer le prolétariat dans les palais des philosophes, des archevêques et des rois ; Freud, qui farfouille dans les alcôves et dans les nurseries pour ramener à la lumière le plus de secrets possible ; Picasso, qui défigure et détruit les visages du monde et de l'homme ; Einstein, qui bouleverse l'évidence, si harmonieuse et si simple, d'un espace et d'un temps en train de jouer chacun dans son coin, pour présenter un monde absurde où des observateurs sans scrupule remontent soudain dans le temps en s'éloignant dans l'espace.

A lui-même changeait de visage en écoutant ces horreurs.

— Je crains d'arriver à un moment fâcheux pour une photo de famille de ta sacrée planète. Tout s'effondre.

— Tout s'effondre. Jamais le monde n'a été si vite, sur un rythme si allègre, avec tant d'espérances. Et tout ce qu'il croyait est en miettes. Si tu étais venu, mon cher A, à l'époque de Voltaire, ou même de Chateaubriand, et que nous eussions alors rédigé un rapport sur l'état de la Terre, il serait bon, comme la plupart des livres que nous avions, Marie et moi, apportés à Symi, à être jeté au cabinet.

— Crois-tu au moins que ce rapport-ci... ?

— Je crains, mon pauvre A, je te l'ai seriné sur tous les tons, qu'il ne fasse pas plus d'usage, pour nous servir du langage des marchands de vêtements, que le funeste rapport auquel nous avons échappé il y a cent cinquante ou deux cents ans. Tout s'écroule. Tout fout le camp. Tout n'en finit pas de s'écrouler. Parce que tout s'est toujours écroulé et continue de s'écrouler. Et le marxisme lui-même, qui devait faire s'écrouler le vieux monde de jadis, est devenu un vieux monde écroulé à son tour. L'horizon indépassable a été dépassé et il traîne derrière nous comme le décor déglingué d'un vieux film de terreur qui n'aurait pas marché. L'histoire a sonné la fin de ce qui devait sonner la fin de l'histoire.

Le siècle d'Einstein, de Picasso, de Freud, de Staline et de Hitler a connu beaucoup de drames. Deux drames jumeaux l'encadrent et marquent d'un signe de feu ses années de jeunesse et son âge avancé. En 1917, la révolution d'Octobre, sous les ordres de Lénine, porte au pouvoir, à Moscou, la philosophie de

Karl Marx qui était plutôt faite pour conquérir les capitales des grands pays industrialisés, l'Angleterre ou l'Allemagne. C'est à Moscou, en tout cas, que la philosophie en armes s'empare d'un État moderne. Ce n'est pas, comme chez Hitler, le début d'un âge nouveau qui doit durer mille ans. C'est un autre chapitre du rapport et de l'histoire des hommes — ou, plutôt, un autre rapport. C'est une étape nouvelle qui tourne une page à jamais. C'est un autre monde pour toujours, qui s'étendra peu à peu à l'ensemble de la planète. Soixante-quatorze années plus tard, en 1991, le communisme s'écroule dans la patrie du socialisme. De lui-même. De l'intérieur. Pendant trois quarts de siècle, le marxisme-léninisme, incarné et détourné par Staline, aura accumulé les victimes et les ruines. Il aura résisté triomphalement à ses ennemis extérieurs — les armées blanches, la *Wehrmacht* hitlérienne, les démocraties occidentales — et il sera tombé sous les coups du seul de ses adversaires qu'il ne pouvait pas combattre : c'était lui-même. Après Lénine, Staline, Khrouchtchev, Brejnev, Andropov et Tchernenko, le parti communiste de l'Union soviétique finit par se donner à Mikhaïl Gorbatchev qui inscrit à jamais son nom sur le double tableau d'honneur des partisans de Karl Marx et de ses pires adversaires en s'imaginant que le système pourra guérir ses maux et se remettre à fonctionner dans la transparence et dans la liberté. À peine dégagé de la terreur qui le tenait debout, le communisme s'effondre dans le pays même où il avait triomphé et il entraîne dans sa chute le septième et dernier secrétaire.

La philosophie reposait sur des chars. Selon une formule célèbre, la dictature du prolétariat s'était transformée en dictature sur le prolétariat. Les intellectuels de l'Ouest étaient encore marxistes dans la fraîcheur de leur cœur que le prolétariat de Russie avait cessé de l'être. Pas le moindre poing ne se leva en Union soviétique pour défendre le communisme. Le régime qui devait changer le monde, marquer la fin de l'histoire et ouvrir un âge nouveau s'évanouissait sans laisser de trace. Staline, qui avait été adulé comme un empereur romain par tout ce qui comptait dans ce monde, était traîné dans la boue. Et ses statues, déboulonnées. Lénine mourait pour la deuxième fois. Karl Marx, qui avait nourri des générations successives de disciples éperdus et de commentateurs enfiévrés, tombait au rang de Paul Bourget, d'un homme de lettres du deuxième rang, d'un professeur de morale surpris dans une maison de mauvaise vie — c'était l'U.R.S.S. — et chahuté par ses élèves. Tout le monde avait été communiste et personne ne l'était plus. On a pu dire de Hitler qu'il ne laisserait dans l'histoire que l'image d'un agitateur à l'époque de Staline. Voilà que Staline et Hitler apparaissent tous les deux comme des chefs de bande rivaux dans un âge de propagande, de mensonges d'État, d'illusions évanouies — et de sang.

Au printemps 44, le communisme triomphe. Les Américains débarquent sur les plages de Normandie. Staline l'a déjà emporté sur Hitler. La plus puissante machine de guerre de tous les temps, l'armée allemande de Hitler, a été vaincue par l'espace, par les machines du capitalisme servies par les soldats innombrables du marxisme-léninisme, par l'hiver, par la neige et le froid, par la chaleur de l'été, par la poussière des plaines sans fin. Toute l'Europe de l'Est et du centre tombe sous la coupe de Staline. Ce qu'a été l'occupation allemande en Europe, et le massacre des juifs, des communistes, des Tziganes, des homosexuels, est inscrit dans l'histoire en lettres de feu et de sang. Le déferlement de l'Armée rouge, alliée par la faute de Hitler et par la cruauté de l'histoire aux démocraties libérales, aux Américains de Roosevelt, à l'Angleterre de Churchill épuisée par la guerre qu'elle a menée toute seule, dans son île, pendant dix-huit mois, contre les Allemands tout-puissants, à la France libre du Général qui s'oppose au Maréchal et à l'État de Vichy, est pour ceux qui l'ont vécu un souvenir de cauchemar. L'Asie se rue sur l'Europe. L'enfer se déchaîne partout et les peuples ne savent plus, entre la peste et le choléra, vers quel saint se tourner. Pour la grand-mère et la tante de Lisa, il est déjà trop tard. Elles assistent, terrées dans leur maison de Riga, au retour de l'Armée rouge.

L'Armée rouge ! Toute l'espérance d'un monde repose sur ces deux mots où flamboient le triomphe de la philosophie et l'histoire en train de s'achever. L'Armée rouge ! Les ombres de Karl Marx, de Lénine, de Trotski, de Staline accompagnent les Mongols, les Kalmouks, les Tatars, les Kirghiz qui se ruent sur les pays Baltes, sur la Pologne martyrisée, sur la Prusse-Orientale où tout a commencé avec les promenades à heures fixes dans les allées de Königsberg et le système sans faille du réalisme pratique et de l'idéalisme transcendantal, inventé, à partir de Hume et de son sommeil dogmatique, par un professeur obscur du nom d'Emmanuel Kant. L'Armée rouge ! Une chape de plomb remplace l'autre et le rideau de fer baptisé par Churchill tombe, dans un fracas de fin du monde, sur la moitié de l'Europe.

Le consul général d'Allemagne à Riga avait été tué à Stalingrad où ses opinions un peu tièdes à l'égard du nazisme l'avaient fait envoyer. De Washington, de Moscou où il se rendait souvent puisque les États-Unis et l'U.R.S.S. étaient alliés désormais malgré la haine qu'ils se portaient, l'Américain d'origine arménienne fit tout ce qu'il put — mais en vain — pour sauver la femme qu'il aimait. L'intellectuel communiste à lunettes du *Docteur Jivago* était tombé en disgrâce et avait été fusillé pour déviationnisme et activités fractionnelles. La grand-mère et la tante de Lisa furent arrêtées par le K.G.B. et envoyées en Sibérie. Dans le goulag, près d'Irkoutsk, où elles devaient mourir toutes les deux, Anna tomba, un beau matin où la température avoisinait – 30, sur une vieille femme inconnue.

— Vous ne me reconnaissez pas ? lui demanda la vieille femme.

— Pas du tout, répondit-elle. Qui êtes-vous ?

C'était la voyante de Riga.

## X

## *Cinq histoires et un idiot*

— La vie..., commença A.

— Mon pauvre ami, lui dis-je, la vie est comme le temps, comme le tout, comme le rien. Elle est trop évidente et trop proche, elle est trop vide, elle est trop pleine pour que le rapport soit en mesure d'en parler.

— C'est bien fâcheux, dit A. Si le rapport n'est pas capable de parler de la vie, qu'est-ce que nous faisons là ?

— Nous racontons des histoires pour tâcher de livrer à Urql, par des chemins de terre qui serpentent à travers la campagne, une vague idée des hommes. Je peux, vaille que vaille, et si tu as envie de sortir et de t'amuser un peu tu n'as qu'à lever le doigt, te raconter *On purge Bébé* ou *Occupe-toi d'Amélie* qui sont à se tordre de rire ou la guerre des Deux Roses, qui est un peu moins comique, entre la maison d'York et la maison de Lancastre, un fait divers, une anecdote, la découverte de l'Amérique ou de la pénicilline, un livre, une trahison, le catalogue de la Manufacture française d'armes et de cycles de Saint-Étienne, une conversation, le soir, dans une de ces maisons coloniales d'Atlanta vers la fin de l'été de 1864, ou à la terrasse d'un café près du musée du Caire à la veille de l'offensive du maréchal Rommel, déjà à El-Alamein ou à Marsa-Matrouh et si impatiemment attendu par les nationalistes en train de coudre des drapeaux avec la croix gammée, ou même, à la rigueur, l'histoire des algues et des primates, ou celle de mes grands-parents. Je t'ai parlé du marxisme avec un peu de détails — et peut-être un peu trop...

— Mais non, dit A avec beaucoup de courtoisie, mais non.

— ... parce qu'il a constitué pour les hommes de mon temps ce qu'il était convenu d'appeler un horizon indépassable et qu'il a été dépassé. Je peux découper dans l'histoire et la vie autant de récits que tu voudras pour l'ébahissement des populations d'Urql. La vie tout court, le monde entier, c'est une autre paire de manches. La vie ne se raconte pas. Le monde ne se raconte pas. On est dedans. C'est tout. La vie est l'ensemble des forces qui résistent à une mort qui finit bien par venir et le monde est la totalité de ce qui existe et se passe et même ne se passe pas à la surface de cette planète où tu as atterri.

— Au lieu de me tourner la tête et de me donner le vertige avec des détails que j'ignore, peut-être pourrais-tu tout de même, suggéra A, si ce n'est pas trop te demander car la bonne volonté ne semble pas t'étouffer, peut-être pourrais-tu essayer de me dire en quelques mots de quoi avait l'air le monde quand tu y habitais ? Tu m'as parlé du cinéma, de Jésus, de Staline et de Hitler, de l'argent, des petits matins, de deux ou trois vieilles places à Venise ou à Rome. Il devait y avoir autre chose. Mais quoi ? C'est une question si simple que j'ai honte de te la poser. Il suffit de te souvenir de ce que tu voyais quand tu ouvrais les yeux et de ce que tu entendais quand tu passais parmi les gens au temps où tu vivais.

— Pas si simple, assurai-je. Il ne suffit pas d'entendre, il faut comprendre. Il ne suffit pas de voir, il faut choisir, construire, organiser. Il ne suffit pas de raconter, il faut donner un sens à ce que tu racontes. Sans cet ordre intérieur qui transfigure le chaos, le monde, tel qu'il roule dans son histoire et dans les espaces infinis, risque d'apparaître aux gens d'Urql comme une histoire racontée par un idiot...

— Évidemment, murmura A, c'est un risque.

— ... pleine de bruit et de fureur et ne signifiant rien. La clé du rapport, c'est le sens. Car l'univers n'a pas de sens, mais le monde lui en donne un. Car le monde n'a pas de sens, mais la vie lui en donne un. Car la vie n'a pas de sens, mais la pensée lui en donne un.

— Ce que tu racontes est très beau, me dit A, mais je ne comprends pas ce que tu racontes.

— Je vais essayer de te l'expliquer, lui dis-je.

Un homme est dans sa maison. Il porte une robe avec une ceinture et des épaulettes assez larges qui lui font comme des ailes. Il a un sabre au côté. Il reçoit un messager, vêtu avec splendeur, qui vient d'arriver dans la cour de la grande maison de bois aux toits laqués et recourbés et qui est descendu de son cheval, maintenu par des serviteurs, pour lui remettre un objet, de forme oblongue, enveloppé avec soin dans une étoffe précieuse. Il déplie l'étoffe et découvre une épée assez courte, plutôt un long poignard, ciselé avec magnificence et orné de pierres précieuses. Le poignard est accompagné d'une lettre que le messager lui tend des deux mains, comme il avait fait déjà du poignard, en s'inclinant jusqu'à terre. La lettre vient de l'empereur. Elle est rédigée, avec des caractères superbes dont chacun est un dessin, en une langue raffinée. Il s'approche de la fenêtre pour lire avec respect la missive impériale. Elle n'est qu'éloges et compliments. Il faudrait beaucoup de bonne volonté — ou plutôt de mauvaise — pour déceler la moindre réserve parmi tant de courtoisie : « Vous avez poussé si loin les vertus de courage et d'obéissance à l'empereur, qui sont traditionnelles dans votre famille, que personne ne pourra plus, après vous, servir avec tant d'honneur... »

— Je vous remercie, dit-il au messager. Veuillez mettre ma gratitude et ma fidélité aux pieds de Sa Majesté Impériale et recommander à sa bonté, dont Elle me fournit encore la preuve, tous ceux qui me sont chers.

Le messager se retire à reculons en s'inclinant trois fois. L'homme appelle sa femme, ses enfants, ses soldats, ses serviteurs. Il leur dit quelques mots dans une langue gutturale. Tout le monde écoute, tête baissée. Quelques larmes sont versées furtivement par la femme. Elle les essuie aussitôt pour faire taire un enfant qui se met à crier. Tout le monde s'éloigne en silence, les femmes et les enfants à petits pas pressés, les soldats et les serviteurs avec de longues enjambées qui résonnent dans la maison de papier et de bois où le soir commence à tomber. L'homme reste seul dans une pièce presque vide. Il s'assied par terre, immobile, les jambes pliées sous lui. Sans un mot, sans un geste, les mains posées sur les genoux, il pense. Il voit des batailles à l'aube, des incendies, des marches dans la forêt, des matins de triomphe aux côtés de l'empereur.

Dans la cour de la maison, sous un portique à colonnes, des serviteurs étendent une natte de paille épaisse, recouverte d'un drap rouge. La nuit tombe. Tout est calme. Des lanternes sont allumées. Le maître de maison reparaît torse nu. Il est vêtu d'une culotte. Il a coupé la natte qui tombait sur sa nuque et rasé ses cheveux. Il est suivi d'un compagnon, son ami de toujours, qui porte un sabre courbe. Lui tient dans ses deux mains, dont la paume est tournée vers le ciel, le poignard de l'empereur. Il s'installe sur la natte de paille recouverte du drap rouge pour effacer le sang. Il saisit à deux mains le poignard de l'empereur, hésite à peine un instant, pèse sur le manche de toutes ses forces et s'ouvre lentement le ventre.

L'autre, debout derrière lui, lève son sabre vers le ciel. Il attend. Quand le sang coule à flots sur le drap, d'un geste rapide comme l'éclair il tranche la tête du maître.

Voici une femme dont le mari est mort avant-hier soir. Il fait une chaleur accablante. Tout le monde attend la pluie. Entourée de ses servantes, la femme, devant son miroir, se pare comme pour une fête. Elle n'aimait pas son mari. Il était riche, puissant et vieux. Il avait quarante-huit ans de plus qu'elle. Il est mort assez vite et son corps est devenu tout noir. Elle se rappelle son mariage, il y a moins de quatre ans. Elle sortait à peine de l'enfance. Elle avait, une fois encore, fait ce que lui dictaient ses parents, ses deux oncles, ses frères. Le cortège était passé, avec ses éléphants, devant les murs rouges de la ville, les mêmes qu'elle va longer de nouveau tout à l'heure. Elle a toujours eu le sentiment d'être parallèle à sa vie, de n'y être jamais entrée. Les fêtes, les promenades, les cérémonies, l'horreur des nuits. Il y a eu ce cavalier, venu de Jaisalmer, avec lequel elle avait échangé quelques mots dans le jardin des roses. Il y avait surtout ses deux enfants, un garçon et une fille, qu'elle vient d'aller embrasser.

Elle descend dans le jardin où toute une foule l'attend. Le cortège se forme et s'ébranle. C'est une débauche de couleurs, où dominent le jaune et le rouge, c'est un vacarme rompu par de soudains silences. Les prêtres marchent en tête, précédés et suivis d'innombrables musiciens. Puis viennent les éléphants, les gardes dont l'uniforme attire tous les regards, les bayadères, célèbres à travers tout le pays. Le corps est porté à bras d'hommes. Elle s'avance derrière le cercueil, appuyée sur le frère et un des fils du défunt. Le frère, à demi idiot, est rongé par l'ambition. Le fils, dont la mère est morte, l'a toujours détestée. À quoi peut-elle bien penser tout le long du trajet ?

La foule des spectateurs est de plus en plus nombreuse. On est venu des collines, des bords du fleuve, de villes aussi lointaines que Gwalior ou Chittorgar, peut-être de Ranakpur — et peut-être de Jaisalmer. Peut-être le cavalier dans le jardin des roses est-il caché quelque part ? Soudain, le cortège s'arrête. Le bûcher est là, devant les yeux de tous, au milieu des pierres légèrement inclinées qui servent d'oreillers aux éléphants endormis. Un grand silence se fait. Il semble que la chaleur du jour soit devenue intenable. La civière est hissée au-dessus de l'amas de brindilles et de bois parfumé. On jette des pétales de rose sur le corps du défunt. La veuve, ivre de boissons sacrées que les prêtres lui ont données à boire, monte à son tour par une échelle qui tremble donner un dernier baiser à ce qui fut son mari, si longtemps détesté. Le fils du défunt met le feu au bûcher d'où s'échappe aussitôt une épaisse fumée qui sent bon et qui monte à la tête. Les flammes jaillissent avec force. Elle ne redescend pas.

C'était un paysan un peu simple qui vivait loin de la ville. Tous les siens étaient morts. Les prêtres, avec un couteau d'obsidienne, avaient ouvert la poitrine et arraché le cœur d'un de ses fils. La solitude et la misère lui étaient montées à la tête. Les autorités avaient fini par l'abandonner à son sort et le laisser errer sur le haut plateau où il se nourrissait de racines et où il buvait l'eau des sources. De temps en temps, il tombait sur des guerriers, sur des pèlerins, sur des paysans comme lui qui revenaient du marché et qui lui laissaient des tomates et quelques épis de maïs. Il prononçait des mots sans suite et il partait en courant.

Un matin, il fit une rencontre qui le laissa sans voix. C'était une troupe, au loin, comme il n'en avait jamais vu. En tête, sur trois animaux fabuleux qui le séchèrent de frayeur, s'avançaient trois personnages qui ressemblaient à des hommes, mais si invraisemblables qu'il dut, à plusieurs reprises, passer sa main devant ses yeux comme pour chasser une vision. Ils portaient l'un une barbe blanche, les deux autres une barbe noire, et leur corps était enfermé dans un corset de métal qui brillait au soleil. Ils avaient sur la tête de grands chapeaux de feutre ornés de plumes et une longue épée pendait au flanc de la bête de cauchemar qui leur servait de monture. Derrière eux marchaient une vingtaine de soldats, avec une pique sur l'épaule.

Il se jeta à terre. Il regarda passer la troupe surgie de l'enfer et il comprit aussitôt qu'il avait trop vécu puisqu'il assistait au début d'une effroyable catastrophe. Les idées tournaient dans sa tête à une allure vertigineuse. Il se rappela tout à coup ce qu'un prêtre de Tenochtitlán lui avait raconté, un soir d'orage, il y avait déjà beaucoup d'années : Quetzalcoatl était parti sur l'eau vers le soleil levant et il avait promis de revenir. Il en était sûr, maintenant : les êtres qu'il avait vus, qui ne ressemblaient à personne ni à rien de ce qu'il connaissait et qui s'éloignaient déjà dans le lointain avec un bruit de métal qui vous glaçait jusqu'au cœur, étaient les messagers du dieu. À moins... il osait à peine formuler ce qui lui passait par la tête... à moins que le personnage en tête, plus superbe, plus inquiétant encore que les autres, entouré de marques de respect par tous ses compagnons, ne fût le dieu lui-même. Il attendit encore longtemps, toujours couché derrière un buisson d'épineux entouré de deux pierres qui le protégeaient des regards et de la fureur du dieu. Et puis il se leva comme un fou et se mit à courir sous le soleil en criant à tue-tête :

— Quetzalcoatl est revenu ! Quetzalcoatl est revenu !

Verdun tenait toujours. Le prestige de la couronne imposait le succès de l'offensive allemande menée par le Kronprinz. Les Français, pour tenir, se laissaient saigner à blanc. Chaque unité engagée allait perdre un homme sur deux, et parfois deux sur trois. Pour les deux adversaires, qui laisseront sur le terrain, morts, blessés, disparus, un million d'hommes en chiffre rond, Verdun était devenu le symbole de la guerre et le cœur de la France.

La cote 304 était tombée. Le Mort-Homme était tombé. Le fort de Douaumont avait changé de mains plusieurs fois : il avait été pris par les Allemands, repris, reperdu. Après avoir résisté pendant plus de six mois, le commandant Raynal, qui était l'âme du fort de Vaux, avait été contraint de capituler. Les verrous de Verdun sautaient l'un après l'autre. Seul le fort de Souville tenait encore le coup sous les bombardements et protégeait Verdun.

— Allô ! Mangin ? C'est Pétain.

— Je vous entends très mal, mon général. Je vais essayer de vous passer le général.

— Dépêchez-vous, mon vieux. Je suis pressé.

Quelques secondes se passent. Grésillements. On entend au loin une rumeur de canonnade.

— Allô ! Ici, Mangin.

— Ah ! Mangin ! Où en est Souville ?

— La situation est désespérée. Toutes les communications sont coupées. Allô !... Vous m'entendez ?... Aucun renfort n'arrive plus. Le bombardement est ininterrompu.

— Qui commande là-bas ?

— Presque tout le monde a été tué. Allô !... Maintenant, c'est le lieutenant Dupuy.

— Dupuy ?

— Allô !... Oui. Kléber Dupuy.

— Ah ! Kléber Dupuy. Oui..., oui... On m'a parlé de ce pistolet-là... Allô !... Mangin !... Allô !... Allô !...

Kléber Dupuy détestait la guerre. Les généraux. Les militaires. Il était instituteur. Il appartenait à une famille dont tous les membres étaient républicains, laïques, socialistes de père en fils. Les seuls militaires qui trouvaient grâce à leurs yeux étaient les soldats de l'an II. C'est pour cette raison, comme d'autres s'appellent Marceau, qu'on lui avait donné le prénom de Kléber. L'arrière-grand-père de Kléber avait été guillotiné avec Gracchus Babeuf. Le grand-père avait été mêlé aux Ateliers nationaux. Le père avait pris parti, sous la Commune de Paris, pour Rossel et pour Clemenceau. Kléber avait été élevé, non seulement avec les vieilles méthodes et les comptines, aux accents étrangement modernes, des instituteurs de gauche :

*As-tu connu Kléber*
*Kléber Kléber*
*Quand il faisait des kilomètres*

*As-tu connu Kléber*
*Kléber Kléber*
*Sur son kangourou jaune et vert*
*Kléber Kléber*
*Avec son képi sur la tête*
*Kléber Kléber*
*Sur son kangourou jaune et vert...,*

mais dans le culte de Proudhon, de Marx, de Jaurès, de l'Internationale socialiste dont son père était un militant. Il était ami de Barbusse, qui n'avait pas encore écrit *Le Feu,* et, quand il avait été surpris à distribuer parmi les hommes des brochures et des journaux pacifistes, il avait eu de sérieux ennuis avec Nivelle et Mangin, qui avait voulu le faire fusiller. C'était Pétain qui l'avait sauvé. Après de terribles engueulades, des semaines d'arrêts de rigueur et un peu de prison, on l'avait envoyé en première ligne, pour se faire tuer, au fort de Souville.

Socialiste, pacifiste, antimilitariste à tout crin, Kléber Dupuy ignorait la peur. Il haïssait la guerre. Les bombardements le faisaient rire.

— Ce sont les conneries qui continuent, disait-il. Garde-à-vous, salut militaire, envoi des couleurs, *Marseillaise* de mes deux, et, tout de suite après, les shrapnels et la grosse Bertha.

Quand les officiers de Souville, coupé de tout contact, abandonné de Dieu et des hommes, avaient été tués jusqu'au dernier, il avait pris le commandement avec le grade de lieutenant. Il restait soixante-seize hommes. La plupart d'entre eux étaient des tirailleurs sénégalais qui faisaient horreur aux Allemands.

Il se passa alors quelque chose d'un peu inattendu. Le lieutenant Kléber Dupuy se prit-il d'affection pour ces grands gaillards noirs qui se jetaient à l'assaut en riant à gorge déployée et en lançant des obscénités que personne ne comprenait ? Se dit-il avec philosophie qu'il n'y avait rien d'autre à faire qu'à jouer le rôle auquel le conviait le destin, si cher à ces stoïciens dont il avait toujours un volume dans la poche et qu'il lisait volontiers, accoudé dans la casemate, entre deux bombardements ? Ou fut-il frappé, comme Saül sur le chemin de Damas, par une illumination qui lui fit brûler ce qu'il avait adoré et adorer ce qu'il avait brûlé ? Pour une raison ou pour une autre, face aux troupes d'assaut du Kronprinz, le lieutenant Kléber Dupuy, socialiste, pacifiste, instituteur de son état, se changea du jour au lendemain en héros national.

Quand le général Mangin, à la tête des renforts français, parvint enfin à desserrer l'étau des mâchoires du Kronprinz et à briser le siège de Souville, il restait dans le fort, blessés, hagards, secoués par la fièvre, au bord de la folie, quatorze tirailleurs sénégalais — et le lieutenant Kléber Dupuy. Ils avaient tenu tête à toute l'armée allemande. Le général Mangin arracha sa Légion d'honneur et l'épingla sur la poitrine de celui qu'il avait voulu faire fusiller. L'instituteur pleurait.

— Dans vingt-cinq ou trente mille ans...

— C'est demain, me dit A.

— C'est demain, lui dis-je, Paris, Londres et Venise ne seront plus que des fables dans la mémoire des hommes. Quelque chose comme Éphèse, Halicarnasse, Babylone, comme Kadesh ou Karkemish. Des catastrophes immenses auront tout effacé. Les Atlantides fleuriront. D'Alexandre et d'Hercule, de Charlemagne et du prêtre Jean, personne ne saura plus lequel est réalité et lequel est légende. Les trois grandes guerres franco-allemandes, qui ont agité tant d'esprits, n'en feront plus qu'une seule, et peut-être mettra-t-on dans le lot les guerres de Napoléon et celles de Louis XIV. Peut-être l'âge des livres, des guerres, des forêts ne sera-t-il qu'un seul chapitre, allez ! ouste ! n'en parlons plus, des manuels à venir — ou de ce qui les remplacera. Il y aura tant de choses à apprendre sur une histoire de l'humanité aux dimensions accablantes que les gens de l'époque, pour des raisons différentes, malgré cassettes et archives, en sauront sur leur passé aussi peu que nous-mêmes. Peut-être, mon cher A, et je frémis à ces mots, auront-ils oublié le rapport aux gens d'Urql sur l'état de la Terre et leurs illustres auteurs.

— Ah ! mon Dieu ! s'écria A.

— Ça ne fait rien. Continuons. Dans vingt-cinq ou trente mille ans, des chercheurs venus d'ailleurs...

— Et d'où donc ? demanda A.

— Je n'en sais rien, lui dis-je. D'ailleurs. Mettons d'Urql, par exemple.

— D'Urql ? demanda A.

— Eh bien, oui. Pourquoi pas ?... s'agiteront sur les ruines de New York ou de Paris. Ce seront des ruines magnifiques. Tout ce qui nous a paru si laid à côté du Parthénon et de Persépolis sera empreint d'une grandeur dont tu n'as pas la moindre idée.

— Et toi non plus, me dit A.

— Moi non plus, bien entendu. L'Empire State Building ou le Grand Central de New York ou le Centre Pompidou ou la Maison de l'Unesco de la place de Fontenoy feront l'objet de fouilles très savantes menées avec des moyens que nous ne pouvons même pas imaginer et on tâchera de comprendre ce qu'étaient les hommes de notre temps, à quoi ils s'occupaient et à quoi ils croyaient.

— Un peu comme moi, dit A.

— Et comme pour toi aujourd'hui, et pour moi, ce sera une tâche surhumaine. Mais puisque, dans trente mille ans, les hommes seront des surhommes, non parce qu'ils seront supérieurs à ce que nous aurons été, mais parce qu'ils auront renoncé à être des hommes au profit de machines de plus en plus raffinées et de plus en plus efficaces qui en feront des surhommes, la tâche surhumaine sera tout de même accomplie. Appuyés sur leurs robots et sur leur quincaillerie nucléaire, les surhommes fouilleurs, archéologues, épigraphistes, historiens, philosophes, découvriront que des trains partaient du Grand Central et que des fonctionnaires d'État émargeaient à un budget et occupaient des bureaux dans la Maison de l'Unesco et au Centre Pompidou. Ce que faisaient à l'Unesco ou au Centre Pompidou les fonctionnaires d'État — ou d'États — sera déjà plus difficile, dans trente mille ans...

— Dans trente mille ans ?

— Oui, lui dis-je, dans trente mille ans, à établir avec certitude. Mais enfin, tu peux imaginer que de très grands esprits, à la Champollion, à la Lévi-Strauss ou à la Dumézil, émettront l'hypothèse qu'ils exerçaient des fonctions à mi-chemin de la magie et du commerce, de la banque et de la religion, dans un domaine très obscur qu'on aura du mal à cerner et qui portait le nom de culture. Les uns soutiendront qu'il s'agissait de moines, souvent illuminés, qui répétaient sans fin les mêmes incantations et les mêmes litanies sur l'interculturel et sur la tolérance ; et les autres, de cyniques et de profiteurs qui constituaient, dans le genre des haruspices du Bas-Empire, une classe d'exploiteurs du pauvre peuple et qui éclataient de rire quand ils se regardaient. On aura du mal à comprendre à quoi pouvaient bien servir les archives imposantes conservées dans des lieux jadis appelés bibliothèques — une expression désuète qui venait, selon les savants, du vieux mot *βίβλος*, qui signifiait livre, ancien moyen de diffusion de la fameuse culture, objet elle-même de tant de spéculations contradictoires. D'innombrables systèmes, d'une complication inouïe, seront successivement édifiés. Pour les uns, la culture appartiendra définitivement au domaine de la religion. Pour les autres, elle relèvera d'un savoir accumulé par des mandarins à des fins de pouvoir. Pour d'autres encore, il ne s'agira que d'un jeu, d'une mystification ou d'un sport où les vainqueurs, acclamés par la foule, recevaient des médailles d'or et des guirlandes de lauriers.

Au milieu de ces délires et de ces interrogations, deux

archéologues, un beau jour, un très jeune et un plus vieux, seront presque simultanément, par un coup de hasard, dans les ruines du Grand Central et de la Maison de l'Unesco, sur le site dit de New York et sur le chantier dit de Paris, à l'origine d'une double découverte assez mince, et pourtant capitale, qui fera un bruit énorme dans les milieux savants.

Elle fera un bruit énorme parce qu'un mystère l'entourera. Les trains, on avait compris : les gens montaient dedans pour s'en aller ailleurs à l'époque où ils avaient du temps à perdre et où, au lieu de se désintégrer ici et de se réintégrer là, ils faisaient des sauts de puce, dans le même corps, entre une ville et une autre. Les livres, on avait compris : les gens s'usaient les yeux à lire des aventures, d'une ineptie souvent assez rare, imprimées sur du papier dans des caractères dont chacun, pris isolément, ne signifiait rien du tout et dont l'ensemble constituait un système d'une difficulté infernale, connu sous le nom d'alphabet. Les chaises, les bureaux, les escaliers, les ascenseurs, les parkings à voitures, on avait fini par comprendre. Seule restera inexpliquée, et peut-être inexplicable, la double et mince et sans doute décisive découverte de nos deux archéologues.

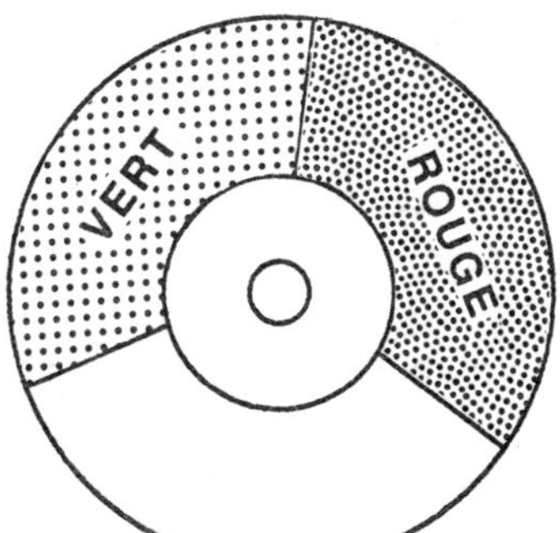


Ce sera un disque de petite taille. Presque le même à New York et sur les bords de la Seine. Par un miracle que la science ne bénira jamais assez, les deux exemplaires auront été retrouvés dans un état de conservation presque parfait. Le disque, en son centre, sera percé d'un trou. Le bord extérieur des deux tiers de sa surface sera colorié partie en vert, partie en rouge.

Des reproductions du disque auront été envoyées, à travers l'univers, à tous les parcs d'attractions et aux réserves folkloriques qui serviront de musées aux principales galaxies. On en verra même dans les coopératives d'approvisionnement où seront stockées les pilules nutritives et dans les centres spatiaux où des animations musicales et des jeux nucléaires les auront prises pour thème. On en aura fait des broches, des sceaux, des motifs de décoration. Les femmes en porteront à leur cou ou à leur tunique. Les hommes s'en serviront comme coupe-cigares ou comme porte-clés. Une colonie spatiale nouvelle, à la limite de notre galaxie, prendra le disque pour emblème et l'ornera d'une devise, empruntée à Michel-Ange, qui courra tout autour en lettres d'or : « Dieu a donné une sœur au souvenir et il l'a appelée l'espérance. »

Grâce au développement des moyens de communication, la vénération obscure d'une histoire dont on ne saura plus grand-chose se sera répandue dans tous les coins de l'univers. L'objet deviendra le symbole du passé de l'humanité. Le symbole aussi du savoir sur ce passé — et de son ignorance. Il sera plus connu dans ces temps éloignés que ne le sont pour nous le vase de Vix ou *la Parisienne* de Cnossos avec son nez retroussé ou encore les guerriers de Xian en terre cuite dont les reproductions ont circulé de grands magazines en grands magasins. Il sera, en plus petit, l'équivalent des Pyramides, de l'Acropole, de la place du Capitole, du temple d'Angkor Vat ou de Borobudur, de la cathédrale de Chartres, du jeu de pelote de Chichen Itza.

— De la Douane de mer, dit A.

— De la Douane de mer, lui dis-je.

Les écoliers le dessineront en même temps que l'image de cette Terre d'où ils seront venus. Le Disque deviendra un nom propre et le cœur même et l'essence d'une histoire qui n'en finira pas de s'étendre et de proliférer — et de sombrer dans l'oubli. Il sera l'objet de l'admiration des foules et d'une espèce de culte. Et rien ne sera plus familier à ces hommes de l'avenir que la forme du Disque, d'une simplicité parfaite, indéfiniment répétée sur tous les murs, sur le papier, sur les étoffes, sur les objets, inlassablement reproduite par les machines électroniques et nucléaires. Le signe le plus répandu de l'histoire de l'humanité sera aussi le plus mystérieux. Les théories se seront multipliées autour de la culture et de son rôle dans la société. Elles fleuriront plus nombreuses encore autour du Disque et de sa signification.

Pendant de longues années, peut-être durant plusieurs siècles, appuyée sur une épigraphie dont nous n'avons pas la moindre idée et sur un grand nombre de textes, de règlements, de circulaires, de manuels administratifs de notre temps, déchiffrés sans répit par les ordinateurs, régnera une thèse classique, dite « théorie des communications » : le Disque apparaîtra comme un signal utilisé par deux moyens de locomotion depuis longtemps disparus — le chemin de fer et l'automobile. Il sera hors de doute que la mention « feu vert » et « feu rouge » était fréquente dans les millions et les millions de tonnes d'archives répertoriées dans les grandes centrales électroniques de l'espace. Le feu vert permettait la circulation des engins, le feu rouge l'interdisait.

La première attaque contre la théorie fonctionnaliste des communications viendra de spécialistes des grandes organisations internationales — Saint Empire romain germanique, jésuites, francs-maçons, Tribunal de la Rote, Inquisition, Société des Nations, aristocrates et socialistes, mafia, traite des blanches, Nations unies, Unesco... — qui affirmeront que, s'il y avait bien des trains au Grand Central de New York, aucune trace de chemin de fer n'avait jamais pu être décelée dans les ruines de la place de Fontenoy à Paris. Le Disque sera, en outre, de dimensions si modestes qu'il eût fallu des yeux de lynx aux conducteurs pour pouvoir le déchiffrer d'un peu loin. Philosophes et savants avanceront alors une hypothèse révolutionnaire qui fera le plus grand bruit et marquera un retour, salué par beaucoup, à la spiritualité. Le Disque ne sera plus lié en rien à la circulation des automobiles et des chemins de fer : il prendra — comme la culture elle-même — une signification religieuse, et nécessairement ambiguë. Certains supposeront qu'il s'agissait d'une patène où étaient déposées des nourritures spirituelles — peut-être un légume vert et du vin rouge. D'autres, que le Disque était une roulette russe dont dépendaient la vie et la mort et que consultaient les empereurs avant de lever ou de baisser le pouce pour gracier les gladiateurs ou pour les condamner.

Les interprétations les plus subtiles se grefferont sur cette théorie. Les uns parleront d'une activité religieuse et magique, bizarrement mêlée de préoccupations financières, qui portait le nom de *politique* et où, d'après des textes anciens à la lecture très ardue, se retrouvaient, en effet, autour d'un pivot central appelé *démocratie* et représenté par le trou du milieu, des *Rouges* et des *Verts*. D'autres, appuyés sur des grimoires obscurs, établiront une relation entre le disque vert et rouge et le signe du yin et du yang dans la philosophie du tao. D'autres encore tireront le débat vers la littérature et exhumeront le souvenir d'un ouvrage très célèbre...

— Le rapport ? demanda A avec un grand sourire.

— Non, répondis-je. *Le Rouge et le Noir.* Ils sauront que la littérature, vers ces temps-là, était devenue une branche de la publicité. Ils imagineront que le disque était un présentoir ou un argument de vente pour un ouvrage dont le titre aurait été *Le Rouge et le Vert,* qui deviendra aussi fameux que s'il avait jamais vu le jour et dont ils chercheront partout, mais en vain, les traces inexistantes. Des hommes et des femmes de lettres lanceront sur les écrans nucléaires des feuilletons intitulés *Le Roman du Rouge et du Vert, Les Aventures du Rouge et du Vert, Le Retour du Rouge et du Vert,* où la vie intellectuelle de notre temps sera représentée sous des aspects hallucinants. Ils inventeront un contenu au néant et ils le baptiseront littérature. De savants érudits retrouveront, sur les bords de la Seine, des traces de malheureux vieillards enfouis sous la poussière de documents décomposés et livrés à la dérision et aux quolibets du public sous le nom d'hommes en vert. Et un archiviste-paléographe déterrera un drame d'un dénommé Hugo où il exhibera un vers — un « vert », selon une école nouvelle de critiques et de philosophes — qui lui vaudra autant de gloire que s'il l'avait conçu lui-même :

*Regardez tous ! Voilà l'homme rouge qui passe !*

Le Disque sera connu, pendant un siècle ou deux, sous le nom de « Disque des hommes verts et des hommes rouges ».

L'histoire d'un passé immense fournira encore, autour du disque du Grand Central et de la Maison de l'Unesco, le matériel de beaucoup d'édifices d'une fragilité merveilleuse. On évoquera les jeux de Deauville, de Monte-Carlo, de Las Vegas où, autour d'un tapis vert, sortaient des numéros rouges. On dénichera les courses de chars de l'hippodrome de Byzance où s'affrontaient les Bleus, les Verts, les Blancs et les Rouges. Quand des esprits tatillons feront remarquer qu'entre l'empereur Justinien et la Maison de l'Unesco, entre l'impératrice Théodora et le Grand Central de New York s'étaient écoulés un millénaire ou deux, on fera donner Nostradamus dont les *Centuries,* traduites en nucléaire, seront toujours à la mode, on invoquera des mystères et des sociétés secrètes qui se seront perpétués pendant des siècles et des siècles — alors que tu sais bien que la seule société secrète qui vaille, c'est l'histoire des hommes à travers les millénaires — et on balaiera l'objection d'un revers de la main.

Le disque rouge et vert connaîtra encore, à travers les siècles, des avatars sans nombre. Des grammairiens — « voir rouge », « prendre sans vert », « rouge de honte », « vert de rage », « porter au rouge », « devenir vert pomme » —, des mystiques, des physiciens, des psychanalystes farceurs — « vert de Terre » et « mère rouge », et même, en une synthèse puissante : « être marqué au vert rouge » —, des joueurs, des fous, des militaires à la retraite, des chercheurs et curieux donneront leur avis tour à tour. Aucun ne découvrira la clef, si simple, de l'énigme. Le disque vert et rouge — mais le secret à jamais en sera perdu pour les hommes — commandait…

— Le respect ? proposa A.

— Sans doute, lui dis-je. Sans doute. Mais encore ?

— Le silence ?

— Parle sans crainte.

— La retraite ?

— Ce n'est pas faux. Développe un peu. Invente, imagine, suppose.

— L'accès à quelque chose ?

— Tu y es presque ! Tu brûles !

— Je ne sais pas, avoua A en secouant la tête. Je ne sais pas.

— La porte des chiottes, lui dis-je.

XI

# *Je me brouille avec A*

— Tu passes ton temps à répéter que le temps est toujours le temps et que le temps change tout le temps.

— Ai-je dit des choses comme celles-là ? demandai-je.

— Tu les as dites. Tu les a écrites. Elles figurent déjà dans le rapport où chacun pourra les lire. Moi, qui ai l'esprit le plus simple puisque je n'appartiens pas à l'histoire et que je suis éternel, c'est ce changement qui m'étonne. La diversité du monde. La multiplicité des événements, des perspectives, des regards. Ce lien pourtant de l'un à l'autre par l'imagination et le souvenir. Et que nous puissions passer en esprit des samouraïs aux Aztèques et de l'avenir au passé.

— Tu as bien compris que c'était toujours le même cirque ? Les hommes succèdent aux algues, et les Romains succèdent aux Grecs, et Byzance succède à Rome, mais l'effet sort toujours de la cause et l'histoire est toujours là. Le monde est toujours le monde, personne ne saurait le confondre avec quoi que ce soit d'autre et il reste semblable à lui-même.

— J'ai bien compris aussi que c'était toujours différent. Les hommes ne sont plus des algues, et les Romains ne sont pas des Grecs, et Byzance n'est pas Rome. Le monde ne cesse de bouger.

— Comme le couteau de Jeannot. On change la lame. On change le manche. Et c'est toujours le même couteau : le couteau de Jeannot.

— N'y a-t-il pas des gens dont tu m'as souvent parlé à propos de Thucydide, de Xénophon, de Tacite et qui s'intéressent dans leurs ouvrages à la lame et au manche du couteau de Jeannot et aux changements de l'histoire des hommes ?

— Ah ! je vois à qui tu penses, lui dis-je : les historiens. Ils écrivent des rapports sur les hommes en particulier comme nous rédigeons un rapport sur les hommes en général. Ils expliquent d'où viennent les Francs, les Huns, les Mongols de Gengis Khân, et Gengis Khân lui-même, ou Lawrence d'Arabie, ou Annette von Droste-Hülshoff, et ce qu'ils ont espéré et accompli avant de disparaître. Nous, nous expliquons d'où viennent les hommes et ce qu'ils espèrent et accomplissent avant de disparaître.

— Les historiens racontent des batailles, des traités, des mariages, des carrières...

— Quelle horreur ! lui dis-je. Surtout, pas de ragots.

— ... des émeutes et des révolutions, des inondations, des famines, des livres et des pièces de théâtre, le prix du blé ou de l'or, l'origine de la fourchette et de la voile latine, les débats des clercs et des savants sur les croyances et les institutions...

— Les papes Clément, lui dis-je.

— Entre autres, me dit-il. Et il y en a un peu trop. Ce que je voudrais mettre dans le rapport, c'est ce que les historiens ne mettent pas dans leurs ouvrages : la couleur des choses, l'étonnement d'être, la familiarité de l'univers et son éloignement, la façon de s'y tenir, de parler, de penser, l'image que vous vous faites d'un monde à qui vous appartenez et qui vous appartient, la mélancolie, l'ennui, l'ambition, le dégoût, les espérances cachées des jeunes gens. Tout ce qui se passe en secret, et sans que personne n'en sache rien, dans les esprits et les cœurs. Tu vois ce que je veux dire : l'air du temps.

Ce fut mon tour, je n'attendais que ça, de siffler entre mes dents.

— Tu ne t'embêtes pas, lui dis-je. J'arrive à peine à comprendre ce que ressentait Marie dans la cour aux bougainvillées du monastère de Symi. J'arrive à peine à comprendre ce que je pensais moi-même. Encore moins à le traduire et à te l'expliquer. Comment veux-tu que je comprenne et que j'explique dans le rapport les sentiments et les pensées d'un samouraï, d'un bushman, de la femme d'un guerrier aztèque ou d'un banquier de la Renaissance, d'un astronome de Samarkand, d'Uccello à Florence dans l'atelier de Ghiberti ou de Carpaccio à Venise en train de peindre ses courtisanes ?

— Je vais finir par te croire, grommela A : je suis tombé sur un incapable.

— N'en doute pas, lui dis-je.

— Si j'avais, au lieu de toi, rencontré Thucydide, ou Hugo...

— Ah ! murmurai-je, il va me sortir *Choses vues*...

— Ou Samuel Butler, ou Pepys, ou Dumas, ou Mérimée...

— Franchement, lui dis-je, impossible de trouver mieux.

— ... l'affaire serait déjà dans le sac et je m'envolerais pour Urql avec un petit chef-d'œuvre qui me vaudrait l'estime et l'admiration de tous les esprits, mes confrères. Malheureusement...

— Malheureusement... ?

— Malheureusement, tu n'as pas la moindre idée de ce qu'il faudrait mettre dans le rapport pour éveiller chez les gens d'Urql une lueur d'intérêt.

— Tu sais, lui dis-je, ton rapport...

— Oui ? me dit-il.

— Il peut aller se faire foutre.

— La formule est délicate, me dit-il. Elle ne m'étonne pas de toi. Je te savais bon à rien. J'apprends que tu es un voyou. Je reconnais ma faute : j'aurais dû me méfier dès tes premières paroles où s'exprimait un esprit de dimension médiocre et ne jamais te confier une tâche de l'envergure du rapport. À peu près tout ce que tu racontes, avec un talent mesuré, n'a pas le moindre sens et le monde, à t'entendre, serait un drôle de bordel. Tu bredouilles, tu bafouilles, tu t'enferres, tu patauges, tu débites n'importe quoi. Je crains que la lecture du rapport, qui aurait dû être un enchantement, à la façon, par exemple, du travail sur Sirius de mon confrère Urxulzkromlech...

— Appelons-le U, suggérai-je.

— ... si plein de savoir et de bon sens, ne se révèle très décevante. Aucun esprit d'Urql, je t'assure, ne pourra rien y comprendre et les hommes, par ta faute, passeront chez nous pour des mystères d'orgueil et de contradictions. J'aurais mieux fait de m'adresser à une institution sérieuse où travaillent des hommes d'expérience et de poids : Harvard University, peut-être, ou le Polytechnicum de Zurich, ou l'Académie des Sciences morales et politiques, qui appartient, je crois, à l'Institut de France...

— Très bonne idée, lui dis-je. Elle t'invitera sûrement, en échange, à faire une communication sur les problèmes monétaires d'Urql et ses valeurs éthiques.

— ... ou encore l'Unesco, qui a rédigé à chers deniers, avec l'aide des gouvernements du monde entier, une *Histoire culturelle de l'humanité* qui doit rendre inutiles, j'imagine, tous les autres travaux du même genre.

— N'hésite pas, lui dis-je.

— Ou le Massachusetts Institute of Technology ou la London School of Economics ou l'Institute for Advanced Studies de Princeton, dont la réputation est parvenue jusqu'à moi.

— Grâce à qui ? murmurai-je.

— Toi, tu n'es même pas capable de répondre à la question pour enfants des écoles maternelles que je t'ai posée tout à l'heure et de me dire en quoi le monde où tu as vécu était différent de celui d'Ésope ou d'Horace, de La Fontaine, de Voltaire, de ton cher Chateaubriand, qui ont tous parlé avec tant de drôlerie et de talent de ce qu'ils avaient vu. Et même de celui de tes grands-parents qui ont peut-être évoqué devant toi, malgré ta stupidité qui devait leur causer tant de soucis, des souvenirs de leur vie.

— Écoute, lui dis-je, nous n'avons pas tellement de temps. Ne nous disputons pas. Je ne t'ai jamais caché que je ne savais presque rien. J'ai passé mon temps sur cette Terre à faire ce qui me plaisait et c'est pourquoi la vie m'a été délicieuse.

*Nous sommes les petits lapins,*
*Gens étrangers à l'écriture*
*Et chaussés des seuls escarpins*
*Que nous a donnés la nature.*

*N'ayant pas lu Dostoïevski,*
*Nous conservons des airs peu rogues*
*Et certes ce n'est pas nous qui*
*Nous piquons d'être psychologues.*

*Nous sommes les petits lapins,*
*C'est le poil qui forme nos bottes*
*Et, n'ayant pas de calepins,*
*Nous ne prenons jamais de notes.*

— Quelle mouche te pique ? gronda A. Tu deviens fou ?

— C'est toi qui me rends fou. Je n'aurais jamais dû t'écouter. Lorsque je t'ai rencontré au-dessus de la Douane de mer, je me suis laissé emporter par l'idée de revivre, dans la mort, avec Marie et avec toi, ce que j'avais tant aimé dans les jours de ma vie. Mais je vois bien que le rapport est incapable de rendre ce qu'il y avait de mieux sur cette planète où je me suis tant promené : une grandeur, un charme, une gaieté, une douceur... Tu as raison : je suis au-dessous de ma tâche. Tu feras mes excuses à Urql. Dis-leur, la prochaine fois, de descendre avec toi et de juger par eux-mêmes. C'est trop dur d'expliquer à quelqu'un qui n'en a pas la moindre idée ce qu'est le temps qui passe, l'odeur du foin coupé au-dessus des lacs de Bavière, la couleur de l'eau du côté de Naxos ou de la baie de Fethyié, la chute de l'empire d'Occident à l'époque d'Alaric, d'Odoacre ou de Théodoric et le rire de Marie.

Maintenant, avant de nous séparer et de partir chacun vers ce qui nous attend, toi du côté d'Urql et moi je ne sais où, je vais tout de même essayer de t'indiquer en deux mots, si je peux, et puisque tu me le demandes, comment était le monde au temps où j'y vivais.

— Merci, me dit A.

Et il me tendit la main.

C'était un gentil garçon.

## XII

## *La possession du monde*

Je me rapprochai de lui. Je baissai la voix pour qu'on ne m'entendît pas de Honshù ou de Shikoku que nous étions en train de survoler :

— Des créatures mystérieuses, depuis trois ou quatre siècles, sont les maîtres du monde. Elles ont mis la main dessus, elles s'en sont emparées. C'est le plus gros casse de l'histoire universelle.

— Fichtre ! s'écria A en s'asseyant et en mettant son poing sous son menton. Et qui soupçonne-t-on ?

— Devine ! lui dis-je.

— Des envahisseurs venus d'ailleurs, je parie, qui font rêver les braves gens ? Des extraterrestres descendus de leurs ovnis ? Des types un peu dans mon genre ?

Je mis un doigt sur mes lèvres. Je regardai autour de moi.

— Pas du tout, chuchotai-je. Ce sont des types dans mon genre. Ce sont les hommes eux-mêmes.

— Les hommes eux-mêmes ! s'exclama A.

— C'est comme ça, lui dis-je. Officiel. Longtemps, les hommes ont été au-dessus, ou plutôt au-dessous, de tout soupçon.

— Quand ils étaient des algues, dit A.

— Et même plus tard, lui dis-je. La vie surgit du monde, les hommes surgissent de la vie, et entre le monde et les hommes s'engage une lutte à mort.

Vingt fois, trente fois, on peut penser que le monde, qui a pris un faux nom et se fait appeler la nature...

— Usurpation d'identité, maintenant ! s'écria A.

— Ils ne reculent devant rien, lui dis-je, va l'emporter sur les hommes comme il l'a emporté sur les diplodocus, sur les archéoptéryx, sur les tribus perdues d'Israël, sur tout ce qu'il a égaré tout le long du chemin. On ne parierait pas deux sous sur les hommes, plus faibles, moins bien armés pour durer que tant d'autres de leurs confrères dans l'histoire de la vie. C'est une bataille rangée, c'est un combat de gladiateurs, c'est la course de Ben-Hur. On est là, haletant, un peu penché en avant, à regarder les hommes se battre contre le monde sous son faux nez de nature.

— Ah ! Je les vois ! cria A.

— Ils montent, ils baissent, ils gagnent, ils perdent. C'est le Déluge, qui noie tout le monde, ou presque ; c'est l'Atlantide, qui disparaît ; c'est la Grande Peste, qui, ici ou là, tue près d'un homme sur deux.

— Autant que Caïn et Abel.

— Les hommes se battent. Ils s'en sortent. Quand l'histoire commence...

— Eh là ! Ne m'as-tu pas raconté qu'elle commençait au *big bang* ?

— Je veux dire l'histoire des hommes, la vraie histoire, l'histoire écrite, avec des documents et avec des archives, celle qui vient après les cavernes et les pierres taillées, quand cette histoire-là démarre, l'homme est tiré d'affaire. Il regarde autour de lui. Il s'enchante de ses pouvoirs. Et à la façon d'un spéculateur d'Amérique ou du Proche-Orient qui se réjouit à grands sons de trompe de son premier million de dollars, à la façon d'un écrivain qui arrose son Goncourt, il se donne de grandes fêtes pour célébrer ses succès.

— De grandes fêtes ?

— Les jardins suspendus de Babylone sont une fête. Les

Pyramides sont une fête. Le temple d'Artémis à Éphèse est une fête. Olympie et Delphes et les Panathénées sont des fêtes. Aux yeux de ceux qui viendront après, toute la Grèce est une fête. La Grèce est le bal des fiançailles de l'histoire avec l'homme. Oh ! bien sûr, même au moment des fiançailles, il y a du tirage et des drames. Tout n'est pas rose au temps d'Athènes, de Périclès, d'Alcibiade, de l'Érechtéion, de l'aurore de la philosophie, de la splendeur des tragiques grecs. Socrate lui-même est condamné à mort pour avoir perverti la jeunesse. Thucydide est l'historien d'une guerre pleine de massacres que nous appelons la guerre du Péloponnèse. Et mieux vaut, dans la Grèce classique, pour danser tout son soûl au grand bal de l'histoire, être un homme libre qu'un métèque, et surtout qu'un esclave. Et les Perses guettent déjà. Et Alexandre de Macédoine. Et Rome, un peu plus loin. Mais quand les hommes, plus tard, feuillettent dans leur album les photos de famille, les images des fiançailles gardent un parfum de bonheur. Si tu demandais aux hommes quel est le meilleur souvenir de leur longue existence...

— Longue ? demanda A.

— Ou brève, si tu préfères, c'est comme on veut, beaucoup, j'imagine, répondraient : la Grèce.

— On pourrait faire un sondage ? proposa A.

— Comme dans les jeux, le soir, à la télévision ? Meilleur souvenir de l'humanité ? XIX^e^ : 7 % ; Premier Empire : 5 % ; Révolution : 10 % ; XVIII^e^ : 6 % ; Renaissance italienne : 23 % ; Grèce antique : 37 % ; ne savent pas : 12 %. Toute la famille se précipite dans le champ de la caméra pour embrasser le vainqueur. L'assistance bat des mains. L'animateur n'en peut plus d'émotion contrefaite. Confusion. Bavardage. Vous connaissez bien la Grèce ? Non, mais ma belle-sœur... Bravo ! Vous êtes formidable. Vous avez gagné un four à micro-ondes et un billet pour deux à destination d'Épidaure.

Autant dire, plus simplement : la Grèce est la jeunesse du monde. D'où la surprise, l'étonnement, la grâce, tout ce que je t'ai déjà raconté. Mais l'essentiel est que, dans la Grèce antique, l'homme fait encore partie de la nature. C'est une merveille, mais une merveille de la nature. La plus grande, la plus belle, la plus rare merveille de la nature. L'homme est un miracle. Mais un miracle de la nature.

Quand le monde bascule de la nature aux hommes, je ne le sais pas. Je sais quand il bascule sur son axe et quand son centre passe de Venise et de la Méditerranée aux deux bords de l'Atlantique...

— 1492, dit A. Octobre 1492 . 12 octobre 1492.

— Bravo ! Une télévision en couleur. Et un billet pour Hollywood. Je ne sais pas quand l'équilibre instauré par la Grèce se rompt entre le monde et l'homme. Quelque part, je suppose, entre la Renaissance et la machine à vapeur. Alors naît le monde moderne, qui, au moment où je meurs, est déjà bien vieilli. On peut le définir, ce monde moderne, de cent façons différentes. Une des meilleures définitions est donnée par le plus grand des philosophes français...

— Descartes ? suggéra A.

— Bravo ! Un ordinateur.

— Il n'y en a pas tellement, me dit-il.

— D'ordinateurs ?

— Non, me dit-il. De philosophes français.

— Plus que tu ne crois, lui dis-je. Il serait bien injuste d'oublier dans le rapport le nom de Malebranche, qui est la rigueur même dans un délire divin, ou celui de Bergson, qui a la fluidité de l'expérience immédiate. Mais celui-là, c'est Descartes. Il nous fait voir dans les hommes les maîtres et possesseurs de toute la nature. Hier, c'était le monde qui dominait les hommes. Désormais, ce sont les hommes qui domineront le monde. On a beaucoup parlé, sur cette Terre, depuis un siècle et demi, d'un sens de l'histoire. L'histoire n'a pas tellement suivi les sens obligatoires qui lui étaient indiqués par les penseurs et les autorités. Elle s'est plutôt engouffrée, en bousculant les consignes, dans des sens interdits. Marx vaut l'Inquisition, et ce sont les rebelles à l'idéologie dominante qui ont montré les chemins de l'avenir. Si, à travers guerres et catastrophes sans la moindre importance...

— Sauf pour les morts, remarqua A.

— Et pour ceux qui les aimaient... s'il y a pourtant une direction que l'histoire a empruntée avec obstination, c'est celle qui débouche sur un carrefour encombré de machines et de gens qui s'agitent en tout sens dans un vacarme d'enfer. Le carrefour porte un nom : la possession du monde. Les hommes ont conquis le monde dont ils étaient un fruit, une fleur, un bourgeon, une excroissance parmi d'autres.

À plus ou moins brève échéance, la nature d'où sont sortis les hommes sera détruite par les hommes. Parce que c'est eux qui ont gagné la guerre. Tu connais déjà le coup des forêts, des animaux sauvages, des taches blanches sur la carte qui s'effacent jusqu'à disparaître, de la Méditerranée qui n'en a plus pour longtemps.

— C'est vrai, dit A. Quelques millions d'années.

— Là où l'homme prospère, dépérit la nature. L'homme avance : devant lui, la forêt ; derrière lui, le désert. Poussons les choses à bout : l'homme devient si puissant qu'il fait sauter la planète. La boucle est bouclée : la nature a fait l'homme et l'homme défait la nature.

L'homme était une branche de la vie, qui était une branche de la nature. Voilà qu'il règne sur la vie et qu'il règne sur la nature. Il règne avec tant de puissance que le royaume tout entier se réduit au seul roi. Maître et possesseur de toute la nature, l'homme est seul sur une Terre qu'il a réduite en esclavage et dont il fait ce qu'il veut.

Tel était le monde où j'ai vécu. On te parlera de grandes guerres, de coutumes disparues, de croyances qui s'affaiblissent, de la Révolution française, du machinisme industriel. Tout cela, qui est important, n'est que l'effet d'une seule cause : la prise de possession de l'univers par l'homme. L'homme, quand il était encore une partie de la nature, s'appuyait sur la nature. Brille, pendant des siècles, un symbole de cette nature qui apporte à l'homme un concours de tous les jours dont ni Alexandre, ni Hannibal, ni César, ni Cicéron, ni Montaigne, ni Chateaubriand, ni Stendhal, ni même Flaubert ou le jeune Maupassant, mais c'est l'extrême limite, ne sont capables de se passer : c'est le cheval. Dès que l'homme a réussi à s'emparer du monde, il n'a plus besoin du cheval. Il se sépare de lui. Le siècle où je suis mort est le premier siècle, depuis des millénaires, où l'homme s'avance sans cheval pour conquérir sa planète.

Ce qui a remplacé le cheval, tu le sais bien. C'est ce qui a tout remplacé. C'est le cœur du monde d'aujourd'hui dont tu me demandes de te parler. C'est ce que tu es venu chercher en me prenant par la main au-dessus de la Douane de mer. C'est... ? Allons !... À ton tour de montrer que tu comprends plus vite que les autres et que tu sais déjà presque tout. C'est... ?

— Euh..., bredouilla A.

— C'est la science, lui dis-je. La science l'emporte sur le cheval. Le cheval prend le nom de cheval-vapeur. Le monde n'est plus que savoir. Et, la plupart du temps, un savoir sur un savoir. La nature s'est effilée comme un sucre d'orge en fin de course. Elle est comme les forêts que les hommes traversent en voiture sur les saignées des autoroutes : elle est transparente jusqu'à l'inexistence. La science a pris le relais et l'a mise de côté. Victorieuse de la nature dont elle a jailli comme une fleur avant de la massacrer, la science est dans le monde moderne l'annonce, l'attente, la promesse — et aussi la menace. Elle est le nom qu'a pris l'histoire dans le temps de ma vie et l'image de nos terreurs comme de nos espérances.

Elle marque le triomphe de l'homme. Et, par un formidable paradoxe, le début de sa fin. La science achève l'homme. Elle le hisse au sommet et s'apprête déjà à le précipiter dans les abîmes. On le transforme, on l'opère, on le tripote, on le remplace. Les robots déboulent en rangs serrés du fond de l'horizon. On a pu chanter la mort de l'homme après la mort de Dieu. Entre la nature et la science, entre les dieux et les machines, le règne de l'homme tout seul n'aura pas été long.

A me tira par la manche.

— Dis donc, il ne faudrait pas que notre rapport sur l'homme arrive au moment même où l'homme s'en va ?

— Tu sais, lui dis-je, je crois l'homme capable de tout. Je doute un peu qu'il se laisse faire par ceux qui veulent le chasser. L'homme est un fruit de la nature, la science est un fruit de l'homme ; l'homme a chassé la nature, la science chassera donc l'homme : je ne suis pas tout à fait sûr que les événements se plient à ce parallélisme et suivent ce chemin tout tracé. Je crois que l'homme est autre chose qu'une étape dans une histoire. Je crois qu'il est la fin de cette histoire. Et c'est pour cette raison que sa vie est sacrée.

— Il y a un Dieu qui s'est fait homme, dit A. Et, du coup, l'homme s'est fait Dieu.

— Si tu veux, murmurai-je à bout de souffle.

Et, les mains dans les poches, sifflotant les trompettes d'*Aïda,* j'allai faire quelques pas.

A me courut après.

— Comment ça : « Si tu veux » ? C'est toi qui l'as dit. Ne prends pas cet air exaspéré. Je ne fais que répéter ce que tu as dit.

— C'est vrai, avouai-je. Je vais t'expliquer ce qui se passe : je trouve qu'il y a beaucoup de mots. Voilà déjà près de deux jours que j'essaie de te montrer le monde. « Car, écrit Calvin dans son commentaire de la Genèse, Moïse a voulu simplement dire le monde. » En toute modestie, je suis un autre Moïse à ton usage personnel. Et tout ce que j'arrive à faire, c'est d'entasser des mots. Si tu étais arrivé d'Urql il y a dix ou vingt mille ans, ou peut-être seulement cinq mille, nous aurions parlé beaucoup moins. Je t'aurais emmené chasser ou pêcher. Nous aurions regardé les arbres, les lacs, les montagnes, les nuages. Nous aurions fui les bêtes sauvages. Nous aurions offert des libations ou peut-être des sacrifices à quelques divinités responsables de la pluie ou de la fécondité. Nous nous serions longtemps tus. Mais depuis quelque temps, depuis quelques milliers d'années, et surtout depuis deux ou trois cents ans, les hommes auxquels tu as la bonté de marquer de l'intérêt...

— Pas de phrases, me dit A. Tu te plains des mots, et tu fais des phrases.

— ... les hommes se sont mis à commenter le monde et à se commenter eux-mêmes. Le monde a été remplacé par ce savoir sur le monde dont je te parlais tout à l'heure et que nous appelons la science. Sur le monde et sur nous, nous savons de plus en plus de choses, nous savons presque tout. Sauf l'essentiel, bien entendu, qui reste aussi caché qu'aux temps les plus obscurs et les plus reculés : d'où nous venons, où nous allons, ce que nous faisons sur cette Terre. Sur ces points-là, mon cher A, aujourd'hui comme hier, aujourd'hui comme demain, le rapport se taira.

XIII

# *Le désenchantement*

— Êtes-vous heureux, au moins ? demanda A.

— C'est un grand problème, répondis-je. D'une façon ou d'une autre, tout le monde aspire à être heureux. Le jouisseur, naturellement, l'ambitieux, l'avare, le masochiste, le méchant, le médiocre au coin de la rue, mais aussi le soldat, le saint, le martyr, la mère qui se sacrifie pour le bonheur de son enfant. « Tous les hommes recherchent d'être heureux », nous dit Pascal, qui a écrit un sacré rapport sous le titre de *Pensées*...

— Un confrère ! s'écria A.

— Voilà, lui dis-je. Un confrère... « Cela est sans exception, quelques différents moyens qu'ils y emploient. Ils tendent tous à ce but. C'est le motif de toutes les actions de tous les hommes, jusqu'à ceux qui vont se pendre. » Mais dans cette quête sans fin d'un rêve qui se dérobe, les hommes touchent-ils au but ? J'en doute un peu. Ce que les hommes d'aujourd'hui ont à leur disposition aurait stupéfié les hommes d'hier. Mais il ne suffit pas pour assurer leur bonheur que les hommes d'aujourd'hui disposent de ce qui aurait fait le bonheur des hommes d'hier. Car la folie des hommes est de croire que le bonheur n'est lié qu'au succès alors qu'il est lié aussi au rêve. « Malgré ce que croient les riches, a écrit un auteur de mon temps, l'argent fait le bonheur des pauvres. Malgré ce que croient les pauvres, l'argent ne fait pas le bonheur des riches. »

La science répond à un désir, à une curiosité, à des besoins. Elle a tout bouleversé. Tu entres dans une maison. Tu tournes un robinet ou tu pousses un bouton : l'eau coule, la lumière brille, tes vêtements sont nettoyés, tes assiettes sont lavées, tu n'as ni chaud ni froid, tu sais ce qui se passe à Tokyo, à Sydney, à Rio de Janeiro, dans les villages les plus lointains et dans les vallées les plus reculées. Tu vas de plus en plus vite d'un bout de la Terre à l'autre. Et les machines ne t'aident pas seulement dans ta vie de chaque jour et dans tes déplacements. Elles t'aident aussi à penser. Si tu revenais dans vingt ans...

— Ça ne vaut pas la peine de partir.

— ... ce n'est pas à un homme comme moi que tu demanderais de t'aider : c'est à une machine. Elle n'aurait pas besoin de trois jours : en moins de temps qu'il n'en faut pour le dire, elle t'établirait ton rapport sur la Terre et les hommes. Mais elle ne ferait rien d'autre, naturellement, que de te rendre, transformé, développé, accéléré, dans un autre ordre et à un autre rythme, ce que tu lui aurais déjà donné. Le mot d'ordre de la science, son cri de guerre, son refrain, c'est le succès. Elle s'y connaît en succès. Elle réussit tout ce qu'elle touche. Elle est un levier formidable. Mais c'est un levier aveugle. La science est en mesure de suivre n'importe quels chemins et d'en tracer de nouveaux. Mais sans savoir où ils mènent ni quel sera leur agrément. Ils iront tout droit et très loin. Mais ils ne suivront plus les rivières, ils ne seront plus bordés de platanes, ils ne courront plus à travers les vignes ou à travers les cyprès. Ils ne se perdront plus au petit matin dans des clairières inconnues. Le drame de la science, c'est qu'elle trouve ce qu'elle cherche. Le bonheur des hommes vient souvent de leurs fautes, de leurs erreurs, d'Amériques inattendues qu'ils n'avaient pas cherchées. Les machines inventées par les hommes sont capables de tout faire et de tout donner — sauf du bonheur. Car le bonheur n'habite guère les maisons du succès.

Il est douteux que les hommes, qui ont fait, depuis quelques millions d'années, et encore plus depuis quelques milliers, et encore plus depuis quelques centaines, et encore plus depuis quelques dizaines d'années, des progrès prodigieux, et en vérité accablants, soient plus heureux aujourd'hui qu'ils ne l'étaient avant-hier. Ils ont moins faim. Ils ont moins froid. Ils meurent moins vite. Ils se déplacent avec moins de peine. Et ils ont plus d'argent.

— Tous ? demanda A.

— Non. Pas tous. Mais un grand nombre. C'est déjà beaucoup. C'est énorme. Et la première tâche des hommes est d'empêcher d'autres hommes — parce que la vie est sacrée — d'avoir faim, de souffrir de la soif et de mourir trop jeunes. Le premier devoir des hommes, et peut-être d'ailleurs le seul, est de nous souvenir du *big bang,* des algues, du fil qui court à travers l'existence et d'essayer de comprendre que chacun d'entre nous est aussi un peu des autres et que les autres sont un peu de nous. Pour ceux qui n'ont rien, le bonheur est d'avoir quelque chose. Mais les choses sont ainsi faites sur cette Terre, mon cher A, et d'ailleurs pas si mal, que ceux qui ont déjà tout n'ont pas le bonheur en plus. Le bonheur est autre chose qu'une masse de satisfactions, qu'une accumulation de succès et de plaisirs. Tout se passe comme si le bonheur était toujours un peu plus loin.

Jamais les espérances n'ont été aussi grandes et aussi justifiées qu'au temps où je vivais. On faisait revivre les mourants, on allait sur la Lune, on chargeait les machines de travailler à notre place. Beaucoup s'imaginaient que la souffrance et la guerre seraient éliminées. Il n'y avait pas de bornes au pouvoir de la science. Un monde nouveau naissait à la place de l'ancien. Et on se mettait, tout à coup, à regretter l'ancien.

Comme les bienfaits de toutes les fées conviées à une naissance sont annulés par la malédiction d'une seule sorcière qu'on avait oubliée, les espérances apportées par l'histoire et par ce que nous appelons le progrès sont rongées du dedans par une inquiétude que la science traîne derrière elle. On dirait que le monde nouveau n'a plus le même charme que l'ancien. C'était moins bien avant, bien sûr. On avance, ça va mieux, on ne voudrait pas reculer pour un empire ni revenir en arrière. On tient à ses boutons et à ses robinets. Mais jusque dans le malheur du monde il y avait quelque chose que toutes les sciences et les techniques, avec leurs pouvoirs sans limites, sont incapables de nous donner. Quoi donc ? Peut-être simplement l'espérance. Par un paradoxe formidable, la science, longtemps, a été un autre nom de l'espérance. Peut-être faudra-t-il dire que l'espérance du succès était plus belle que le succès ? « Aurore » est un des mots qui revient le plus souvent sous la plume de Hugo. C'est aussi celui qui termine une des pièces les plus célèbres d'un certain Jean Giraudoux qui avait enchanté notre deuxième avant-guerre.

— Pour le rapport ? demanda A.

— Eh bien..., je crois que oui, bien que Giraudoux, à ma mort, fût quasi oublié :

> FEMME NARSÈS : Où en sommes-nous, ma pauvre Electre, où en sommes-nous !
>
> ÉLECTRE : Où nous en sommes ?
>
> FEMME NARSÈS : Oui, explique ! Je ne saisis jamais bien vite. Je sens évidemment qu'il se passe quelque chose, mais je me rends mal compte.

— Ah ! s'écria A. C'est tout moi.

— N'est-ce pas ? lui dis-je. Je reprends :

> FEMME NARSÈS : Oui, explique ! Je ne saisis jamais bien vite. Je sens évidemment qu'il se passe quelque chose, mais je me rends mal compte. Comment cela s'appelle-t-il, quand le jour se lève comme aujourd'hui, et que tout est gâché, que tout est saccagé, et que l'air pourtant se respire ?
>
> ÉLECTRE : Demande au mendiant. Il le sait.
>
> LE MENDIANT : Cela a un très beau nom, femme Narsès. Cela s'appelle l'aurore.

Aujourd'hui, on dirait que l'aurore n'entraîne plus avec elle le même mouvement de joie, le même élan d'espérance. C'est que nous avons connu trop d'aurores qui n'ont donné que des nuits. On dirait que le monde où j'ai vécu, et plus encore celui qui attend les hommes après moi, est aussi plein de désillusions que d'espérances réalisées. On dirait que, derrière elles, la science et la technique traînent, à la façon d'un remords, l'envers de leurs succès et leur propre négation. Le monde, qui est si jeune, est déjà un peu vieux. De l'avenir, avec son progrès, il ne voit plus que les menaces. Du passé, avec ses erreurs, il ne voit plus que les charmes. Le monde, plein de savoir et plein de lassitude, entre dans le désenchantement.

— Mais le monde, demanda A, n'est-il pas entré de tout temps dans le désenchantement ? N'a-t-il pas passé son existence à rouler vers des catastrophes, qui se sont d'ailleurs produites sans jamais l'empêcher de poursuivre sa carrière ? N'a-t-il pas toujours regretté un passé qui le remplissait de terreur tant qu'il était encore un avenir ? N'a-t-il pas toujours balancé entre la crainte et l'espérance ? D'après ce que tu m'as raconté, il me semble que, depuis l'Éden et Aménophis III, pour ne rien dire de Talleyrand et des délices de ton siècle, l'avenir n'est plus ce qu'il était et la douceur de vivre se conjugue au passé.

— Tu as raison, lui dis-je. Le monde n'a jamais cessé de pleurer sur un passé dont il ne pensait qu'à s'échapper et de redouter un avenir dont il attendait tout. Si jamais nous nous retrouvons un jour, après l'achèvement du rapport, nous pourrons nous atteler ensemble à un livre qui fera un malheur parmi les hommes.

— Ah ! celui-là enfin ne sera pas réservé aux seules populations d'Urql ?

— Non. Il sera pour tout le monde. Et d'abord pour les hommes. Il portera un beau titre. Il s'appellera : *Histoire de l'avenir depuis les temps les plus reculés.*

## XIV

## *Un monstre froid*

— Maintenant que tu te fais une idée de la vie sur cette Terre, le moment est venu de te livrer un secret dont les hommes eux-mêmes ne s'inquiètent guère et qui est pourtant au cœur de ce monde que tu es venu explorer.

— Eh bien, dit A, je t'écoute.

— Tu sais que les hommes vivent à la croisée de deux royaumes, qui n'en forment d'ailleurs qu'un seul, mais qu'il est plus simple, pour le moment, de distinguer l'un de l'autre. Le premier est immense. Et il est tout simple. Il est matériel et sensible. Il s'étend sous tes yeux. Tu peux le voir, et le toucher, tu peux le parcourir en tous sens et revenir sur tes pas quand tu l'as traversé. Les hommes le conquièrent, le dominent et, chaque jour davantage, en sont les maîtres et les souverains. Ce royaume est l'espace.

— O.K. dit A.

— Le deuxième royaume est un royaume mystique.

— Mystique ? s'étonna A.

— Il est impalpable comme toi-même. La mort l'épargne comme toi-même. Il est partout à la fois. Il est invisible à tous les yeux, personne ne l'a jamais vu, ni senti, ni touché. Et pourtant il existe, il se confond avec l'existence et tout ce qui vit lui appartient. On ne le parcourt qu'une seule fois, on n'y revient jamais sur ses pas. À ceux qui le traversent, il n'offre jamais qu'une seule chance et le premier passage est aussi le dernier. Ceux qui se présentent à ses frontières sont aussitôt contraints de marcher jusqu'au bout, sans répit et sans halte. Personne, depuis toujours, ne l'a jamais conquis. Mais lui a dominé, asservi, dévoré les gens de toute espèce qui empruntaient ses routes. Ce royaume est le temps.

Il est tout à fait étrange que des hommes qui vivent dans le temps aient pu s'imaginer un instant que le monde où ils habitaient relevait d'abord de la matière. Il est difficile d'accorder au temps, si léger, si ténu, et pourtant inusable, le moindre caractère matériel. L'espace lui-même, où se déploient les substances et les corps, déborde la matière de partout : l'espace peut recouvrir du vide. Le temps, qui est le tissu dont est fait l'univers et qui tient dans toute vie une place beaucoup plus décisive que n'importe quelle combinaison de n'importe quelles substances, n'est ni un corps, ni une substance, ni une matière, ni même une vie. Il serait plus proche d'un rayonnement, d'une énergie, d'un souffle, c'est-à-dire de n'importe quoi, ou d'un esprit comme toi, que de la matière. On dirait que le temps, qui est le monde même et l'univers, sans lequel il n'y aurait ni vie, ni monde, ni univers, n'appartient ni au monde ni même à l'univers.

Du temps lui-même, comme de Dieu, personne ne peut rien dire. Les hommes, pour le manier, ont dû passer par l'espace : le sablier, le cadran solaire, la marche des aiguilles sur le cadran de nos horloges. « Si tu ne me demandes pas ce qu'est le temps, écrivait saint Augustin, je sais ce que c'est. Dès que tu me le demandes, je ne le sais plus. » Tout ce que je peux faire, c'est de te parler de l'image que les hommes se font du temps. Elle est simplifiée par une évidence, aussi banale que possible, qui se confond pour eux avec la vie, avec le monde, avec l'univers, avec eux-mêmes, avec tout, et qui est ce que tu peux imaginer de plus compliqué et de plus élémentaire : le présent.

Dès qu'il s'agit des hommes, tout, absolument tout, sans la moindre exception, est toujours donné au présent. Aucun homme, jamais, n'a rien vu, rien entendu, rien senti, rien fait, rien pensé qu'au présent. Un homme ne sort jamais du présent. Il se nourrit dans le présent, il dort dans le présent, il se bat dans le présent, il pense à ses affaires, à ses amours et à Dieu dans le présent. Les hommes, qui se promènent à leur gré dans tous les points d'un espace dont ils s'emparent peu à peu, vivent à jamais dans un éternel présent.

Le temps passe pourtant. Il y a des choses qui étaient et qui ont cessé d'être. Il y a des choses qui ne sont pas encore et dont on peut penser qu'elles seront. Il y a des souvenirs et il y a des projets. Mais l'homme n'est pas comme toi. Il ne retourne jamais vers ce qui a été et qui n'est plus, il ne se promène jamais dans ce qui sera et qui n'est pas encore. Il passe son temps dans le présent. Il se souvient de ce qui a été. Mais il s'en souvient dans le présent. Il anticipe ce qui sera. Mais il l'anticipe dans le présent. Personne ne sait où est passé ce qui a cessé d'être. Personne ne sait où est tapi ce qui sera demain. Dans le royaume du temps ne règne que le présent.

De la tour escarpée de l'éternel présent dont il est prisonnier, l'homme aperçoit, dans deux directions opposées, deux monstres formidables dont l'appétit dévorant — que la vie soit un rêve ou une réalité — ne peut être mis en doute par personne. Le premier est l'avenir. On le dirait devant nous. L'autre est le passé. On le dirait derrière nous. Depuis l'instant où il arrive au monde, dès la naissance ou peut-être dès la conception — et le débat est loin d'être sans importance —, chaque homme a un passé. Jusqu'à l'instant où il meurt, et qui marque pour lui la fin de tout avenir dans l'espace et dans le temps, chaque homme a un futur. Tout au long de leur vie, et du haut de leur présent, les hommes ont un passé et ils ont un avenir. Et les deux monstres, entre eux, se déchirent le présent.

— Et lequel des deux monstres, demanda A, est le plus menaçant ? Le passé ou l'avenir ?

— Voilà une bonne question, lui dis-je. La réponse semble

aller de soi : l'avenir. L'avenir est le lieu de l'attente, mais aussi des périls. Le passé est un cimetière où les morts enterrent les morts.

Tout se joue dans l'avenir parce que c'est là que les hommes, à chaque instant qui s'écoule, ont l'intention de passer le reste de leurs jours. Du passé montent des images, des souvenirs, des regrets, des remords qui finissent par se fondre dans la mélancolie et dans la nostalgie des univers disparus : une sorte de douceur morte et de charme désuet. L'avenir est plus viril, et presque militaire : il réveille les troupes au son du fifre et du tambour, il sonne la charge, il marche au combat sous des drapeaux déployés. Il est plein d'espérances. Et aussi de menaces.

Le passé est du côté du soir, des femmes, des longues veillées auprès du feu, des parfums et des roses, des grands chapeaux évanouis, des éventails, des épices, des esclaves noires sous les tropiques. L'avenir est du côté du matin, des hommes, des batailles rangées sous des déluges de feu, des épées, de la Bourse, des prophètes sur les collines. Le passé a la tristesse et l'odeur encore tiède des lits défaits à la hâte et des foyers éteints. L'avenir est un glacier qui brille sous le soleil.

— Je vois ça, me dit A. Le passé est de tout repos. L'avenir est à haut risque.

— C'est ce qu'on croit, lui dis-je. C'est ce que répètent à longueur de journée ceux qui ne pensent pas plus loin que le bout de leur nez. Le passé dort. L'avenir bouillonne. La marine à voile, les lampes à huile, les jolies manières, la douceur de vivre, les presses à bras, les fiacres, les souliers à la poulaine, les incunables, les temples doriques, les animaux préhistoriques qui n'effraient plus personne et tous les fossiles de la Terre somnolent dans le passé. Les machines infernales sont déposées dans l'avenir. L'impatience, quoi de plus évident? appartient à l'avenir. Les catastrophes aussi. On s'agite dans l'avenir, on est riche dans l'avenir, on est heureux dans l'avenir — et on meurt dans l'avenir. Le passé ronronne. L'avenir est tout ce qu'on attend pour faire mieux que le passé. Le passé est un aboli bibelot d'inanité sonore. C'est l'avenir qui triomphe.

— Eh bien, oui, dit A. Rien de plus clair.

— Rien de plus faux, lui dis-je. Dans l'affrontement des deux monstres que contemple le prisonnier des fenêtres de sa cellule de l'éternel présent, c'est l'avenir qui est vaincu. C'est le passé qui triomphe.

— Je voudrais bien voir ça, grogna A.

— Attends un peu, lui dis-je.

Et je pris mon souffle comme un coureur au moment de s'élancer, comme un plongeur sur son tremplin.

— Pour la Terre comme pour les hommes — car c'est toujours des hommes que je parle —, il y a quelque chose qui s'appelle le début. Les hommes naissent. La Terre se forme. Et l'univers lui-même, tel que nous le connaissons, commence avec le *big bang*. Tout de suite après le début, le passé et l'avenir prennent ensemble leur élan.

La loi de l'univers est que là où il y a un début, il y a aussi une fin. Parce que nous naissons, notre vie n'est pas éternelle. Nous naissons, donc nous mourrons. La vie de la Terre non plus ne sera pas éternelle. Personne ne doute que le Soleil finisse un jour par s'user et la Terre par disparaître. Nous ne savons pas quand, comme nous ne savons pas non plus, grâce à Dieu, la date exacte de notre mort. Mais nous savons qu'il y aura un terme au monde comme il y a un terme à notre vie. Ainsi, d'un côté, le passé du monde et le nôtre ne cesse jamais de s'accroître et, de l'autre, la durée de l'avenir, quelque indéterminée qu'elle puisse être, ne cesse jamais de se réduire.

— Ah ! mon Dieu ! s'écria A. Depuis que le monde est monde, l'avenir ne cesse de reculer devant l'invasion du passé !

— Nous y voilà ! lui dis-je. Ce n'est pas l'avenir, c'est le passé qui nous submerge. Dans la lutte à mort entre les deux dragons, le monstre menaçant, ce n'est plus l'avenir. C'est le passé.

Contrairement aux apparences, c'est lui qui mène l'attaque. L'air absent, les yeux clos, il l'emporte pas à pas, pouce à pouce, sur un avenir fringant, l'air d'un officier de cavalerie qui porterait plutôt beau et ferait les gros bras, mais qui n'en finirait pas de reculer sous la pression de l'ennemi et de battre en retraite. Dans la vie de ce monde comme dans la vie de chacun, la poussée du passé est d'une régularité, d'une puissance, d'un tragique irrésistibles. Il n'y a que deux drames au monde. Le premier est individuel : c'est la souffrance. Le deuxième est collectif, et beaucoup plus que collectif : c'est que l'univers ne cesse jamais de tomber dans le passé.

— Est-ce un drame ? demanda A. N'est-ce pas plutôt une chance de voir ce monde disparaître mais aussi avancer ?

— C'est une chance. Et c'est un drame. Pour l'univers qui va vers sa fin et pour chacun de nous qui se voit, seconde après seconde, minute après minute, glisser dans un passé qui prend le visage de sa mort. Un beau jour, dans la vie de chaque homme, la réserve d'avenir s'épuise. Le passé a tout recouvert. Il meurt.

Jusqu'à l'instant de la mort, tant qu'un fortin d'avenir résiste à l'assaut des bataillons du passé, tant que la tache du passé ne s'est pas étendue sur la totalité de la carte d'un avenir peu à peu grignoté et acculé dans un coin, tant que les flots du passé n'ont pas tout envahi, un peu de liberté s'agite encore sur la mer, à la façon d'un baigneur en train de se noyer et dont on aperçoit, entre les vagues qui finiront par l'emporter, la tête qui veut crier et les bras qui se lèvent. Car la liberté des hommes, dont je t'ai trop peu parlé et qui leur appartient en propre au point que des philosophes ont pu soutenir que la liberté était l'homme même et que l'homme n'était rien d'autre qu'une liberté aux prises avec le monde, cette liberté ne s'exerce que sur la mince ligne de rencontre entre le passé et l'avenir.

Le propre du passé, c'est que la liberté n'y a plus cours. Le passé est un monstre froid dont aucun élément ne peut plus être modifié. Tu as encore le droit, à la rigueur, d'en transformer le sens en agissant sur l'avenir. Mais tu n'as plus le pouvoir de rien changer à sa structure ni aux événements qui l'ont constitué. Le monde entier, les autres, les planètes lointaines, l'univers, les siècles à venir, rien n'échappe aux hommes et à leurs ambitions. Le passé leur échappe.

Les hommes conservent du passé des images obligées et contraintes où la liberté ne joue plus et qu'ils appellent des souvenirs. Tu peux choisir tes souvenirs, essayer de les apprivoiser, attendre qu'ils s'effacent, construire avec leur aide des univers de fiction. Rien n'y fait : le passé est une masse immense qui ne cesse de s'étendre dans le temps comme l'univers lui-même, avec ses galaxies en expansion, acharnées à fuir toujours plus loin, ne cesse de s'étendre dans l'espace. Et c'est un bloc gelé et figé, un rêve *ne varietur,* sur lequel aucune force, aucun Dieu tout-puissant n'est plus capable d'agir. Ceux qui croient à Dieu lui prêtent un pouvoir sur l'avenir. Personne ne prête jamais à Dieu le moindre pouvoir sur le passé.

— Sais-tu que tu m'effraies un peu ? me dit A. Voudrais-tu me faire croire que c'est le passé qui règne sur l'univers ?

— Je ne dis pas cela. Le passé n'est pas roi. Il n'exerce aucun des pouvoirs liés à la royauté. Il n'ordonne pas, il ne décide rien, il ne prend pas la moindre initiative. S'il était roi, ce serait un roi fainéant. Tout ce qu'il est capable de faire, car il n'y a pas d'avenir qui ne soit commandé par le passé, c'est d'empêcher l'avenir d'être n'importe quoi.

— Ce n'est pas rien, remarqua A.

— Ce n'est pas rien, lui dis-je, mais ce n'est pas beaucoup. Le passé se contente d'engranger de l'avenir changé soudain en présent, frappé aussitôt d'évanouissement et tombé au rebut. Et de le détruire.

— De le détruire ? demanda A.

— Enfin... De le détruire d'une certaine façon. C'est un problème si grave que ce n'est pas ici que nous le réglerons. Peut-être de le détruire et de le conserver. Disons de le mettre de côté.

On a pu parler de l'univers comme d'une machine à fabriquer des dieux morts. C'est surtout une machine à fabriquer du passé.

— À noter, dit A : le monde est une machine à fabriquer du passé.

— C'est un fait, lui dis-je. Et ce n'est pas vrai seulement pour chacun des êtres vivants qui est passé sur cette Terre...

— Si nous soulignions le mot *passé* ? dit A.

— Ce serait très malin, lui dis-je... avant de tomber à jamais dans le passé immobile. C'est vrai aussi de la Terre, du monde, de l'univers lui-même. L'univers est une machine à se jeter dans le passé.

— Faut-il comprendre, demanda A, que les galaxies que vous appelez lointaines, seront, elles aussi, englouties dans le passé ?

— En doutes-tu ? lui demandai-je.

— Quoi ! Veux-tu dire qu'Urql même...

— Je suis un peu surpris d'être chargé de te l'apprendre. Que vous enseigne-t-on dans vos écoles d'esprits ? Comme Rome, comme Paris, comme New York, comme la Terre, Urql, bien entendu, sera changé en passé. La seule question qui se pose est de fixer la date. Il est permis d'imaginer qu'elle est assez lointaine.

— Quelques milliards d'années ? hasarda A.

— Je n'en sais rien du tout, lui dis-je. Peut-être des dizaines, ou des centaines, ou des milliers de milliards d'années. Mais la fin est au bout. Et le passé attend. Il est d'une patience infinie. Mais il ignore la pitié.

— Et moi ? demanda A.

— Toi, lui répondis-je, je ne sais pas. Les esprits purs m'échappent. Urql, en tout cas, ne fera pas exception. Urql n'échappera pas au monstre froid du passé. Puisque l'univers entier, qui est né du *big bang,* va, avec lenteur, mais avec certitude, vers sa fin nécessaire. Ce que je me demande...

Je m'arrêtai un instant. Si j'avais encore été vivant, j'aurais bien bu un verre d'eau, ou peut-être un peu de champagne avec une goutte de framboise.

— Eh bien ? demanda A, la tête penchée en avant.

— ... c'est ce qui se passera quand le passé aura tout envahi. Quand un homme, à son tour, pénètre dans le passé, il y a d'autres hommes pour s'en souvenir.

— Ou des femmes, suggéra A.

— Ou des femmes, bien entendu. Une des hantises des hommes a été, pendant des siècles, pendant des millénaires, de faire en sorte que leur souvenir ne s'efface pas aussitôt. Ils ont coupé la queue de leur chien, ils ont mis le feu à des temples, ils se sont jetés dans des volcans, ils ont conquis des empires, ils ont mesuré des distances de la Terre à la Lune, ils ont peint ou sculpté des visages et des corps, ils ont assemblé des sons qui nous paraissent harmonieux, ils ont mis des mots bout à bout pour que les hommes après eux se souviennent encore d'eux. Même ceux qui n'avaient pas fait grand-chose espéraient encore que l'amour que leur portaient des vivants les ferait survivre quelque temps. « Souvenez-vous dans vos prières de Sosthène de Plessis-Vaudreuil, ou d'Albert Rémy-Michault, ou de Jean-Christophe Comte... » était une inscription que l'on voyait souvent, de mon temps, sur les tombes des cimetières ou sous la rubrique nécrologique des journaux ou sur les images pieuses que les croyants glissaient, les unes derrière les autres, dans leurs livres de messe. Quand le monde aura disparu, quand il aura été pris dans les glaces du passé, qui se souviendra du monde ?

— Tiens ! oui, dit A. Qui donc ? Peut-être personne.

— Peut-être, lui dis-je. C'est une question qui me trotte dans la tête.

— C'est la même que de savoir si le passé est détruit au point que tout se passe comme s'il n'avait jamais existé.

— Oui, lui dis-je. C'est la même. Le monde a été, il est, il sera. Un jour, il aura été. C'est sûr. N'y aura-t-il vraiment rien ni personne pour se souvenir de lui ? Je ne sais pas pourquoi : j'ai du mal à le croire. Je me berce de l'espérance, qui est peut-être une illusion, que le souvenir du monde sera conservé quelque part comme le souvenir d'un mort ne périt pas tout à fait chez ceux qui l'ont aimé.

— Et le rapport ? s'écria A. Tu oublies le rapport ! Il y aura le rapport.

— Ça nous fera une belle jambe. Il faudrait quelqu'un pour le lire. Quand l'univers disparaîtra, le rapport, hélas ! mieux vaut t'y résigner, disparaîtra avec lui. Non, ce qu'il faudrait...

— C'est quelqu'un comme moi, déclara A, avec une charmante simplicité.

— Voilà, lui dis-je. Quelqu'un comme toi. Une espèce d'esprit pur, affranchi de l'espace et du temps, plus rapide que la lumière. Et encore, je ne sais pas si, toi, tu n'es pas lié d'une façon ou d'une autre à l'univers autour de nous. Il n'est même pas exclu que quelque lien que j'ignore te fasse dépendre de moi.

— Quelle suffisance ! s'écria A.

— La distance infinie qui me sépare de toi, peut-être existe-t-elle, multipliée par cent, par mille, par des millions et des milliards, par des chiffres infinis, entre toi et quelqu'un qui te serait, à toi, ce que tu es à moi et pour qui tu ne serais, miracle pour les autres, énigme pour toi-même, misérable poussière d'étoile jetée comme moi-même dans des flots d'inconnu, que ce que je suis à toi ?

— Ce sont des secrets, me dit-il, dont je n'ai pas le droit de parler.

— Même aux âmes des morts ?

— Même aux âmes des morts.

— Je m'en doutais, lui dis-je.

## XV

## *Être dans ce qui n'est pas*

— Il y a quelque chose qui m'échappe et qu'il faut m'expliquer. Tantôt tu parles du passé qui se jette sur l'avenir et le dévore à petit feu : tout bouge. Tantôt tu évoques la tour de l'éternel présent : rien ne bouge. Le temps est-il pour les hommes, comme pour moi, un océan immobile où nous nous déplaçons ? Ou ne cesse-t-il, au contraire, de courir et d'avancer ?

— Il bouge tout le temps. Il court. L'histoire des hommes et des choses ne cesse jamais d'avancer. Un être vivant qui ne ferait rien du tout, qui ne lèverait pas le petit doigt, qui passerait ses jours et ses nuits à dormir serait pourtant emporté vers la mort à la même allure terrifiante qu'un conquérant d'empires ou qu'un artiste de génie qui aurait changé l'image qu'on peut se faire de la vie. C'est que la bataille ne cesse jamais entre les deux monstres rivaux qui assiègent le présent. Ils luttent mufle contre mufle et tout le terrain abandonné à chaque instant par l'avenir est aussitôt occupé par le passé vainqueur. La ligne de front se déplace sans cesse, avec une régularité implacable, que rien ne peut contrarier, qui est la source de tout désespoir, et qui ne laisse place à rien. Il y a l'avenir, il y a le passé, et entre les deux il n'y a rien.

— Je ne comprends pas, dit A. Entre le passé et l'avenir il n'y a rien ?

— Rien du tout. Le passé n'en finit pas de mordre sur l'avenir et ce qui n'est plus l'avenir est déjà du passé.

— Je ne comprends pas, répéta A. Alors, où est le présent ?

— Mais nulle part, lui dis-je. Un des secrets de ce monde que tu viens explorer, c'est que le présent n'existe pas. Personne n'a jamais pu isoler le présent. C'est une substance plus volatile que le gaz le plus léger, un espace plus étroit que le point des géomètres qui n'a aucune épaisseur, une réalité plus fugitive que le quark le plus insécable. Borges, qui aurait été pour toi un guide inespéré...

— Borges ? demanda A en levant la tête d'un mouvement brusque.

— Un Argentin cosmopolite qui racontait le monde à coups de paradoxes. Borges aimait à citer le vers d'un poète français dont le sexe, dans ses jeunes années, avait été happé par un jars en colère et qui devait servir de maître en même temps que d'ami à Racine, à Molière, à La Fontaine, à beaucoup d'autres.

— J'aimerais beaucoup que son nom figurât dans le rapport. D'abord parce que tu m'as assuré que Racine, Molière, La Fontaine étaient de très grands poètes. Mais surtout parce que la place d'un homme dont le sexe a été avalé par un jars est, à coup sûr, dans le rapport.

— C'était Boileau, lui dis-je.

— Et le vers ?

— Il est tout simple, mais il fait rêver :

*Le moment où je parle est déjà loin de moi.*

Le présent est un être de fuite qui ne se laisse jamais arrêter. Cette ardeur à s'évanouir a servi de thème, outre Boileau, à une foule de poètes qui se sont surtout lamentés de la brièveté de leurs amours, mais qui auraient pu tout aussi bien verser leurs larmes sur le soleil en train de se lever, sur l'eau en train de couler, sur la nuit en train de tomber ou sur n'importe quoi, puisque tout ici-bas n'apparaît que pour disparaître et qu'il est toujours trop tard pour rattraper ce qui est et qui, déjà, n'est plus.

Il y a, dans notre histoire, un certain nombre de grands mythes dont la plupart sont grecs et dont chacun constitue comme un rapport sur le monde et sur les passions des hommes : Œdipe, Achille, Ulysse, Jason, Hercule, Médée, Iphigénie et tant d'autres. Le propre de l'âge où j'ai vécu, où règne, comme tu le sais, toute la tristesse du désenchantement, est de manquer de mythes. Il y en a pourtant deux ou trois qui ont marqué le monde moderne : Don Juan, qui, sous le regard d'un Dieu défié, règne sur les frontières sulfureuses de l'amour, du plaisir et de la transgression, le Dr Faust, image de la science conquérante et du savoir sur le savoir, Isaac Laquedem, que nous appelons le Juif errant. Les Allemands, qui ont eu de grands soldats, de grands philosophes et de grands musiciens, ont aussi de grands poètes. Ils s'appellent Goethe, Novalis, Hölderlin ou Heine — pour ne pas parler d'Otto Julius Bierbaum, qui ne valait pas tripette, que j'aimais à la folie et qui écrivait de petites choses dans le genre de celle-ci :

*Charlotte, Lotte, Lotte*
*Heisst meine Wäscherin.*
*Sie bringt mir meine Wäsche*
*Weil ich ihr Liebling bin.*
*Und hat sie nichts zu bringen,*
*Da kommt sie ohne Was.*
*Kein Tag geht ohne Lotte.*
*Auf Lotte ist Verlass.*

— C'est une histoire de blanchisseuse ? demanda A.

— Bravo ! Une machine à laver. De blanchisseuse. Et de blanchisseuse amoureuse. Goethe, lui, qui avait du génie, écrit un *Faust*, et même deux, que le rapport ne peut pas laisser glisser dans le silence. Le Dr Faust est une espèce de philosophe, un intellectuel, un chercheur qui vend son âme au diable en échange de la science et du pouvoir. Dans une histoire plutôt embrouillée dont je t'épargne les détails, il est soudain question de freiner la marche du temps et de crier à l'heure qui passe : « Arrête ! tu es si belle ! » L'heure, bien entendu, ne tient pas le moindre compte de ces objurgations et continue à tourner. Car l'univers entier, le monde en particulier, et les hommes plus spécialement, qui sont sans doute les seules créatures à être conscientes de la double catastrophe, sont emportés sans répit dans un espace qui se dilate et dans un temps qui s'avance.

Si plein de menaces et d'espérances, l'avenir attend devant nous d'être fauché par un présent mince et tranchant jusqu'à l'inexistence et d'être changé en passé. Enfoui sous les glaces et guetté par l'oubli, le passé, derrière nous, étend sans cesse son royaume, au point que dans quelques millénaires l'histoire, démesurément gonflée par tant d'acteurs et d'événements nouveaux, sera impossible à manier dans sa totalité et à enseigner aux enfants. Et, au milieu...

— Au milieu... ? demanda A en se penchant en avant.

— Rien du tout. Il n'y a pas l'épaisseur d'un papier à cigarette entre le terrain abandonné par l'avenir et le terrain occupé par le passé. Pas un cheveu. Pas un souffle.

— Pas un souffle ?

— Pas un souffle.

### *Le moment où je parle...*

Personne n'a jamais pu planter le moindre drapeau sur le territoire du présent. Le passé, à la bonne heure ! On l'explore, on l'étudie, on en parle, on le chérit. Tout le passé de l'univers est comme ces papillons, chers à Jünger, à Nabokov, à Caillois, cloués enfin dans leur boîte et leur éternité, et parmi lesquels on se promène en déversant des flots de paroles qui ne sont pas sans charme. L'avenir aussi, au futur ou au conditionnel, sur les modes de l'irréel non encore entré en fonctions, on peut le jalonner, le mesurer, rêver longuement sur ses collines ou ses plages, d'une beauté à couper le souffle, et établir dans ses plaines vierges et apparemment indestructibles — mais tu sais maintenant ce qu'il en est — des gîtes d'étape, des auberges, des châteaux en Espagne et des fortifications dont personne ne devine encore, tant d'années à l'avance, la fragilité à venir. Il n'y a que le présent dont il est interdit de rien dire. Puisqu'il n'existe pas.

A me regarda de ce regard que je commençais à connaître et qui ne me voulait pas de bien.

— Je t'y prends ! s'écria-t-il. Voilà déjà un bout de temps que je te soupçonne de dire n'importe quoi. Tu viens bien de m'assurer que le présent n'existait pas ?

— Essaie donc de le saisir, lui dis-je.

— Ne m'avais-tu pas affirmé avec le même aplomb que l'homme était enfermé à jamais dans la tour immobile de l'éternel présent ?

— Essaie donc d'en sortir, lui dis-je.

— Alors, éclata-t-il, comment concilies-tu ces deux propositions : le présent n'existe pas et l'homme y est installé ?

S'il y avait eu un piano au-dessus des îles du Pacifique que nous étions en train de survoler, je crois que je m'y serais accoudé.

— Mon cher A, lui dis-je, tu mets le doigt ici sur un des mystères les plus profonds de ce monde que tu es venu explorer. Je ne pouvais pas t'en parler dès le début de notre rencontre : tu m'aurais pris pour un illuminé. Aussi t'ai-je amusé d'abord avec les papes Clément...

— Amusé ? demanda A.

— Enfin..., lui dis-je, avec la rue du Dragon, avec la découverte de l'Amérique, avec mille détails insignifiants qui pouvaient t'introduire, sans trop te bousculer, à la simplicité de l'abîme que tu contemples avec stupeur et que tu auras du mal à sonder : l'homme est installé dans quelque chose qui n'a pas la moindre existence.

Les uns pensent que le monde est une dure réalité, les autres soutiennent que c'est un rêve. Le monde n'est pas un rêve — ou alors c'est ce rêve que nous appelons réalité. La souffrance, le chagrin, les larmes, le souvenir, l'espérance, constituent un système d'une cohérence sans faille. Va expliquer à un homme qui a faim ou qui a soif, qui a perdu ceux qu'il aimait, qu'une maladie pernicieuse est en train de ronger ou dont la moitié du corps a été arrachée que la vie est un rêve. Il t'enverra au diable. Le monde est une réalité. Et la réalité est cruelle.

Mais cette réalité n'a pas la moindre consistance. Elle est prise dans un tourbillon. Elle est en équilibre sur un abîme. Chaque instant de notre vie est un paradoxe, un miracle, une leçon de métaphysique. Comment soutenir que le monde n'est fait que de matière quand il est, de part en part, traversé par le temps ? Et que les hommes habitent à jamais la splendeur d'un palais dont la première définition est qu'il n'existe pas ?

Les hommes ne vivent que dans le présent. Et il n'y a pas de présent. Voilà l'image la plus simple à donner, dans le rapport, de cette créature orgueilleuse que tu es venu étudier.

XVI

# *Éloge du corps*

— Ça ne s'arrange pas, me dit A. Déjà, les papes Clément, on n'y comprenait pas grand-chose. Voilà, à cause du temps qui la traverse et l'emporte, que la vie quotidienne d'un paysan de la Beauce, d'un broker de New York, d'un cavalier de la Horde d'or, d'un teinturier de Bruges ou de Venise me paraît un jeu d'une cruauté à faire dresser les cheveux sur la tête d'un esprit venu d'Urql.

— La vie est très simple, lui dis-je. C'est le plus banal des miracles. Elle était compliquée, de mon temps, par des guerres meurtrières et par une prolifération de papier appelée administration qui était plus irritante que douloureuse. Elle a été rude pour Carthage détruite par les Romains, pour les Romains balayés par les grandes invasions, pour les Allemands affamés par la guerre de Trente Ans, pour les Juifs et les Tziganes massacrés par les Allemands, pour les paysans chinois ou pour les masses indiennes d'un bout de l'histoire à l'autre, pour ceux qui étaient installés sur des chevalets de torture, ou perdus dans le désert, ou assiégés dans une ville sans espoir de secours. Mais partout et toujours, elle a charrié dans ses flots autant de bonheur que de larmes. Que le présent n'existe pas n'a pas la moindre importance pour les hommes qui en jouissent : ils ne s'en doutent même pas. Il n'est pas nécessaire pour traverser l'existence de se poser des questions. J'ai peur qu'à force de t'expliquer ce que sont le monde et les hommes je ne t'en donne une idée qui ne leur rende pas justice.

La vie est un système, un code secret, un mystère en pleine lumière. C'est aussi un camouflage. « Les hommes, qui sont malheureux par essence », écrit Leopardi, un poète italien, pessimiste et savant, du début du XIXe siècle, « veulent croire qu'ils le sont par accident ». Les hommes, qui ne sont pas heureux, s'arrangent surtout pour oublier et pour dissimuler la vie, c'est-à-dire la souffrance et la mort, sous une avalanche de plaisirs. Ils disposent, dans ce sport qui se confond avec eux, d'un instrument étonnant : c'est le corps.

— Ah ! oui, s'écria A en faisant des mines et des grimaces et en se roulant en boule sur lui-même, parle-moi un peu des corps. Rien n'est plus simple pour vous. Rien n'est plus mystérieux aux yeux d'un esprit pur.

— Il n'y a pas d'homme sans corps. Sur cette Terre au moins, il n'y a pas d'âme sans machine. De Virgile à Marie, de Jésus à Marcel Proust, tous les hommes dont je t'ai parlé, sans la moindre exception, disposaient de cette machine que nous appelons un corps. Le corps des hommes qui, comme tu le sais, est une invention assez récente, à peine plus vieille de quelques millions d'années que la littérature, la musique, l'agriculture ou le feu, a des emplois innombrables. Il sert à s'asseoir, à marcher, à se nourrir et à boire, à réparer d'autres machines, à fabriquer des enfants, à faire la guerre, à danser. Il sert surtout à souffrir. Il sert aussi au plaisir. Le plaisir ne vaut pas le bonheur. Mais il le remplace assez bien.

Tu as la chance, mon cher A, de ne pas avoir de corps. C'est un immense avantage. Tu ne vas pas chez le dentiste, tu ne souffres pas de la gale, du rhume des foins, de rhumatismes, du zona, de coliques néphrétiques, il ne viendrait à l'idée de personne de te couper une jambe, tu peux être partout à la fois. C'est un grand bonheur. C'est aussi une infirmité.

« J'étais très lié avec mon corps », écrit, à propos de sa jeunesse, un Chateaubriand devenu ambassadeur, ministre, académicien, pair de France, poète officiel du trône et de l'autel, « et il se donnait du plaisir par-dessus la tête ». Le plaisir du corps prend des formes innombrables. Malgré mystiques et théologiens, ce qu'il y a de plus matériel dans l'homme est plein de subtilité et de contradictions. L'effort est un plaisir, le repos est un plaisir. S'habiller est un plaisir, se déshabiller est un plaisir. Boire quand on a soif et dormir quand on a sommeil sont des plaisirs qu'il est aussi difficile d'expliquer à ceux qui en ignorent tout que l'odeur des roses ou le spectre des couleurs ou le passage du temps.

Le corps des hommes, comme tu le sais, est constitué d'un tronc, de quatre membres munis d'extrémités que nous appelons pieds et mains et d'une tête reliée au tronc par une courte colonne, parfois un peu plus élancée chez certaines femmes qui peuvent tirer vanité de cette élongation, et que nous appelons le cou.

— Je sais, dit A, je sais : j'ai vu Marie dormir.

— La tête, par-devant, est agrémentée d'un visage. Derrière et en haut poussent les cheveux. Ils sont si nombreux, au moins dans la jeunesse, que personne, autant que je sache, ne connaît le nombre exact des cheveux qu'il transporte sur son crâne. Le visage jouit, chez les hommes, de beaucoup de privilèges. C'est là que se concentre l'essentiel des instruments qui nous fournissent des informations sur le monde extérieur et que nous appelons les sens. Le visage est d'abord une espèce de tableau de bord. Nous voyons avec le visage, nous entendons avec le visage, nous respirons avec le visage, nous mangeons et nous buvons avec le visage. Les instruments s'appellent les yeux, les oreilles, le nez, la bouche. Il arrive qu'ils tombent en panne. Les aveugles et les sourds sont pris en charge par les boy-scouts qui leur font traverser les rues, par des organismes de bienfaisance publics ou privés et par les psychologues qui s'intéressent à leur cas et en tirent des enseignements sur la machine humaine.

Le visage des hommes n'est pas seulement une console

d'ordinateur. Il exprime des sentiments, des émotions, des passions. Les yeux et la bouche jouent, à des stades différents, un rôle essentiel dans l'amour. Les oreilles aussi, et le nez, comme tout le reste d'ailleurs, mais moins.

— Moins ? demanda A.

— Sauf exception, lui dis-je. Mais tu n'aimerais pas, je crois, que je t'en parle trop longuement.

— Pourquoi cela ? demanda A.

— C'est le sexe, lui dis-je

— Ah !... murmura A.

— Parce que tant de choses importantes s'inscrivent sur les visages, une créature humaine est d'abord son visage. Tous les visages se ressemblent. Et ils sont tous différents. Si tu te promenais dans le monde en montrant ce dessin, chacun te dirait aussitôt que c'est le portrait d'un homme. Quel homme ? N'importe quel homme.

— Chateaubriand, demanda A, ressemblait-il à ça ?

— Bien sûr, lui répondis-je. Ou à peu près. Et Molé aussi.

— Et toi ? demanda A.

— Moi aussi, lui dis-je.

— Mais comment les gens parvenaient-ils à vous distinguer les uns des autres ?

— Sans aucune peine, lui dis-je. Il y a toujours deux yeux,

deux oreilles, un nez, une bouche, et les hommes pourtant se reconnaissent entre eux sans la moindre difficulté. Personne ne confondra jamais le visage de John Wayne avec celui de Gary Cooper qui ne diffère du premier que par de minces détails. Il n'est pas exclu que ce soit une question d'habitude. Les Européens pensent d'ailleurs que tous les Chinois se ressemblent et il est possible que les Chinois aient du mal à distinguer un Blanc d'un Blanc ou un Noir d'un autre Noir. Je serais plutôt tenté de croire que derrière chaque visage se cachent des abîmes de métaphysique et tout le mystère du monde.

La surprise, la terreur, le désir s'affichent sur le visage. Ce que disent les visages n'est pas tout à fait aussi clair que la table de multiplication ni même que la palette des couleurs d'un Gauguin ou d'un Véronèse. Tout visage est ambigu. Il n'est pas certain que tu sois capable, à coup sûr, de l'extérieur, sans aucune information, de découvrir sur un visage les sentiments qui l'animent. Non seulement les hommes, et les femmes, apprennent à dissimuler ce qu'ils ressentent, mais l'extrême plaisir peut se confondre avec la douleur. Et un excès de joie avec le désespoir. Contemplant à Rome, dans la chapelle Cornaro de Sainte-Marie-de-la-Victoire, l'extase de sainte Thérèse telle que la voyait le Bernin, le président de Brosses, dont je t'ai déjà parlé, s'écriait : « Si c'est cela, l'amour divin, je le connais ! »

Un visage tout seul est déjà compliqué. Deux visages face à face suffiraient largement à illustrer le rapport, et peut-être à le constituer. Si le monde entier est déjà contenu dans le Capitole et dans le théâtre de Marcellus, il l'est encore bien davantage dans le visage d'un homme — ou d'une femme — qui regarde un homme — ou une femme — en train de le regarder. Peut-être pourrait-on soutenir, avec un peu d'exagération poétique — mais tu reconnaîtras que je n'ai pas abusé du lyrisme des grands espaces et des grands sentiments —, qu'à chaque regard échangé entre deux de ces êtres vivants qu'il est convenu d'appeler hommes et qui traînent derrière eux, dans la lumière de la conscience ou dans les ténèbres de l'inconscient, tant de passé, tant de souvenirs, tant d'images, tant d'espérances, l'univers est recréé.

— Je me demande, murmura A, si le plus simple n'aurait pas été de ramener avec moi, parmi mes confrères d'Urql, deux exemplaires de ces hommes qui auraient pu passer leur temps à se regarder devant nous et à nous raconter le monde à travers leur visage comme tu essaies, tant bien que mal, de le faire dans ton rapport.

— Tu ne peux pas, lui dis-je. Non seulement le corps des hommes pourrit très rapidement mais il ne lui est pas permis, jusqu'à présent au moins, de s'éloigner de la Terre et de sa proche banlieue. Peut-être, dans des milliers et des milliers d'années, il n'est rien d'impossible au pouvoir de l'esprit et nous nous promenons déjà un peu dans nos environs immédiats, l'un de nous débarquera à Urql comme tu m'es apparu au-dessus de la Douane de mer. Tout ce que je te demande, c'est d'avoir alors une pensée pour ton vieil ami O qui faisait ce qu'il pouvait pour bourrer le rapport de tout ce qu'il ignorait.

— Promis, me dit A. Mais, surtout, pas d'émotion. Je crois que l'émotion serait considérée à Urql comme extrêmement vulgaire. Continue.

— D'accord, soupirai-je. Au temps où je vivais, les corps étaient liés à la Terre. Il y avait comme un accord entre la Terre et le corps des hommes. Les corps vivaient de la terre et retournaient à la terre. Et ils se promenaient à sa surface. Les corps des hommes s'asseyaient à la terrasse des cafés. Ils buvaient, ils mangeaient, ils s'étendaient sur les plages tout le long de la mer. Et ils faisaient du sport. Dans l'enthousiasme général, ils sautaient, ils couraient, ils poursuivaient, selon des règles arbitraires et fixées par avance, des balles ou des ballons qui avaient été lancés par d'autres et qu'ils relançaient à leur tour.

— Vraiment ? dit A.

— Vraiment. Ils montaient sur des chevaux qui ne servaient plus guère qu'à galoper aussi vite que possible entre des haies de spectateurs qui poussaient de grands cris. Ils grimpaient le long des montagnes et ils les descendaient à toute allure sur de longues lattes assez étroites qui glissaient sur la neige.

— C'est très bizarre, remarqua A.

— C'était le bonheur, lui dis-je. Nous avons, Marie et moi, skié sur les fleurs, au printemps, entre de minces ruisseaux qui naissaient de la glace. La neige brillait sous le soleil. Nous suffoquions d'un bonheur qui était fait de griserie. Les hommes aiment la griserie. Dans la guerre ou dans la paix, les corps leur servent souvent à lutter les uns contre les autres et à atteindre un vertige qui leur fait tout oublier. Comme le théâtre, la danse ou la littérature, le sport est une espèce de jeu qui n'est pas nécessaire à la poursuite de la vie, mais où, pour des raisons qui ont été souvent étudiées par les philosophes et les savants, les hommes trouvent leur plaisir. La part des corps est plus ou moins grande selon les jeux auxquels on se livre. Elle est très faible dans le bridge, dans le gin rummy, dans les mots croisés, dans la rédaction d'une nouvelle ou d'un roman. Elle est considérable dans le cyclisme, dans le tennis, dans le football, dans le rugby, dans toutes les formes d'athlétisme, et dans les sports en général qui ne sont rien d'autre qu'une entreprise de réhabilitation de notre pauvre corps, si calomnié par l'âme.

Le corps est pour les hommes une source de délices et de satisfaction. Tu te souviens de Symi ?

— Ça, me dit A, pour me souvenir de Symi, je me souviens de Symi. Il m'arrive de me demander si les esprits d'Urql, en lisant le rapport, ne verront pas le monde sous les espèces exclusives des papes Clément, du vicomte de Chateaubriand et de l'île de Symi.

— C'est une forme d'idiotisme, lui dis-je, et d'idiosyncrasie. Tous les hommes que tu interrogeras te parleront du même monde dans des termes différents et chacun y verra ce qu'il a le plus aimé. Les papes Clément, je ne sais pas, mais j'ai beaucoup aimé Chateaubriand et j'ai beaucoup aimé Symi. Quand nous étions, Marie et moi, au bord de la baie de Pedi, le soleil tapait très fort parce que c'était l'été.

— Je sais, dit A. Chez vous, l'hiver est froid. L'été est chaud.

— Et il faisait très chaud. Il y avait la chaleur, il y avait nos deux corps, et il y avait la mer. C'était une mer de légende où avait passé tout un monde de navigateurs et de conquérants. Ulysse était passé par là, et Jason, et les Vénitiens, et Andrea Doria à la tête de ses Génois et le terrible Khayr al-Dîn que nous appelons Karaddine ou Carradine ou encore Barberousse et qui commandait les galères de la flotte ottomane. Nous nous en moquions bien. Tous les papes Clément étaient tombés dans l'oubli. Il y avait la mer et nous. Et nous étions nos corps.

Nous courions vers la mer. Nous nous jetions dans l'eau. Le soleil sur la mer comme le soleil sur la neige est l'image d'un bonheur inconnu aux esprits. Nous nagions l'un près de l'autre. L'eau, qui t'est un mystère, est le plus fort peut-être de tous les lieux de bonheur. Nous nous glissions en elle, elle nous enveloppait de partout. Nous retournions à la mer comme au sein maternel, comme à notre origine. Si tu me demandais ce que j'ai fait de ma vie avant de te rencontrer, je ne parlerais ni de postes, ni de fonctions, ni d'études, ni de combats. Je parlerais de quelques livres, de Marie, du soleil, de la neige, de la mer. Je me suis baigné dans la mer parce que j'étais un corps.

— Ah ! s'écria A, j'aimerais avoir un corps, jouir du soleil sur la neige et me baigner avec toi dans la mer des dieux et des hommes.

— Ne parle pas trop vite, lui dis-je. Presque toujours, chez les hommes — regarde un peu leur histoire et cette histoire dégradée qu'ils appellent politique —, le résultat est contraire à ce qu'ils espéraient. Parce que le temps est la forme de la contradiction. Dans les corps surtout, la contradiction est à l'œuvre. Le corps, qui est le bonheur, est aussi la souffrance. Les corps sont faits pour souffrir. Le corps est une machine. La machine se déglingue. Il lui arrive de n'être plus rien qu'un appareil à produire de la douleur. Le corps qui glissait sur la neige et qui glissait dans l'eau est guetté par le cancer, par la souffrance, par la mort.

Peu après notre rencontre, tu te réjouissais de la souffrance qui enracine les hommes dans ce rêve sans consistance que nous appelons réalité. C'est le corps qui nous attache à cette Terre où tu es descendu. Il nous y attache par le plaisir, il nous attache par la souffrance. Si tu nous vois comme des machines, nous sommes des hommes parce que nous sommes aussi des esprits. Si tu nous vois comme des esprits, nous sommes des hommes parce que notre corps nous attache à la Terre.

— Je ne sais plus dit A. Je ne sais plus si j'aimerais ou si je détesterais être un homme.

— Nous non plus, lui dis-je, nous non plus, nous ne savons pas. C'est pourquoi l'amour, où le corps joue un si grand rôle, tient une telle place dans notre vie. Les corps ne sont que plaisir, les corps ne sont que souffrance. L'amour est plaisir et souffrance. Le corps, chez les hommes, est le lieu de l'amour parce que, dans l'amour comme dans les corps, la souffrance se mêle au plaisir. Les corps des hommes sont d'abord faits pour l'amour parce qu'ils sont faits pour la souffrance et qu'ils sont faits pour le plaisir.

— À noter pour le rapport ! s'écria A.

— Si tu veux, lui dis-je. Tu peux inscrire dans le rapport que les hommes sont des corps attachés à la Terre par la souffrance et par le plaisir.

— Ah ! très bien ! me dit-il.

— Et emportés par l'amour.

— Emportés où ? demanda A.

— Dans la souffrance, lui dis-je. Et dans le plaisir.

— Quelle horreur ! murmura A.

— Au-delà du plaisir, lui dis-je. Et au-delà de la souffrance. Car nous ne sommes jetés sur la Terre ni pour des chagrins peu dignes ni pour un misérable bonheur.

## XVII

# *Le statère d'or*

— Mais alors, demanda A, si ce n'est ni pour le chagrin ni pour le bonheur, pourquoi êtes-vous sur la Terre ?

— Ça, mon petit bonhomme...

— Mon petit bonhomme ?... dit A en levant un sourcil.

— Excuse-moi, bredouillai-je, c'est l'enthousiasme, c'est la crainte, c'est l'angoisse d'être un homme — ou de l'avoir été... personne ne peut te le dire. Beaucoup pensent que c'est comme ça et que nous sommes ici par hasard. D'autres soutiennent qu'il y a un Dieu — ou peut-être plusieurs, un Père, un Fils, un Olympe, toute une famille de dieux — qui a tout arrangé et qui nous laisse croire, à tort ou, on ne sait pas, à raison, que nous agissons par nous-mêmes. Et ce qu'il y a d'épatant, c'est que le piège est si bien tendu et la machine montée avec tant de rigueur et tant de précision que personne n'a aucun moyen de décider avec certitude si nous sommes nos propres maîtres ou les jouets de quelqu'un d'autre. Les génies, à cet égard, en savent aussi peu que les idiots de village et tout le monde, sur cette Terre, est logé à la même enseigne. Je crois que je t'ai déjà parlé de toutes ces choses qui agitent les philosophes et les théologiens et dont le reste des hommes ne s'occupent pas beaucoup.

— Comment expliques-tu que les hommes s'inquiètent si peu de leur origine et de leur destin à venir au seul bénéfice des quelques mois qu'ils ont à passer sur cette Terre ? C'est comme si un voyageur dans un train oubliait tout à coup d'où il vient et où il va.

— C'est qu'ils ont autre chose à faire, lui dis-je.

— Et quoi donc ? demanda-t-il.

— Du jardinage, lui dis-je.

— Du jardinage ?

Et il tendit la main vers son carnet de notes.

Je l'arrêtai d'un geste.

— Du jardinage. Des courses à pied. Des opéras bouffes. Des terrines de canard. Des rectifications de frontière. Des statues de marbre. Des jeux de mots. Tout cela s'enchaîne sans fin dans de subtils engrenages qu'on appelle le destin. Veux-tu que je te raconte une histoire qui en montre les détours ?

— Pourquoi pas ? me dit-il. Une histoire de Chateaubriand avec une de ses Madames ? Une histoire d'Aztèque ou de samouraï ? Une histoire de Benvenuto Cellini et d'une de ces salières, d'un de ces bibelots précieux qu'il ciselait pour le pape, pour l'empereur ou pour les Médicis ?

— Non, non, lui dis-je. Encore une autre. C'est une histoire toute simple. Elle pourrait se passer à Francfort ou à Londres. Elle se passe à Paris, vers le tournant du siècle.

— De quel siècle ? me dit-il.

— Toujours le même. Le mien. Ou un peu avant moi. Vers la fin du siècle dernier. La bourgeoisie triomphe. Appuyée sur les machines de la possession du monde et du désenchantement, elle envahit la Terre. L'argent compte beaucoup. Il prend les formes les plus diverses. Des terres, des fermes, des bois, des maisons, des usines, des actions, des obligations, des collections d'objets rares. On collectionne presque tout : les tableaux, les vases, les statues, les monnaies, les timbres-poste. Nous pourrions passer plusieurs heures à nous occuper des timbres-poste... Veux-tu ?... Mais parlons plutôt des monnaies. C'est plus joli. C'est rond. Ça remonte plus loin dans le temps. Et ça fait rêver davantage.

— Va pour la monnaie, me dit-il. Tu m'as tellement répété que l'argent menait le monde...

— Il ne le mène pas, lui dis-je. Non, il ne le mène pas. Il pèse sur lui.

Monsieur le marquis de Chamilly appartenait à ce qu'il est convenu d'appeler une vieille famille. Tu as bien compris qu'il n'y a pas de famille qui soit plus vieille que les autres, puisqu'elles remontent toutes à Lucy, notre ancêtre d'Afrique de l'Est dont nous descendons tous, aux primates, aux lémuriens et, en fin de compte, au *big bang*. Mais il y a des familles dont les membres, jadis, ont gagné des batailles ou tenu de grandes places, porté de beaux habits, accompagné des princes, épousé des princesses. Et elles en gardent le souvenir. Il y a des familles où les enfants sont tellement soutenus par le passé que l'avenir leur est assuré, ou leur semble assuré. Monsieur le marquis de Chamilly appartenait à l'une de ces familles qu'on appelle bonnes ou vieilles.

— Pourquoi ne dis-tu pas tout de suite que ce sont des gens riches ?

— Parce que ce ne serait pas vrai. M. de Chamilly ne manquait certes de rien. Mais ce n'était pas l'argent qui donnait à M. de Chamilly tant d'apaisement et de calme. C'était son éducation, sa famille, son passé. Il y avait en France, entre la guerre de 70 et la Première Guerre mondiale, une foule de propriétaires, d'industriels, de commerçants, de banquiers qui étaient autrement riches que M. de Chamilly. Mais le nom de M. de Chamilly figurait déjà dans les *Mémoires* de Saint-Simon. Il n'y apparaît pas sous les aspects les plus flatteurs : « L'âge et le chagrin, écrivait le petit duc du Chamilly de son temps, l'avaient approché de l'imbécile. » N'importe. Au bout d'un certain nombre de siècles, la stupidité même est encore un honneur. Une force. Un héritage dont il y a lieu d'être fier. Beaucoup de banquiers ou d'industriels auraient donné la moitié de leur or pour mener la vie du marquis, qui était bien moins riche qu'eux, ou pour épouser une de ses filles. M. de Chamilly portait des favoris, un col dur, une redingote. Il présidait avec élégance une société de bibliophiles et une société de numismates qui se réunissaient, à tour de rôle, tous les deux ou trois mois, dans son petit hôtel de la rue de Chanaleilles.

D'où lui était venu un goût pour les vieilles monnaies qui s'était bientôt transformé en passion, je n'en sais rien. Il avait fini par acquérir, dans le milieu des numismates, une certaine réputation dont il tirait vanité. Il possédait une monnaie de Corinthe à l'effigie de Pégase, une drachme d'Alexandre, frappée d'un mufle de lion, un denier de la République romaine qui représentait Apollon, deux sesterces d'Auguste, un solidus d'or de Théodore le Grand, une tétradrachme d'argent de Naxos, en Sicile, qui portait, à l'avers, une tête barbue de Dionysos et, au revers, un satyre ithyphallique assis, s'apprêtant à boire dans un canthare. Sa bible était l'ouvrage célèbre de Mionnet, *Description des médailles antiques,* qui ne quittait jamais sa table de travail et il s'enorgueillissait, dans sa bibliothèque, d'une édition originale de la *Doctrina numorum veterum* d'Eckhel et surtout de l'étude, plus économique que morphologique, de Guillaume Budé : *De asse.*

M. de Chamilly était lié avec les trois frères Reinach qui s'appelaient Joseph, Salomon, Théodore et qui avaient gagné à eux trois le surnom de *Je Sais Tout.* Ils étaient juifs et la famille de M. de Chamilly considérait avec un peu de réprobation leurs visites fréquentes rue de Chanaleilles. Le marquis, qui aimait les choses de l'esprit et qui se liera aussi, à différentes époques de son existence, avec Robert de Montesquiou, avec Robert de Flers, avec Daniel Halévy, avec Marcel Proust, faisait passer les convenances bien après le plaisir que lui donnaient le savoir et la conversation des trois frères. L'aîné faisait de la politique et soutenait la cause de Dreyfus. Le deuxième était normalien, agrégé de grammaire, membre de l'École d'Athènes, archéologue et philologue. Le troisième, Théodore, était historien et numismate. Souvent, dans sa jeunesse, M. de Chamilly, dont le prénom était Édouard, descendait avec Théodore, qui était son préféré, vers la côte qui était si belle entre Marseille et Monaco. Il leur était arrivé de naviguer, tous les deux, sur le voilier d'un jeune écrivain de talent, à peine plus âgé qu'eux, qui aimait aussi le Midi, la Corse, l'Algérie, l'Italie. Le jeune écrivain s'appelait Guy de Maupassant et son bateau, *Bel-Ami.* Théodore Reinach avait une prédilection pour le cap Ferrat et pour Beaulieu où il caressait déjà l'idée de faire bâtir, dans le style grec, une maison qui sera, plus tard, la villa Kerylos.

Un soir où Théodore Reinach dînait rue de Chanaleilles, le plat de résistance était une belle bécasse envoyée à ses deux amis par Guy de Maupassant. Ils commencèrent à parler de *La Maison Tellier,* de *Bel-Ami,* de *Pierre et Jean,* de l'affaire Dreyfus, de Boulanger, de la duchesse d'Uzès, des Brissac. Puis des Rothschild et des Éphrussi, qui étaient des alliés des Reinach. Enfin la conversation vint, comme toujours, sur les médailles et les monnaies. Reinach raconta que le mot *médaille,* qui n'est courant en France que vers le XVIe siècle, ne venait pas, comme on l'avait soutenu, du latin *metallia* ou *metallum,* métal, mais de l'italien *medaglia,* qui venait lui-même du latin *medius,* moitié, et signifiait *demi-denier. Monnaie,* en revanche, était un mot français très ancien, qu'on trouve dans les textes dès onze cent et quelques et qui se rattache au mot latin *Moneta,* « la Conseillère », surnom donné à Junon dont le temple servait en même temps, dans l'Antiquité romaine, d'atelier monétaire.

— À propos, dit Reinach, il y a un jeune homme, à Angoulême, dont on me chante les louanges. Il a travaillé à Bordeaux avec Waddington et Blanchet. Et il aurait la passion des monnaies dont il fait commerce avec beaucoup de savoir et d'honnêteté.

— Comment s'appelle-t-il ? demanda Chamilly.

— Estienne, je crois. Charles Estienne.

— Eh bien, dit Chamilly, peut-être un jour pourrons-nous l'accueillir parmi nous.

Et ils parlèrent d'autre chose.

Quelque temps plus tard, sur un papier mauve frappé d'une couronne de marquis, Théodore Reinach reçut un mot de Chamilly :

« Cher ami,

J'ai entre les mains une pièce rare, très rare, qui m'est confiée pour quelques jours par mon beau-frère, le prince Makinski, conservateur du Cabinet des médailles du palais de l'Ermitage à Saint-Pétersbourg. Il en a fait l'acquisition à Berlin et il me l'a laissée en garde pendant son bref séjour à Monte-Carlo et à Nice. Je ne vous en dis pas plus pour vous laisser la surprise. Voulez-vous venir voir mon trésor mercredi ou jeudi ? »

Théodore Reinach répondit aussitôt que l'offre de son ami l'excitait au plus haut point et qu'il se proposait, si le jour convenait au marquis, de venir jeudi soir, en sortant de la Mazarine où il poursuivait des recherches. Il demandait l'autorisation d'amener le jeune Estienne dont ils avaient parlé l'autre jour et qui se trouvait par hasard à Paris.

Le jeudi, à six heures de l'après-midi, Charles Estienne vint chercher Théodore Reinach à la Bibliothèque Mazarine. Ils prirent un fiacre tous les deux et, à six heures trente précises, ils se firent annoncer, dans le petit hôtel de la rue de Chanaleilles, par un valet de pied en habit à la française. Le marquis de Chamilly apparut aussitôt.

— C'est un grand plaisir pour moi, dit-il avec courtoisie au compagnon de Reinach, de vous accueillir dans cette maison où les amis des choses anciennes sont toujours bienvenus.

Charles Estienne était un homme de trente ou trente-cinq ans, plutôt petit, râblé, pas très bien de sa personne, dont la dégaine maladroite et les vêtements peu soignés contrastaient avec l'allure et l'aisance du marquis et du grand bourgeois cultivé. Il n'avait sans doute jamais pénétré dans un hôtel particulier du faubourg Saint-Germain et il paraissait intimidé par le décor et par ses interlocuteurs.

— Eh bien, dit Reinach au marquis, vous pouvez vous vanter de ménager vos effets. Je ne vis plus depuis votre lettre et la curiosité me dévore.

— Avant de passer dans mon cabinet, proposa Chamilly sur un ton malicieux, vous prendrez bien une tasse de thé ou un doigt de porto ?

Ils s'assirent tous les trois sur des fauteuils de tapisserie au milieu du salon. Et, dissimulant leur impatience sous le charme des manières, ils se mirent à parler des travaux de Reinach et des occupations de Charles Estienne à Angoulême et à Bordeaux, où il avait poursuivi ses études et où il faisait maintenant commerce d'antiquités.

C'était la fin de l'automne. Pendant qu'ils conversaient tous les trois, la nuit se mit à tomber. Le marquis sonna. On apporta une lampe. M. de Chamilly montra encore à ses hôtes quelques tableaux de famille et quelques livres anciens. Enfin, tout le monde passa dans le cabinet de travail du marquis.

Sur la table, dans un écrin de velours bleu, reposait une des plus belles pièces que Théodore Reinach eût jamais vues. C'était un statère d'or de la fin du VII^e siècle, de forme ronde irrégulière et usé par le temps, qui représentait un masque grimaçant et grotesque.

— Oh ! oh ! s'écria Reinach. Voilà, en effet, qui ne prête pas à rire.

Il demanda l'autorisation d'examiner le statère.

— Faites donc, répondit le marquis.

Reinach s'approcha de la pièce avec une excitation et une gourmandise qui faisait plaisir à voir. Il la prit, la soupesa, la caressa, la contempla.

— Eh bien ? demanda Chamilly.

— Une splendeur, dit Reinach. VII^e siècle. Athènes, ou peut-être Égine. Ou peut-être Éphèse. Oui..., plutôt Éphèse. Conservation remarquable. Une pièce unique.

Et il la tendit à Estienne.

À ce moment précis, Estienne, sous le coup de l'émotion, fit un mouvement un peu brusque et renversa le guéridon qui supportait la lampe qui éclairait le cabinet. La lampe tomba et se brisa. Le cabinet, pendant quelques instants, fut plongé dans l'obscurité. Déjà, alerté par le bruit, le valet de pied se précipitait, une autre lampe à la main. Il redressa le guéridon et y posa sa lampe.

— Excusez-moi, bredouilla Estienne, au comble de la confusion. J'ai... j'ai...

— Ce n'est rien, dit le marquis avec son exquise courtoisie.

Et, s'adressant au valet de pied :

— Voulez-vous, Auguste, emporter la lampe brisée ? Vous nettoierez plus tard.

Le valet de pied s'inclinait, se glissait hors du cabinet, fermait la porte derrière lui. Les trois hommes reprenaient leur place. Reinach appuyait sa main sur l'épaule d'Estienne lorsque le marquis, soudain très pâle, s'écria :

— Le statère d'or !

La pièce n'était plus sur la table, ni entre les mains de Reinach, ni entre celles d'Estienne. Elle avait disparu.

Les trois hommes se jetèrent à terre, regardèrent sous la table et sous le guéridon, retournèrent le tapis persan qui était jeté sur le parquet de bois. Rien. Ils cherchèrent dans les rainures du parquet, dans un tiroir qui était resté ouvert, dans les coins, sous les rideaux. Rien.

— Le valet de pied... ? murmura Reinach.

— Voyons ! Reinach ! dit le marquis d'un ton un peu sec. J'en réponds comme de moi-même. Auguste est au service de la famille depuis quarante-deux ans. Je lui confie tout ce que j'ai. Il est au-dessus de tout soupçon.

On fit tout de même venir Auguste. Le marquis lui demanda s'il avait vu la pièce d'or.

— Quelle pièce ? demanda Auguste.

— Celle qui était dans la boîte.

— Je n'ai rien vu du tout, grommela Auguste. Je ne suis entré dans le cabinet que quand le bruit m'y a appelé.

On renvoya Auguste.

— Messieurs, dit le marquis, je suis navré de cet incident. Mais vous comprendrez mon embarras. S'il ne s'agissait que de moi, je porterais l'affaire au compte profits et pertes. Mais il ne s'agit pas de moi. Cette pièce ne m'appartient pas. Elle est la propriété de mon beau-frère, le prince Makinski, qui en a fait l'acquisition pour le Cabinet des médailles du palais de l'Ermitage. J'en suis responsable envers lui. Je vais être contraint à une démarche apparemment très déplaisante. Peut-être la pièce s'est-elle glissée dans les vêtements de l'un ou de l'autre d'entre nous. À son insu, bien entendu. Je vous propose de procéder en commun à une fouille de nos effets. Et il va sans dire que je me plierai comme vous-mêmes à cette opération.

— Mais bien sûr ! s'écria Reinach. Rien de plus naturel.

Et il se mit aussitôt à retirer son veston noir.

C'est alors qu'il aperçut Estienne, debout, immobile, très pâle, en train de trembler de tous ses membres.

— Eh bien ? lui dit-il. Qu'est-ce qu'il y a ?

— C'est impossible, murmura Estienne d'une voix étranglée. Je ne veux pas. C'est indigne. Je suis un honnête homme.

— Personne n'en doute, dit Reinach.

— Je ne veux pas être fouillé.

Il y eut un grand silence.

M. le marquis de Chamilly était un gentilhomme de la vieille école. L'éducation qu'il avait reçue faisait qu'il se sentait supérieur à la plupart des gens autour de lui. Il nourrissait aussi un grand respect pour les autres, pour leur savoir, pour leur dignité. Il était l'hôte de cet homme qu'il ne connaissait pas. Il hésita. Il se demanda un instant s'il allait appeler Auguste et fouiller de force Charles Estienne. Il regarda Reinach.

Reinach écarta les bras, non pour se préparer à la fouille, mais en un geste d'impuissance. Estienne, écrasé par l'émotion, au bord de l'évanouissement, s'était laissé tomber sur un siège.

Le silence retomba sur le cabinet où la lampe éclairait d'une lumière soudain sinistre la table de travail sur laquelle reposait, ouvert et vide, l'écrin de velours bleu, veuf de son statère d'or.

— Comme vous voudrez, dit Chamilly.

— Écoutez..., dit Reinach emporté par l'agitation.

— Il n'y a rien à faire, dit Chamilly. Si Monsieur refuse de se laisser fouiller, je ne l'y contraindrai pas.

Estienne se leva. Il titubait.

— Merci, dit-il.

Et il sortit du cabinet.

L'affaire fit un bruit énorme. Le prince Makinski et le marquis de Chamilly assumèrent à eux deux la somme qui avait été consacrée, en Allemagne, à l'achat du statère d'or. Elle n'était pas insignifiante. Théodore Reinach proposa de contribuer à la dépense et de partager la perte en trois. Chamilly refusa.

Théodore Reinach et ses frères représentaient, dans la France de la fin du siècle dernier, une réelle puissance. Ils menèrent contre Estienne une campagne implacable. Chamilly, de son côté, alerta les gens de son milieu. La carrière d'Estienne fut brisée d'un seul coup. Ses amis lui tournèrent le dos. Il dut vendre son entreprise. Sa femme, qui était la fille de négociants en vin très honorables de Bordeaux, finit par le quitter. Estienne partit pour l'Indochine qui était devenue française. Il disparut.

Les années passèrent. La guerre éclata. Il y eut l'automobile, le téléphone, le traité de Versailles, les années folles, la grande crise de 29, le jazz, le cinéma, les romans de Proust et de Morand. L'un soutenant l'autre, Théodore Reinach et le marquis de Chamilly étaient entrés à l'Institut. Vers la fin des années vingt, après avoir édifié à Beaulieu, dans un site ravissant au pied du cap Ferrat, la villa Kerylos que chacun peut visiter, Théodore Reinach mourut. M. de Chamilly était un beau vieillard. Le nom de Charles Estienne était tombé dans l'oubli et ne disait plus rien à personne.

Au début des années trente, un peu avant l'arrivée de Hitler au pouvoir, les conséquences du Jeudi noir à Wall Street se firent sentir en France. Monsieur le marquis de Chamilly eut à faire face à de sérieuses difficultés financières. Il garda l'élégance qui lui était coutumière et préféra se séparer de son hôtel de la rue de Chanaleilles plutôt que de ses monnaies. Il vendit sa maison et alla s'installer dans un appartement de Passy ou d'Auteuil. Au moment de vider son hôtel et de déménager ses trésors, il fit une découverte qui lui glaça le sang. Dans l'ourlet d'un des lourds rideaux de son cabinet de travail, il retrouva le statère d'or.

Il vieillit d'un seul coup. L'âge, les chagrins, la guerre, les problèmes financiers l'avaient laissé de marbre. L'injustice des soupçons qu'il avait conçus contre Charles Estienne eut raison de sa santé. Il dut s'aliter. Aux médecins qui venaient le visiter, il déclara :

— Ce n'est rien de physique. C'est un remords.

Les remords de M. de Chamilly occupèrent brièvement quelques soirées parisiennes. Et on n'y pensa plus. Lui continuait à ruminer une douleur qui lui tournait les sangs. Pour essayer de retrouver Charles Estienne qui avait disparu, et qui était peut-être mort, il s'adressa à une de ces officines de détectives privés auxquels avaient recours les maris jaloux et les victimes de chantage.

La démarche lui fut pénible. Il se trouva en face d'un individu louche et obtus à qui il raconta, sans grand espoir et pour ne pas entrer dans des détails qui risquaient de paraître incroyables, une vague histoire d'héritage et de dédommagement. Trois semaines plus tard, à sa surprise, l'individu louche et obtus, dont le papier à lettres portait un masque et une loupe, lui annonçait que la trace de Charles Estienne avait été retrouvée : il s'occupait de moutons dans les Alpes de Provence.

M. de Chamilly lui écrivit une lettre. Ce fut, de toute son

existence, l'acte qui lui coûta le plus. Il lui avouait que le chagrin le rongeait, qu'il était à la fin de sa vie et qu'il allait mourir. Mais qu'il ne voulait pas disparaître sans lui dire la vérité et sans lui demander pardon : le statère d'or avait été retrouvé.

Il lui disait qu'il était conscient d'une réparation trop tardive. Il avait détruit une vie. Il ne savait pas quoi faire pour obtenir un pardon qu'il n'osait espérer. Le reste de ses jours serait consacré à obéir aux ordres que Charles Estienne voudrait bien lui donner. Et ce qui restait de sa fortune lui était assuré.

« Il est bien dur pour moi de vous écrire tout ce que je viens de vous écrire. Jusqu'à ce que vous acceptiez de m'accorder votre pardon, je dois me considérer comme une espèce d'assassin, plus cruel, plus odieux que ceux qui tuent avec un couteau. Vous avez tout perdu. Par ma faute. Et c'est moi, pourtant, qui viens vous demander d'avoir pitié de moi. »

Il attendit. Pas très longtemps. Au bout d'une dizaine de jours, il reçut, des Hautes-Alpes, la réponse de Charles Estienne. Le papier était médiocre et l'écriture tremblée.

« Monsieur le marquis,

Je vous remercie de votre lettre. Elle arrive tard. Je l'attends depuis quarante-cinq ans. C'est vrai : j'ai tout perdu. Ma femme, mon métier, mes amis, mon honneur. C'était rude parce que j'étais innocent. Ce que j'ai vécu depuis que je suis sorti de votre maison en ce soir d'automne où tout s'est arrêté, je ne vous le décrirai pas : vous le savez. Maintenant la paix m'est venue. Qu'elle vous vienne aussi. Je vais bientôt mourir. Vous aussi. Mourez en paix. Je ne peux rien vous dire d'autre. Je ne parle pas beaucoup. Et je ne sais plus écrire. »

Les yeux du marquis se brouillaient. Il avait du mal à poursuivre sa lecture. Il enleva ses lunettes, les remit, essaya de poursuivre.

« Je voudrais pourtant vous expliquer pourquoi j'ai refusé de me laisser fouiller. Ce n'était pas par point d'honneur. C'était parce que je ne pouvais pas. Et pourquoi ne pouvais-je pas?

Parce que j'avais dans la poche de mon veston le statère d'or d'Éphèse. »

Le cœur du marquis battait à tout rompre. Il crut qu'il allait se trouver mal. Il se leva. Il alla boire un verre d'eau. Il se rassit. Il remit ses lunettes.

« La pièce que vous nous avez montrée n'était pas unique, comme le croyait M. Reinach. Il y en avait un autre exemplaire. Par un coup de hasard dont je mesure l'invraisemblance, je l'avais dans ma poche. Je l'avais acheté quinze jours plus tôt à un Anglais un peu fou qui avait besoin d'argent. Je l'avais apporté d'Angoulême pour faire une surprise à M. Reinach et à vous. Pour une surprise, ç'a été une surprise. Quand j'ai vu votre pièce, la tête m'a tourné, j'ai cru que j'allais m'évanouir et j'ai fait tomber la lampe. Oh ! les deux monnaies n'étaient pas tout à fait identiques : la mienne était usée de l'autre côté et plusieurs détails différaient. Mais qui s'en serait rendu compte dans l'agitation où nous étions ? Je ne pouvais pas me laisser fouiller sous peine de passer pour un voleur. Je ne sais pas à qui — à vous ? à moi ? — la trop tardive vérité peut faire un peu de bien. Je vous raconte l'histoire parce qu'elle est vraie, que, tout au long de l'existence que j'ai traînée depuis lors, je me la suis répétée avec une sorte d'effroi sans jamais la dire à personne parce que personne ne m'aurait cru — et que je peux enfin, grâce à vous, partager ce fardeau qui, par la seule faute du hasard, a tant pesé sur ma vie.

Je vous prie d'agréer, Monsieur le marquis... »

Mais le marquis de Chamilly avait laissé tomber la lettre. Et, comme beaucoup de vieillards qu'un rien agite, il pleurait.

— Ah ? dit A. Il pleurait ?

— Les hommes rient beaucoup, lui dis-je. Et, on se demande un peu pourquoi, ils passent leur temps à pleurer.

## XVIII

# *Basiliques et coccinelles*

— Je vois ça, dit A. La vérité est triste. La mort est un soulagement. J'aurais mieux fait de ne pas venir. Le monde aurait mieux fait de ne jamais exister. Et chacun d'entre vous aurait mieux fait de se tenir à l'écart de cet enfer d'orgueil et de complication que vous appelez la vie. Même quand le sang ne coule pas, même sans jambe arrachée, même sans le moindre œil crevé, même sans souffrance physique, tout ce que tu me racontes n'est qu'horreur et erreur. On dirait que les plaisirs eux-mêmes ne sont là que pour se faner et pour servir d'écrin, avant de s'effacer, à la douleur et aux larmes. Tu aurais dû me dire tout de suite, au premier instant de notre rencontre au-dessus de la Douane de mer, que le monde était une machine à fabriquer du malheur. Ç'aurait été plus simple. Ç'aurait été plus exact. Et nous aurions gagné beaucoup de temps.

— Si c'est là l'image que je te donne du monde, je suis le pire des guides, et le plus infidèle. La vie est le bien suprême auquel les hommes tiennent plus qu'à tout et en perdant la vie les vivants perdent tout. Faut-il te le dire encore, et te le répéter sur tous les tons : le monde est beau. Oui, le monde est beau. Il réunit ceux qui s'aiment, il est le lieu du plaisir, du talent, du génie, du bonheur, c'est là, et là seulement, qu'on rencontre des lauriers-roses, des coccinelles, des basiliques romanes, du chocolat aux noisettes et du confit de canard, du château-lafite 1961, *das Lob des zweiten Tages* au beau milieu de la *Création* de Haydn, des commodes de Boulle, de Jacob, de Riesener, des calanques avec des pins qui descendent vers la mer et rien ne lui est supérieur parce qu'il n'y a rien d'autre sous le soleil.

— Quelle audace ! s'écria A. Quelle suffisance ! Quelle fatuité !

— Nous sommes les hommes, lui dis-je. Et les esprits eux-mêmes n'ont pas notre dignité. Et ils n'ont pas nos plaisirs. Nous souffrons, c'est vrai, nous nous trompons, nous ne savons rien, nous passons notre temps à nous débattre dans les ténèbres de l'histoire. Mais nous avons une idée du bonheur et de la perfection et notre grandeur vient de là : du contraste entre notre bassesse et nos aspirations. Une espérance nous anime. Nous croyons toujours que nous allons faire un peu mieux.

— Illusion ! grommela A. Illusion !

— Et alors ? lui dis-je. Si l'illusion est belle ? Et si l'illusion et la réalité n'étaient qu'une seule et même chose vue de deux côtés opposés ? Et peut-être, d'ailleurs, n'y a-t-il pas d'illusion et ne cessons-nous de monter, au-delà des déserts et des marais pestilentiels, par des sentiers de montagne le long des précipices, vers quelque chose d'inconnu ? De Lucy à Platon, de l'algue verte à Einstein, ou à moi, comme tu voudras...

— Vous n'y êtes pour rien. Ce n'est pas vous qui marchez. Ou si c'est vous qui marchez, ce n'est pas vous qui tracez votre route. Ce n'est pas vous qui décidez de vos itinéraires sur les cartes, dont on ne peut rien dire, du mystère et du rêve. Tout se passe en dehors de vous et au-dessus de vos pauvres têtes.

— Mais avec nous, en tout cas. Si nous n'étions pas là, non seulement notre monde, mais ton univers tout entier n'aurait plus aucun sens. Parce qu'il n'y aurait personne pour lui en chercher un. Tes cartes dont on ne peut rien dire ne seraient plus lues par personne. Nous souffrons, nous pleurons, nous passons notre temps à nous tromper pour que l'univers prenne un sens. Ce sont les hommes qui donnent un sens aux primates dont ils descendent, aux algues dont ils surgissent, au *big bang* qui a tout créé.

— Un sens..., un sens... Mais, mon pauvre ami, vous n'avez pas la moindre idée de tout ce qui vous précède et de tout ce qui vous entoure. Vous n'avez pas la moindre idée de ce qui vous attend. Vous avancez à tâtons, vous êtes des aveugles dans la nuit, des imbéciles qui ne comprennent rien, des fats qui s'imaginent qu'ils sont seuls dans l'univers et que l'espace et le temps tournent autour de leur boule dont ils ont fait le centre de tout et l'unique référence.

— Pas du tout, lui dis-je. Je ne crois pas que les hommes soient le centre du monde et s'il y a un nom que j'exècre — et une distinction que je décline —, c'est le nom d'humaniste. Je sais seulement que c'est bien d'être passé dans ce monde et d'avoir pris part à cette vie si pleine de sang et de souffrances et où les statères d'or ont une fâcheuse propension à se dissimuler dans les doublures des rideaux, avec tout ce qui s'ensuit. Il y a un peu de dignité, il y a un peu d'honneur à avoir été, pour le meilleur et pour le pire, un homme parmi les autres. Honneur, à la réflexion, est peut-être trop dire. Et dignité aussi. Il y a de l'emphase dans la formule, quelque chose de pompeux. Mettons simplement que j'y ai pris du plaisir. Et ce n'est déjà pas mal.

— Ah ! me dit-il, si c'est après le plaisir que tu cours, si c'est le plaisir que tu cherches...

— J'ai beaucoup aimé le plaisir, dis-je en baissant la tête. Il n'est pas tout à fait sûr — mais je t'avais prévenu — que je sois l'homme qu'il fallait pour préparer le rapport. Je manque de dignité et je manque de sérieux.

— *Charlotte, Lotte, Lotte...,* murmura A.

— Hélas ! lui dis-je. Et les petits lapins... Je t'ai déjà donné les noms de ceux qui se sont essayés à rédiger un rapport. La Bible est un bon rapport. *La Divine Comédie* est une espèce de rapport.

— Ah ! coupa A en ricanant. Avec D et V.

— D et V ?

— Dante et Virgile, voyons !... Et Béatrice dans le rôle de Marie...

Je haussai les épaules.

— Les *Pensées* de Pascal, l'*Éthique* de Spinoza, les *Mémoires* de Saint-Simon, la *Phénoménologie de l'esprit,* les *Mémoires d'outre-tombe, la Comédie humaine, À la recherche du temps perdu* ont quelque chose d'un rapport. Peut-être aussi l'*Edda* des Scandinaves et le *Popol Vuh* des Mayas-Quichés.

— Mon pauvre ami, me dit A.

— Bien sûr, lui dis-je. Ce sont des choses beaucoup plus petites que j'aurais dû et aimé faire : dans le genre de *Point de lendemain,* par exemple, ou de *Mon amie Nane.* Ce ne sont pas des rapports, mais...

— Mon pauvre ami, répéta A.

L'idée me traversa, et ce n'était pas agréable, que je venais de débiter une sottise.

— Ou peut-être même de *Molinoff, Indre-et-Loire,* ajoutai-je à la hâte, ou du *Parfum des îles Borromées.* Ou de ces romans anglais qu'il ne viendrait à l'idée de personne de garder dans sa bibliothèque et de recommander aux autres, mais qu'on ne peut pas lâcher tant qu'on les lit.

— De temps en temps, me dit A, je suis content pour toi que tu sois mort. Je t'assure : c'est mieux comme ça.

— Ah ? tu crois ? demandai-je.

— Beaucoup mieux. Et peut-être maintenant, puisque tu l'es, pourrais-tu encore me raconter une histoire sur les temps de ta vie ? Ce n'est pas que tes histoires... Mais, enfin, ce sont des histoires. Et, comme les hommes eux-mêmes, je crois, j'aime les histoires des hommes.

## XIX

# *Le portefeuille*

— Le monde est fini. Et il est infini. Son labyrinthe n'est que limites, et il n'a pas de limites.

— Difficile à comprendre, murmura A, pour un esprit venu d'Urql.

— Pour les hommes aussi, assurai-je. Et pourtant d'une évidence qui crève les yeux de chacun. Les sentiments, les émotions, les passions, tous ces mouvements de l'âme qui agitent tant les hommes sont en nombre réduit. Comme sont en nombre limité les chiffres dont nous nous servons ou les lettres de l'alphabet. Ce qui est illimité, c'est leurs combinaisons. On peut tout dire avec vingt-six lettres, tout calculer avec neuf chiffres, flanqués de leur zéro. Quelque énorme que soit un nombre, on peut toujours en forger un plus grand. Et aucun livre n'épuise le monde.

— Même le rapport ? demanda A.

— Même le rapport, lui dis-je. Et à la description d'un événement unique ou d'un seul et même homme, n'importe lequel, qui nous tomberait sous la main, nous pourrions consacrer beaucoup d'heures et beaucoup de volumes. Une infinité de volumes et une infinité d'heures. Car chaque homme est fermé sur lui-même. Mais pour ouvrir sur un monde qui n'en finit jamais.

Aux tempéraments, aux rencontres, aux hasards de l'existence, il faut ajouter tout ce qui est lié à l'histoire et qui donne ses couleurs à un milieu, à un pays, à une époque. L'état du savoir, bien entendu. La science, la technique, les routes, les communications. Le commerce, l'industrie, la situation économique. La religion. La culture. Jusqu'aux entraînements de la mode qui jouent un rôle décisif. On ne peut pas penser au temps de Hegel ou de Nietzsche, avec des machines à vapeur et bientôt des chemins de fer, comme on pensait au temps de Leibniz ou de saint Thomas d'Aquin. Il y a un climat des idées comme il y a un climat des périodes géologiques et de la géographie. Il y a des strates, des couches, des courants, des dominations et des règnes. Des épistémés, pour parler comme les pédants. Des préjugés, des lieux communs, des routines, des œillères.

Dans chaque âge survivent des traces des époques précédentes et affleurent déjà les signes des époques à venir. Au milieu d'un fatras qui n'a plus de sens aujourd'hui, on trouve chez les philosophes grecs antérieurs à Platon l'annonce de la science moderne et chez un al-Ghazâli, qui introduit la dialectique grecque dans les idées islamiques et qui, avant de se convertir au mysticisme et de devenir derviche errant, professe à Bagdad, au XIe siècle, un esprit critique très proche du scepticisme, quelque chose qui sonne déjà comme le doute de Descartes. Une part du génie des hommes consiste à deviner, et parfois à inventer les ressorts des temps à venir. Aux esprits qui sont en retard et qui mettent leur grandeur dans leur fidélité s'opposent ceux qui sont en avance et qui bousculent les habitudes, les traditions, le confort, la continuité. Tout cela fait beaucoup de remous, et souvent beaucoup de mal. Passer d'hier à demain et du présent à l'avenir est aussi dur, pour les hommes, que d'arriver dans ce monde. Une fois que nous sommes dans le présent, et tu te rappelles que naître, c'est entrer dans un présent qui ne nous lâchera qu'à la mort, le présent nous submerge. Chacun ne peut penser que comme on pense dans son temps. Aristote, saint Augustin et jusqu'à Bossuet, qui sont des esprits d'une puissance exceptionnelle, ne sont pas capables de s'élever à la condamnation de l'esclavage : quelques siècles plus tard, elle apparaît comme une évidence à la brute la plus épaisse. Il faut un effort surhumain pour penser un peu au-delà et au-dessus de son milieu et de son temps. Et il est tout à fait impossible à un homme de penser autre chose que ce que pensent les hommes. C'est toute la leçon de ce génie dont je t'ai déjà parlé et qui s'appelle...

— Emmanuel Kant, murmura A en baissant la tête.

— Une machine à traitement de texte ! m'écriai-je au comble de l'enthousiasme. Et un billet de couple pour Königsberg, qui a pris le nom de Kaliningrad quand la ville est devenue russe après la chute de Hitler. L'homme est un miracle fragile et qui se détraque pour un rien. Il se confond avec sa conscience, son jugement, sa volonté, sa liberté, qui ne connaissent pas de limites, qui sont comme l'oiseau dans les airs, presque comme toi à Urql, et il est jeté dans un monde dont il ne peut pas sortir, qui lui impose ses règles et auquel il se soumet.

La scène se passe à Paris, à l'extrême fin du xx^e^ siècle après le passage du Christ sur cette Terre. Elle pourrait se passer à Londres, à Rome, à Francfort, à Marseille. Mais elle doit se passer en Europe ou dans un pays occupé depuis longtemps par des chrétiens privilégiés, ou plus ou moins privilégiés, qui se sentent menacés par la montée de temps nouveaux. Et il est impossible qu'elle prenne place dans une époque différente. Ou alors, il faut changer les personnages et leur cadre. Car les mêmes sentiments et des émotions comparables prennent des visages différents dans des temps successifs.

C'est un homme encore jeune. Nous l'appellerons Jean-Louis. Il se serait appelé Amédée ou Arthur vers le début du siècle, Victor cent ans plus tôt, Oskar ou Gerhardt ou Rainer-Maria de l'autre côté du Rhin, Abigail, Algernon, Alistair ou Evelyn de l'autre côté de la Manche, Marcus Tullius ou Lentulus sous Tibère ou sous Hadrien. Jean-Louis n'est plus soldat, paysan, boutiquier, séminariste comme il l'aurait été à la veille ou au lendemain de la Révolution. Il est quelque chose comme un cadre moyen ou un technicien supérieur. Il est au chômage parce que les affaires marchent mal. La crise est là. Il a un appartement, un téléphone, une femme, une voiture et il prend ses vacances, l'été, en Espagne ou en Grèce. Mais il est sans travail, pour des raisons compliquées qui sont liées au progrès, qui en naissent et qui le contrarient. Il a un père dont les vingt ans ont été illuminés par la résistance contre les occupants et une femme dont le père a collaboré avec les Allemands. Elle s'appelle Yvonne. Le frère du père de Jean-Louis était militaire de carrière. Il s'est battu en Indochine. Il s'est battu en Algérie. Il s'est tué en voiture, du côté d'Avallon. Le frère d'Yvonne vient de mourir du cancer. De temps en temps, Jean-Louis emmène Yvonne au cinéma. Il cherche surtout du travail. Et ce n'est pas facile. Heureusement, sa femme travaille. À mi-temps, mais elle travaille. Lui épluche les petites annonces du *Figaro* et du *Monde.* Il lui arrive aussi de lire *Le Point, L'Express, Le Nouvel Observateur.* Il est plutôt de gauche. Ce qu'il apprend l'irrite souvent. Les soirées sont longues : il regarde la télévision.

Jean-Louis fume des gauloises. Un soir, devant la télévision, il s'aperçoit qu'il n'a plus de cigarettes. Alors, il remet son veston qu'il avait déjà déposé sur le dossier d'une chaise en face du petit écran. Et il descend en acheter. Ce sont les gestes quotidiens des hommes de mon époque. Le printemps vient d'arriver. Il fait nuit. Il espère que le tabac sera encore ouvert. À peu près à mi-chemin entre chez lui et le tabac, entre deux réverbères, un homme l'arrête. Très brun, pas très grand, une cigarette aux lèvres. Il demande du feu, avec une ombre d'accent qu'on ne remarque même pas. Jean-Louis a sur lui une de ces pochettes en carton qui ont remplacé les vieilles boîtes d'allumettes. Il craque une allumette, la protège de ses deux mains, l'approche de la cigarette que l'autre tient dans sa bouche. L'homme sent un peu fort, il est tout près du corps de Jean-Louis, il s'appuie presque contre lui, et ce contact si proche n'est pas très agréable.

L'idée lui vient tout à coup, c'est une évidence, c'est un fait, ce n'est pas un jugement de valeur ni une condamnation, que l'homme est un Arabe. L'Arabe s'éloigne à grands pas, très vite, presque en courant. Le point essentiel est que Jean-Louis ne pense à rien. Il poursuit son chemin. Il va acheter ses gauloises. Et, tout en ne pensant à rien, il tâte, d'un geste machinal, les poches de son veston. Son sang ne fait qu'un tour : son portefeuille a disparu.

Aussitôt, il comprend tout. Il n'hésite pas une seconde. Il se retourne, il repart dans l'autre sens, il se lance à la poursuite de l'Arabe qui ne doit pas être bien loin. Il court à perdre haleine. Il aperçoit là-bas une silhouette qui s'éloigne. Il accélère encore. Il rattrape l'homme qui marche à bonne allure, mais qui ne semble plus se presser. La colère aveugle Jean-Louis, mais ne l'empêche pas de reconnaître l'Arabe qui, deux minutes plus tôt, ou trois peut-être, ou quatre, lui a demandé du feu. C'est lui. C'est bien lui. Il se jette sur l'homme, il le secoue. Il crie :

— Le portefeuille !

L'autre, les bras devant les yeux, le visage fermé, ne fait pas le moindre geste. Alors la fureur envahit Jean-Louis. Il frappe l'Arabe au menton et au ventre. Il le jette à terre. Un peu de sang coule des lèvres de l'homme, effondré à ses pieds.

— Le portefeuille !

L'Arabe fait un mouvement, met la main à sa poche. Jean-Louis devine que l'homme cherche une arme, un couteau, un revolver peut-être. Il lui assène un coup de pied au visage qui lui fait perdre connaissance. Jean-Louis se penche, le fouille, ne trouve pas trace d'une arme, mais tombe sur le portefeuille, un peu usé et noir. Il le reprend en hâte et le remet dans sa poche.

La tête lui tourne un peu, il laisse l'Arabe dans le caniveau, fait une croix sur les gauloises qu'il était allé chercher, et rentre chez lui dans une agitation qu'il ne parvient pas à calmer. Il tremble si fort qu'il a du mal à introduire sa clef dans la serrure.

Il se précipite à l'intérieur pour raconter ce qui s'est passé, il crie :

— Yvonne ! Yvonne !

et il entend la voix de sa femme qui vient de la cuisine :

— Ah ! c'est toi. Tu as oublié ton portefeuille sur la télévision.

## XX

# *La fin commence déjà*

Deux jours s'étaient écoulés. Le troisième jour s'annonçait. À la façon de ces jeunes gens qui ne peuvent pas se quitter et qui se raccompagnent sans fin à la sortie du lycée, nous avions, A et moi, bavardant, nous arrêtant, reprenant, voletant sur place, fait plus de cent fois le tour du monde.

— Qu'elle est petite ! s'écriait A en s'éloignant de la Terre et en y revenant d'un coup d'aile. Attention ! Ne la ratons pas !

Voilà qu'en se penchant il reconnaissait la Suisse, nichée au pied des Alpes, le long des lacs et des glaciers, dans les nœuds de ses autoroutes, de ses tunnels et de ses échangeurs, la Chine immense, barrée de son mur, le Canada, le Brésil entre mer et forêt, l'Australie seule dans son coin. Il ne s'étonnait plus de ces formes et de ces couleurs qui auraient pu être différentes mais qui, pour un temps au moins, pour quelques dizaines ou quelques centaines de milliers de millénaires, et pour chacune des créatures emportées par la planète dans sa course éternelle, c'est-à-dire temporaire, étaient ce qu'elles étaient, ou ce qu'elles paraissaient être : la nécessité même, une décision prise de très loin, un destin à jamais. On ne pouvait qu'approuver : c'était comme ça. La Méditerranée l'amusait, avec ses ports et ses îles, ses temples, ses marins, ses navires sur la mer, ses marchés au soleil.

— Comme c'est gai ! disait-il.

— Ne t'y trompe pas, lui répondais-je. C'est la mer des dieux. Des prophètes. Des conquérants. Et des morts.

Les grandes villes lui tournaient la tête. Les déserts le reposaient. Les océans, aussi. Parce que, immobiles ou en mouvement, il y avait quelque chose dans la mer et dans l'eau et dans leur transparence qui ressemblait à du rien.

— Le moment approche, mon vieil A, où je devrai te quitter. Bientôt, nous nous séparerons et chacun d'entre nous poursuivra son chemin seul, toi de galaxie en galaxie à travers l'immensité dont les hommes ne savent rien et moi dans ce repli sombre où nous finissons tous. Voilà qu'après la surprise de t'avoir rencontré m'envahit la mélancolie de la séparation déjà tapie dans un avenir dont l'ombre nous envahit. Car tu es tombé sur une Terre où tout finit par finir. Je n'oserais pas dire que nous avons vécu ensemble, puisque, toi, tu ne vis pas et que, moi, je ne vis plus, mais nous avons franchi de conserve des étendues d'espace et de temps qui ne prêtent pas à rire.

— Tu trouves ?... Enfin... si tu veux...

— Je m'étais habitué à toi. Je t'aime bien. S'il y a encore quelque chose, où je vais, qui puisse servir à se souvenir, je penserai souvent à toi.

— Moi aussi, je t'aime bien, me répondit A. Tu raisonnes comme un manche, tu ne fais pas oublier Virgile en train de servir de guide à Dante, ni Ariane dans le labyrinthe au secours de Thésée, ni aucun de ces maîtres qui dirigent leurs disciples à travers les tourmentes de l'existence, et le monde que tu m'as dépeint m'a l'air fichu comme l'as de pique. Mais tu as fait ce que tu pouvais, et ce n'est déjà pas si mal. Je ne garde pas un mauvais souvenir de ce grain de sable dans l'espace, de ce clin d'œil dans le temps que tu appelles la vie. Si je peux dire en haut lieu un mot du monde, et même de toi, je le ferai, sois-en sûr. Et, après tant d'illusions sous la rubrique existence, je te souhaite mille bonnes choses dans le néant où tu entres.

— Veux-tu encore, lui dis-je, me poser quelques questions sur les illusions de ce monde ?

— Je ne sais pas, me dit-il. N'est-ce pas toujours la même chose ? Je commence à comprendre comment tout cela fonctionne. Le monde est gonflé d'importance et de complication. Et il est bête comme chou. Ça monte, ça se développe, ça dégringole, ça s'en va. Et ça se suit pendant des siècles de siècles, comme à la queue leu leu. Allons plutôt boire un verre. Et si nous pouvions tomber sur Marie, ce ne serait pas plus mal.

# TROISIÈME JOUR

*Eh bien, on s'en souviendra,*
*de cette planète.*

BARBEY D'AUREVILLY

I

## *L'auberge du Grand Voile*

— Le monde est une farce triste et une obscure splendeur que nous appelons réalité. Les hommes l'habitent et n'y comprennent rien. Tu n'es pas le premier, ni le dernier, à t'interroger sur son histoire, ses mystères et son sens. La pensée sort du monde, et l'englobe. Le monde fait la pensée, la pensée fait le monde. Il n'y aurait pas de pensée s'il n'y avait pas eu de la matière, un Soleil, des océans, des algues, des primates et des hommes. Y aurait-il un monde s'il n'y avait pas de pensée? Rien n'épuise le monde et rien n'épuise la pensée. Les hommes s'amusent et ils pleurent, ils sont tisserands et boulangers, ils se promènent sur la Terre, ils écrivent des tragédies, ils courent après l'argent parce qu'il faut manger pour vivre et un toit pour dormir, ils deviennent ministres, clochards, ambassadeurs, peintres de la cour, assassins, musiciens, ils tombent amoureux de quelqu'un, ils écrivent des rapports, et ils meurent.

Le bonheur les occupe, et la passion aussi. Des mécanismes incertains les soulèvent les uns contre les autres, et souvent contre eux-mêmes. Le malheur les submerge, ils souffrent, ils ne comprennent plus, leur tête se brouille, ils haïssent, ils ont peur, ils espèrent que demain sera moins dur qu'hier. Ils sont curieux d'autre chose. Ils aimeraient bien savoir d'où ils viennent, où ils vont. Ils construisent des systèmes. La science est un système. La religion est un système. L'art est une espèce très subtile de système.

Moïse, Platon, Aristote, le Bouddha, Confucius, Mahomet, saint Thomas et Descartes, Spinoza et Hegel édifient des systèmes. Ptolémée aussi, et Copernic, et Kepler, et Galilée, et Newton, et Albert Einstein qui est devenu très célèbre pour avoir écrit $E=mc^2$ et pour avoir, idée de génie, tiré la langue au journaliste qui le photographiait. Chacun d'eux s'imagine qu'il découvre la vérité. Ils soulèvent seulement, l'un après l'autre, un nouveau coin du grand voile.

— Soulèves-tu, toi aussi, un petit coin du grand voile ?

— Tu veux rire ? lui répondis-je. Je ne soulève rien du tout. Je te promène dans le monde comme d'autres se promènent sur les Champs-Élysées, dans les jardins Boboli ou sur la colline du Pincio, le long des Zattere ou à travers Central Park. Je suis n'importe qui, je suis le premier venu, je suis le dernier arrivé. Je te raconte ce qui se passe sur cette planète où les hommes se succèdent et où tu es descendu après un long voyage, comme un voyageur qui s'arrête, au sortir de la forêt ou des défilés interminables à travers la montagne, dans une auberge inconnue.

— Drôle d'auberge ! murmura A.

— Drôle d'auberge, répétai-je. Qui est si familière, et dont personne ne sait rien. On arrive. On s'installe. On se croirait presque chez soi. Tout paraît simple et calme, tout semble aller de soi. Et puis, voilà, tout à coup, quelque chose qui se détraque. Oh ! pas grand-chose. Presque rien. Un robinet qui fuit. Une lézarde dans un mur. Un bruit imperceptible dans la chambre d'à côté. Moins grave, bien sûr, que si la maison s'écroulait ou si elle prenait feu. Mais agaçant. Insidieux. Bientôt insupportable. On s'interroge, on s'affole. On se demande où on est. Un malaise se fait jour. Où sommes-nous ? Que faisons-nous ? Quelle est cette drôle de bâtisse où tout s'en va de guingois ? C'est l'hôtel du Vertige. C'est l'auberge du Grand Voile.

On n'y est pas si mal. On crie, on râle, on tempête, on se plaint à la direction : les poires ne sont plus ce qu'elles étaient, les fraises n'ont plus le même goût. On assure que rien ne marche et que l'hôtel a beaucoup changé : il a perdu ses trois étoiles, il est guetté par la faillite et le dépôt de bilan. Mais, une fois qu'on y est et qu'on a déposé ses bagages, l'idée ne vous viendrait guère de vous en aller ailleurs. Pour la raison la plus simple : il n'y a pas d'ailleurs. Personne ne sait plus d'où on vient, personne ne sait plus où on va. On a tout oublié. Il n'y a rien d'autre nulle part. Il y a bien un jardin qui, de siècle en siècle, grâce à une sage gestion qui passe de père en fils, s'agrandit peu à peu et où on peut faire quelques pas, sous le soleil brûlant de l'été, sous les étoiles de la nuit. Le jardin tout entier appartient à l'auberge. L'auberge est confortable, on ne sait pas où on est et il n'y a pas d'ailleurs.

Le patron n'est pas là. Il laisse les clients se débrouiller entre eux. Les voyageurs débarquent, les uns après les autres. On dirait qu'ils repoussent ceux qui sont déjà là et qu'ils cherchent à prendre leur place, à s'installer dans leurs chambres. Vous criez : « Il y a quelqu'un ? » Mais personne ne répond. Vous tombez sur ceux d'avant, qui rivalisent de zèle entre eux et s'efforcent, à qui mieux mieux, pour faire preuve d'expérience et de bonne volonté, de vous filer des tuyaux, le plus souvent crevés, sur ce qui se passe à l'auberge. Vous tombez sur des soubrettes. Les soubrettes sont charmantes, avec leur mélange d'audace et de timidité. Elles sourient, elles font des grâces. Vous allez au bar de l'hôtel boire un verre avec elles. Elles ne sont pas bonnes à grand-chose, elles ne savent presque rien. Vous tombez sur des liftiers, des concierges galonnés qui se prennent au sérieux, des garçons d'étage, des comptables. Impossible d'obtenir d'eux des renseignements un peu sérieux sur l'auberge et sa direction. Ils vous tendent des tarifs, des menus, des dépliants. Ils vous soûlent de paroles. Mais vous ne comprenez rien. Des serviteurs prennent vos bagages, vous installent, vous donnent à boire. Ils assurent tous parler au nom du propriétaire. Mais ils ne disent pas tous la même chose, c'est un tohu-bohu indescriptible. Alors les voyageurs — les voyageurs, c'est vous, c'est nous tous, c'est même toi — se résignent et s'organisent. Ils essaient de s'occuper. Les uns jouent au tennis,

— Au tennis ! protesta A. Je ne joue pas au tennis.

— Ça ne fait rien, lui dis-je, les voyageurs y jouent pour toi, les autres font de la boxe ou de l'escrime, d'autres se chamaillent au croquet, d'autres encore vont nager dans la piscine de l'hôtel. On peut courir dans les bois. On peut s'essayer aux échecs. Certains s'installent dans leur chambre et rédigent un rapport sur l'état de l'auberge.

Une vieille dame sous un grand chapeau, des jeunes gens échevelés peignent à l'aquarelle sous les arbres de l'allée. Les plus raisonnables établissent des devis pour de nouveaux bâtiments. Le soir, on se réunit pour réciter des vers ou pour toucher du piano et faire un peu de musique. La vie passe ainsi, délicieuse, inutile, nécessaire, contradictoire. Plusieurs ont mal à la tête, mal au foie, mal au cœur. Quelques-uns naturellement sont plus charmants que les autres, plus drôles, plus inventifs. Les jeunes filles les regardent. On improvise des jeux. On organise des concours. Des loteries. Des tombolas. Les vainqueurs obtiennent des prix et soufflent dans des mirlitons, sous des chapeaux de papier. Des regards s'échangent, des mains se frôlent. On se donne rendez-vous dans le jardin, sous la lune, dans les roseraies du parc. Il y a des excités qui jouent de la trompette. On aperçoit des enfants en train de se disputer entre eux ou avec les garnements descendus du village.

Le plus amusant, peut-être, est que chacun a son idée sur l'histoire de l'auberge. Les uns racontent des anecdotes sur les voyageurs du passé, les autres inventent des contes, des fables, des légendes, d'autres encore fouillent dans les caves ou montent dans les greniers pour tâcher de trouver qui a construit la maison et comment s'appelle le patron. Personne ne sait jamais rien de définitif ni de sûr. Mais il arrive que l'un ou l'autre déniche quelques pièces d'or enterrées sous un arbre ou une vieille carte du domaine déjà rongée par les vers.

On voit des maniaques mesurer les distances de la porte à la fenêtre, du plancher au plafond. On voit des amoureux se promener le long de l'étang. On entend des voix de femmes chanter de vieilles romances et on tombe sur des hommes en train de se battre en duel. Des étrangers qui viendraient de loin pourraient croire qu'ils pénètrent dans une maison de fous. Mais les cuisines fonctionnent, l'eau coule dans les salles de bains et un grand feu de bois brûle éternellement.

Les clients se plaignent beaucoup. De la nourriture. Du service. Des pannes de l'ascenseur. Du prix de la pension qui a toujours tendance à augmenter. Mais, sauf peut-être quelques malades qui se jettent par les fenêtres, tous essayent de rester aussi longtemps que possible. Ils se battent pour les meilleures chambres, pour une vue sur le jardin, pour les suites royales, pour des cabinets privés et pour un téléphone qui marche. Il y a des fous, bien entendu. Ils vous agrippent par le bras, ils vous entraînent derrière eux, ils vous racontent pendant des heures des histoires à dormir debout, ils vous murmurent à l'oreille que l'hôtel est hanté et que, la nuit dernière, ils ont vu des fantômes et des êtres venus d'ailleurs.

— Ah bon ! dit A. Ceux-là, ce sont des fous ?

— Naturellement, lui dis-je. Beaucoup ne font rien du tout. Ils s'étendent sur la pelouse ou le long de la piscine, ils sirotent quelque chose et ils attendent que le temps passe. Et il passe. Des dames grignotent des gâteaux et boivent un peu de thé. Elles disent qu'à l'auberge le temps est toujours beau et les températures agréables. Et c'est vrai. Le jardin, la piscine, l'établissement tout entier jouit d'un microclimat. Ailleurs, il fait trop chaud, ailleurs, il fait trop froid. À l'auberge, on est bien. La maison est climatisée. Elle offre aux voyageurs ce qu'il est convenu d'appeler des conditions idéales. On a refait le toit, on a repeint la façade. Les familles, les cousins, tout le cercle des relations a beau pousser les hauts cris, tout ce petit monde se succède dans ces lieux enchanteurs, aux promenades si charmantes, avec beaucoup d'agrément. On finit par penser qu'on n'est bien qu'à l'auberge.

Chacun s'arrange, à l'hôtel, pour utiliser tout son temps. On flâne, on bricole, on se déguise, on s'occupe des enfants, on fait un tour aux cuisines. Il y a une mosquée pour les uns, une synagogue pour les autres, une église pour les troisièmes : on s'y rend le vendredi, le samedi ou le dimanche. Chacun s'organise comme il veut, et souvent comme il peut. Tout le monde finit par partir.

Le moment arrive où il faut demander l'addition. « L'addition, s'il vous plaît. » Ou : « Garçon ! l'addition. » Il peut se faire qu'elle soit salée. Que diable ! On n'est pas toujours en voyage ! Il faut savoir s'amuser tant qu'on a la chance de profiter de la cuisine, des salons, de la piscine, des tennis, si justement renommés, de l'auberge du Grand Voile. Partir n'est pas gai : le paysage est si beau. Les uns s'en vont avec élégance, distribuant des pourboires, serrant les mains à la ronde. Les autres trépignent et pleurent un peu. C'est pour les enfants, pour les plus jeunes, que le départ est le plus dur. Ils ont envie de s'amuser, de se jeter encore du haut des plongeoirs, de se promener dans les bois, de retrouver des amis pour aller danser, le soir, devant le juke-box de l'hôtel. Mais il n'y a pas, dans l'établissement, de clients à demeure et, bon an, mal an, les locations se succèdent à un rythme soutenu. Il faut partir, c'est la règle. Et ceux qui vont prendre le train dans la petite gare un peu sinistre croisent le flot des nouveaux qui débarquent à leur tour, l'air un peu ahuri devant ce qui les attend à l'auberge du Grand Voile.

— C'est amusant, me dit A, tu m'aurais raconté tout ça avant-hier ou même hier, je n'aurais rien compris. Maintenant, il me semble que je vois à peu près ce qui se passe à l'auberge du Grand Voile et comment les gens s'en arrangent.

— C'est que tu as le code, lui dis-je.

II

# *Le rire de Marie*

— Puisque, maintenant, tu as le code, tu dois commencer à comprendre quelque chose à ce qui se passe sur cette planète que nous appelons le monde et qui n'est qu'une partie minuscule de l'immense univers que tu as traversé pour aboutir à la Douane de mer, étrave triomphante en face de la Piazzetta, guérite de l'histoire à l'entrée du Grand Canal. Ou peut-être, au contraire, et à plus juste titre, ne comprends-tu plus rien du tout, parce que tu fais, à ton tour, partie d'un mécanisme qui se referme sur soi-même et ne laisse aucune place à un regard extérieur ? Tu t'es mis, toi aussi, à entrer dans le système dont tu ne peux plus sortir et à être prisonnier de ce code universel et pourtant si restreint, construit autour du temps, de la pensée, de la vie. Une des clés du système, et un de ses paradoxes, est que plus la sphère du savoir s'étend, plus le cercle s'élargit de ce qui reste encore ignoré. Ce qu'il s'agit de comprendre, c'est que plus tu comprends, moins tu comprends.

— Alors, me dit-il avec un peu d'humeur, restons-en là. Fin du rapport.

— Impossible, lui dis-je. Le système veut qu'on avance. Le code ne s'arrête jamais. Il fonctionne, il avale, il se reproduit, il progresse. Le drame, où nous en sommes, est qu'il est interdit de tracer le mot *Fin*. Le désir des hommes ne connaît pas de repos. Il emporte tout. C'est un torrent. Personne ne sait comment l'endiguer. C'est pourquoi il est si bon — si dur et si bon — qu'il y ait des termes provisoires, des obstacles, des passages obligés dans leur existence à chacun : ils s'appellent la faim, la soif, la maladie, la douleur, le sommeil, l'échec. Et surtout la mort. Mourir est une horreur. Ne pas mourir serait bien pire : une promesse de folie dans un temps sans pitié. Les hommes ont besoin, pour survivre, de bornes où s'arrêter. À côté de la grande borne que nous appelons la mort, il y a une petite borne que nous appelons l'amour. Ma borne à moi avait les yeux bleus, les cheveux noirs et elle s'appelait Marie.

— Une borne ? demanda A.

— Enfin, quelque chose où se reposer. Un terme. Un butoir. Quelque chose qui n'arrête pas les heures, puisque rien ne les arrête, mais qui les organise. Quelqu'un pour mettre un peu d'ordre dans le défilé du temps. Marie aimantait le monde et le temps. Elle leur donnait un centre, une direction. Elle suspendait l'histoire, et son éparpillement. On peut tout discuter, sauf la douleur, la mort, l'amour. Marie, pour moi, était indiscutable. Quel soulagement ! Quel bonheur ! Elle l'emportait sur l'histoire. Elle l'empêchait de couler entre les doigts du temps.

— Y a-t-il des vies, demanda A, qui ne se soient jamais arrêtées ? Y a-t-il des vies où il n'y ait pas d'amour ?

— Je ne sais pas, répondis-je. J'imagine que l'argent ou le pouvoir ou la science, qui ne freinent pas le monde mais qui contribuent au contraire à le précipiter dans une course sans fin, peuvent tenir lieu d'amour. Mon amour pour Marie était une fin de l'histoire. Je ne cherchais pas plus loin. Je n'en voulais pas davantage. Le monde baisait ses pieds. J'étais entré au port.

— Tu t'endormais, dit A.

— Peut-être, lui dis-je. Et peut-être pas. Elle mettait fin à l'histoire. Elle ne mettait pas fin aux rêves, aux souvenirs, à l'imagination. Le monde continuait à tourner : il tournait autour d'elle. Au moins autant qu'une fin, elle était aussi un début. Je me demande si le rapport n'est pas écrit pour elle : pour apporter à Urql un peu de son image et un peu de sa beauté. Pour faire entendre sa voix. Pour parler de ses mains. Pour que son rire retentisse au-delà de cette Terre dans laquelle, comme nous tous, elle était enfermée. C'est pour parler de Marie à travers Tamerlan, à travers la dentellière figurée par Vermeer, à travers le *big bang* et à travers Symi que j'ai accepté de rédiger avec toi le rapport sur la Terre. Quand je t'ai rencontré au-dessus de la Douane de mer, le monde, pour moi, se réduisait à Marie

— Mais, dis-moi, souffla A en baissant un peu la voix comme si quelque défunt ou peut-être un autre esprit venu d'autres galaxies pouvait nous écouter, n'as-tu jamais aimé personne avant d'aimer Marie ?

J'hésitai un instant.

— Bien sûr que si, lui dis-je. Tu sais comment va le monde.

— Et comment ? demanda-t-il.

— Cahin-caha, lui dis-je. Il n'y a rien de simple sous le soleil, rien qui ne puisse être frappé par le doute et par l'incertitude. Chacun de nous, sur la Terre, a vu les choses changer, et de plus en plus vite, les vérités s'écrouler, l'évidence battue en brèche et beaucoup d'amours éternelles s'évanouir dans le passé. Il faut être très prudent quand on parle de durée, il faut fuir les grands mots et les grands sentiments. En amour comme en politique, l'angélisme, c'est l'ennemi. Les hommes sont imparfaits, hésitants, menacés par la myopie et la claudication, peut-être presque inachevés. Si je te disais que, pour moi, Marie, de tout temps, avait été seule au monde, si je te disais que, pour Marie, il n'y avait que moi au monde, l'angélisme nous guetterait. Nous ne sommes pas des anges. Nous sommes des hommes. Nous nous rencontrons sous la pluie, dans la rue du Dragon. L'inévitable, pour nous, naît de l'accidentel, et la fatalité, du hasard. Nous partons pour Todi, pour Symi, pour la villa Rufolo où Wagner...

— Je sais, dit A : *Parsifal.*

— La passion nous emporte. Mais nous n'en sommes pas

dupes. Disons, plus simplement, que je préférais Marie à tout le reste de la vie. Et que peut-être Marie me préférait aux autres.

— À Rodolphe ? demanda A.

— À Rodolphe, lui dis-je. Mais je suis mort, le sais-tu ? Et la vie continue. Je ne sais pas ce que j'aurais fait si Marie était morte. On peut, naturellement, attendre avec confiance de mourir à son tour. On peut même se tuer. Mais, à défaut de se tuer, il faut s'occuper jusqu'au dernier instant. La vie est d'une banalité, d'une répétition consternantes. Et d'une invention sans limites. Je n'ose pas imaginer ce qui a bien pu se passer entre Rodolphe et Marie.

— Je t'ai déjà proposé...

— Je ne veux pas le savoir. Rodolphe, auprès de Marie, a un seul avantage, mais il est décisif : il est vivant. Je suis mort. Il n'y a que les vivants pour s'inscrire dans le monde, pour faire marcher l'histoire. Je ne dis pas que nous autres, mon cher A, les esprits et les morts, nous ne soyons rien du tout. Nous sommes autre chose. Et peut-être mieux. Il n'est pas tout à fait exclu que nous soyons plus proches de l'être, de sa profondeur, de sa nécessité — de son éternité, bien sûr : quand on est mort, c'est pour longtemps — que les pauvres vivants, emportés dans le flux sans fin, et pourtant si limité, des illusions, des apparences et des contradictions. Mais ce sont les vivants qui font cette chose abjecte et pourtant merveilleuse que nous appelons l'histoire. Ce sont les vivants qui vivent.

C'est Rodolphe qui se promène aux côtés de Marie — et j'en éprouve un chagrin qui m'empêche presque de te parler et de penser au rapport — dans ces petites villes d'Italie et dans le chapelet des îles grecques que tu devines sous tes yeux en te penchant un peu.

— Où ça ? demanda A.

— Là... en bas... vers la gauche... C'est pour lui, c'est pour eux que la mer brille sous le soleil du côté d'Amorgos, de Symi, de Castellorizo qui appartint jadis aux chevaliers de Rhodes et dont les habitants, en masse, sont partis pour l'Australie. Que Haydn a écrit ce *Lob des zweiten Tages* que j'avais tant aimé. Que Benozzo Gozzoli a représenté, à Florence, quelques-uns des membres de la famille Médicis...

— Clément VII, murmura A.

— Bravo ! m'écriai-je... depuis Pierre le Goutteux jusqu'à Laurent le Magnifique, sans s'oublier lui-même, avec son propre nom inscrit sur son bonnet, dans la fresque si gaie qui fait courir, sur les murs de la chapelle édifiée par Michelozzo au premier étage du palais Médicis-Riccardi, la procession des Rois mages. C'est lui — ah ! douleur non encore éprouvée — qui marche dans les rues de Saint-Germain-des-Prés ou du Trastevere, la main de Marie dans la sienne. C'est lui qui mange des langoustines ou du crabe à la mayonnaise et qui boit un peu de vin blanc avec Marie en face de lui, de l'autre côté de la table, et elle allume une cigarette sans attendre le café et elle se met à rire.

— Ça va ? demanda A, avec un peu d'inquiétude qui me fit chaud au cœur.

— Ô A ! lui répondis-je. Le rire de Marie... Ce sont eux, tous les deux, qui vont voir, rue Christine ou au quartier Latin, Lauren Bacall en train d'expliquer à Humphrey Bogart, dans *To Have and Have Not,* alias *Le Port de l'angoisse,* comment s'y prendre pour siffler — *You know how to whistle, don't you? You just put your lips together, and you blow...* — ou *Casablanca,* le cœur me manque, avec Ingrid Bergman.

— Plains-toi, me dit A. Tu as connu tout cela.

— C'est vrai, lui dis-je. Toi, tu n'as même pas su que la vie était belle.

III

# *Dieu est dans les détails*

— Les livres, les films, la musique, la peinture, la danse, l'architecture, la cuisine aussi, et les plantes, les animaux, les étoiles, la physique et la métaphysique, la totalité de la nature et la totalité de l'histoire ouvrent un champ assez vaste à ce que sera ce rapport qui se confond avec le monde. Le temps passe, mon cher A, et il me faudra bientôt te quitter pour ailleurs.

— Ne me quitte pas! s'écria A. Que deviendrai-je sans toi? J'errerai comme une âme en peine dans les couloirs interminables de l'auberge du Grand Voile, dans ce monde de folie que, malgré tous tes efforts, j'ai encore tant de mal à comprendre. De temps en temps, par éclairs, il me semble saisir quelque chose. Des lueurs me parviennent. Je devine que le temps s'écoule et qu'on ne peut rien en dire. Je sens courir entre les vivants comme un grand lien d'amour qui sauve de leur misère ce qui peut être sauvé. Je me rappelle qu'ils ne sortent de rien que pour tomber dans un gouffre dont personne ne sait rien. J'éprouve pour les hommes et pour tout ce qu'ils ont fait...

— On dit : leur œuvre, précisai-je. On se gargarise un peu : les œuvres des hommes. On cite Bach et Michel-Ange. Et Léonard de Vinci. Il n'est pas de mauvais ton d'ajouter le Dr Freud. On dit aussi : la culture. Ou : la civilisation. Et souvent : le progrès. On oppose culture et nature : c'est très commode.

— ... une immense curiosité et une immense compassion. Je ne saurai pas du tout, si tu me lâches, comment présenter à mes gens ce salmigondis d'évidences arbitraires et de délires organisés avec une suffisance et une subtilité incroyables que vous appelez le monde. Quand je rentrerai à Urql...

— Quand rentres-tu ? demandai-je d'un ton un peu mondain.

— Je ne sais pas encore, me dit-il en regardant ses ongles. Je ne sais pas si, après toi, je ne passerai pas quelques jours en Toscane ou au Râjasthân. J'ai aussi assez envie d'aller faire un petit tour dans la Grèce de Périclès, à Tenochtitlán au temps des Aztèques et chez Frédéric II.

— Lequel ? demandai-je.

— Hohenstaufen, bien entendu. Le Prussien est odieux. Rival de saint François d'Assise, ami et ennemi des papes, sicilien et allemand, fasciné par l'islam, le petit-fils de Barberousse et du Normand Roger II est autrement séduisant. Mais si tu n'es plus là, que deviendrai-je sans toi ?

— Je croyais, susurrai-je, que tu me prenais pour un crétin ?

— Mon Dieu, me dit-il, ce n'est pas que tu m'éblouisses par tes capacités...

— Non, bien sûr, lui dis-je.

— Mais tu as beaucoup voyagé, tu connais pas mal de monde et tu es si commode !

— Vraiment ? lui dis-je.

— Oui, me dit-il. Sans toi, il n'y avait aucune chance de voir le rapport venir au jour et prendre forme.

— C'est peut-être vrai, lui dis-je. Si ce rapport existe jamais, il me devra sans doute quelque chose. À beaucoup d'égards, tu m'es très supérieur. Mais j'ai un immense avantage que rien ni personne ne peut me retirer : j'ai été un homme, j'ai vécu, j'ai été roulé comme un galet par quelques flots d'histoire.

— Assez peu de chose, remarqua A.

— Très peu de chose, lui dis-je. Une vie n'est rien aux yeux du tout. À nos yeux, ce rien est tout. Quoi qu'il puisse maintenant me tomber sur la tête, je serai passé dans ce monde où tu n'es qu'en visite. Tu es dehors, je suis dedans. Tu viens d'ailleurs, et je m'en vais. Je dis des hommes et de la vie des choses souvent ineptes et peut-être inexactes, mais toi, qui es si brillant, tu ne peux rien en dire du tout parce que tu n'en es pas. Tu en sais aussi peu sur la Terre où j'ai vécu que j'en sais peu sur Urql d'où tu es arrivé. Si je n'avais pas été là, au-dessus de la Douane de mer, pour t'introduire aux fleuves, aux géomètres, aux passions de l'amour, aux parapluies, peut-être serais-tu rentré à Urql sans avoir rien deviné de Venise et d'Hérodote, et le monde, à jamais, te serait resté opaque.

— Il ne m'est pas très clair, bougonna A, mais enfin, grâce à toi, je m'en fais une idée.

— Plus qu'une idée, protestai-je. Tu sais que les hommes, par leur corps, s'inscrivent dans l'espace à la façon d'une pierre, d'un arbre, d'une éponge, d'une autruche. Et que, par leur pensée, ils peuvent se promener, sinon partout, du moins ailleurs. Ils ont une notion de l'impossible, de l'absolu, de l'infini. Ils marchent sous la pluie dans les rues des grandes villes. Ils mangent des cacahuètes. Ils constituent des empires. Ils écrivent des concertos. Ils s'aiment. Ils meurent. Et le temps les emporte. J'imagine qu'avec un tel bagage, qu'aucun esprit, jamais, n'aurait pu inventer, tu peux partir en paix et retourner à Urql.

— De temps en temps, remarqua A, le monde paraît tout simple. Et, de temps en temps, il se complique jusqu'à l'insupportable. Il me semble que le rapport pourrait se limiter à quelques mots. Et qu'il pourrait s'étendre aux dimensions de l'univers et de son histoire sans fin.

— Le rapport est comme le monde : il part dans tous les sens. On descend aux molécules, aux atomes, aux protons, aux neutrons, aux électrons, aux quarks. On monte jusqu'à l'Empire romain et à l'idée que les hommes se font de l'histoire et de Dieu. On peut se livrer à la linguistique, à la plongée sous-marine, à l'archéologie, au golf, à la musique concrète, à la peinture à l'huile. On peut boire et dormir. Le monde, comme Dieu, est dans les détails.

— Ce sont ces détails, dit A, que je voudrais connaître.

— Il faudrait être un homme, lui dis-je. Il faudrait savoir ne rien faire et te promener dans les rues avec des rêves insensés et des soucis d'argent.

— Si je gagnais de l'argent ? proposa A.

— Si tu avais un cancer, lui dis-je, si une femme te quittait, si le chagrin t'envahissait, si tu avais des neveux, des ancêtres, un avocat, des créanciers, si tu conduisais une voiture, si tu t'intéressais aux inscriptions d'Ebla ou de Doura-Europos et à la cuisine du Sud-Ouest, alors tu serais un homme. Il te faudrait souffrir, espérer, oublier, ne rien savoir. Il te faudrait comprendre la grandeur de l'échec.

— Je ne peux pas, me dit A. Je suis un esprit pur.

— Les hommes sont des esprits enfermés dans un corps. Quand leur corps disparaît, ils disparaissent avec lui. Les hommes sont très grands parce qu'ils sont tout petits. Je crois que Jésus, dont je t'ai tant parlé, avait compris que la gloire des hommes est dans leur humilité. Et qu'ils deviennent plus grands quand ils cessent d'en vouloir plus.

— C'est compliqué, dit A.

— Très compliqué. Très simple. La mort est au bout de tout. Et le dernier mot, pourtant, n'est jamais à la mort.

— À la vie ? demanda A.

La Terre était bleue comme une orange. J'étais un peu las de tourner autour d'elle. La grande rumeur des hommes parvenait jusqu'à nous.

— Je ne sais pas, lui dis-je, je n'en suis pas très sûr. La vie est une merveille. Depuis que je l'ai quittée, elle me fatigue un peu.

Voilà que l'immensité me paraît peu de chose. Et l'histoire, un détail.

— Encore des détails, supplia A. Des histoires. De la vie.

— Quoi ! lui dis-je. Du sexe ? Du sang ? Du hasard ? Des passions ?

— S'il le faut..., soupira A.

## IV

# *Sexe, mensonges et compassion*

— Qu'est-ce que c'est encore que cette salade ? grommela Pierre Domberles.

Il tenait deux fiches d'une main, deux passeports de l'autre et ses yeux allaient très vite des deux passeports aux deux fiches et des deux fiches aux deux passeports. Une ride verticale se creusait au-dessus de son nez. Il était commissaire de bord sur la *Ville-de-Marseille* qui venait d'appareiller pour Gênes, Palerme, Taormina et Corfou.

Un des deux passeports portait le nom de Paul Davezy. Et l'autre, celui d'Hélène Fourmes, épouse Davezy. Paul Davezy habitait Salon-de-Provence, 22 route de Camerone. Par une étrange coïncidence, l'adresse d'Hélène Davezy était la même : 22 route de Camerone, Salon-de-Provence. Un lien de parenté entre Paul et Hélène semblait inévitable.

— Mère et fils ? murmura Pierre.

Cette solution de génie était hélas impossible : Hélène Davezy avait trois ans de moins que Paul Davezy. Une probabilité d'une simplicité désolante s'imposait de plus en plus à l'esprit logique de Pierre Domberles qui avait fait de bonnes études et décroché une licence en droit à l'université d'Aix-en-provence : Paul Davezy et Hélène Davezy présentaient toutes les apparences d'un mari et d'une femme. Ce qu'il y avait de troublant, c'est que Paul était installé dans la cabine 123 et Hélène dans la 42.

Pierre Domberles s'assit. Ce genre d'erreur était irritant au possible. C'était encore un coup de l'hôtesse qui sortait à peine de son école d'hôtellerie et que la Compagnie avait engagée sur sa jolie mine et vraisemblablement sur la recommandation d'un parrain ou d'un oncle qui devait jouer au bridge avec le Président. La Marine n'était plus ce qu'elle était. Pierre Domberles décrocha son téléphone intérieur et appela Monica.

Elle arriva presque aussitôt. Elle avait l'air très frais et une queue de cheval.

— Monica, aboya Pierre Domberles, j'en ai marre, mais marre !...

— Qu'est-ce qui se passe ? demanda Monica.

— Il se passe que vous avez encore fait une connerie. Regardez donc la 42 et la 123 et dites-moi ce que vous en pensez.

Et il agitait les deux fiches et les deux passeports sous les yeux marron de l'hôtesse qui n'en menait pas large.

— Mon Dieu ! dit Monica.

Elle consulta un long rouleau qui ne la quittait jamais, qui devait sortir d'une machine et qui se lisait un peu à la façon des manuscrits de l'antiquité dans les mains des orateurs ou des poètes tragiques tels qu'on les voit dans les films de Cecil B. de Mille.

— 42... 42..., murmura-t-elle en suivant du doigt les lignes imprimées qui dansaient devant ses yeux. Je ne comprends pas...

— Quelle idiote, grommela-t-il.

Et il prit le papier des mains de la jeune fille.

Ce qu'il vit ne contribua pas à faire baisser son rythme cardiaque ni sa tension artérielle. M. Paul Davezy était bien installé dans la 123 et Mme Hélène Davezy dans la 42. Ce qu'il y avait de diabolique, c'est que la 42, qui était une grande et belle cabine, avait été aussi attribuée à un certain Robert Peyrimont. Le pire était encore à venir : le pire était que Mme Roselyne Peyrimont avait été expédiée, sans autre forme de procès, dans la cabine 123, qui était celle de M. Davezy.

— Nom de Dieu ! s'écria Pierre. Ça va faire du joli. Il faut arranger ça tout de suite.

À cet instant précis, Pierre Domberles vit quelque chose s'inscrire dans la porte de la cabine que Monica, dans son émoi, avait laissée ouverte : c'était une tête aux yeux fixes qui semblait sortir d'un vieux film de terreur de l'époque du muet.

— Oui... ? dit Pierre, d'un ton rogue.

— Je cherche le commissaire de bord, bredouilla la tête aux yeux fixes.

— C'est moi, répondit Pierre en continuant à consulter la liste des passagers.

— Ah ! c'est vous, dit la tête.

Elle se laissa tomber sur le fauteuil de cuir qui ornait la cabine du commissaire et s'essuya avec un mouchoir.

— Que puis-je pour votre service ? demanda le commissaire qui, tout au long de trente ans de carrière, dont vingt-deux en Extrême-Orient, en avait vu bien d'autres.

— Je suis M. Robert Peyrimont, dit la tête.

Pierre Domberles leva les yeux.

— Eh bien, dit-il, ça, c'est une chance !

— Vous trouvez ? dit M. Peyrimont.

— Je voulais vous voir, dit Pierre.

— Moi aussi, dit M. Peyrimont.

Il avait une figure ronde et rouge, une chemisette de sport verte sur un pantalon de toile, et il transpirait. Comme toujours, l'allure avachie et presque dépenaillée du passager en vacances contrastait avec la tenue très stricte du commissaire et de son adjointe qui étaient, en principe, à sa disposition.

Il y eut un long silence.

— J'ai un problème, dit M. Peyrimont.

— Je sais, dit le commissaire.

Il y eut un autre silence.

— Ah ! dit M. Peyrimont, vous savez déjà ?

— C'est notre métier, dit Pierre, soulagé d'échapper à une

scène et à une bordée d'insultes dont étaient coutumiers les passagers qui estimaient que la Compagnie ne leur en donnait pas pour leur argent. Et je voudrais avant tout vous présenter nos excuses.

— Vous n'y êtes pour rien.

— Enfin..., dit le commissaire qui commençait à trouver que l'autre y allait un peu fort dans une courtoisie et une soumission affectées.

— Je ne suis même pas sûr de... C'est Mme Davezy... la dame qui partage ma cabine...

— Je sais, dit le commissaire, je sais. Je suis désolé.

— Ah ! murmura Peyrimont. Elle a raison !

— Pardon ? dit le commissaire. Je ne comprends pas bien ce que...

— Mme Davezy — tout cela, naturellement, doit rester entre nous — a cru apercevoir son mari sur le pont des premières... j'ai d'abord cru qu'elle rêvait... mais elle a tellement insisté !... Alors, je suis venu vous demander si, par hasard, un certain M. Davezy... Paul Davezy... figurait sur vos... D'après ce que vous me dites, hélas ! il semble que...

Le commissaire se passa la main sur le front. Monica ouvrait des yeux comme des soucoupes.

— Je ne comprends plus rien, dit-il.

Il fallut de longues explications pour parvenir enfin à la solution de l'énigme. M. Paul Davezy, qui habitait Salon-de-Provence, était l'amant de Mme Peyrimont. M. Peyrimont, qui habitait Lambesc, était l'amant de Mme Davezy. Et tous les quatre, deux par deux, à l'insu des deux autres, chacun répandant dans son ménage des mensonges que le conjoint avalait d'autant mieux qu'il était lui-même en train de mentir, s'étaient embarqués, pour une croisière de rêve, sur la *Ville-de-Marseille*. Ils débarquèrent tous les quatre, deux par deux, à la première escale. Gênes est une ville superbe, aux palais très discrets, au cimetière surprenant.

À cinq ou six cents kilomètres à l'ouest de Cheyenne, capitale du Wyoming, en direction de l'Idaho ou de l'Utah tout proche, au sud du célèbre parc national de Yellowstone, la petite ville de Green River, sur la rivière du même nom, mène une existence assez calme, rythmée surtout par les exigences, les routines, les aléas de l'élevage des bovins. Le jour où le bruit courut que Sue Lyonns était enceinte, ce fut comme un frémissement parmi les éleveurs et les garagistes de Green River et de ses environs. Il faut dire que Sue Lyonns ressemblait à ces publicités qui vantaient, à la télévision, des aliments pour chiens et chats ou des machines à laver. Elle avait des cheveux blonds, des yeux verts et des seins — vous voyez ça ? — à faire damner les évangélistes qui venaient, de temps en temps, entourés d'un vrai cirque de Plymouth et de Cadillac, prêcher la fin du monde et la vertu nécessaire.

Sue Lyonns avait seize ans. Sa mère était mormone et venait de Salt Lake City. La mère de son père était arrivée de Pologne au temps de la grande crise. C'étaient tous de braves gens, aux principes plutôt rigides, sans trop d'argent, entourés de l'estime des voisins, et Sue avait été élevée selon les vieilles méthodes. Le jour de ses seize ans, au moment de couper le gâteau sous les applaudissements — *Happy Birthday to you !* —, elle éclata en sanglots. Sa mère la prit dans ses bras et lui demanda la cause d'un chagrin si brutal et si imprévu. Elle murmura, dans les larmes, qu'elle attendait un enfant.

Le maréchal Staline en personne serait entré dans la pièce pour s'emparer d'un morceau du gâteau d'anniversaire que la stupeur de la famille et sa consternation n'eussent pas été plus vives. Sue !... La petite Sue !... La première question que posèrent la mère et le père et la grand-mère et les deux tantes, et, deux ou trois jours plus tard, la totalité de la population de Green River, qui n'était pas très nombreuse et qui, par des canaux mystérieux, avait tout su presque aussitôt, c'était : « Qui est le père ? » Avec, chez tous, un accent d'étonnement, et presque d'incrédulité. Car personne, à Green River, où ne régnait pas la débauche qui faisait rage à Denver ou à Fort Worth, pour ne rien dire de Dallas, n'était plus sage, plus raisonnable, plus décente, plus souvent donnée en exemple par les vieilles dames de Green River, qui ne prêtaient pas à rire, que la jeune Sue Lyonns.

Les jours passèrent. Et les semaines. La jeune Sue Lyonns, qui s'était faite à son état et qui se préparait sans affectation et sans crainte à la maternité, se refusait avec obstination à fournir le nom du séducteur. Ruses, pièges, prières, objurgations, menaces, rien n'y faisait.

— Dis-moi qui c'est, suppliait sa mère. Pourquoi ne l'épouserais-tu pas ?

Le temps des larmes était passé. Sue souriait et se taisait.

Entre l'école, où elle ne brillait pas, sinon par son charme et sa gentillesse, et les soirées de baby-sitting dans les fermes de la région, moins pour gagner de l'argent de poche que pour rendre service aux voisins, Sue menait la même vie après l'aveu qu'avant. Il était difficile, cependant, d'empêcher les langues de courir. Tous les hommes de la ville et de ses environs, y compris les vieillards, les fiancés, les pasteurs, les infirmes, furent suspectés tour à tour d'être le père de l'enfant de Sue.

Pendant que Sue s'arrondissait, l'atmosphère s'alourdissait dans les foyers paisibles de Green River. Les femmes soupçonnaient leur mari. Les ménages se disputaient. Deux ou trois vagabonds dans la force de l'âge furent l'objet de harcèlements. Les autorités religieuses et municipales en vinrent à se pencher sur la question. Deux membres du Rotary, un pasteur, un colonel en retraite, une candidate, battue il est vrai, au Congrès des États-Unis interrogèrent Sue Lyonns. Toujours en vain.

Sue Lyonns n'était jamais seule. Elle n'allait guère au cinéma. Elle ne sortait jamais danser. Elle montait à cheval avec son frère qui ne la quittait pas d'une semelle. À la piscine, au tennis, elle ne fréquentait jamais personne. On examina le cas du bedeau, au temple, celui du garagiste où elle se rendait de temps en temps pour faire gonfler les pneus de sa bicyclette, ceux de l'épicier et de l'aide-pharmacien. Tout était clair comme de l'eau de roche.

Les seuls endroits où, par définition, elle passait quelques heures sans être entourée de témoins, étaient les deux fermes où elle servait de baby-sitter à des amis de ses parents. Les pères de Jane et de Jimmy passèrent des instants difficiles. Ils n'eurent pas trop de peine à démontrer qu'à leur départ et à leur retour ils n'étaient jamais tête à tête avec Sue et que leur femme était toujours là. Jane, qui avait dix ans, était toute seule avec Sue. Mais, dans la maison de Jimmy, onze ans, il y avait un jardinier qui était français et qui venait de Bourgogne. Il s'appelait Jean-Pierre. Il avait vingt-cinq ou vingt-six ans. Il était charmant. Il jouait au ballon avec Jimmy. Son accent rendait folles toutes les jeunes femmes de Green River. Il buvait.

Un beau soir, Jean-Pierre, qui avait bu plus que de raison, fut pris à partie par quelques habitants de Green River. La foule grossit bientôt. Ils se rendirent tous sur la place principale où, pour rire d'abord, et puis de façon moins plaisante, ils s'instaurèrent en tribunal. Jean-Pierre titubait de fatigue et d'ivresse. Parce que c'était son chemin, Sue Lyonns vint à passer. Elle était à bicyclette. Elle s'arrêta un instant. Elle disparut assez vite. Vingt minutes plus tard, elle était de retour, le visage un peu rouge. La fièvre, sur la place, avait monté de quelques degrés. Jean-Pierre n'en menait pas large. Quand ils entendirent grésiller la sonnette de la bicyclette de Sue Lyonns, tous les juges improvisés tournèrent la tête vers elle. Elle avait arrêté sa bicyclette et elle regardait les gens, qui n'avaient d'yeux que pour elle, bien campée sur ses deux jambes, qui n'étaient pas repoussantes. Derrière elle, sur le porte-bagages, était installé un petit garçon que plusieurs reconnurent : c'était le jeune

Jimmy Carpenter, le fils de John Carpenter et de la belle Barbara.

— Ça va comme ça, dit Sue. Laissez Jean-Pierre tranquille. *Leave Jean-Pierre alone.*

Elle prononçait « Jean-Pierre » avec un accent américain qui était aussi inouï que l'accent de Jean-Pierre lui-même quand il parlait anglais.

— Le père, c'est moi, dit Jimmy d'une voix d'enfant.

Il y eut un grand silence.

Quelques rires fusèrent. Une jeune femme applaudit. Puis un homme. Puis cinq ou six.

Alors, Sue laissa tomber sa bicyclette et se retourna vers Jimmy qui lui arrivait à l'épaule. Et elle déposa un baiser sur la joue de l'enfant.

S'il n'y avait pas les bus, les trolleys, les automobiles, les motocyclettes, qui surgissent de partout dans un vacarme d'enfer, Bologne serait une des villes les plus délicieuses d'Italie. Elle est belle, grasse, rouge, savante, hérissée de tours et de campaniles, et on y mange bien. Le *Don Chisciotte,* le *Dante,* le *Notai,* et surtout *Al Pappagallo* sont des endroits que je te recommande.

— Hélas !... dit A. Trop tard.

— La prochaine fois, lui dis-je. La ville n'est pas à tomber par terre comme Venise ou comme Sienne. Je n'y ai pas les mêmes souvenirs qu'à Positano ou à Trani, à Castellina in Chianti, à Soglio...

— À Symi. À Sambuco. À Udaipur. À Bitonto.

— C'est ça, lui dis-je. Mais Rossini et Donizetti y étudièrent et y enseignèrent. Et la fontaine de Neptune, due à Jean de Bologne, un Flamand né à Douai, le Palazzo comunale, la basilique San Petronio où Charles Quint fut couronné empereur par le pape Clément VII...

— Non ! s'exclama A.

— Si, lui dis-je... et les deux hautes tours de la piazza di Porta Ravegnana ne sont pas mal du tout. L'avvocato Mario Rospogni est une des lumières de Bologne.

C'est ce que nous appelons un bel homme, avec une moustache noire. Il a quelque chose de Vittorio Gassman dans *Il Sorpasso,* que les Français traduisent par *Le Fanfaron.* Le nom de sa femme est Paola. Elle aussi est une belle femme. Et elle aussi a une ombre — mais une ombre seulement — de moustache. Elle est originaire de Sicile et elle ressemble à une de ces femmes que Vittorio de Sica traîne souvent derrière lui, dans ses films, avec mauvaise humeur.

L'avvocato Rospogni est souvent de mauvaise humeur. Il ressemble, à cet égard, à ces râleurs de Français dénoncés par Cocteau comme des Italiens de mauvaise humeur. Voilà des années déjà — *anni fa* — que, pour une raison ou pour une autre, les relations entre Mario et Paola ont commencé à tourner à l'aigre. Je crois, comment te dire... que ce que Paola aime le mieux en Mario, ce n'est plus sa présence.

— Je vois ça, dit A. Je connais les hommes. Et les femmes.

— La vie de Mario, heureusement, est illuminée depuis quelque temps par les charmes d'une jeune femme blonde qui ne serait pas le contraire de Silvana Mangano, si belle dans *Riz amer.* Ou peut-être, si tu préfères, d'Anita Ekberg dans *la Dolce Vita.* Si je te donne ces détails, c'est pour te fixer les idées.

— Je comprends, dit A. Merci beaucoup.

— Rien ne va jamais tout à fait mal dans ce monde qui t'est devenu familier. Et rien n'y va jamais tout à fait bien. Il semble à Mario que, depuis quelques semaines, la belle Carla, à son tour, commence à s'éloigner de lui. Ce n'est pas vraiment un souci. C'est une préoccupation. Il trouve encore du plaisir dans le lit de sa maîtresse, mais des signes, qu'il reconnaît, lui servent de sonnette d'alarme : Carla n'a plus pour lui les regards d'Alida Valli pour Fairley Granger au début de *Senso* ni ceux de Claudia

Cardinal pour Alain Delon — ou peut-être pour Burt Lancaster ? Ah ! l'échange des regards entre Burt et Claudia... — à la fin de la valse, aérienne et célèbre, du bal du *Gattopardo.*

Ce mercredi après-midi, après un déjeuner maussade en face de la Paola, plus brutale que jamais, Mario se rend à pied, par la piazza del Nettuno, jusqu'à son cabinet. Il s'est débarrassé de sa femme qui, grâce à Dieu, s'est mise aux cartes et qui est allée, comme souvent, jouer au bridge chez une amie du nom de Cristina, à l'autre bout de la ville. Il a fumé un de ses *toscani,* il s'est lavé la bouche avec de l'eau de Floris qu'une stagiaire, elle s'appelle Pia, qui est amoureuse de lui, lui a rapportée de Londres, il s'est passé de la gomina sur ses cheveux très noirs, et maintenant il déambule dans les rues en faisant de l'œil aux petites femmes blondes et scandinaves qui envahissent Bologne aux approches de l'été. L'air est léger. Il fait très beau. Quel malheur d'aller s'enfermer avec ces dossiers répugnants ! L'envie lui vient soudain d'aller faire une surprise à Carla.

Il tourne à gauche au lieu de tourner à droite. Plus jeune soudain de plusieurs années, il parcourt encore quelques centaines de mètres. Et il se retrouve au bas de l'immeuble où habite sa maîtresse.

Il monte l'escalier dont il connaît chaque marche. Il s'arrête au troisième étage. Au moment d'appuyer sur le bouton de la sonnette, il sort de sa serviette un vaporisateur de poche et il presse devant sa bouche, dont il n'est pas très sûr à cause des *toscani,* le mécanisme salvateur. Au moment où il se regarde dans le petit miroir qui ne le quitte jamais, il entend un bruit de dispute. Il distingue aussitôt la voix de la mère de Carla. C'est une vraie harpie. Elle lance des insultes à sa fille.

Il devine les mots de « traînée », de « putain », de « honte de la famille ». Il colle l'oreille contre la porte. Il entend avec horreur la mère qui reproche à la fille de recevoir dans son lit, dès qu'elle s'imagine être seule, « cette horreur de dragon ». Un dragon ? Quel dragon ? Il a tout juste le temps de se plaquer contre le mur et il voit la porte s'ouvrir et jaillir comme une furie un être décoiffé qui se rajuste à la hâte. C'est le dragon, bien sûr. Il est jeté à la rue par la mère de sa maîtresse. L'avvocato n'a aucune peine à le reconnaître aussitôt puisque c'est Paola, sa femme, qui sort du lit de Carla.

Si la comtesse Bathory est une Hongroise assoiffée de sang, Dracula, d'après la légende, est un seigneur des Carpates. Il sévit en Transylvanie. Le traité de Saint-Germain ne laisse place à aucun doute : aujourd'hui au moins, Dracula est roumain. Les Roumains sont irrésistibles. Ce sont des Latins de pure souche qui descendent des Romains, qui ont lutté contre les Turcs, qui ont été embêtés par les Russes et à qui se mêlent des Hongrois. Ils naissent divorcés, antisémites et francophiles. Être roumain, d'après Paul Morand, n'est pas une nationalité : c'est une profession. Paul Morand a du génie. Il introduit dans la littérature la vitesse, le jazz, le cinéma, la boxe, le cabriolet décapotable. Il ne cesse jamais de se tromper. Il dit n'importe quoi. Les Roumains sont charmants.

Marika Vulcaresco, ou Vulcarescu, comme tu voudras, avait l'air d'une vierge descendue d'une icône. Elle était douce et timide. Ses amis l'appelaient Bambi. Un peu après la fin de Carol II de Roumanie, qui ne valait pas grand-chose et qui avait une maîtresse du nom de Lupesco, que les journalistes américains ont longtemps eu du mal à distinguer de l'Unesco, un peu avant les débuts de Nicolae Ceausescu, qui était un monstre flanqué d'une femme qui était pire que lui et qui s'appelait Elena, elle habitait une ville de quelque cent mille habitants, au fin fond de la Transylvanie, en bordure des Carpates : Tîrgu Mures.

Il arriva à Bambi une aventure cruelle : le cœur, le foie, le cerveau, je ne sais pas, elle tomba morte dans la rue. Des passants la ramassèrent et la déposèrent à la morgue. C'était le soir, un peu tard. Il n'y avait plus à la morgue qu'un gardien arriéré qui s'appelait Radu Brabesco, ou peut-être Brabescu. Il était bourré de tzuica. La tzuica est à la vodka ou à la sljivovica ce que la mamaliga est à la polenta ou ce que la caciula, le bonnet de fourrure des Roumains, est à la bonne vieille chapka.

Radu Brabesco, ou Brabescu, rangea, comme il se doit, Marika Vulcaresco, ou peut-être Vulcarescu, dans la chambre froide destinée à cet effet. Il la déshabilla avec des gestes maladroits. Il l'étendit sur un drap blanc. Il joua quelques instants avec ses beaux cheveux blonds. Il la recouvrit d'un autre drap blanc. Et il retourna à ses amours qui avaient la saveur âcre de l'eau-de-vie de prune.

Il resta longtemps à rêver sur son verre qui avait une fâcheuse propension à se vider et à se remplir avant de se vider de nouveau. Les vapeurs de l'alcool s'échappaient de ce verre sous les espèces des mèches blondes de la jolie tête de Marika. Dans la langue de son pays, il répétait : « Les mèches m'émèchent », et il se mettait à rire d'un rire idiot. À la fin, il se leva, il se dirigea vers la chambre froide et il viola la jeune morte.

Ce qui se passa alors ne pouvait se passer que dans le pays de Dracula, du château des Carpates et de Nosferatu le Vampire. Les mœurs, dans cette partie du monde évidemment arriérée, n'étaient pas encore ce qu'elles étaient déjà à Londres, à Rome, à Frisco, à Paris : Marika était vierge. Quand, après avoir caressé, dans une espèce d'hébétude qui se changeait en délices, ses cheveux, son visage d'ange, ses seins qui étaient très ronds, son ventre lisse, ses cuisses qui étaient encore chaudes, Radu Brabesco, ou Brabescu, la pénétra brutalement, la morte ouvrit les yeux et poussa un grand cri.

Les cheveux de Radu Brabesco, ou Brabescu, se dressèrent sur son crâne. Les yeux exorbités, les mains levées en avant dans un geste d'horreur, il se rejeta en arrière. La tête blonde aux grands yeux noirs se balançait de droite à gauche et s'écriait : « Non ! non ! » Radu resta quelques instants à tituber sur place. Et puis, le fantôme se dressa sur son séant en murmurant : « Où suis-je ? » Tenant des deux mains son pantalon qui lui tombait sur les genoux et l'empêchait de courir, Radu Brabesco, ou Brabescu, se précipita en hurlant dans la rue.

— Ah ! mon Dieu ! s'écria A. Vous avez donc des fantômes ?

— Pas du tout, lui dis-je. Bambi était bien vivante. Le choc l'avait ramenée des abîmes où elle était descendue. Elle regarda le décor, plutôt minable, qu'elle ne connaissait pas et elle se mit à pleurer. Quand elle eut versé beaucoup de larmes et essuyé avec le drap sur lequel elle était couchée le sang qui coulait de ses cuisses, elle vit que la brute qui avait abusé d'elle avait laissé ouvertes, dans sa fuite, toutes les portes du local. Alors, elle rentra chez elle.

— Comment ça ? demanda A. En taxi, en métro, en auto-stop, à pied ?

— Mais quel raseur ! m'écriai-je. Je crois qu'aucune entreprise française n'a encore creusé de métro dans les entrailles de Tîrgu Mures. Et les taxis de nuit, car nous sommes en pleine nuit, ne doivent pas sillonner en grand nombre les rues obscures de la ville. Mettons qu'elle rentre à pied et n'en parlons surtout plus.

Radu erra toute la nuit à travers la petite ville. Il se jeta, au petit matin, dans le premier bistrot qui ouvrait ses portes aux ouvriers de l'aube. Il but, il but encore. Il criait : « La morte parlait ! la morte parlait ! » Il fallut appeler la police. Écrasé par l'alcool et par la terreur, il raconta dans le détail toute sa nuit de cauchemar et que la morte avait ressuscité.

L'affaire, même en Roumanie qui s'y connaît en horreurs, fit un bruit du tonnerre. La presse roumaine, bien entendu, et même la presse internationale, et surtout les feuilles un peu douteuses qui mêlent voyance et scandales, princesses et pornographie, consacrèrent des colonnes entières au viol de Tîrgu Mures et à la nuit des morts-vivants.

Il y eut un procès, bien entendu. La famille de Bambi qui était mineure se porta partie civile. Il vint des journalistes de partout : le sang, la mort, le sexe, la vodka ou la tzuica, ils adorent ça. On vit des Français, des Allemands, des Espagnols, des Italiens, des Américains, et même des Japonais, arpenter les rues de Tîrgu Mures qui n'avait jamais été à pareille fête. La salle était trop petite pour les recevoir tous. Le procès dura deux jours. Radu Brabesco, ou Brabescu, risquait gros. Le viol sur une de ces mortes dont il avait la charge et qui, comble de malchance, n'était même pas morte, cumulait le crime le plus atroce et la faute professionnelle la plus impardonnable. Vers la fin du deuxième jour, avant le réquisitoire et la plaidoirie, le président se tourna vers Marika, qui n'avait pas dit un mot pendant tout le procès, et lui exprima, en termes choisis, la compassion du jury. Il lui demanda si elle avait quelque chose à ajouter à ce qu'elle avait entendu.

Bambi se leva. Oui, elle avait quelque chose à ajouter. Un grand silence tomba sur la salle. Les gens se hissaient sur la pointe des pieds et se tordaient le cou pour apercevoir la nuque ou le profil d'ange de Marika Vulcaresco, ou Vulcarescu. L'accusé baissait la tête. La tzuica ne le portait plus dans ses bras enchantés. On entendait voler toutes les mouches du scandale et de la mort.

Avec beaucoup de simplicité qui essayait en vain de lutter contre l'émotion, Bambi déclara que Radu Brabesco, ou Brabescu, l'avait violée sous le coup de l'ivresse et que c'était un crime difficile à pardonner. Mais qu'il l'avait, du même coup — et il y eut, dans la salle, des sourires vite étouffés par le maillet du président du jury —, sauvée d'une mort certaine. Et qu'il n'y avait, nulle part ni jamais, rien de meilleur que la vie qui l'emporte sur la mort.

Et elle se rassit. Tout le monde pleurait. Radu aussi. Et elle aussi.

Radu Brabesco, ou Brabescu, qui avait violé une morte et qui l'avait rendue à la vie, fut acquitté par le tribunal.

— Est-ce qu'elle l'épouse? chuchota A avec une espèce de gourmandise qui m'étonna un peu.

— L'histoire, lui répondis-je avec beaucoup de dignité, l'histoire ne le dit pas.

— Je vois bien, me dit A, et je m'en doutais déjà un peu, que ce qui t'amuse, c'est le sexe. Ce qui t'intéresse, c'est le sexe. Le reste... Voilà quatre histoires que tu me racontes pour m'expliquer les hommes, et toutes les quatre tournent autour du sexe. N'y a-t-il donc rien d'autre pour entraîner les hommes ?

— Il y a beaucoup d'autres choses, lui répondis-je. Les plus belles sont le courage, le sacrifice, la charité.

— Mais tu ne connais pas d'histoires, je parie, où ces nobles sentiments jouent le même rôle que le sexe qui fait ce qu'il veut de vous tous ?

— Bien sûr que si, lui dis-je. Une quantité. Il n'y a, je t'assure, que l'embarras du choix... Tiens ! Dans la grande guerre entre les Allemands et les Russes, qui a été peut-être, dans la poussière et la neige, la plus terrible de toute l'histoire du monde, il y avait une poignée de Français. C'étaient les aviateurs de Normandie-Niemen. Le groupe de chasse « Normandie » avait été constitué à Rayak, en Syrie, au mois de septembre 1942, sous les ordres du commandant Pouliquen, puis du commandant Tulasne. Il gagna Moscou en avion. En mars 1943, il fut engagé sur le front germano-soviétique aux environs de Kalouga. Intégré sous forme de régiment dans la 303e division aérienne soviétique, il participa aux offensives de libération de la Russie Blanche et le franchissement du Niemen en octobre 44 lui valut le nom, glorieux dans le monde entier, de « Normandie-Niemen ». La formation quitta l'Armée rouge en juin 1945. Elle avait remporté plus de deux cents victoires. Un pilote sur deux avait été tué. Sept fois citée à l'ordre de l'Armée soviétique, elle fut décorée, en Russie, des ordres du Drapeau rouge et d'Alexandre Nevski, et, en France, de la Légion d'honneur, de la médaille militaire et de l'ordre de la Libération.

— Mes compliments, dit A.

— Le lieutenant Aymard de V... était l'un des pilotes de « Normandie-Niemen ». Il avait été élevé dans un château, et tout le tremblement, du côté de l'Anjou. Le sabre et le goupillon régnaient sur sa famille qui représentait tout ce que tu peux rêver de plus réactionnaire. Son père, qui était couvert de femmes et qui avait perdu au jeu deux fortunes successives — la sienne et celle de sa femme —, était un admirateur de Maurras et de Léon Daudet et lisait *L'Action française*. Les premiers vers qu'Aymard eût appris, encore enfant, étaient ceux de La Fontaine :

*Volupté, volupté, qui fut jadis maîtresse*
*Du plus bel esprit de la Grèce,*
*Ne me dédaigne pas, viens-t'en loger chez moi;*
*Tu n'y seras pas sans emploi.*
*J'aime le jeu, l'amour, les livres, la musique,*
*La ville et la campagne, enfin tout; il n'est rien*
*Qui ne me soit souverain bien,*
*Jusqu'au sombre plaisir d'un cœur mélancolique.*

et de Charles Maurras :

*L'olive est au pressoir, le vin est dans la tonne.*
*Une rieuse enfant nous verse le muscat.*
*Un vent frais a cueilli la verveine et la menthe*
*Pour nous envelopper des charités du sort.*
*Ami, nous raisonnons de l'humaine tourmente*
*Comme deux matelots qui reviennent au port.*

Le père d'Aymard était un ami de Détroyat, qui avait connu son heure de gloire en volant sur le dos à l'émerveillement des populations et en établissant, en 1928, avec le commandant Weill, la première liaison aérienne de nuit entre Paris et Marseille. Détroyat avait fait piloter Aymard dès l'âge de quinze ans. Du coup, Aymard de V... était, à Londres, dès l'été 40, le plus jeune aviateur des Forces françaises libres. Au printemps de 1941, il lui était arrivé une aventure qui avait enchanté tous les Français de Londres. C'était la fin du grand *Blitz* qui, pendant près d'une année, quatre ans avant la reprise des bombardements par les V1 et les V2, avait détruit une bonne partie de la ville. Dans le ciel de Londres, V..., aux conduites de son chasseur, s'était accroché avec un appareil allemand. Après les poursuites, les feintes, les acrobaties traditionnelles, auxquelles V... était rompu depuis son âge le plus tendre, les deux pilotes, qui étaient si proches l'un de l'autre qu'ils distinguaient presque leurs traits derrière l'habitacle et le masque, s'étaient mitraillés mutuellement. Les deux avions, en flammes, tombèrent presque en même temps.

Les deux hommes, chacun de son côté, sautèrent en parachute. Le vent les poussa l'un vers l'autre. Ils s'aperçurent en plein ciel. L'Allemand leva la main. Fidèle à des traditions qui n'avaient pas besoin d'être mises en forme pour avoir force de loi, V... répondit à son salut. Ils touchèrent terre presque ensemble, dans un roulé-boulé impeccable, à quelques mètres l'un de l'autre. Chacun, selon la règle, plia son parachute. Ils marchèrent l'un vers l'autre et ils se mirent à rire.

Ils étaient tombés dans une espèce de parc entretenu avec tant de soin qu'on eût dit un jardin. Derrière quelques grands arbres s'élevait une maison. Un homme sortit de la maison et s'avança vers eux. Il portait une veste de tweed et il fumait une pipe. Quand il fut en face d'eux, les deux hommes saluèrent et se présentèrent.

— Oberleutnant Gerhardt Weber, glapit l'Allemand en claquant des talons.

— Sous-lieutenant Aymard de V..., dit l'autre en traînant sur les mots avec un accent des faubourgs mêlé d'accent du Faubourg.

— *Well, well,* répondit le troisième en les dévisageant tour à tour avec l'attention d'un entomologiste en train d'examiner dans un *herbaceous border* des insectes ou des fleurs rares, *a German, a Frenchman... I assume I have to play my part as an Englishman. Have a cup of tea?*

Michel Détroyat, qui n'aimait pas Staline, ne fut pas positivement enchanté d'apprendre qu'Aymard allait se battre aux côtés de l'Armée rouge. Le jeune lieutenant n'avait pas d'états d'âme. Il s'entendit à merveille avec les Soviétiques. Une discipline de fer régnait dans la patrie du socialisme. Au regard des communistes, qui ne plaisantaient pas avec leurs valeurs ni avec les moyens employés pour les faire triompher, les jésuites de son enfance pouvaient passer pour de doux rêveurs, pour des modèles de laxisme. Il se lia avec plusieurs aviateurs qui bredouillaient l'anglais, le français ou l'allemand. Il s'entendit surtout très bien, si l'on peut dire, avec un groupe de mécaniciens chargés de l'entretien des appareils : c'étaient des garçons très jeunes et très habiles qui ne comprenaient aucune autre langue que le russe qu'Aymard ne parlait pas. Ils communiquaient par gestes et ils allaient se soûler ensemble à la vodka.

Un jour où le lieutenant de V... devait accomplir une mission de routine entre Voronej et Tula, un mécanicien, qui bénéficiait d'une permission et qui voulait rejoindre sa famille, lui fit demander de l'emmener. C'était pratique courante dans l'aviation soviétique. Le trajet était court. Aymard accepta. L'avion du lieutenant de V... était un chasseur monoplace, muni d'une espèce de coffre où étaient entassés les outils, les munitions, les bagages. Selon la coutume, le mécanicien se glissa dans le coffre. Vingt minutes après le décollage, l'avion fut abattu par un chasseur allemand.

Aucun des deux hommes, par miracle, n'avait été blessé. Aymard, bien entendu, disposait d'un parachute. Mais le mécanicien, dans son coffre, en était dépourvu. Pendant que l'avion tombait en vrille, le Russe, par ses cris, par ses gestes, supplia le lieutenant de sauter en parachute. Arc-bouté sur son manche à balai, Aymard lançait des jurons et agitait sa main en signe de dénégation. Le mécanicien finit par ramper jusqu'au poste de pilotage et essaya de le pousser hors de l'avion. Aymard se cramponnait à son siège : il n'était pas question de se sauver tout seul. Dans les débris de l'appareil, on découvrit les deux corps, presque intacts, du vicomte Aymard de V..., lieutenant dans le groupe de chasse « Normandie-Niemen », et de Serguei Ouvlanov, originaire de Tula et tourneur à Voronej. Les deux hommes se connaissaient à peine. Ils se tenaient par la main.

— Ah ! je comprends, dit A. Quand ce n'est pas le sexe, c'est la mort. Et quand ce n'est pas l'amour, c'est l'amitié.

— Ou la curiosité, ou l'ambition, ou le goût du plaisir, ou l'avidité, ou la générosité, ou la sainteté, ou la folie de la beauté, ou la folie tout court : il y a beaucoup de motifs à ce que font les hommes. Et j'aurais beaucoup d'histoires à te raconter sur eux : elles sont autant d'épisodes, autant de fragments et d'éclats de la grande histoire du monde. Les plus simples et les plus courtes sont souvent les plus belles et l'amour et la mort y tiennent toujours une grande place.

On m'a raconté qu'au cours d'une de ces affreuses guerres civiles doublées de guerres étrangères qu'a connues notre planète il y avait, dans une prison, deux condamnés à mort. C'étaient deux jeunes gens, et presque deux enfants. C'étaient des traîtres pour les uns, des héros pour les autres. C'étaient des héros qui, aux yeux de leurs juges, étaient devenus des traîtres. La prison tout entière vivait leur agonie. Il y a, dans les prisons, comme une âme collective qui fait que tous souffrent pour chacun. Ce qui transforme les prisons, où sont rassemblés assassins et voleurs, en une sorte de lieu saint. La veille du petit matin où les deux condamnés devaient être fusillés, un prêtre entra dans leur cellule.

C'était un drôle de prêtre. Un ancien syndicaliste. Un homme de passion et de plaisir. Il se promenait à moto. Il buvait de l'alcool. Il fumait des cigares. La hiérarchie officielle le regardait d'un sale œil. Quand il vint s'asseoir auprès d'eux, les deux jeunes gens levèrent à peine la tête.

Soudain s'éleva de la cellule un chant vengeur et libre : c'était un chant de guerre. Il était chanté à trois voix : une voix d'homme très grave et comme deux voix d'enfants. La prison tout entière écoutait, stupéfaite.

Après le chant de guerre, il y eut des chants d'amour. De vieilles chansons, des romances, des ritournelles des carrefours. Dans les cellules voisines, les tueurs, les héros, ceux qui n'en pouvaient plus de souffrir, se souvenaient de leurs amours et de leur jeunesse heureuse. Ils se mirent, à mi-voix, à chanter avec les autres. Un chant profond s'éleva à travers la prison.

Les gardiens, immobiles, savaient que c'était la dernière fête de ceux qui allaient mourir avant d'avoir vécu. Ils laissèrent faire. Peut-être, eux aussi, chantaient-ils, avec les autres, leur jeunesse piétinée.

Toute la nuit, les chants de mort alternèrent avec les chants d'amour. La prison tout entière n'était plus qu'une chanson. De temps en temps, le silence retombait sur les hommes enchaînés. Et puis, une voix reprenait un chant d'église ou une chanson à boire. Et, de cellule en cellule, le feu du désespoir et de la joie mêlés se remettait à flamber.

Ils chantèrent *Le Temps des cerises* et *L'Internationale.* Ils chantèrent *Les Filles de Camaret* et des hymnes à la Vierge. Ils chantèrent le *Chant des Partisans* et *Maréchal, nous voilà !*

Au fond de plusieurs cellules, les durs se mirent à pleurer. Ils revoyaient des visages qu'ils avaient tenus entre leurs mains dans les printemps du bonheur, des ponts sur les rivières où les cœurs s'étaient embrasés, où les corps s'étaient embrassés, des petits matins le long des lacs ou dans les rues des grandes villes.

On entendait dans la prison, où ne résonnaient d'habitude

que les bruits ignobles des seaux et des portes qui claquaient, des voix pures qui montaient dans la nuit encore close :

*Ô Vierge Marie, mère du Sauveur...*

ou :

*Quand il reviendra, le temps des cerises,*
*Le gai rossignol, le merle moqueur...*

ou :

*Ami, entends-tu*
*Le vol noir des corbeaux*
*Sur nos plaines...*

ou :

*C'est la lutte finale.*
*Groupons-nous*
*Et, demain,*
*l'Internationale...*

ou :

*Chez nous, soyez Reine...*
*Soyez la Madone*
*Qu'on prie à genoux*
*Qui sourit et pardonne*
*Chez nous, chez nous...*

Quand le jour se leva, épuisée, à bout de forces, la prison chantait encore. Les deux jeunes gens partirent ensemble, radieux, vers la mort qui chantait. Une voix s'élevait, toute seule, pour les accompagner dans leur dernier voyage dans ce monde enchanté. Au nom de toutes les brutes, qui tendaient, à travers les barreaux, leurs mains nues en signe d'adieu, elle chantait le *Magnificat.*

— Ah ! oui, dit A. Les hommes sont une âme égarée dans un corps.

— Non, répondis-je à A. Ce sont des corps d'où sort soudain une âme.

V

# *Le siège*

La ville tenait toujours. L'eau se faisait rare dans les puits. Les femmes levaient les yeux pour voir si des nuages allaient amener la pluie. Mais le ciel restait pur, désespérément pur, et le soleil brillait sur la ville assiégée où il n'y avait plus ni viande, ni blé, ni lait et où l'or, inutile, ne servait plus à rien.

Comment la ville, depuis tant d'années si puissante et si riche, en était arrivée là, beaucoup déjà ne s'en souvenaient plus guère. Longtemps, les armées de la ville avaient été victorieuses. Elles avaient poussé jusqu'au Caucase, jusqu'à l'Indus, jusqu'aux déserts derrière le Nil et elles avaient fait régner l'ordre et la paix dans des pays très lointains. Toutes les familles de la ville comptaient au moins un soldat pour avoir pris part à ces expéditions fabuleuses d'où beaucoup n'étaient jamais revenus. Lui, le chef, le général, le maître de la ville, le prince avait encore remporté quelques victoires foudroyantes où son génie, une fois de plus, s'était donné libre cours. Mais la fortune des armes avait fini par se lasser. Les forces de l'ennemi n'avaient cessé de grossir. Des renforts lui étaient venus de partout. Il avait coupé le chemin de la mer. La victoire, fatiguée, avait changé de camp. Il avait fallu se replier en toute hâte et finir par se rejeter derrière les murailles de la ville. Et le siège avait commencé.

Il durait maintenant depuis plus de trois ans. Il y avait eu la neige, la pluie, un soleil dévorant et de nouveau le froid qui tuait les plus pauvres, et la chaleur qui apportait la peste. Les autorités faisaient régner un ordre que tout le monde acceptait parce que c'était la seule chance de survie. Toute la ville assistait, comme jadis, aux grandes fêtes religieuses et civiles où la misère et l'angoisse étaient camouflées tant bien que mal derrière les rites de toujours. Les prêtres, et surtout le grand prêtre, qui était l'oncle du prince, étaient entourés de la vénération générale : beaucoup, dans la ville, n'espéraient plus qu'un miracle.

Certains, au-dessus de tout soupçon — et le frère du prince lui-même —, avaient désespéré : ils étaient passés à l'ennemi. Deux ou trois d'entre les transfuges avaient été pris sur le fait et arrêtés à temps, l'un au moment où il tentait d'envoyer, par pigeon voyageur ou par des feux sur une tour ou sur une colline, des messages à l'ennemi, l'autre à l'instant même de s'engager, aux petites heures du matin, dans un passage secret qui débouchait sur la plaine aux environs de la ville. Les traîtres étaient passés devant un tribunal militaire qui n'avait pas traîné : en moins de vingt-quatre heures ils avaient été jugés et brûlés en place publique.

La faim, la soif, la peur régnaient, aux côtés du prince, sur la ville assiégée. Les caves et les greniers regorgeaient heureusement non seulement d'armes et de vêtements, mais de grain, de vin, de légumes séchés et d'huile. Il y avait dans les étables, à l'intérieur des remparts, des poules, des chèvres, des moutons, des bœufs et des vaches qui, d'abord en grand nombre, avaient fini peu à peu par devenir des trésors. Leurs propriétaires avaient fait fortune — mais à quoi pouvaient bien leur servir, dans la ville assiégée, des montagnes de pièces d'or ? — jusqu'à la décision des autorités de faire passer sous leur contrôle direct tout ce qui pouvait servir à nourrir les habitants. À mesure que la liberté s'amenuisait dans la ville, l'égalité et la fraternité se mettaient, peu à peu, à y régner en maîtres. Des illuminés s'installaient aux carrefours et annonçaient aux passants que le royaume des cieux était en train de descendre sur la ville assiégée. De moins en moins de détails séparaient le seigneur de son valet, le banquier de son barbier, le propriétaire du va-nu-pieds. C'est la vie qui distingue et met des différences entre les hommes. La mort les rapprochait et les unissait.

Au bout d'un an de siège, il devint capital, pour les assiégés comme pour les assiégeants, de savoir quelque chose sur les sentiments et le moral de l'ennemi. Des espions furent envoyés par la ville chez les assaillants et par les assaillants dans la ville. Quelques-uns furent reconnus, démasqués, arrêtés. Ils furent traités comme les traîtres. D'autres réussirent à revenir chez eux et à y donner des informations sur ce qui se passait dans l'autre camp. Ces informations, la plupart du temps, étaient contradictoires : les uns assuraient que l'ennemi était à bout de souffle et sur le point de céder. Les autres soutenaient qu'il se préparait à des affrontements décisifs.

L'essentiel, pour chacun des deux camps, était de faire croire à l'autre que ses forces étaient intactes. Les assaillants bombardaient la ville de légumes, souvent pourris, et de viandes, décomposées. Les assiégés déversaient sur les troupes rassemblées sous les remparts des tonneaux d'huile bouillante et de poix enflammée. Bientôt apparurent des projectiles d'une autre espèce : les assiégeants envoyèrent dans la ville, par-dessus les remparts, des cadavres de pestiférés que les assiégés s'efforçaient de brûler au plus vite.

Après deux ans et demi de siège, une rencontre fut organisée entre les princes des deux camps. Elle demanda beaucoup d'efforts et de conversations entre lieutenants. Plusieurs des messagers laissèrent leur vie dans l'affaire. Mais enfin, entourée de part et d'autre d'un luxe de précautions inouï, la conférence se tint dans la grande plaine devant la ville. Des otages avaient été remis en nombre égal par chacun des deux camps à l'autre et ils répondaient sur leur tête du bon déroulement de la conférence.

Cernée par les tueries, la rencontre fut une fête où chacun s'efforça d'impressionner son rival et de le convaincre de se retirer d'une lutte trop inégale. On mangea et on but sous des tentes tissées d'or, on prononça des discours, on envisagea des mariages entre les princes des assaillants et les filles de ceux de la ville, on se promit l'un à l'autre des monceaux de pièces d'or et des provinces entières. Il y eut des tournois et de la musique. Les prêtres essayèrent de s'entendre derrière le dos des guerriers. Venus d'un camp et de l'autre, des commerçants firent fortune, en vendant des fourrures aux assiégés qui souffraient de l'hiver et des icônes sacrées, provenant des temples de la ville, aux femmes des assiégeants et à leurs conseillers. Deux ou trois fois, les adversaires furent sur le point de s'entendre et de mettre fin au combat. Et ils finirent par rompre.

Chacun rentra chez soi et s'installa de plus belle dans une lutte languissante. Profitant de renseignements recueillis pendant la trêve, les troupes de la ville organisèrent des sorties et ramenèrent des prisonniers. Les assaillants se lancèrent dans des travaux de longue haleine. Un beau matin, les gens de la ville aperçurent dans la plaine, du côté de la forêt de chênes devant la poterne ouest, une tour de bois qui s'élevait. C'était une machine de guerre d'où des projectiles enflammés allaient tomber sur les assiégés. Toute la ville, jour après jour, se portait sur les murailles pour examiner les progrès de la menace qui signifiait sa fin. Les généraux de la ville se réunirent et décidèrent qu'il fallait détruire coûte que coûte la machine infernale. On posta des archers dans les échauguettes des remparts : ils tirèrent sur la tour de bois des flèches trempées dans la poix et enflammées au dernier moment. La tour prit feu et s'écroula.

Les assiégeants reprirent les travaux en installant des archers et des bombardes à chaque étage de la tour en train d'être reconstruite. Deux des échauguettes disposées en encorbellement furent détruites par les boulets. Les autres devinrent vite intenables. La tour s'élevait. Un commando suicide, composé de baroudeurs professionnels, de têtes brûlées, de condamnés à mort à qui on avait promis la vie sauve s'ils s'en tiraient, fut envoyé pour la détruire. Les hommes sortirent de nuit par une poterne, égorgèrent les gardes ennemis, arrivèrent jusqu'à la tour et la jetèrent à bas en y mettant le feu. Deux membres du commando réussirent à regagner la ville où ils furent fêtés comme des héros.

Une troisième fois, l'ennemi entreprit de reconstruire la tour. En pierre, ce coup-ci, et en fer. Et plus près encore des murailles. Les gens de la ville abattirent plusieurs douzaines d'ouvriers. Mais, au bout de quatre mois, la tour dominait les remparts. La ville voyait sa mort prendre forme sous ses yeux.

Tout au long du siège se succédèrent des exploits et des aventures amoureuses qui inspirèrent pendant des siècles, dans un camp et dans l'autre, les poètes et les historiens. Deux frères se battaient pour la ville assiégée contre les assaillants. L'un d'eux fut fait prisonnier après avoir été blessé. L'autre alla le chercher, abattit tous ses gardes, le ramena sur son dos jusqu'au pied des remparts et expira avec lui en rentrant dans la ville. Une des filles du prince de la ville avait été gardée quelques jours en otage par l'ennemi à l'occasion de la rencontre entre les capitaines des deux armées. Un des chefs des assiégeants avait eu, en la voyant, un coup de foudre pour sa beauté. Elle se prit d'amour pour lui. Tous les soirs, durant quatre mois, ils se rencontrèrent dans un jardin blotti sous les murailles dont elle avait les clés. On les surprit un beau matin, endormis après l'amour. Malgré ses pleurs et ses gémissements, les gens de la ville massacrèrent dans ses bras l'étranger qu'elle tentait en vain de protéger de son corps. Elle fut enfermée dans un des couvents de la haute ville où elle devint folle au bout de trois jours.

Il y avait des gens heureux dans la ville assiégée. Des aventuriers qui aimaient la guerre et méprisaient la peur, deux ou trois désespérés qui aspiraient à mourir, un grand mathématicien, qui était aussi géomètre, et que le siège ne gênait guère : il vivait dans les chiffres, les cercles, les triangles, les sphères, et il poursuivait ses recherches en traçant sur le sol ses figures enchantées.

À peu près au moment où la tour de pierre et de fer commença à dominer les remparts, l'eau vint à manquer dans la ville et A m'interrompit :

— Dis donc, s'écria-t-il, c'est quand, ton siège ? Et c'est où ?

— N'importe où, lui dis-je. N'importe quand. À Troie, à Carthage, à Rome, à Paris, à Stalingrad, à Berlin. Les armes diffèrent, et les esprits. Le paysage. Le climat. Le langage. Les habitudes. L'issue aussi du combat. Mais la situation est la même. Au lieu de te raconter les aventures des hommes, qui découlent sans fin les unes des autres, toujours différentes, et toujours identiques, je pourrais te décrire, à l'usage de tes collègues, des situations et des mécanismes qui forment, dans l'histoire des hommes, comme des constellations indéfiniment répétées. Nous aurions la guerre, la passion, le commerce, toutes les espèces de voyage — la conquête, l'amour de l'art, la foi, la curiosité, l'intérêt —, et encore la folie, la ruine, la maladie, l'ennui...

— L'ennui ? demanda A.

— L'ennui, lui dis-je. Comme l'espérance ou l'histoire, comme l'ambition, comme le mensonge, l'ennui est le propre des hommes. Et un dieu sombre et très puissant.

## VI

# *Éloge de l'ennui et des imbéciles*

L'ennui promène à travers le monde ses yeux de merlan frit et sa gueule de requin. On le voit traîner sur les champs de courses, dans les réunions de famille, dans les salons à la mode, aux abords des grandes banques et des administrations, dans les débats et colloques et dans les banquets de fin d'année. C'est un habitué du confort et des vœux exaucés. Le moindre malheur le chasse, comme l'ail et le crucifix et le pieu en plein cœur au lever du soleil font s'évanouir les fantômes et disparaître les vampires. Il fuit les guerres civiles, les catastrophes, les famines de la Chine et du Sahel, les inondations du Bengale. Il ramène sa longue fraise dans la prospérité. C'est un parvenu, un rentier, un jouisseur fatigué rattrapé par sa fatigue, un aventurier à la retraite, un industriel sans industrie, une mâchoire qui se décroche sur une tribune qui s'assoupit, un mandarin sous sa coupole. Il erre sur les grands boulevards, il s'enferme dans les cafés et dans les cinémas, il s'endort sur des ouvrages qu'il n'arrive jamais à achever. L'histoire est une sole très plate, une limande avariée, un rouleau compresseur dans les grandes plaines du Nord envahies par la pluie, la surface de l'étang sous les brumes de l'automne. Et tous les jours se ressemblent.

Il se moque bien du passé, il n'attend rien de l'avenir. Et le présent est si long. Il bâille un monde sans relief, sans couleurs, où jamais rien n'arrive. Il ignore les passions, les fureurs, l'indignation, le chagrin. Il voudrait bien se fâcher. Il aimerait mieux mourir.

L'ennui efface d'un doigt hésitant la buée de son souffle sur le carreau de la fenêtre. Il dessine des ronds, des carrés, des cœurs percés d'une flèche où ne figure aucun nom,

des pendus au bout d'une corde où il se reconnaît.

Il chante des refrains d'enfance qui lui passent par la tête et qu'il répète sans se lasser :

*À quoi je pense ? À rien peut-être.*
*Je regarde les vaches paître*
*Et la rivière s'écouler.*

L'histoire, l'astronomie, le football, la haute finance : de très vagues caravanes à l'autre bout du désert, des rumeurs dans le lointain et qui ne parviennent qu'étouffées.

Demain l'accable. Hier l'assomme. Aujourd'hui le détruit. Il vit dans un présent interminable qui n'en finit pas de se répandre sur l'avenir et sur le passé. La seule compagnie qu'il supporte est celle de la paresse qui partage beaucoup de ses goûts — et surtout de ses dégoûts : ils détestent l'un et l'autre l'hystérie des motifs et des buts, des résolutions, des injonctions, des ordres, et l'impératif les révulse. Le mode de l'ennui est l'interrogation : « Que devenir ? » « À quoi bon ? » « Mais qu'est-ce que je fais là ? » L'ennui est une trappe où les hommes disparaissent, une machine trop bien huilée qui les arrache à l'action et à l'histoire en train de se faire.

— J'ai déjà remarqué, me dit A, que tu aimais le paradoxe. J'eusse voulu, rêvé-je ?...

Je m'inclinai, discrètement.

— ... que tu me parlasses de Vitruve, de Paracelse, d'Auguste Comte, de Garibaldi, de Lénine, du président Wilson et de ces grands esprits qui sont l'honneur des hommes. Voilà que tu m'entraînes sur les chemins de l'ennui, flanqué de la paresse et de l'abrutissement, qui les ramène, si je comprends bien, à l'état d'huître, d'éponge, de carotte, de caillou à peine doté de mémoire et d'imagination.

— Ah ! lui dis-je, c'est que, par un joli renversement, et qui mérite l'admiration, la métaphysique rapplique à toute allure dans le vide de l'ennui. L'histoire et l'action n'ont peut-être pas d'autre but que de camoufler un abîme révélé par l'ennui. Voilà le fêtard désœuvré plus près de l'essentiel que le banquier, le ministre, l'administrateur délégué, l'exportateur affairé qui fait tourner à plein régime le commerce extérieur et les comptes de la nation. L'ennui ne se cache pas derrière les bosquets de la politique ou du tennis de table, dans les placards de la linguistique, sous les prétextes des beaux-arts. Il se livre tout nu au temps. Et l'être n'est pas très loin. Il affleure sous l'ennui comme la vérité sous le mensonge.

L'ennui est l'homme sans histoire et sans divertissement. Il se retourne sur lui-même. Il doute, il désespère. Il passe le temps qu'il exècre et dont il n'a pas l'usage à s'interroger sur lui-même. Il est la philosophie dans sa forme la plus fangeuse, sous les espèces du marécage. Quand il lance sur les plages sans fin le long de l'océan la mélopée déchirante qui l'a rendu célèbre : « J'ai rien à faire... Qu'est-ce que j' peux faire ?... J' sais pas quoi faire... », il murmure déjà la formule des sceptiques guettés par le mysticisme : « Qu'est-ce que je fais là ? » Il y a quelque chose qui bée dans l'ennui : c'est l'être à l'état pur qui n'en peut plus de la vie et qui ne veut plus de l'histoire. L'ennui entre de plain-pied, par la porte de derrière, dans le royaume de l'esprit.

— Encore un effort, me dit A, et, après avoir meublé l'ennui en vestibule de la philosophie, après l'avoir décoré aux couleurs d'une métaphysique qui n'en demandait pas tant, tu abandonneras le rapport, tu te livreras là-bas, sous le soleil des îles, à des rêves de paresse et tu feras du raté, de l'abruti, de l'imbécile — car je vois bien qu'ils te séduisent — comme l'idéal à quoi tendre, comme l'archétype de l'homme.

— Pourquoi pas ? lui dis-je. J'aime beaucoup ne rien faire. J'ai un faible pour les ratés. L'ennui m'occupe et m'amuse. L'échec, pourquoi le cacher ? m'intéresse plus que le succès. Je ne mets pas l'imbécile qui a fini par réussir très au-dessus de l'imbécile qui a toujours échoué. Je les fourre en bloc tous les deux à mi-chemin du groupe restreint et plus bas que terre de ceux qui se croient si malins et du groupe, plus restreint encore et suprême, de ceux qui le sont vraiment. Moins haut que Flaubert, ou Érasme, ou le Dr Freud, qui appartiennent à la catégorie des génies — et qui aimaient d'ailleurs beaucoup les idiots et les fous —, mais plus haut que le chef, le ministre, la vedette, le patron, le secrétaire général, le président, le connaisseur, l'important, le suffisant, le pompeux : tout ce que le monde moderne admire sous l'étiquette succès, sous le panneau réussite, sous la rubrique pouvoir. Les définitions du raté et du talent distingué me semblent souvent interchangeables. C'est une question d'environnement, de situation, d'occasion. La Douane de mer où tu as débarqué est surmontée d'un globe, soutenu par deux atlantes, qui représente le monde. Et une statue de la Fortune est debout sur le monde sous l'aspect d'une girouette. C'est elle qui régit en souveraine le destin des vivants.

Beaucoup de noms célèbres auraient été ignorés s'ils n'avaient pas été servis par le hasard et la chance. Beaucoup d'idiots de village ou de voyous méprisés auraient pu acquérir de la réputation s'ils avaient trouvé leur chemin. À la fin de l'Ancien Régime, tu aurais du mal à dénicher en France un très grand capitaine. Dès le lendemain de la Révolution, tout au long des guerres de l'Empire, tu marches sur les généraux de génie qui seraient restés sur leur fumier et dans leurs arrière-boutiques si les temps n'avaient pas changé. Les maréchaux-ferrants, les aubergistes, les marchands de farine font des maréchaux très capables et des rois qui en valent d'autres. Des chefs de guerre inconnus dorment partout dans la paix et plus d'un poète, d'un artiste, d'un philosophe, d'un savant ont été étouffés par les convulsions de l'histoire. Je ne nie pas le talent, l'intelligence, la vertu, l'obstination, mais je crois que tout est d'abord affaire de circonstances et que l'histoire distribue à son gré les succès et les échecs, les puissants et les misérables. Le vent qu'il fait décide de tout.

La clé de l'affaire est que les hommes se valent. Et chacun d'entre eux est fait d'un peu tout le monde. Ce qui met entre eux un semblant de différence, c'est le hasard et l'occasion. Terreau de la philosophie, de la poésie, des beaux-arts en général, l'ennui n'est rien d'autre que la nudité de l'être qui n'a pas trouvé son hochet.

— Je crains, remarqua A, que l'attention de mes collègues, les esprits d'Urql, ne soit d'abord retenue par le semblant de différence. L'ennui les fera bâiller. Ils plaindront les ratés. Les imbéciles les agaceront. Ce qui les amusera, et peut-être à la folie, ce sont — batailles, carrières, institutions, pouvoirs, et peut-être mariages des vedettes et des princes — les hochets de l'histoire.

— Ils sont semblables aux hommes, lui répondis-je. Les hommes sont fous de hochets.

VII

## *Les hochets*

— L'important, pour les hommes, c'est d'abord d'entrer dans le monde. C'est de naître. Tant que tu n'es pas né, tant que tu n'as pas pris place dans l'espace et le temps — et tu commences à savoir que l'espace n'est que du temps dégradé —, il n'y a rien de fait et il n'y a rien à faire. Mais à peine es-tu né que le cirque ouvre ses portes. Les lampions s'allument. Le public afflue. Les grosses caisses se mettent à rouler. Et le spectacle commence. Chaque homme est un poème récité par le destin. Et toutes les vies des hommes sont des numéros de cirque plus ou moins applaudis par la foule des badauds.

Les hommes, jusqu'à aujourd'hui — je me demande si les choses ne risquent pas de changer assez vite —, ont un père et une mère. La règle — il y a bien sûr des exceptions — est que le père et la mère s'inquiètent dès la naissance de l'avenir de leur enfant dans le théâtre du monde. Longtemps, ils lui ont fixé d'avance le rôle qu'il aurait à y jouer. Il n'y avait même pas, en vérité, de rôle à définir : tout était réglé d'avance par le climat, par la région, par les autres, par l'histoire. Et, la plupart du temps, le rôle de l'enfant était le même que celui des parents. Les hommes n'avaient pas d'autre destin que celui de leur espèce. C'est pour cette raison que l'histoire a longtemps paru immobile.

Un progrès décisif a été accompli quand la marche de l'histoire et le changement des habitudes — nous disons plus volontiers, avec le goût de l'emphase qui nous caractérise : l'évolution des mœurs — ont permis aux parents d'imaginer obscurément que le destin des enfants pourrait être différent du destin des parents. La liberté l'emportait sur la fatalité. Un pas, encore un pas, et l'idée audacieuse est venue aux parents qu'il ne serait pas impossible de consulter l'enfant sur ce qu'il voulait faire du temps qui lui était accordé pour s'amuser sur la scène avant de ressortir du théâtre où il venait d'entrer. Un refrain bienveillant et sinistre, qui est un des ressorts du grand roman du monde, est alors apparu dans la longue chanson des parents aux enfants : « Qu'est-ce que tu comptes faire de ta vie ? » Un choix inimaginable il y a encore trois mille ans. Un progrès. Et un drame.

La plupart des enfants n'ont pas la moindre idée de ce qu'ils veulent faire plus tard. Et rien n'est plus beau, plus beau et plus terrifiant, que les lents tâtonnements des enfants, puis des jeunes gens, aux prises avec la vie. On a donné un nom à ces efforts et à ces découvertes : on les a appelés les études.

L'apparition de l'école, de l'université, des études est une des marques du monde moderne. Elles constituent depuis Platon, depuis Aristote, depuis Virgile et Horace et depuis Charlemagne un des thèmes dominants de la planète que tu étudies. Plus les études sont universelles, plus elles sont longues et ouvertes, plus le progrès s'installe.

— Les enfants, demanda A, sont-ils friands d'études ?

— Je crois qu'ils les détestent, lui dis-je. Ils préféreraient faire comme nous, c'est-à-dire presque rien. Et se promener dans le monde.

— Presque rien ! s'écria A. Tu en as de bonnes ! Et le rapport ? Le compterais-tu, par hasard, pour rien ou pour presque rien ? Crois-tu que l'effet que j'en attends sur les esprits, mes collègues, et sur les populations d'Urql ne soit rien, ou presque rien ?

— Calme-toi, lui dis-je. Le rapport, c'est le monde. Le monde est peut-être peu de chose, mais, à coup sûr, il n'est pas rien. Et le rapport aussi n'est pas rien. Peu de chose peut-être, mais pas rien. Il existe, il est là, et tous les esprits d'Urql auront, un jour ou l'autre, le bonheur de le feuilleter. Et je sais bien que notre travail pour rendre compte de ce monde demande beaucoup d'efforts. Et qu'il est quelque chose comme les études des enfants : une attention, une patience, une recherche infinies.

— À la bonne heure, dit A.

— Mais tu es un esprit pur venu d'un autre monde. Et moi, je suis dans cet état délicieux, si proche du repos, de l'ennui, du sommeil, du presque rien, que nous appelons la mort. Les enfants sont dans la vie. Ils se débattent avec elle. Ce qu'il y a de cruel dans la mort, c'est qu'elle s'accroche encore à la vie. La mort une fois acquise est plus calme que la vie. La vie est une pieuvre, un tourbillon. Nous avons la chance, toi et moi, d'être en dehors de la vie : tu ne l'as jamais connue — et elle est derrière moi. Elle est devant les jeunes gens. Il faut qu'ils se jettent en elle comme dans un océan. C'est une aventure formidable. Elle les attire, elle les agite, elle remue en eux ces grandes espérances et ces sueurs d'angoisse que décrivent nos romans. Je crois que, bien souvent, ils aimeraient s'ennuyer et se promener sans but le long des fleuves ou parmi les collines et regarder autour d'eux et se laisser aller, comme nous, aux charmes purs de l'être. Mais il leur faut apprendre à choisir leurs hochets.

— Quels hochets ? demanda A.

— Mais l'argent, lui dis-je, la finance, l'administration, l'armée, le clergé, la musique, le ballon rond, l'aventure, l'archéologie, la peinture, les travaux publics, la politique, le vol à la tire, la cuisine, la théologie et tout le reste de ce train fantôme, de cette galerie des glaces et de ces montagnes russes que nous appelons le monde. Les hommes, mon cher A, ont à faire quelque chose de leur vie. Et s'ils hésitent à choisir, on les y contraint par la force. Par un décret divin et humain à la fois, ils doivent se mettre au travail. Les religions l'exigent, les gouvernements l'imposent, la société le réclame, l'égoïsme le conseille. Et s'ils s'y refusent, on les empêche de vivre. On les nourrit s'ils travaillent. On les habille s'ils travaillent. On les protège du froid s'ils travaillent. On les honore s'ils travaillent. Et, par un système d'une subtilité merveilleuse, on leur donne de l'argent en échange de leur travail afin qu'ils se nourrissent, qu'ils s'habillent, qu'ils se logent pour mieux retourner au travail.

Quelques-uns, parmi les hommes, voyant le rôle du travail dans l'histoire et le rôle de l'argent dans le travail, ont coupé au plus court : ils ont tourné autour de l'argent pour que l'argent tourne autour d'eux. Ils sont devenus banquiers, usuriers, prêteurs sur gages, financiers. Ils ont fait d'immenses fortunes, qui leur ont permis de s'occuper de musique et de beaux-arts, ou ils se sont ruinés à blanc et souvent suicidés en se pendant à une poutre, en se jetant d'un train ou en s'ouvrant les veines quand le bateau chargé d'épices avait fait naufrage avant d'entrer au port ou que la Bourse s'effondrait. On a vu des joueurs se tirer une balle dans la tête dans les jardins de Monte-Carlo parce que le 6 ou le 24 avaient tardé à sortir. Mais la plupart des hommes ne sont pas des joueurs. Et ils ne sont pas banquiers. Ils descendent dans les mines, ils construisent des voitures, ils vendent des fromages, des chapeaux, des bicyclettes, ils font pousser du blé, des pommes de terre, des vignes, ils naviguent sur la mer. Il est rare qu'ils fassent fortune. Une règle étrange les guide : plus le travail est dur et moins ils gagnent d'argent.

— Tu m'avais déjà parlé du travail et j'avais du mal à comprendre ce que travailler signifiait. Les esprits purs ne travaillent pas. Il faut, pour qu'il y ait travail, qu'il y ait une histoire et des corps. Je n'ai pas d'histoire, je n'ai pas de corps. Je vois bien que le travail est une espèce de malédiction et qu'il est le cœur et la fin des hommes. Peut-être pourrait-on indiquer aux esprits d'Urql que le temps a fait les hommes et que les hommes font leur travail ?

— Il est tout à fait vrai que le travail est une malédiction. Il y a une première malédiction : c'est la naissance. Il y a une deuxième malédiction : c'est le travail. Il y a une troisième malédiction : c'est la souffrance et la mort. Mais une fois que le monde et l'histoire ont pris le départ pour leur course, le vent se met à changer, la malédiction se retourne. La pire malédiction est de ne pas naître à ce monde, si plein de soleil et de beauté que les hommes les plus misérables sont moins à plaindre que les esprits...

— Même les esprits d'Urql ? demanda A.

— Même les esprits d'Urql, répondis-je : ils ne connaissent pas la Douane de mer, ils n'ont pas vu Marie, ils ne savent rien de l'histoire, des rouges-gorges, des torrents de montagne, de la baie de Pedi, de la découverte de l'imprimerie, de la bataille de Waterloo vue par Fabrice del Dongo, ils ignorent tout de l'olivier, de la chaleur, du bleu, de la chanson de Barberine, ils ne se sont pas baignés dans la mer.

— Ils auront le rapport, remarqua A.

— Je crains que le rapport ne leur donne de cette planète qu'une idée imprécise et une image assez floue. Ils ne ressentiront ni le bonheur de se lever le matin pour aller se promener sous les pins ni la honte et le chagrin qui font partie de ce monde et de sa beauté sans égale. Ce monde si beau est si cruel que la pire malédiction, après ne pas être né, serait de ne pas mourir. Le premier de ces droits de l'homme dont les temps modernes nous rebattent les oreilles est de nous en aller et de quitter cette machine ronde que nous avons tant aimée. Tous les hommes, grâce à Dieu, ont le droit de mourir. Mais, avant de partir pour ces vertes prairies de l'âme où nous nous ébattons, la pire des malédictions, pour les hommes de cette Terre, est de se voir refuser un travail dont la nécessité, pourtant, est déjà une malédiction que tout l'effort de la science, pendant des siècles, a consisté à conjurer.

— Quelle horreur ! s'écria A. Trois ou quatre fois, déjà, tu m'as raconté des choses odieuses qui m'ont fait dire : Quelle horreur ! Voilà que tu recommences et que tu m'expliques tout au long, du ton le plus uni, que, dans ce monde sans queue ni tête, tout est malédiction : naître et ne pas naître, mourir et ne pas mourir, travailler et ne pas travailler. Pourquoi le travail se mettrait-il à manquer ? Ne faut-il pas sur votre Terre, puisque les hommes ont le malheur d'être flanqués d'un corps, faire pousser des légumes et tailler des vêtements et construire des maisons ?

— Tu sais bien que le monde est un système, ou une suite de systèmes, et tous les systèmes se déglinguent. Il arrive un moment où le travail, au lieu de produire de l'argent, se met à en coûter. Alors le travail n'a plus de sens. Et on le refuse aux hommes.

— Qui le refuse ? demanda A.

— Mais qui veux-tu que ce soit ? répondis-je. Le système, évidemment. Et puis, d'autres hommes, évidemment.

— Je crains que le rapport, soupira A, ne flanque un coup terrible au moral des esprits d'Urql. Ils penseront que le monde n'est bon à rien qu'à être jeté au feu.

— Oh non ! m'écriai-je. Tu le sais, tu le vois bien : le monde est beau. Les hommes sont fous de la vie. Ils sont heureux d'être nés. Ils ont peur de mourir. Ils s'attachent à ce qu'ils font. Et, même quand ils n'en ont plus, ils rêvent encore à ce travail qui n'est que malédiction. Ils ont trouvé un nom pour le sillon qui, poursuivant le sillon légué par ceux d'avant, préparant le sillon de ceux qui viendront plus tard, va occuper toute leur vie : ils appellent ça une carrière.

— Une carrière ? répéta A avec une sorte de stupeur.

— Ils ont des carrières d'ingénieur, de soldat, d'avocat, de marin, d'ouvrier, d'employé, de diplomate, de mineur, de plombier, d'infirmière, et quand leur carrière est finie, on leur donne des médailles.

— Tu te moques de moi ? dit A. Des hochets sur des hochets ?

— Ils les aiment, affirmai-je. Parce que, autant que de pain, de vêtements, de maisons, les hommes ont besoin de se perdre dans quelque chose, et peut-être n'importe quoi, qui les dépasse un peu. Pour de l'argent, bien sûr. Et pour plus que de l'argent. Il n'est pas tout à fait sûr qu'il n'y ait pas dans le travail comme un élan obscur vers une forme de salut. L'argent est quelque chose d'accidentel dans l'histoire, et de plus récent encore que la musique, la peinture ou la littérature. Et quand les carrières rapportent très peu d'argent, on parle de vocation. Être prêtre est une vocation. Soigner les autres est une vocation. Se faire tuer est une vocation. Être peintre est une vocation. Être musicien est une vocation. Écrire des livres est une vocation.

— Et le rapport ? demanda A.

— Je crains, dis-je en riant, que ce ne soit une vocation. Je ne suis même pas sûr, en t'écoutant, que la gloire que tu m'as promise attende vraiment mon nom dans les assemblées d'Urql qui ne verront que délires — et ils ont peut-être raison — dans l'histoire que je leur raconte. Il faut pourtant que tu comprennes que ce monde si compliqué est plus simple que tu ne crois. Il y a un bonheur de l'effort, du courage, du travail accompli. Le paysan dans son champ, le marin sur la mer après les nuits d'hiver, le comptable avec ses comptes, le commerçant dans sa boutique : l'homme après son travail est heureux comme un roi.

— Tant mieux pour vous, dit A.

— À la différence des esprits venus d'Urql...

— C'est moi, indiqua A.

— Oui, lui dis-je, c'est toi... les hommes s'interrogent très peu sur l'espace et le temps, sur l'être, sur leur mort. Ils sont pris dans leurs hochets. Les hochets les emportent. Ils leur servent de passion et ils leur servent d'oubli. C'est un salut dérisoire — mais un salut tout de même. L'important, pour eux, est qu'un habit tombe bien, que le navire arrive au port, que la table ne boite pas, que le charbon soit extrait des mines où on va le chercher, que la voiture puisse rouler, que la peinture soit belle, que le livre soit achevé. Les meilleurs d'entre eux donneraient leur vie pour leur travail. Les soldats se font tuer sur les champs de bataille, les marins sombrent avec leur navire, les révolutionnaires sont fusillés à l'aube le sourire sur les lèvres et les poètes meurent de faim. Voilà la vie. Elle est toute simple.

— Bon ! me dit A. Assez rigolé. Au rapport ! Il faudra me mettre tout ça en ordre. C'est ficelé en dépit du bon sens. Il s'agit de couper. Et de ne garder que les grandes lignes.

Je me pris la tête entre les mains.

— Peut-être pourrait-on envisager quelque chose de ce genre : « Les hommes passent du néant à l'espace et au temps pour se débrouiller comme ils peuvent dans le monde où ils sont tombés, avant de sortir à nouveau de l'espace et du temps pour des destinations inconnues. »

— J'imagine, dit A en levant les yeux au ciel, que mes collègues m'interrogeront sur « se débrouiller comme ils peuvent ». Les « destinations inconnues » ne les étonneront pas du tout. Sur ce sujet-là au moins, ils en connaissent un bout. Mais « se débrouiller comme ils peuvent dans le monde où ils sont tombés » leur paraîtra bien étrange. Que pourrai-je bien leur répondre ?

— Attends un peu, lui dis-je.

VIII

# *Le tourbillon de la vie*

Le monde s'étalait devant nous. Nous partîmes tous les deux voir les hommes dans leurs œuvres. Nous rencontrâmes des prêtres, des juges, des clochards, des amoureux, des cyclistes dans les plaines et à l'assaut des cols, des diplomates sous leurs plafonds peints par Rubens ou Michel-Ange, des bandits au coin des bois, des teinturiers, des facteurs, des galériens rivés à leur banc au fond de navires en train de couler, des boulangers, des notaires, des présentatrices de télévision, des magiciens, des cantatrices, des empoisonneuses à la solde d'empereurs, de maîtresses délaissées et du clan Médicis. Chacun s'agitait dans son coin, attaché au succès des entreprises où il était mêlé. Nous vîmes des soldats dans les montagnes du Tonkin et dans la jungle du Laos, des légionnaires romains à l'assaut de Massada, des franciscains sous les tentes du Grand Khân, des personnages de Kipling au pied de la passe de Khyber. Nous assistâmes au camp du Drap d'or, au congrès de Vérone avec le prince de Metternich et le vicomte de Chateaubriand, à l'assassinat de Röhm et de ses S.A. un soir de printemps au bord d'un lac de Bavière. Nous descendîmes dans des tavernes en Calabre, dans des palaces à Londres, à Rome, à Dallas, à Calcutta, où des pauvres mouraient dans les rues. Nous marchâmes avec des grévistes derrière des drapeaux rouges, avec Spartacus dans les Pouilles et en Lucanie, avec Pancho Villa et Emiliano Zapata sous le grand soleil de

Durango ou de Cuernavaca, avec les troupes de Simon de Montfort à l'assaut des Cathares et de leurs châteaux haut perchés. Nous allumâmes un feu dans les savanes de l'Afrique de l'Est avec des cousins de Lucy, nous en entretînmes un autre aux côtés des vestales, nous nous chauffâmes à un troisième sous les yourtes des Ouïgours. Nous aperçûmes des rois en train d'être couronnés dans les églises de Reims, de Milan ou de Rome, et d'autres en train de fuir après de grandes défaites qui laissaient des corps sans nombre sur les champs de bataille où erraient des reines veuves. Nous fûmes crucifiés avec les esclaves, nous triomphâmes avec les empereurs au sommet de leur gloire avant d'être poignardés et jetés au ruisseau. Nous servîmes de témoins aux serments des amants.

Les hommes souffraient beaucoup. Devant les enfants en train de mourir parce qu'ils étaient tombés de cheval sous les yeux de leur mère ou qu'une voiture les happait, devant les pestiférés de Jaffa, devant les nomades égarés dans le désert par les mirages ou les vents de sable, devant les victimes des grands massacres de Gengis Khân ou de Hitler, A se cachait le visage derrière son bras replié. Le hasard et la nécessité ne suffisaient pas à produire de la souffrance : à la nature et à ses accidents se mêlaient des doctrines de mort et des desseins bien arrêtés. Les machines, les maladies, le sabre, la mitraillette, les gaz, l'eau et la corde, le pal, la guillotine, la hache, le poignard, le garrot et la croix, la roue, le couteau d'obsidienne, tout était bon aux vivants pour tourmenter d'autres vivants et pour les arracher à la vie. La mort était appelée à grands cris par ceux qui n'en pouvaient plus de souffrir et de souffrir encore. La pitié et la haine se partageaient l'histoire. La vengeance, la justice, le pardon, la conquête, le remords, l'espérance faisaient à travers l'histoire un vacarme de tous les diables.

Nous tombâmes sur des saints, sur des justes, sur des héros. Les uns étaient plus durs que l'acier, les autres pardonnaient tout. Vingt fois A s'écria qu'il voulait rentrer chez lui, à Urql, et oublier les hommes. Vingt fois, ces mêmes hommes lui arrachèrent des larmes à coups de bonté et de grandeur.

Nous prîmes part à des intrigues, à des manœuvres secrètes, à des complots, à des bals. Il y avait des valses, des parfums, des énigmes, des coups de théâtre. Il y avait des flots d'anecdotes et des calembours en pagaille. Les hommes bougeaient, voulaient autre chose, poursuivaient la gloire, la justice, la vérité, la beauté. Le pouvoir, aussi. Et l'argent. L'argent régnait partout. Il construisait des routes, des ponts, des immeubles, des voitures, des théâtres, des avions, des machines à tuer et des machines à sauver. Les hommes aimaient à répandre le sang et à l'empêcher de couler. Ils dispensaient des trésors d'énergie pour massacrer les gens, pour en blesser le plus possible avec férocité et pour les soigner avec acharnement.

L'amour s'emparait d'eux sous les formes les plus folles, et il les emportait. Les mères aimaient leurs enfants, les pères aimaient leur fille, le frère aimait sa sœur, la victime aimait le bourreau. Le sexe se mêlait à l'amour, à la haine, au pouvoir, à l'argent et dansait avec eux. L'obstacle, l'interdit, la distance, la sanction étaient autant d'attraits. Le monde était plein de ressorts et de mécanismes qui le faisaient fonctionner.

La contradiction était à l'œuvre partout. Elle enfonçait ses coins dans la simplicité du ciel, de la nuit, de l'eau, dans les élans du cœur. Et elle finissait par se résoudre dans la vie et le temps. Les hommes se battaient et se réconciliaient. Ils s'aimaient et ils se quittaient. Nous entrions dans les maisons, dans les boutiques, dans les gares, dans les musées, dans les écoles, dans les stades. Ils dansaient, ils lisaient, ils sautaient le plus loin et le plus haut possible, ils rédigeaient des lois, ils se jetaient dans des taxis et criaient au chauffeur : « Suivez cette voiture ! »

La curiosité les poussait, la jalousie, l'ambition, la vengeance, l'avidité. La folie s'emparait d'eux. Ils empruntaient des chemins très subtils et faisaient des choses obscures qu'ils ne comprenaient pas. Ils changeaient. Ils étaient libres. Ils étaient prisonniers. Ils se passaient la main sur les yeux et se demandaient à voix basse, mais assez haut pour qu'on les entende, s'ils avaient rêvé.

Ils s'agenouillaient au pied des autels. Ils montaient sur des chaises dans les jardins publics pour prononcer des discours qui changeaient le cours de l'histoire et ils les jetaient dans les bassins pour servir de sièges aux poissons. Ils baisaient la main des jeunes femmes, des pontifes, des parrains, de ceux qu'ils allaient abattre. Ils s'envolaient en ballon. Ils revenaient sur le lieu du crime. « Savez-vous, murmuraient-ils le soir, à la lueur des chandelles ou des lustres, dans les salles d'apparat où dansaient les jeunes gens, que je vous ai toujours détesté ? »

Ils se souvenaient du passé et ils l'oubliaient. Ils imaginaient l'avenir. Depuis les temps les plus reculés, l'avenir était différent de ce qu'il avait été et de ce qu'ils avaient prévu. L'histoire était plus forte que les hommes et elle les roulait dans ses vagues. Personne ne pouvait se faire une idée, à l'époque où naissaient le feu, l'agriculture, la ville, de ce qui paraîtrait si évident au temps des grands empires ou du machinisme industriel. Personne ne pouvait se faire une idée, à l'époque des grands empires ou du machinisme industriel, de ce qui se passerait mille ans plus tard, qui semblerait si nécessaire et qui était encore impossible. De temps en temps, des esprits de génie inventaient la roue, la brouette, l'imprimerie, le zéro, le parachute, la machine à vapeur, l'étrier, le sous-marin, le parapluie et transformaient la vie des hommes. Et on apprenait leurs noms aux enfants des écoles, en même temps que les noms des fondateurs de religion, des poètes, des peintres, des musiciens et des conquérants quand ils étaient allés très loin et qu'ils avaient tué beaucoup de gens.

Nous descendîmes en Inde, en Chine, au Mexique, au Pérou, dans les salons de la Hofburg, dans les châteaux des Carpates et de la Loire, dans les châteaux en Espagne et dans ceux du roi Christophe et de Louis II de Bavière, dans les temples d'Éphèse et d'Agrigente, dans les pagodes de Pagan et de Chiang-mai, dans les huttes des chercheurs d'or et des chasseurs de bêtes fauves du Klondike et du Wyoming. Les hommes portaient des habits. Et jamais n'importe lesquels. À des époques reculées, dans les régions les plus chaudes, quelques-uns allaient nus. Mais même quand les corps n'étaient pas recouverts de vêtements, ils étaient ornés de peintures, de bijoux, de signes secrets ou visibles qui les distinguaient les uns des autres. Les hommes aimaient se distinguer de leurs ennemis, et peut-être surtout de leurs voisins. L'âge, le sexe, la race, la famille, la fortune, les fonctions les incitaient à se vêtir selon des rites et des habitudes qu'il était difficile, et presque impossible, d'enfreindre. La toge, la cuirasse, la robe, le pourpoint, le haut-de-chausses, la perruque, la redingote, le col cassé, le haut-de-forme, le melon, le sari, la djellaba, le boubou, la veste de tweed, le blazer bleu, pour ne rien dire des habits plus ou moins somptueux et souvent sacrés des prêtres des différentes religions ni des uniformes militaires qui composaient à eux seuls une formidable typologie hiérarchique et classificatrice, étaient liés chacun à un âge de l'humanité et à des rôles dans la société. Des grottes d'Altamira ou de Lascaux à la tour de Babel, des ziggourats des rois d'Elam et du mausolée d'Halicarnasse ou de la bibliothèque d'Alexandrie aux cathédrales du Moyen Âge et à l'Empire State Building, les maisons des hommes et leurs monuments offraient déjà un exemple à la fois de continuité et de variété innombrable. L'énumération de leurs vêtements rivalisait en longueur et en monotonie avec les listes sans fin des noms de poissons ou de fleurs. Chacune de ces maisons, chacun de ces vêtements correspondait à une utilité, à un métier, à une activité. Les hommes aimaient agir comme ils aimaient faire l'amour ou raconter des histoires. Au point qu'il était permis de soutenir indifféremment que l'essentiel de l'homme, c'était le sexe, ou l'action, ou la parole. Il y avait des gladiateurs, des notaires, des marmitons, des juges à la cour d'appel et à la Cour de cassation, des pompiers, des ramoneurs, des logothètes du drome, des scribes, parfois accroupis, des évêques, des chamanes, des postiers, des marins, et on les reconnaissait à leur allure, à leur langage et à leurs vêtements.

Ils dansaient, ils pleuraient, ils chantaient, ils riaient, ils fuyaient les incendies, les inondations, les avalanches, les invasions, ils se battaient entre eux, ils dessinaient, sur les murs, sur du bois, sur des toiles, des bisons ou des saints, des pommes aussi, et des baigneuses qui finissaient par se vendre très cher à des marchands de canons ou à des banquiers, ils édifiaient des États qui n'aspiraient qu'à se renforcer et à s'étendre avant de s'écrouler. Après avoir jailli on ne sait trop où, en Afrique peut-être, ou en Mésopotamie, ou peut-être encore ailleurs, et après s'être répandue à travers la planète, l'histoire avançait lentement, sous le joli nom d'entropie, vers l'unification et vers la platitude.

Les rumeurs couraient. Gog et Magog ou le prêtre Jean qui n'avaient jamais existé et que la crédulité populaire situait au Caucase ou en Éthiopie, ou peut-être encore dans les Indes mystérieuses et lointaines, agitaient les populations autant que l'assassinat de Jules César, la mort d'Alaric, la chute de Constantinople, la découverte de l'Amérique, la bataille d'Austerlitz, la condamnation de Dreyfus, la tragédie de Mayerling. La réalité était sans fin et l'imaginaire ajoutait encore à la réalité qui n'était peut-être qu'une idée concentrée et durcie.

Les hommes vivaient de miel, de fruits, de pain, de riz, de moutons, d'eau et de vin. De rêves aussi, de pensées obscures, de délires organisés et de folles espérances. La mort d'un prince ou d'un roi, le mariage des grands, la guerre naturellement, les jeux, les fêtes, les exploits physiques, la danse et la musique, la religion bien entendu, et peut-être d'abord l'or, l'argent, la rareté, tout ce qui se situait à part et au-dessus des autres les mettait dans tous leurs états. L'intérêt privé et les soucis les plus quotidiens se combinaient aux spéculations sur la marche de l'histoire, sur l'univers et sur Dieu pour occuper les hommes et les pousser en avant. Des courriers partaient de Rome, de Byzance, de Venise, de Londres, de Moscou, de Pékin, de Samarkand. Des navigateurs doublaient l'Afrique vers les Indes et la Chine. Des adolescents à peine sortis de l'enfance tombaient éperdument amoureux de la sœur ou de la mère de celle qui leur était destinée. Un bûcheron se coupait à la hache sa jambe prise sous un arbre. Beaucoup mouraient pour que d'autres vivent.

Les hommes parlaient. Tant qu'il n'y avait pas de langage, il n'y avait pas d'histoire. Quand le langage se levait sur le monde, les poèmes d'amour, les décrets impériaux, les dogmes religieux, les règles du jeu de base-ball, le secret, l'information, les serments, l'histoire faisaient leur entrée sur la scène de l'histoire : l'histoire accueillait l'histoire. Par le langage, par la mémoire, par la pensée, par l'imagination, le monde allait triomphalement, sans esprit de retour, vers la complexité. Les échanges s'intensifiaient, les conversations se croisaient, les peuples se mélangeaient, tout circulait dans un tourbillon qui était le tourbillon même de la pensée et de la vie.

Tout se mêlait. Seule la fiction isolait les événements, les destins, les États, les périodes. Les écrivains se déguisaient en artilleurs, les philosophes devenaient fous, Cervantès perdait un bras à la bataille de Lépante et Chateaubriand, dans la guerre d'Espagne qu'il avait déclenchée, ne pensait qu'à Cordélia. Dans les jardins, dans les banquets, se nouaient en même temps des intrigues amoureuses et des conspirations. Le monde était mené à la fois par les idées, par l'argent, par le sexe, par l'amour, par la force, par les dieux ou par Dieu, par le hasard, par les nombres, par les astres, par le progrès, par les juifs et les francs-maçons au dire de quelques-uns, par le Saint Empire romain de nationalité germanique dans l'esprit de quelques autres, par le communisme, par l'État, par presque tout, et par rien.

On pouvait très bien ne rien faire. Ou le moins possible. Il n'était pas nécessaire de laisser des traces dans ce monde. On pouvait même les effacer pour essayer de se glisser entre les mailles du filet de l'histoire et de la mémoire des hommes.

Beaucoup d'inconnus se trouvaient précipités par le hasard dans l'immortalité. Malgré tous leurs efforts, le souvenir de beaucoup d'ambitieux disparaissait avec eux. Le monde ne connaissait pas de recette ni de mode d'emploi universel. On pouvait toujours le prendre par un autre bout. Grâce à Dieu, l'intérêt personnel de chacun mettait un peu d'ordre dans ce désordre et dévidait un fil à travers le labyrinthe. L'univers disposait d'autant de perspectives qu'il comptait d'esprits incarnés dans l'espace et le temps. Chaque désir, chaque volonté, chaque conscience était un centre du monde.

Les hommes pensaient d'abord à eux. Et d'abord à leur corps. C'était leur capital le plus précieux. Sauf délire et sauf drame qui les incitait à se haïr eux-mêmes, sauf exaltation nationale ou mystique qui les invitait au sacrifice et à l'abnégation, ils s'efforçaient, autant que le permettaient leur tempérament et leurs moyens, de garder en bon état de marche la machine qui leur appartenait et à laquelle, en retour, ils appartenaient aussi. Nous vîmes des crânes et des ventres ouverts, des jambes et des bras coupés, des artères réparées et des viscères recousus. La médecine était une des occupations les plus graves et les plus constantes des hommes. Elle utilisait à peu près les mêmes méthodes que la torture. Elle taillait les corps, elle les faisait saigner et souffrir, elle les désarticulait. Mais c'était pour les sauver. Tout au long de l'histoire, le corps, son état, son bien-être constituait pour les hommes, sous le nom de santé, un souci permanent. Ils le préservaient, ils le soignaient, ils redoutaient comme la peste sa disparition ou ses pannes, ils s'efforçaient de le détruire chez ceux qu'ils n'aimaient pas et à qui ils donnaient le nom d'ennemis, ils souhaitaient à leurs amis de le conserver très longtemps.

Une jambe, une main, un œil, le sexe, surtout chez les mâles parce qu'il était chez eux, sinon plus fragile, du moins plus apparent et plus exposé aux coups et aux agressions extérieurs, le cœur et la tête pour tout le monde, étaient des possessions exclusives et sans prix. Les hommes passaient leur temps à utiliser ces outils qui jouaient un rôle plus ou moins décisif, mais toujours considérable, dans l'ensemble de toutes les occupations dont la liste intriguait A. Les hommes se confondaient avec leur corps et, dans ce monde au moins, un homme privé de corps n'était plus bon à rien. Leur corps ouvrait aux hommes tout le champ immense de l'histoire. Ils s'y ébattaient à leur gré, sous mille masques divers, toujours inquiets de voir et de sentir ce qui serait un jour leur dépouille s'altérer peu à peu sous l'effet du temps, des saisons, des années, libres et heureux parce qu'ils avaient un corps qui leur obéissait, c'était le cas de le dire, presque au doigt et à l'œil, prisonniers et malheureux parce qu'ils avaient un corps dont ils étaient la proie, la victime et l'otage. Par les voies les plus inattendues, et souvent les plus folles, à la façon des guépards ou des chèvres, à la façon de l'eau, et peut-être, qui sait ? à la façon des pierres et des galaxies, qui leur servaient au moins de décor, les hommes, cœur et sens d'un univers dont ils n'étaient ni la cause ni la fin, entretenaient en eux, contre vents et marées, la flamme fragile d'une vie qui illuminait l'univers.

IX

# *Le dimanche de l'histoire*

— Ô O, s'écria A, nous n'y arriverons jamais. Nous avons vu trop loin, et trop haut. Nous avons beau, toi et moi — toi parce que tu es devenu un esprit, moi parce que je le suis depuis toujours —, nous promener à notre gré parmi les âges et les continents, ton monde, si ridiculement limité, est encore trop vaste et trop compliqué pour que nous puissions le cerner et l'enfermer dans les limites d'un rapport. Il nous échappe de partout. Il fuit sous nos pauvres doigts. Je ne sais même pas s'il faut nous inclure nous-mêmes, toi et moi, dans le catalogue à soumettre aux autorités d'Urql. Si nous nous abstenons de nous y introduire, le rapport sera incomplet puisque nous faisons partie du monde que nous voulons étudier et qu'il n'y aurait pas de rapport si nous n'étions pas là. Mais si nous nous incluons dans le rapport, comment parvenir à y mettre fin puisqu'il nous sera toujours possible d'échanger encore quelques paroles après avoir écrit le dernier mot et que, même après notre passage, le monde continuera ? J'en viens à me demander s'il ne faudrait pas un autre esprit pour nous penser tous les deux, et puis encore un autre pour nous penser tous les trois, et puis encore un autre pour nous penser tous les quatre, et ainsi de suite, hélas ! sans jamais aucune fin. Tant que le monde lui-même ne sera pas tombé dans le néant, il n'y aura pas de conclusion au tourbillon de la vie. Il faudrait attendre qu'il n'y ait plus rien pour pouvoir parler de tout.

— C'est pour cette raison, lui dis-je, que nous autres, les hommes, nous aimons tant les débuts. La vie est un torrent. L'histoire n'en finit pas. Il nous semble toujours que, pour comprendre quelque chose au flot qui nous emporte, il faut remonter aux origines. Les débuts sont simples. On y voit clair. On n'est pas distrait par le foisonnement des détails. Loin des deltas surpeuplés et des plaines où s'élèvent les villes aux passions innombrables, nous suivons les fleuves jusqu'aux sources, nous allons vers l'air pur et vers le dépouillement, nous cherchons l'origine des familles et des guerres, nous recommençons tout de zéro. C'est pourquoi je t'ai expliqué que les hommes sortaient des primates, que les primates sortaient des algues, que les algues sortaient de la matière et qu'en un point minuscule qui contenait l'univers la matière sortait du *big bang*.

À défaut de *big bang,* les hommes essaient sans cesse de commencer ou de recommencer quelque chose. De rendre, en un début, un peu de pureté au monde. Ils se lèvent le matin. Un nouvel amour efface tout du passé. Et chacun de nous, à sa naissance, incarne la nouveauté et l'innocence de la première aurore et du premier jardin. Les hommes sont la proie de beaucoup de tentations. Une de leurs tentations est la tentation du début. Parce qu'ils ont toujours envie de recréer un monde qui n'en finit pas de se compliquer et de se déglinguer. Quand nous avons commencé le rapport...

— « La Terre est une boule ronde dans l'espace et dans le temps... »

— ... tout était neuf et possible. Maintenant, déjà, après deux jours et demi d'enquête, et quelques centaines de pages d'un rapport impossible, tout est plus difficile. Le temps passe. Les détails nous étouffent. Nous sommes assiégés par les images, les idées, les passions, les souvenirs. Les regrets aussi, et les remords. Nous avons la nostalgie de la douceur des débuts où tout était si simple et si plein de promesses.

— Tout est la faute du temps, s'écria A. Camouflé sous la vie il charrie trop de choses menacées par la mort et qui se multiplient en vain pour tenter de lutter contre elle. C'est le temps qui vous tue.

— Bien sûr, lui dis-je. Tu commences à le comprendre : le temps est tout. Aussi les hommes s'efforcent-ils de maîtriser le temps et de l'apprivoiser. Pour lutter contre l'avalanche de tout ce qui naît de la vie en direction de la mort et pour la canaliser, ils ont inventé quelque chose qui est au cœur de leur existence et qu'à force de banalité ils ne remarquent même plus : c'est le calendrier.

Aux ordres de la nature, les années, les saisons, les mois et les jours n'en finissent pas de commencer et de recommencer. Les hommes ont rajouté la semaine qu'ils ont tirée de leur chapeau. Les ensembles d'années, ils les ont groupés arbitrairement en siècles, en millénaires, en périodes et en époques, et ils les font commencer au gré de leur fantaisie et de leur volonté de pouvoir. Car qui domine le temps domine aussi le monde.

En Mésopotamie, en Chine, dans la Perse et aux Indes, en Égypte, en Grèce, chez les Romains et chez les Aztèques, le calendrier et les prêtres qui l'organisent et le corrigent en liaison avec le ciel règnent dans la toute-puissance et dans le mystère le plus sacré. Les uns croient à un temps cyclique, sans début et sans fin, qui revient sur lui-même, les autres à un temps linéaire et surgi du néant qui court à je ne sais quelle fin en forme de catastrophe. Héritière de tout sacré, l'Église catholique impose sa marque au temps en établissant le Christ Jésus à l'origine du calendrier. Avec, à son terme, la résurrection des morts et le Jugement dernier. Le monde, pendant deux mille ans, et le cycle n'est pas terminé, n'a eu que l'âge du Christ.

Quand, introduit par Mahomet sous le nom d'Allah, un autre Dieu surgit des déserts d'Arabie pour régner sur ce monde, il apporte, bien entendu, son propre calendrier qui s'ouvre avec l'hégire — avec le départ du Prophète pour Médine, que, par analogie peut-être avec la fuite de la sainte Famille en Égypte, nous appelons la fuite à Médine. Et le système chronologique de l'hégire ne coïncide pas avec le système chronologique de l'Église catholique, apostolique et romaine. Au sein même de l'Église, ceux qui décident hésitent : l'année commence en mars, puis au samedi saint, avant de commencer, arbitrairement, en janvier. Car la nature interdit d'ignorer les saisons, mais elle n'impose à l'année aucun début obligé.

Un jeu subtil s'établit entre la marche des astres et les calendriers officiels. Il tourne longtemps autour de la fixation de la date, sacrée entre toutes, de la résurrection de Jésus, « retrouvaille contemporaine, selon un historien des mythes et des religions, d'un moment transhistorique », désignation d'un « lot divin » dans la grisaille des jours. Cette résurrection s'inscrit tout naturellement dans le calendrier du peuple juif auquel appartenait Jésus. La chronologie de la Passion fournie par saint Jean, le disciple bien-aimé, fixe le jour de Pâques au 14 du mois de nisan du calendrier juif, c'est-à-dire à la Pâque juive. Ceux qui s'en tenaient à cette date du 14 du mois de nisan, et auxquels on a donné le nom de « quartodécimans », amarraient le calendrier chrétien au calendrier juif d'où il était issu.

Soucieuse de dégager le calendrier chrétien du calendrier juif, l'Église fixe successivement la date de la résurrection du Christ au premier dimanche après le 14 nisan, puis au premier dimanche après la pleine lune de ce même mois lunaire, ce qui a pour avantage d'éviter toute référence au calendrier juif. Mais, au terme de calculs d'une complication inouïe...

— Je n'en doute pas, dit A.

— ... la fête chrétienne de Pâques, dégagée de la Pâque juive, devient une fête mobile, distinguée jusque dans l'orthographe de sa racine hébraïque.

L'épisode, décisif pour l'Église, de la fixation de la date de la résurrection du Sauveur ainsi réglée tant bien que mal, une autre épreuve chronologique attendait le monde chrétien.

Comme les Grecs, comme les Chinois, comme les Aztèques, comme tout le monde, les Romains, bien entendu, avaient leur calendrier. Son point de départ se confondait avec la fondation de Rome par Romulus, descendant d'Énée, nourrisson de la louve, assassin de son frère Remus. Mais les calculs des savants ont fort à faire en face des lois des astres et de la nature. Quelque sept cents ans après les origines mi-historiques mi-mythiques — et sans doute, en fin de compte, plus historiques que mythiques — de la Ville éternelle, sous le règne de Jules César, le dérèglement de l'année en était venu à un point tel qu'en raison du décalage entre la nature et le calendrier officiel les mois du printemps tombaient en plein hiver. Deux ans après la bataille de Pharsale — et cette date ignorée est autrement importante que celle de la bataille —, deux ans avant son assassinat en plein Sénat, au pied de la statue de Pompée, par Brutus et Cassius, Jules César, après avoir consulté un philosophe originaire d'Alexandrie, commentateur d'Aristote et astronome illustre, qui s'appelait Sosigène, décida que l'année en cours — qui allait prendre dans l'histoire le nom d' « année de confusion » — comporterait 455 jours et que toutes les années suivantes seraient de 365 jours avec, tous les quatre ans, un doublement du sixième jour précédant les ides de mars — d'où le mot *bissextile.* Le calendrier julien était né.

Un peu plus de quinze cents ans après la réforme de Jules César...

Je jetai un coup d'œil sur A : il regardait dans le vide en direction du Tigre et de l'Euphrate que nous étions en train de survoler.

— Est-ce que je t'ennuie ? lui demandai-je.

— Pas du tout, me répondit A avec beaucoup de courtoisie. J'essaie de comprendre à quoi vous vous amusez. Continue.

— ... le pape Grégoire XIII, deux cent vingt-troisième successeur de saint Pierre...

— Les papes Clément ! dit A. On n'en sortira jamais.

— Que veux-tu ?... lui dis-je. Il faut ce qu'il faut... constata que chaque année du calendrier julien était en avance de onze minutes sur l'année réelle. Cet excès de onze minutes était négligeable sur une année. Mais sur dix siècles, et plus encore sur cent, il risquait d'entraîner des catastrophes et des confusions sans nom. Il fallait, à tout prix, réduire l'avance prise par le calendrier julien sur la marche des astres. Il fallait couper dans l'étoffe trop large du calendrier officiel. Grégoire XIII décida que le lendemain du 4 octobre 1582 serait le 15 octobre et que dix jours, sinon de l'histoire du monde, du moins du calendrier des hommes, disparaîtraient dans le néant.

— Quoi ! s'écria A au comble de l'excitation et soudain réveillé. Dix jours qui n'existent pas, qui n'ont jamais existé, qui n'existeront jamais ?

— C'est le début du calendrier grégorien. Comme tous les vrais débuts, il surgit du rien, d'un abîme, du néant. D'une coupure radicale. Personne ne naît, personne ne meurt, aucun baiser n'est échangé, aucun serment, aucune parole, entre le 4 et le 15 octobre de 1582. C'est une panne de la vie, c'est une grève de l'histoire. C'est le trou noir de la chronologie. Il y a dix fois vingt-quatre heures qui n'ont jamais vu le jour. J'imagine quelles nouvelles inquiétantes, quelles pièces de théâtre prodigieuses, quelles batailles de rêve, quelles découvertes de cauchemar pourraient se situer dans ces jours qui n'ont jamais existé et qui sont enfoncés comme un coin de néant et enfin de silence dans le tumulte du monde. Du 4 au 15 octobre 1582, c'est le grand dimanche de l'histoire. Dieu prend dix jours de vacances et fait le ménage du temps.

— Tu m'étonneras toujours, me dit A. Je croyais avoir fait le tour des surprises dont tu étais capable. Mais je vois bien que l'histoire n'est pas avare de ressources. Tu n'es pas bon à grand-chose, mais le monde est inépuisable.

— Je n'ai jamais prétendu t'épater par moi-même. Je ne suis que ton guide dans le monde et le porte-parole très indigne d'une histoire plus grande que moi. Grâce à Grégoire XIII, la marche de l'histoire des hommes s'était remise au pas de la marche des astres tout autour de la Terre — ou de la marche de la Terre tout autour du Soleil et de celle de la Lune autour de notre boule. Restait le problème des onze minutes par an. Rien ne servait de remettre à l'heure le calendrier de l'histoire si la bombe des onze minutes restait dissimulée dans les rouages de l'horloge. Il n'était pas possible de recommencer tous les dix ou quinze siècles le tour de magie blanche destiné à laver le temps sale qui polluait l'histoire. En même temps qu'il rayait dix jours de l'histoire du monde, Grégoire XIII décréta, pour venir à bout des onze minutes qui détraquaient le système, que les années séculaires ne seraient plus bissextiles. On gagnait ainsi les onze minutes par année qui jetaient le trouble dans le temps. Malheureusement, on gagnait un peu plus de onze minutes par année. Il fallait accélérer avec modération après avoir ralenti avec brutalité. Ou peut-être ralentir avec prudence après avoir accéléré avec vigueur. Dans sa sagesse inspirée, encouragée par des savants et par des astronomes qui doublaient l'Esprit-Saint, Grégoire XIII décida donc que les années séculaires ne seraient plus bissextiles — à l'exception de celles dont le millésime était divisible par 400. L'année 1600, l'année 2000, les années 2400 et 2800 seraient des années bissextiles. Mais 1700, 1800, 1900, 2100, 2200, 2300 ne seraient pas bissextiles. L'histoire changeait de pas et retrouvait les astres.

— Eh bien, bravo ! dit A. Comment les hommes ont-ils pris ce passez muscade cosmique, ce tour de magie deux fois céleste puisque le Saint-Père le pape et la voûte constellée y ont part tous les deux ?

— C'est encore une autre histoire, lui dis-je. L'Espagne, le Portugal, les territoires divers qui formaient l'Italie adoptèrent le même jour la réforme du Saint-Père. Le roi de France — c'était Henri III — décida que le lendemain du dimanche 9 décembre serait le lundi 20 décembre. Dans les États catholiques du Saint

Empire romain de nationalité germanique, en Allemagne et aux Pays-Bas, on raya d'un trait de plume, avec une charmante fraîcheur, toute la fin de l'année : le 21 décembre fut le dernier jour de 1582. En Bavière, le long du Rhin, dans les évêchés catholiques de Malines ou de Bruges, il n'y eut pas de Noël, par décision du Saint-Père, en l'an 1582 après le Christ Jésus.

Tu vois déjà ici combien, à la différence des mois, des saisons, des années qui sont des réalités si exigeantes qu'elles contraignent les calendriers à se plier à leurs lois, les jours de la semaine sont des inventions arbitraires. Car si la marche des jours n'avait pas été interrompue par le souverain pontife, le 20 décembre, en France, aurait dû tomber normalement un jeudi. Mais, puisqu'on supprimait dix jours, le lendemain du dimanche était bien obligé de se changer en lundi. Tu imagines aussi le désarroi de ceux dont on bousculait l'ordre des jours et l'imagination temporelle. Un peu comme les voyageurs qui, à la façon de Philéas Fogg et de son dévoué Passepartout, se retrouvent tourneboulés par les jeux des fuseaux horaires, illustration la plus élémentaire des liens de l'espace et du temps. Mais le cas des victimes de l'automne meurtrier et de l'hiver de 1582 est autrement pathétique, puisque le temps les accable en silence de ses sarcasmes et de ses coups sans qu'ils aient même à bouger. Un témoin de l'époque laisse échapper son trouble : « Je veux dire cecy : que l'eclipsement nouveau des dix jours du Pape m'ont prins si bas que je n'en puis bonnement accoustrer. Je suis des années auxquelles nous contions autrement. Un si ancien et long usage me vendique et rappelle à soy. Je suis contraint d'estre un peu heretique par là, incapable de nouvelleté, même corrective ; mon imagination, en despit de mes dents, se jette tousjours dix jours plus avant, ou plus arriere, et grommelle à mes oreilles. »

— Ce n'est pas Chateaubriand, ni Aragon, ni Proust. Est-ce Rabelais ? Est-ce Pascal ?

— Ni l'un ni l'autre, lui dis-je. Mais tu as accompli, en trois jours, des progrès très sérieux. Voilà que tu distingues déjà les époques et les styles. Bon élève. Peut bien faire. Non, ce n'est pas Pascal, mais c'est un maître de Pascal, même si Pascal le rejette. C'est l'auteur d'un rapport sur la Terre et les hommes que le nôtre hélas ! ne fera pas oublier.

— Alors ? demanda A.

— C'est Montaigne lui dis-je. Dans ses *Essais,* Livre III, chapitre X : *De mesnager sa volonté.* Tu auras noté l'allusion aux risques d'hérésie. C'est que nous sommes, en ce temps-là, vingt ou vingt-cinq ans après le concile de Trente, en pleine Contre-Réforme. Dans les États allemands protestants, la réforme du calendrier par le pape Grégoire XIII fut assimilée à la Contre-Réforme et rejetée sans appel. Il n'y avait pas d'autre solution que d'être l'ennemi d'un Soleil et d'une marche des astres qui pactisaient avec Rome. Il faudra attendre plus de cent ans pour que les États protestants d'Allemagne, acculés par un ciel qui s'éloignait de plus en plus de leurs tables astrologiques, finissent par adopter, de mauvaise grâce, le 13 septembre 1699, pour retrouver le rythme exact des saisons et des mois auquel était liée la Passion du Christ Jésus, le calendrier grégorien.

L'affaire n'était pas terminée. Les Églises orthodoxes, nées de la rupture doctrinale entre Constantinople et Rome, se montrèrent plus intransigeantes encore que les protestants germaniques. Elles avaient de bonnes raisons de se méfier de tout ce qui venait de l'Église catholique, apostolique et romaine : en 1204, la IV^e croisade, qui s'était fixé comme but la reconquête sur les musulmans de Jérusalem et du tombeau du Christ, s'était laissé aller à s'emparer, par distraction sans doute, et en passant, de Constantinople, capitale religieuse de l'Orient orthodoxe, à la piller de fond en comble, à transporter ses chefs-d'œuvre à Venise ou ailleurs et à bâtir sur ses ruines pour quelques dizaines d'années l'empire latin d'Orient. Après la prise de Constantinople par les Turcs, en 1453, les Églises orthodoxes d'Orient restèrent séparées de Rome, par une haine vigilante. Elles n'avaient que faire de la Réforme et de la Contre-

Réforme. Leur mot d'ordre était : « Plutôt le turban turc que la tiare latine. »

C'est pour cet ensemble de raisons, liées à une longue histoire religieuse et sacrée, à toute une série de brouilles et de ruptures fracassantes et, en fin de compte, à la méfiance à l'égard de Rome et de ses initiatives, que la révolution d'Octobre, en Russie, se passa en novembre. Le décalage entre le calendrier julien, conservé par les orthodoxes, et le calendrier grégorien, qui était de dix jours à la fin du XVI<sup>e</sup> siècle, était passé à treize jours au début du XX<sup>e</sup> à cause des fameuses onze minutes tapies dans chaque année. Lorsque, venu de Suisse à travers les lignes allemandes grâce à la bienveillance de Berlin, Lénine débarque de son fameux wagon plombé, qui n'était en fait qu'un compartiment séparé du reste du train par un simple coup de craie, pour réclamer, dans ses *Thèses d'avril,* qualifiées de « délire » par les socialistes révolutionnaires et par les mencheviks, la paix immédiate, la terre aux paysans, les usines aux ouvriers, tout le pouvoir aux soviets, le jour qui brille à Pétrograd est le 3 avril 1917. C'est le 16 avril à Paris, à Londres, à Berlin et à Rome.

Bientôt Lénine et Zinoviev doivent se cacher en Finlande. Trotski et Lounatcharski sont emprisonnés, le social-démocrate Kerenski remplace à la tête du gouvernement provisoire le prince Lvov, conservateur libéral, hostile aux socialistes. Le 10 octobre — c'est le 23 ailleurs —, le Comité central bolchevik, composé de Lénine et de Zinoviev, rentrés clandestinement en Russie, de Trotski, libéré sous caution et élu président du soviet de Petrograd, de Kamenev, de Staline, de Dzerjinski, d'Alexandra Kollontaï et de quelques autres, vote par dix voix contre deux la préparation immédiate de l'insurrection armée, confiée à un comité militaire révolutionnaire, dirigé par Trotski. Le 25 octobre 1917, canonné par les pièces lourdes de la forteresse Pierre-et-Paul et du croiseur *Aurora,* le palais d'Hiver, siège du gouvernement provisoire, est pris d'assaut par la Garde rouge renforcée de soldats, de matelots, d'ouvriers rameutés par les bolcheviks. Kerenski réussit à s'enfuir. Treize ministres sont arrêtés. La révolution d'Octobre grave à jamais — et pour soixante-quatorze ans — son nom fatidique dans le calendrier julien de l'Église orthodoxe. Nous sommes le 7 novembre du calendrier grégorien : la révolution d'Octobre, qui change l'histoire du monde, se déroule en novembre. Il faudra attendre le début de 1918 pour que la Russie de Lénine adopte officiellement la réforme grégorienne. La Grèce orthodoxe s'obstinera dans la fidélité au calendrier julien jusqu'en 1923.

— Et l'Angleterre ? demanda A.

— Selon la formule de Kepler, les protestants anglais préféraient, eux aussi, être en désaccord avec le Soleil que d'accord avec le pape. Ils ne se résignèrent à accepter la réforme grégorienne qu'en 1752. C'est ce qui explique un mystère de notre histoire littéraire. Deux grands génies de la littérature universelle, Shakespeare et Cervantès, auteurs l'un et l'autre, sous forme de théâtre ou de fiction romanesque, de rapports remarquables...

— Plus remarquables, coupa A, que... ?

— Oui, lui dis-je, plus remarquables... sur les illusions et les passions des hommes, meurent à la même date : le 23 avril 1616. Mais ils ne meurent pas le même jour : Shakespeare se retire de la scène d'un monde qu'il avait peuplé d'innombrables personnages le mardi 23 avril 1616 et Cervantès rejoint Don Quichotte de la Manche dans les rêves de l'éternité le samedi 23 avril 1616.

— Deviendrais-je homme ? demanda A. Il me semble que je deviens fou.

— La solution de l'énigme est que Cervantès meurt le premier, à Madrid, au cœur de l'Espagne catholique, le samedi 23 avril 1616 du calendrier grégorien. Et que Shakespeare meurt dix jours plus tard, à Stratford on Avon, Warwickshire, dans l'Angleterre protestante et dans le calendrier julien, le mardi 23 avril ancien style, c'est-à-dire le 3 mai dans le calendrier grégorien.

— C'est amusant, dit A.

— Si on veut, lui dis-je. Les hommes ne savent même pas quand ils meurent. Tout ce qu'ils savent, c'est qu'ils mourront. Et encore : ils le savent, mais ils ne le croient pas. Ils le savent pour la seule et bonne raison que tous les hommes sont toujours morts. Mais la vie de chacun consiste d'abord à ignorer la mort et à chasser son fantôme. Ce qu'il y a de plus cruel dans les maladies dont personne ne guérit, c'est que chacun sait, et l'intéressé lui-même, que le malade va mourir. Nous savons tous que nous mourrons, mais nous l'oublions. Et nous voulons l'oublier. C'est pourquoi les hommes courent après le plaisir, l'amour, le pouvoir ou l'argent sans trop penser à la mort. Ils courent après le divertissement pour se changer les idées. Par une bénédiction du ciel, ils ignorent quand ils mourront. C'est la condition même de la vie : elle leur permet de vivre comme s'ils étaient immortels. Et de mourir comme par surprise.

— Désormais, j'imagine, dans le calendrier grégorien ? demanda A.

— Ou dans un autre, lui dis-je. Qu'importe ? Tout ce que des hommes ont fait, d'autres hommes peuvent le changer, ou au moins l'oublier. C'est ce qu'ils n'ont pas fait — la mort, les saisons, les océans, la neige, les passions aussi, et les rêves — qui dure le plus longtemps et s'impose sans recours.

## X

# *Un* Te Deum *à Notre-Dame*

— Ce qu'il y a d'épatant dans le maniement du temps et des calendriers, c'est qu'il combine la liberté, l'arbitraire, le hasard — et la nécessité. Pour les hommes au moins, la nécessité première, plus évidente, de loin, que l'évidence et la nécessité de la mathématique ou de la géométrie, qui supposent des postulats toujours indémontrables et qui deviennent très lointaines dès que nous n'y pensons plus, c'est qu'il y a du temps, et qu'il passe.

Magré sa rudesse et sa brutalité — quand je me cogne, je me fais mal —, il est toujours permis de mettre en doute la réalité de la matière et de n'y voir qu'une sorte de rêve. Le temps n'a rien de douteux. Il est incompréhensible, mais il n'est pas douteux. Si le monde, comme on peut le croire, est une dure réalité, cette réalité est emportée par le temps. Si le monde, au contraire, n'est rien d'autre qu'un rêve, ce rêve aussi est emporté par le temps. Il n'est pas tout à fait sûr que le temps, à lui tout seul, suffise à faire un monde. Mais il n'y aurait pas de monde, et il n'y aurait plus rien — sinon l'éternité, sinon un rien qui serait le tout — s'il n'y avait pas de temps. Avant de s'incarner, ici ou là, dans le temps, Dieu, qui n'existe pas puisqu'il est éternel, est l'absence de tout temps. J'imagine que pour les esprits d'Urql il y a une nécessité divine de l'éternité et du tout qui n'est peut-être qu'un rien à nos yeux aveuglés. La nécessité pour les hommes, porte le nom du temps.

La nécessité du temps, la liberté des hommes la découpe à son gré.

— À son gré ? demanda A.

— Pas tout à fait, lui dis-je. Je corrige ma formule. Tu sais déjà qu'il y a des jours, des mois, des saisons, des années et que personne n'y peut rien. Depuis que le monde est monde, il y a le jour et la nuit. Il y a le printemps et l'automne. Et la neige tombe en hiver et rarement en été. Mais les jours dans le mois et les heures dans le jour et les minutes dans l'heure et les secondes dans la minute — les siècles aussi, et les millénaires, à l'autre bout de l'éventail —, les hommes en font ce qu'ils veulent. C'est le règne de l'arbitraire après celui de la nécessité. Il y a un temps de la nature et un temps de la culture : les hommes sont coincés par le temps de la nature — le jour qui se lève, la nuit qui tombe, le Soleil et la Lune, la marée, le chaud et le froid —, et ils manient comme bon leur semble le temps de la culture.

L'année des Égyptiens, qui commençait, comme celle des Chaldéens ou des Perses, à l'équinoxe d'automne, comptait douze mois solaires de trente jours. Chaque mois était divisé en trois groupes de dix jours. Pour rattraper le Soleil, les prêtres égyptiens avaient institué, avec une science presque infaillible, cinq jours complémentaires, appelés « épagomènes » — c'est-à-dire « ajoutés ». Les Grecs avaient des mois lunaires composés de trois séries de neuf ou de dix jours. Le calendrier romain reposait, lui aussi, sur des mois lunaires où les jours étaient divisés en trois groupes. Le premier groupe s'ouvrait sur un jour appelé calendes et s'achevait sur un jour qui portait le nom de nones : les nones tombaient le cinquième jour de chaque mois, sauf en mars, en mai, en juillet et en octobre où elles tombaient le septième jour. Le deuxième groupe se terminait avec les ides qui divisaient le mois en deux et qui étaient fixées au 13 de chaque mois, sauf en mars, mai, juillet et octobre où elles étaient fixées au 15 : les ides évitaient avec soin le jour néfaste du 14. Le troisième et dernier groupe comportait tout le reste des jours, jusqu'aux calendes du mois suivant. Le mot calendes, d'où sort évidemment le mot calendrier, vient lui-même de *calare,* appeler, parce que, le premier jour de chaque mois, le peuple de Rome était convoqué avec solennité pour apprendre, de la bouche des prêtres et des autorités, les dates des jours fériés. Le mot nones vient de neuf, parce que les nones tombaient toujours le neuvième jour avant les ides. Et le mot ides signifie diviser. Les Grecs ne connaissaient ni ides, ni nones, ni calendes. D'où l'expression « renvoyer aux calendes grecques » pour évoquer un événement qui n'aura jamais lieu.

— Seigneur Dieu!... murmura A.

— Nous y voilà! m'écriai-je. C'est au Seigneur Dieu, c'est à Jéhova, c'est à Iahvé que nous devons la semaine comme nous la connaissons, c'est-à-dire belle et ronde, refermée sur elle-même, presque éternelle à nos yeux, et en tout cas immuable avec ses sept jours bien comptés.

« Au commencement, Dieu créa le ciel et la terre. » Il les crée en six jours et il se repose le septième : c'est l'origine de notre semaine, de ses six jours de travail et de son jour de repos. Aux leçons de la Bible s'ajoutent des apports babyloniens, alexan drins, hellénistiques. Aussi les jours de la semaine sont-ils placés sous le signe tantôt de la religion et tantôt de l'astrologie. La Lune, Mars, Mercure, Jupiter, Vénus, sont à la source de notre lundi, de notre mardi, de notre mercredi, de notre jeudi, de notre vendredi. La Bible prend sa revanche à la fin de la semaine : le jour du Sabbat, *sabato* en italien, *sabado* en espagnol, et le jour du Seigneur, *dies dominica,* y perpétuent entre eux la lutte entre judaïsme et chrétienté, déjà présente dans l'antagonisme entre la Pâque des juifs et la fête de Pâques des chrétiens. Là comme ailleurs, le monde chrétien sort du monde juif avant de s'opposer à lui et Chaldéens et Égyptiens, pour ne rien dire des Grecs et des Romains, contribuent à l'œuvre commune, si lente et si compliquée, de division et de régulation d'un temps sur lequel finit par s'étendre le contrôle de l'Église.

— La tête me tourne, dit A.

— Ce n'est pas fini, lui dis-je. Le 20 septembre 1793, Gilbert Romme, député de la Montagne, mathématicien de profession, ancien précepteur en Russie du comte Stroganov, monte à la tribune de la Convention nationale : il présente un projet de réforme du calendrier traditionnel. Après la monarchie, c'est l'Église qu'il faut abattre. L'Église règne parce que c'est elle qui, avec une autorité arbitraire, impose son rythme au temps : toute l'année est articulée sur les fêtes religieuses de Noël et de Pâques, le dimanche, tous les sept jours, est le jour du Seigneur et les saints encombrent la totalité du calendrier de leurs noms et de leurs vertus.

Avec le concours d'un personnage séduisant et douteux, acteur, poète, auteur à succès, vainqueur des jeux Floraux de Toulouse où il a gagné l'églantine d'or qu'il a ajoutée à son nom, créateur de la romance populaire « Il pleut, il pleut, bergère, rentre tes blancs moutons... », trafiquant et opportuniste, qui porte le joli nom de Fabre d'Églantine, Romme fait adopter le calendrier républicain, triomphe de la Raison et du système décimal.

Le calendrier révolutionnaire qui se substitue à la nomenclature de l'ignorance et de l'asservissement, part de la fondation de la République le 22 septembre 1792 : elle coïncide par une chance inouïe avec l'équinoxe d'automne. Le calendrier comporte douze mois égaux de trente jours chacun, auxquels sont ajoutés, pour compléter l'année, cinq jours qui n'appartiennent à aucun mois et qui sont appelés « jours complémentaires ». Ce sont évidemment, car Romme était savant, les jours épagomènes des anciens Égyptiens.

L'astrologie était rejetée par la Convention nationale au même titre que la religion. La nomenclature planétaire des jours de la semaine « vulgaire » était bannie de l'histoire. Pour les noms des jours de la décade comme pour les mois de l'année, Romme avait d'abord prévu un simple numérotage ordinal : premier, deuxième, troisième..., etc. mois de l'année ; premier, deuxième, troisième..., etc. jour de la décade. Pour les noms des mois, il avait ensuite suggéré des appellations historiques et abstraites : Réunion, Régénération, Jeu de Paume ou Bastille... Mais, poète, écrivain, joueur, homme d'imagination et de sensibilité, Fabre d'Églantine soutint avec succès la nécessité d'introduire des images colorées et accessibles à la masse du peuple dans le nouveau calendrier. Pour les jours de la décade, il proposa et fit adopter par ce formidable creuset d'idées, de passions, de folies qu'était la Convention nationale les termes de primidi, duodi, tridi, quartidi, quintidi, sextidi, septidi, octidi, nonidi et décadi. Et pour les noms des mois, avec l'ambition d'indiquer d'un seul coup la saison, la température et l'état de la végétation : vendémiaire, brumaire, frimaire en automne ; nivôse, pluviôse, ventôse en hiver ; germinal, floréal, prairial au printemps ; messidor, thermidor, fructidor en été. Sous les espèces du calendrier révolutionnaire, l'Être suprême de Rousseau, avec son climat et ses productions, l'emportait sur le Dieu des chrétiens, héritier de l'histoire et des mythologies de l'Antiquité classique.

Les cinq jours complémentaires qui terminaient l'année étaient appelés « sans-culottides ». Ils servaient à célébrer, sans trop de souci du ridicule, les fêtes républicaines de la Vertu, du Génie, du Travail, de l'Opinion et des Récompenses. S'y ajouteront plus tard, sous le Directoire, les multiples fêtes commémoratives d'une Révolution qui mêlait avec allégresse l'ancien système du temps et le nouveau : le 14 juillet, prise de la Bastille ; le 10 août, constitution de la Commune insurrectionnelle de Paris ; le 1^er^ vendémiaire, jour de l'an républicain ; le 21 janvier, anniversaire de l'exécution du tyran ; le 9 thermidor, point final imposé à la Terreur par la Révolution triomphante — et pourrie.

« Les prêtres, écrit Fabre d'Églantine dans un texte remarquable à plus d'un titre et qui éclairera les esprits d'Urql, les prêtres avaient assigné à chaque jour de l'année la commémoration d'un prétendu saint : ce catalogue ne présentait ni utilité ni méthode ; il était le répertoire du mensonge, de la duperie et du charlatanisme. Nous avons pensé que la nation, après avoir chassé cette foule de canonisés de son calendrier, devait y retrouver en face tous les objets, sinon de son culte, du moins de sa culture, les utiles productions de la terre, les instruments dont nous nous servons pour la cultiver, et les animaux domestiques, nos fidèles serviteurs dans ces travaux, animaux bien plus précieux sans doute, aux yeux de la raison, que les squelettes béatifiés tirés des catacombes de Rome. » En conclusion et en exécution de ce discours si sensible, l'Épiphanie, la Toussaint, la Nativité de la Vierge et l'Annonciation laissaient la place à la poule, aux salsifis, aux noisettes, à la pierre à chaux.

Le dimanche, qui était le jour du Seigneur, avait été jeté par le décadi dans les poubelles de l'histoire. Dès le 7 octobre 1793 — le 16^e^ jour du 1^er^ mois de l'an II de l'ère des Français — la Convention nationale décrète que les fonctionnaires ne pourront prendre de vacances que les 10, 20, 30 de chaque mois. Mais très vite, quatre ou cinq mois plus tard, le repos cède la place à un des fantasmes majeurs de la Révolution, à une de ses hantises permanentes : la fête. Tous les décadis de l'année seront consacrés à des fêtes qui auront pour devoir de « faire chérir la nature et les vertus sociales » par tous les citoyens.

Tu sais maintenant à peu près comment marche le monde. Tu peux comprendre que, quelques années après les tourmentes de la Convention nationale en train d'accoucher d'un monde nouveau et fascinée par les fêtes, un écrivain célèbre et subtil, monarchiste celui-là, et bourgeois, modéré, progressiste, libéral, égoïste, mobile et contradictoire jusqu'à l'incohérence, partisan et admirateur de l'empereur Napoléon, amant de Mme de Staël et amoureux fou de Juliette Récamier, esprit nerveux et fin, impressionnable, desséché, le Suisse le plus français qui ait jamais existé, se prenne à soupirer : « Que l'État se borne à être juste. Nous nous chargeons d'être heureux. » C'était Benjamin

Constant, et il n'est pas interdit de faire figurer son nom aux côtés de ceux d'Horace, de Degas, d'Offenbach, d'Oscar Wilde dans le rapport destiné à instruire et à distraire les gens d'Urql.

— Qu'arrive-t-il, demanda A, à Fabre d'Églantine et à Romme ?

— Devine, lui dis-je.

— Ils meurent, décida A.

— Gros malin ! lui dis-je. Après avoir fait accorder à la dépouille de Marat les honneurs du Panthéon, Romme se met à la tête des insurgés au cours d'une de ces journées révolutionnaires qui continuent d'agiter la Convention thermidorienne. Il a le dessous. On l'arrête. Il est condamné à mort et il se poignarde. Philippe Fabre, dit Fabre d'Églantine...

— À cause de l'églantine d'or remportée à Toulouse, ânonna A.

— ... est compromis dans le scandale de la Compagnie des Indes qu'il a lui-même dénoncé et, accusé de corruption, il est guillotiné avec le clan Danton, le 5 avril 1794. Le calendrier qui était leur œuvre survécut quelques années à Fabre d'Églantine et à Romme.

En 1802, la paix est revenue avec l'Autriche grâce au traité de Lunéville, la paix est revenue avec l'Angleterre grâce au traité d'Amiens. Napoléon Bonaparte n'est peut-être pas encore au sommet de sa puissance : il est au sommet de son bonheur. Tout semble aller dans son sens et tout lui réussit : la fortune va à la fortune, comme l'infortune à l'infortune. Après douze ans de désordres et d'incertitudes, la confiance est de retour. Les succès résonnent comme des fanfares. Les derniers bandits qui infestaient la France à la faveur des troubles sont arrêtés en Provence. Pour la première fois depuis des années, la rente se met à monter. Le bruit court dans les salons de Paris qu'un ordre nouveau est sur le point d'être créé : ce sera la Légion d'honneur. Le 8 avril, la ratification du Concordat, déjà signé depuis un an, marque la réconciliation officielle de la France et de l'Église. Le

14 avril paraît, coup de théâtre et d'autel, le *Génie du christianisme.* Le 18 avril, jour de Pâques, une cérémonie stupéfiante réunit à Notre-Dame de Paris, pour un *Te Deum* solennel, tous les dignitaires d'un régime qui est né de la Révolution, qui en a vécu et qui l'achève — qui la couronne et qui la tue.

Entouré de ses généraux, parmi lesquels figurent la plupart des maréchaux et des princes de l'Empire encore à venir, et même quelques rois en puissance, issus de la chute et du martyre de la monarchie légitime, le Premier Consul, tout en rouge, protégé par Roustan et sa troupe de mamelouks, descend de son carrosse. Il s'avance sous un dais, jusqu'au fauteuil d'apparat qui l'attend dans le chœur. Flanqué du légat du pape et de Mgr de Boisgelin, archevêque de Tours, qui prononcera le prône, il y a là, pour l'accueillir, le nouvel archevêque de Paris. Il s'appelle Mgr de Belloy et ce n'est pas un jeune homme : il a près de trois fois l'âge du Premier Consul puisqu'il est né sous Louis XIV. Autour de ces vedettes dans leurs robes rutilantes, trente évêques fonctionnaires, aux ordres du Premier Consul et du Saint-Père réunis. Silencieux depuis si longtemps, le bourdon et les cloches de la cathédrale de Paris s'en donnent à cœur joie et sonnent à toute volée. De pudiques tentures dissimulent les statues des souverains décapités. Les mânes de Gilbert Romme et de Fabre d'Églantine n'ont qu'à bien se tenir. Un grand vent souffle en tempête sur les débris épars de la Raison et de l'Être suprême : c'est celui de la sainte Église et de la tradition, celui de l'ignorance et de l'asservissement qu'ils avaient dénoncés. Au premier rang de l'assistance trônent un séminariste régicide et un évêque apostat. Parmi tant de révolutionnaires convertis malgré eux et de vieux soldats de l'an II et de la Convention nationale à qui la tête tourne un peu, ils sont presque les seuls à être capables de suivre une messe qui leur rappelle leur passé. C'est Fouché et c'est Talleyrand.

L'opposition au Premier Consul et à la restauration religieuse a ses centres à l'Institut et chez les intellectuels. Les membres de l'Institut enragent de voir leur confrère Bonaparte — de la section des Sciences — « mener la République à confesse ». Du coup — je bouge ma tour —, ils ont mis au concours l'éloge de la Réforme. Du coup — je bouge mon roi —, le Premier Consul a élargi aux Églises protestantes le bénéfice des mesures qu'il était en train de préparer. Les femmes jouent un grand rôle dans la bataille entre l'héritage de la Révolution et l'héritage de l'Église : les veuves des philosophes Helvetius et Condorcet reçoivent le renfort de Mme de Staël qui sonne en vain le tocsin pour essayer d'étouffer le bourdon de Notre-Dame : « Vous n'avez qu'un moment, demain le tyran aura quarante mille prêtres à son service. »

L'opposition intellectuelle, qui combat les efforts de Bonaparte pour rouvrir les églises et revenir, à contre-courant de Fabre d'Églantine et de la Convention nationale, aux traditions religieuses et à l'ancien calendrier, trouve des appuis jusque dans le Conseil d'État, de création toute récente, jusqu'au sein de l'armée où le général corse ne manque ni de partisans fanatiques ni d'adversaires résolus. Pour se rendre à Notre-Dame et participer au *Te Deum,* les généraux Augereau, Lannes, Macdonald et Bernadotte se sont entassés dans le même carrosse. Tout le long du chemin, ils ont laissé libre cours à leur mauvaise humeur contre l'organisateur de la restauration religieuse. Les esprits s'échauffant, ils ont bien failli arrêter le carrosse pour faire demi-tour et rentrer bouder chez eux ou, pis, pour en descendre parmi la foule et tenter de la soulever contre la mascarade cléricale et le retour au passé. La raison l'a emporté. Ils ne sont pas les plus forts. Ils sont là tous les quatre, sous les hautes voûtes de Notre-Dame qui résonnent de l'homélie de Mgr de Boisgelin et des vieilles hymnes sacrées qui reprennent avec audace la place du *Ça ira* et de la *Carmagnole.* Ils rongent leur frein en silence. Seul Augereau, le plus monté de la bande des quatre contre le Premier Consul, n'arrête pas de ronchonner et d'exprimer, ouvertement, sa désapprobation.

Le général Moreau, lui, brille par son absence. Très beau, très élégant, adversaire déclaré du Premier Consul, il fait, ostensiblement, les cent pas aux Tuileries, en fumant un cigare, pendant que s'élèvent vers son rival et toute la pompe qui l'entoure les flots d'encens de la tradition et de la nomenclature religieuse. D'une intelligence assez redoutable, Moreau éprouve pour Bonaparte la même antipathie qu'Augereau. Il y a quelques jours, pour se moquer de la Légion d'honneur chère au Premier Consul, il a décerné en grande pompe une casserole d'or à son cuisinier. Ce n'est pas pour venir s'associer à ce qu'il appelle la grande momerie ou la capucinade. Un autre général, Delmas, résume assez bien l'opinion des opposants sur le *Te Deum* de Notre-Dame : « Il n'y manque que les cent mille hommes qui se sont fait tuer pour supprimer tout cela. »

Autant en emporte le vent. Sous le porche de Notre-Dame, quand il remonte dans son carrosse, le Premier Consul est acclamé par la foule. L'opposition ne fait pas le poids en face de l'enthousiasme populaire. Ce que le peuple retient surtout de la restauration religieuse, c'est le retour à la célébration du dimanche. La suppression du décadi, le rétablissement du dimanche ont une première conséquence : on se reposera un jour sur sept au lieu d'un jour sur dix. Le progrès est sensible. La foule autour de la cathédrale applaudit en chantant :

*Le dimanche l'on fêtera !*
*Alleluia !*

Amputé de sa semaine de dix jours et de son décadi, le calendrier révolutionnaire traînera encore quelques années une existence théorique. Le 1er janvier 1806 — 11 nivôse an XIV —, il sera officiellement et définitivement aboli par un sénatus-consulte qui décrète que le calendrier grégorien sera remis en usage dans tout l'Empire français. Le calendrier révolutionnaire avait vécu un peu plus de treize ans. Il avait été utilisé — la plupart du temps, et surtout vers la fin, concurremment avec le calendrier traditionnel — pendant un peu moins d'une dizaine d'années.

Il réussit encore à revivre, sous une autre forme, grâce au génie de Staline. Le 1er octobre 1929, un peu plus de dix ans après le décret de Lénine qui remplaçait le calendrier julien par le calendrier grégorien, Staline supprimait en Union soviétique le samedi et le dimanche et instaurait la semaine productive de cinq jours. Les cinq jours de la semaine étaient numérotés de un à cinq, il y avait six semaines par mois, douze mois de trente jours par année, plus cinq jours fériés soviétiques — et un citoyen sur cinq se reposait chaque jour, à tour de rôle. La semaine de cinq jours ne mit pas longtemps à rejoindre dans le sépulcre des dieux morts le calendrier révolutionnaire de la Convention nationale. Et, du Japon à la Terre de Feu, de Washington à Moscou, de Barbizon à Tachkent et à Oulan-Bator, le calendrier grégorien se remit à régner sur le monde, sur la mémoire exécrée de Staline et sur le souvenir effacé de Fabre d'Églantine et de Romme, qui avaient, l'un et l'autre, péri de mort violente. Car il ne fait pas bon, ici-bas, jouer avec le temps.

— Ouf ! murmura A.

XI

## *Discours de A aux esprits d'Urql*

— Tu m'as convaincu, me dit A : je retournerai à Urql avec le sentiment que les hommes sont occupés tout entiers par l'histoire et le temps.

— Ils ne le sont pas, lui dis-je. Le temps les emporte, et l'histoire. Mais ils passent leur vie, leur vie si courte et si belle, à penser à autre chose.

— Mais à quoi ? s'écria A. À quoi ? Voilà ce qu'il faut savoir et raconter à Urql !

— À presque rien, lui dis-je. À l'argent. Au travail. Au confort. Au plaisir. Au temps qu'il fait. Aux vêtements à porter. Aux gens qu'il s'agit de voir. Aux affaires à traiter. À toutes les règles du jeu. À presque rien. Et à tout. Le monde est une machine à fabriquer du hasard avec des lois rigoureuses : les hommes avancent dans ce hasard au gré de leurs désirs. Le monde est une conspiration : les hommes se débattent comme ils peuvent au milieu des pièges et des désastres qui surgissent de partout. Le monde est un secret : et les hommes, depuis toujours et sans fin, s'efforcent de le percer.

Le monde est surtout un bonheur parmi tant de malheurs. C'est une fête en larmes. C'est un échec radieux. Je savais qu'un jour ou l'autre mon histoire ici-bas allait finir assez mal et que j'allais mourir puisque j'étais un homme. J'ai fait ce que j'ai pu de cette stupeur ardente qui m'a été donnée sous forme de jours et de nuits, de forêts où me promener, de mers où me jeter, de mots à lire ou à écrire, de beauté et de rires. Un jour où il pleuvait, j'ai rencontré Marie dans la rue du Dragon. Et j'ai été heureux avec elle dans beaucoup de coins de cette Terre. Pour ces fragments d'espace, pour ces éclairs de temps, c'est bien d'avoir pris part à cette chose inconnue qui m'est aussi obscure du dedans qu'elle te l'est du dehors et que nous appelons la vie.

Tu peux regagner Urql avec des équations et des formules qui livreront une partie du secret de ce détail de l'univers où ont surgi les hommes. Tu peux rentrer chez toi avec des images qui donneront une idée de la beauté de la Terre et du génie de ses hôtes. Tu peux repartir avec des mots dans le genre du rapport que nous rédigeons tous les deux. Mots, images, équations s'essouffleront à courir après ce rêve sans fin qu'est la réalité. Il vaut mieux que tu rentres à Urql avec le nom de Marie. Si tu ne rapportes qu'une chose de ton expédition vers cette planète étrange dans une lointaine galaxie où je t'attendais depuis toujours, que ce soit le souvenir enchanté de Marie. Tu réuniras les esprits, tes confrères, et, après avoir distribué les exemplaires du rapport que nous aurons, toi et moi, terminé tant bien que mal, tu réclameras le silence et tu leur diras à mi-voix :

« J'ai rencontré sur la Terre, au-dessus de la Douane de mer, un homme parmi les autres : il portait le nom d'O. Il était né, par hasard, ici plutôt qu'ailleurs. Il a vécu, par hasard, dans ces années-là et non dans d'autres. Il est mort, par hasard, dans une ville de pierre et d'eau qui périra elle-même, entre le palais des Doges et l'isola di San Giorgio. Et cette suite de hasards est sa nécessité : il est O par hasard et pour l'éternité. Il était tout pour lui-même parce que chaque homme est à lui-même la totalité de l'univers et qu'à chaque homme qui meurt, c'est l'univers qui s'éteint. Le grand secret de ce monde, dont vous parle le rapport que vous avez entre les mains » — et il se fera, à ce moment, un grand bruit de pages qu'on tourne et de papier froissé —, « c'est... »

— Tu crois vraiment ? dit A.

— Je ne sais pas, lui dis-je. J'imagine. Le silence reviendra. Et tu continueras : « Le grand secret de ce monde, c'est qu'il n'a d'existence que dans l'esprit des hommes. Il y a des hommes parce qu'il y a un monde. Mais il n'y a de monde que parce qu'il y a des hommes. Les hommes sont des espèces de dieux enfoncés par leur corps dans l'ignorance et la peur. Chaque homme crée son propre monde dont nous croyons dur comme fer — mais personne ne peut le jurer — qu'il est le monde des autres. Chaque homme est enfoui en lui-même et le monde tout entier est enfoui avec lui. Le monde est l'ensemble de toutes ces solitudes et de toutes ces prisons.

Les hommes passent leur temps à se forger des clés pour quitter leur prison, pour s'en aller ailleurs et pour rejoindre les autres et leurs mondes inconnus. Les clés s'appellent savoir, beauté, espérance ou passion. Il y a la clé de la science : elle explique par le jeu des effets et des causes le déroulement des événements qui se situent dans l'espace et surtout dans le temps. Il y a la clé de l'art : elle précipite les âmes des hommes dans des rêves de bonheur et parfois de terreur, elle ouvre de grands espaces à l'imagination du sens, des sons, des couleurs et des formes. Il y a la clé de la religion : elle promet autre chose que la réalité, elle permet à ceux qui souffrent de supporter leurs souffrances. Il y a la clé de l'amour. Un jour, rue du Dragon, à Paris, vers la fin du XX$^{e}$ siècle après le Christ Jésus qui est sorti de l'éternité pour tomber dans le temps et le faire tourner autour de lui, O, sous un parapluie, a rencontré Marie. Le monde, aux yeux de O, a pris l'aspect de Marie.

Marie, aux yeux de O, était plus belle que les guerres, les escargots, les lessiveuses, les imprimés. Elle l'emportait pour lui sur la géométrie, sur le temple de Karnak, sur les charmes de la perspective chez Masaccio ou Uccello, sur le siège de Troie par les Achéens rusés aux navires innombrables, sur la découverte, un jour d'automne, sous Charles VIII en France, sous Ferdinand d'Aragon et Isabelle la Catholique, sous un pape Borgia, simoniaque et débauché, de toute une terre nouvelle par un Génois égaré. Elle avait plus de prix dans son cœur que les pièces d'eau de Versailles, que les trésors de Golconde, que tous les arbres de la forêt de Paimpont, de Brocéliande ou de Tronçais. Pour des raisons mécaniques qui sont liées au plaisir, les hommes, sur la planète Terre, jouent un grand rôle auprès des femmes. Et les femmes auprès des hommes. Et souvent les femmes auprès des femmes. Et les hommes auprès des hommes. Le corps de Marie était celui d'une femme. Il a fini par envahir tout l'horizon de O. C'est ce qu'ils appellent l'amour et l'amour les occupe plus que tout le reste au monde.

O mangeait et buvait parce qu'il avait un corps. Et il dormait beaucoup. Il s'entretenait avec moi parce qu'il était un esprit. Et que, privé de son corps, il n'était plus rien qu'un mort qui avait passé un peu de temps, quelques saisons, quelques années dans la mémoire du monde. Il était lié à Marie, dans les siècles de siècles, par cet élan impalpable, aussi fluide que le temps et aussi fort que lui, qui est au cœur du monde et qui, à chaque instant, lui permet de survivre

ŒNONE

Ils ne se verront plus.

PHÈDRE

Ils s'aimeront toujours.

L'amour se fait entre les corps. Et il règne sur les esprits. »

— Je leur dirai ça ? demanda A.

— C'est toi qui décides, lui dis-je. Ce n'est pas moi. Tu leur diras ce que tu veux. Ce qui se passe hors du monde ou, si tu préfères, hors du temps, ne me regarde plus. Dans l'idée que je me fais de toi, c'est ce que tu leur diras. Mais, de retour à Urql où je ne serai qu'un souvenir évanoui dans le temps et dans l'absence de temps, tu feras comme bon te semble. Et ce qu'ils penseront de toi, et de nous, je n'en sais rien du tout. Les hommes vivent dans le monde, ils ne parlent de rien d'autre. Et ce dont on ne peut pas parler, il faut le taire. Le silence ouvre aux hommes, enfermés dans leur monde, enfermés en eux-mêmes, un champ de rêves sans fin.

## XII

# *Le silence*

— N'aurions-nous pas mieux fait, demanda A, de commencer par le silence au lieu de finir avec lui ?

— Si tu veux m'indiquer que j'aurais dû me taire dès le début, n'hésite pas : je te l'accorde sans peine. Les hommes parlent toujours trop et presque tout ce qu'ils disent ne vaut pas d'être dit. Il serait dommage que Platon, ou Spinoza, ou Shakespeare, ou Racine, aient décidé de se taire. Tout ce que je t'ai raconté, en revanche, tu l'as remarqué plus d'une fois, n'a pas beaucoup d'intérêt. Mettons que je n'aie rien dit. Mais tu voulais tout savoir de ce monde où tu débarquais. Parce que je l'avais connu et qu'il n'est permis de parler que de ce qu'on connaît, j'ai essayé de te le dépeindre et de te l'expliquer.

J'aurais pu le laisser se raconter tout seul. Nous croyons que nous parlons, mais c'est le monde qui parle par nous. Il est plus éloquent que Démosthène et Hugo, que le discours de Marc Antoine sur le cadavre de César. Il enseigne tout mieux que personne. Nous n'inventons jamais rien : nous transformons ce qui existe, nous le présentons autrement. C'est ce que font les savants, les poètes, les historiens, les philosophes. Et les romanciers. J'aurais pu me dispenser d'ajouter mon grain de sel au spectacle des continents, des villes, des batailles entre les hommes, des passions de l'amour.

— N'exagère pas, me dit A. Tu en fais un peu trop. Je t'ai

répété vingt fois que tu étais plutôt nul et que tu m'as beaucoup aidé. Il n'est pas exclu que je te fasse élever à Urql quelque chose d'ineffable qui ressemble à une statue. Je ferai graver sur le socle, dans ce qui nous sert de langue :

À
O
SON AMI
A

— Merci, lui dis-je d'une voix altérée par l'émotion. Voilà qui me paie de toutes mes peines. Je crois bien qu'après tant de paroles pour t'introduire au monde, je me tairai longtemps, la statue d'Urql à l'esprit et ton nom dans mon cœur.

— Ça va comme ça, grommela A. Tu connais les règles du rapport : pas de ragots, pas d'effusions, l'éclat de la vérité.

— Ô A ! lui dis-je. Je t'aime beaucoup. Je suis un égoïste qui a aimé Marie et qui a aimé A. J'aurais tant voulu donner le monde à Marie et te le donner à toi. C'est une tâche difficile. Après avoir traîné des pieds, parce que je suis alourdi non seulement par l'égoïsme mais aussi par la paresse, j'aurais voulu, moi aussi, t'élever une sorte de statue. La plus belle, la plus folle : le monde, sous forme de rapport, dont tu aurais été le centre. Nous serions partis, tous les deux — toi sous les traits de Socrate dans les *Dialogues* de Platon, moi sous ceux de l'interlocuteur, un benêt plutôt borné, plein de bonne volonté, qui dit des choses insignifiantes — pour les grands espaces et pour l'éternité. Pardonne-moi, mon cher A. Tu aurais mérité mieux que ton pauvre ami O, déjà guetté, grâce à Dieu, par le silence et le néant.

— Tu vivras, je te le jure, dans le souvenir des gens d'Urql

— Tu crois vraiment ? lui dis-je.

Et je crains que mes yeux ne se soient mis à briller au-dessus d'Ispahan et de Persépolis que nous venions de survoler, au-dessus de l'Hindou Kouch dont la masse imposante s'annonçait déjà au loin.

— J'en suis sûr, me dit A. Je ne sais rien des hommes, mais je connais mes confrères : ils te trouveront absurde, mais tu les étonneras.

— C'est un grand bonheur pour moi. Je te le dois tout entier. Oserais-je te dire encore que je ne suis pas seulement un égoïste et un paresseux... ?

— Quoi d'autre encore ? demanda A.

— J'aurais voulu..., lui dis-je.

Le rouge me montait au front.

— Allez ! me dit A. Accède au logos.

— J'aurais voulu laisser une trace dans ce monde que j'ai tant aimé. C'est raté. Je n'y ai pas fait grand-chose : je n'ai tenu une place que dans le cœur de Marie. Grâce à toi, peut-être, loin dans l'espace, hors du temps, à l'écart de nos sociétés passagères et changeantes qui se font et se défont, quelques dizaines d'esprits d'Urql se souviendront de moi.

Le monde est trop peuplé pour espérer y survivre. Il se transforme trop vite. Sa rumeur est trop forte. C'est d'abord pour cette raison que je ne voulais pas, tu t'en souviens, que le rapport fût connu ici-bas. Quand Homère ou Virgile, et peut-être Shakespeare et Rabelais, écrivaient leurs rapports sur les passions des hommes, ils étaient presque seuls dans le silence du monde. Le monde, et c'est bien comme ça parce que tout ce qui se déroule dans l'histoire, et jusqu'à ses pires horreurs, ne peut pas être autrement, est devenu un vrai bordel. Tout passe à fond de train. Tout s'oublie. Les gens crient tous en même temps. Et personne n'a plus le temps de voir le monde et sa beauté. Il n'est pas impossible que le silence devienne la seule issue dans un monde pressé et bruyant. Je suis heureux que mon souvenir parte pour Urql avec toi. Je vivrai encore un peu, ici-bas, dans la mémoire de Marie. Et je vivrai avec toi, à jamais, parmi les esprits d'Urql.

— Je te l'avais promis, me dit A avec simplicité. Je tiens toujours mes promesses.

— Alors, lui répondis-je, permets-moi de me taire. Depuis que le monde est monde, il a toujours fait du bruit. Il y a une rumeur de l'univers, il y a un chant des étoiles. Mais les hommes parlaient peu. Depuis qu'ils ont conquis le pouvoir et qu'ils l'ont emporté sur les pierres et les arbres et les autres animaux, ils n'arrêtent pas de piailler. Je n'ai plus guère envie de piailler avec eux. Au moins pendant un instant, taisons-nous tous les deux. Rentrons un peu en nous-mêmes. Préparons-nous à partir. Puisque toi, esprit d'Urql, tu repars pour chez toi. Et que moi, homme de cette Terre, qui étais vivant hier et qui suis mort aujourd'hui, je pars pour je ne sais où.

— Attends un peu, me dit A. Dis-moi encore des choses sur ce que tu as vu. Raconte-moi encore un peu les arbres, les parapluies, les passions et les hommes. Tu vas te taire pour toujours. Encore quelques heures à peine, et nous nous séparerons. Le silence t'emportera aussi sûrement dans le monde où tu vas que le temps le faisait dans le monde d'où tu viens...

— Quel bonheur ! lui dis-je. Après avoir tant parlé pour dire des choses inutiles...

— Ne m'agace pas ! grinça A. N'en rajoute pas tout le temps pour que je te jette des fleurs !

Je levai la main.

— Je n'en rajoute pas du tout. N'importe qui, sur cette Terre, aurait été capable de te servir de guide. Un mineur de fond dont la mine est fermée. Un petit-bourgeois retraité. Un rescapé du goulag ou des camps de concentration. Une Indienne d'Amazonie. Un banquier de Hong-Kong ou de Singapour. Un paysan du Yunnan ou de Cuernavaca. Un centurion de Pompée, un marin de Magellan, un cavalier de Gengis Khân, un tailleur de pierre de Vérone, de Konarak ou de Borobudur. J'ai eu la chance de m'en aller au moment même où tu arrivais au-dessus de la Douane de mer. Je me suis trouvé là, c'est tout. Et je t'ai raconté des aventures et des savoirs périssables dont tu aurais pu te passer dans ton éternité. Et maintenant, après avoir tant parlé, avant d'entrer à mon tour dans ce qui ne change plus, qui n'a jamais changé et qui ne changera pas, je laisse le monde à son vacarme, je me réfugie dans le silence. Le silence aussi fait partie du possible et des pouvoirs des hommes.

— Eh bien ! me dit A, parle-moi un peu du silence.

Je me mis à rire. Et je me tus.

Il se fit quelque chose comme un grand blanc entre nous.

On n'entendit plus rien que les vagues de la mer, les rumeurs des villes et la musique des sphères.

## XIII

# *Le soleil sur Sambuco*

— Ce n'est pas tout ça, me dit A. Il nous reste à peine quelques heures. Rien à sauver des eaux avant de couler à jamais ? Pas de repentir, pas de remords ? Pas d'oubli trop cuisant ?

— Bien sûr que si, murmurai-je.

Mais il ne m'entendit pas.

— Rien d'essentiel à ajouter au rapport pour donner aux gens d'Urql quelques lueurs sur une planète égarée parmi les cent milliards d'étoiles d'une galaxie parmi les autres ? Tu ne voudrais pas, j'imagine, me voir rentrer à Urql avec un rapport incomplet qui nous ferait honte à tous les deux ?

— Mon pauvre A, lui dis-je, tu devrais commencer à savoir qu'aucun rapport sur la Terre ne sera jamais complet. Le seul rapport complet sur le monde et son histoire, c'est le monde et son histoire : même à toi, esprit pur, sans limites et sans corps, il ne t'est pas permis de les emporter à Urql. Tu repartiras avec quelques mots, avec quelques images, avec un sentiment de stupeur et deux ou trois clins d'œil. Tu pourras dire à Urql que quelque chose d'obscur et de très lumineux se déroule sur la Terre. Et ce sera à peu près tout.

— J'aimerais t'annoncer qu'un jour, je ne sais quand, des liens étroits se noueront entre ton monde et Urql, que mes confrères en masse débarqueront sur votre Terre et que l'eau, la jalousie, le calendrier et l'or seront familiers chez nous. J'en doute un peu. À moi qui, sur votre Terre, peux être partout à la fois, il m'a fallu des millions et des millions de vos années pour parvenir jusqu'à toi. Quand un autre esprit d'Urql viendra se promener du côté de votre Galaxie et de la Voie lactée, j'ai bien peur que la Terre n'ait fini d'exister. Ce n'est pas demain que les gens d'Urql auront, par un autre que moi, des nouvelles de la Terre. Aussi, je t'en conjure, tâche de me dire en deux mots, pour que j'en fasse part aux esprits d'Urql, ce qui constitue pour toi le cœur et le sens du monde et de la vie.

Je rentrai en moi-même. Ma responsabilité m'écrasait. « Quoi ! me disais-je, des milliers d'esprits d'Urql vont se faire une idée du monde où nous vivons en écoutant A leur raconter ce que je lui aurai raconté ? N'aurais-je pas dû me contenter de lui remettre un dossier fait de dates et de photographies, de cartes géographiques, d'éphémérides, de cassettes, de chiffres et d'échantillons ? » Il me semblait pourtant que des graphiques et des listes d'événements étaient très incapables de révéler aux esprits d'Urql le secret de la vie. Plus que des calculs et des plans, plus que des généalogies, plus que des faits et leur enchaînement, la vie était une parole, un souvenir, une espérance, un élan. Un désespoir, peut-être, un oubli, une révolte. Quelque chose que les hommes comparaient à une flamme et qui était un feu plutôt qu'un document.

— Marie ! criai-je.

Elle était là. À côté de moi. Sur le balcon de la chambre 5 du Caruso Belvedere d'où elle sortait, les cheveux épars, encore à moitié endormie. Les yeux pleins de sommeil, éblouie par la lumière, elle s'appuyait contre moi.

La chaleur montait de la vallée du Dragon. Et elle tombait du ciel. Elle tombait sur les vignes, les oliviers, les orangers, les citronniers, les amandiers, les lauriers-roses. Sur la mer au loin. Sur les toits de tuile couleur de miel. Sur les roses d'Ispahan et sur les camélias. Nous étions en avril. Il n'y avait pas un nuage.

Nous étions arrivés à Sambuco par l'avion, le train, la voiture. Nous avions tout oublié. Nous avions laissé derrière nous tout ce que les esprits d'Urql n'ont pas besoin de savoir. Nous avions suivi, le long d'une côte rocheuse, une des plus belles routes de cette Terre. Le soir tombait. On apercevait des rochers aux formes sauvages en train de tomber dans la mer. Nous avions lu quelque part...

— Dans un rapport, peut-être ? suggéra A.

— Peut-être dans un rapport, que des pirates, jadis, s'étaient installés sur les pitons qui commandaient les vallées et sur les écueils où se brisaient les bateaux. Les pirates avaient disparu. Nous étions là tous les deux. Et nous nous aimions.

Nous avions traversé des bourgades de pêcheurs et de petites villes toutes blanches, blotties au fond des baies. Il y avait des plages, des tours, des couvents, des ponts vertigineux sur des gorges ou des ravins parsemés d'oliviers, des villages dont les noms donnaient envie de chanter : Sant'Agata sui Due Golfi ou Colli di San Pietro. On voyait dans les ports des navires venus de loin.

La nuit était close quand nous avons pris la route en lacet qui monte, le long de la vallée du Dragon, de Scala à Sambuco. Nous sommes entrés dans Sambuco comme dans la fraîcheur et dans le silence. Nous devinions dans l'obscurité, plutôt que nous n'apercevions, des villas, des jardins, des ruelles assez raides, des escaliers, des passages voûtés qui s'accrochaient aux pentes abruptes de la vallée du Dragon. Nous avons eu un peu de mal à trouver l'hôtel dont le nom flamboyant — le Caruso Belvedere — nous avait tant enchantés sous la pluie de Paris. Nous nous sommes jetés sur notre lit, *matrimoniale* grâce à Dieu, et nous nous sommes endormis dans les bras l'un de l'autre. Le lendemain matin, un grand soleil brillait sur la vallée du Dragon, sur Scala, sur Sambuco.

Ô A ! tu le sais déjà : il te faudra, à Urql, parler surtout de Marie. Et surtout du soleil. Tu pourras laisser tomber le Saint Empire romain de nationalité germanique, le crétacé et le jurassique, la projection de Mercator, les mille et une façons d'accommoder la tomate, les deux batailles de Tannenberg, les poésies d'Auguste Barbier et le Cartel des gauches, les jeux du cirque à Byzance et le moteur à explosion, les machines à traitement de texte et les fours à micro-ondes. Il faudra parler du soleil. Du soleil et du temps. C'est d'ailleurs la même chose : il n'y a de temps, pour les hommes, que parce qu'il y a un Soleil. À Sambuco, ce matin d'avril, le temps était arrêté. Le soleil était déjà haut. Et il était tout-puissant. Quand je suis sorti sur le balcon de la chambre 5 de l'hôtel Caruso Belvedere où j'avais dormi dans les bras de Marie, le soleil tombait sur le monde. Le monde s'était changé en soleil.

Il brillait sur les vignes et sur les arbres fruitiers. Il brillait sur la côte et la mer. Il brillait sur les pentes de la vallée du Dragon, sur les couvents, sur les chapelles, sur les maisons où vivaient les hommes. Il brillait sur les fontaines, sur les jardins, sur les cloîtres. Marie se serrait contre moi. Le monde entier était là. Il brûlait sous le soleil. Il se confondait avec lui. Ma vie flottait dans le soleil et elle pouvait s'achever. J'aurais vu le soleil briller sur Sambuco.

Il était inutile de rien savoir de Sambuco, de son histoire, des hôtes illustres et charmants qui s'y étaient succédé, des aventures innombrables auxquelles la vallée du Dragon avait servi de décor. J'avais la main de Marie dans la mienne. Le soleil écrasait tout. Il balayait le passé. Il ignorait l'avenir. Il détruisait l'espace. Il expulsait de l'univers tout ce qui n'était pas Sambuco. L'important, à Sambuco, n'était pas de se souvenir de ce qui s'était passé à Sambuco, c'était de se souvenir de Sambuco. Je me souvenais si fort de ce présent éternel, je m'en souviens si fort au moment de te quitter et de partir pour je ne sais où, là où il n'y a plus de soleil, que je voudrais que les esprits d'Urql, qui ne connaissent pas Sambuco, s'en souviennent pourtant à leur tour — et peut-être à ma place — et qu'ils y voient, grâce à toi, et aussi un peu grâce à moi, comme le cœur de cette vie que nous poursuivons depuis trois jours. Ô A ! le monde n'est rien d'autre que le soleil sur Sambuco.

## XIV

# *Le cœur du monde*

— Je croyais, murmura A, que c'était le soleil sur Symi.

— Essaie de comprendre..., lui dis-je.

— Voilà le plus beau, me dit-il.

— Oui, lui dis-je, essaie de comprendre. Le monde est le soleil sur Symi. Et c'est le soleil sur Sambuco. C'est aussi tout le reste. C'est la neige, la tempête, la violence, le crime. C'est le petit matin, c'est le charme des soirs à l'ombre des tilleuls. C'est le bonheur dans tous ses états. C'est l'enterrement des enfants qui sont partis dès l'aube et les batailles dans la plaine ou le long des grands fleuves. C'est l'arrivée, toutes voiles dehors, de n'importe quel marin dans n'importe quelle baie de n'importe quelle île de n'importe quel océan. Ou encore l'entrée, sous une pluie battante, dans le port de New York, quand tu vois la *skyline,* avec ses banques, ses assurances, ses conseils d'administration, ses gangsters et ses clochards, défiler devant toi. Le monde, c'est le songe de sainte Ursule et le caniche blanc de Carpaccio qui regarde saint Augustin en train d'apprendre, par une inspiration divine qui lui arrive par la fenêtre, la mort de saint Jérôme. C'est la dame a voilette dans un canot, sur l'eau, aux côtés d'un bellâtre dont je t'ai déjà parlé. C'est la *Louange du deuxième jour,* c'est le *Miserere* d'Allegri écouté par un enfant qui le transcrit de mémoire dans sa chambre d'auberge. Et c'est tout ce que l'enfant, plus tard, écrira pour l'éternité — ou, sinon pour l'éternité, du moins pour tous les hommes tant qu'il y en aura sur cette Terre.

C'est les pyramides des Égyptiens et aussi celles des Aztèques, et encore toute la foule de ceux qui ont dû mourir pour qu'on puisse les élever. C'est tous les monuments sur les collines ou dans les vallées, c'est les grandes villes et leur misère, c'est ce qui meurt et disparaît, les rhéteurs de l'ancienne Grèce, les galères, les caravelles, les trouvères et les troubadours, les meuniers, les canuts, les paysans dans les campagnes. C'est ce qui naît et se développe avant de s'en aller à son tour, c'est les jours après les jours, les nuits après les nuits, la masse énorme des inventions et des coups de génie, des erreurs aussi, des oublis, des secrets, et les coins de beauté où les hommes vont rêver.

Le monde a beaucoup d'aspects pour chacun d'entre nous. Il en a une multitude et presque une infinité pour toute la masse des hommes. Il y a un monde pour chaque homme et pour chaque instant de chaque homme. C'est parce que tu n'as pas pu rencontrer tous les hommes de toutes les époques et de tous les pays que tu t'es contenté de me rencontrer moi. Mon monde est à Sambuco, à Symi, autour de la Douane de mer, dans les environs de Chateaubriand, d'Aragon, de Toulet. Il y a beaucoup d'autres mondes. Il y a autant de mondes que d'esprits pour les voir et pour en parler. Et, par une espèce de miracle, tous ces mondes différents s'arrangent pour coller les uns aux autres et pour n'en faire qu'un seul. Le soleil de Sambuco est le soleil de Symi. Parce que le Soleil est unique.

Tu peux presque tout enlever de ce monde : il restera le monde. Tu peux enlever les fleuves, les montagnes, les arbres hélas ! et les voitures qui sont devenues une des clés et le symbole de l'âge où j'ai vécu. Tu peux enlever les prêtres, les juges, les présidents, les soldats. Tu peux enlever les livres, la musique, les tableaux, le saint-émilion et le nuits-saint-georges : le monde sera moins gai, mais il sera toujours le monde. A l'extrême limite, tu pourrais enlever les hommes. Il ne resterait plus rien — mais pourtant quelque chose : il resterait le monde tel qu'il était avant les hommes, il resterait le monde qui attendait les hommes. Il y a au moins deux choses que tu ne peux pas enlever du monde sans détruire le monde lui-même. Tu ne peux pas enlever le temps. Et tu ne peux pas enlever le Soleil.

Si tu enlevais le temps, tout l'univers exploserait. Si tu enlevais le Soleil, la catastrophe serait plus modeste : il n'y aurait plus de monde. Le monde et la vie sont des annexes du Soleil, ses faubourgs, sa banlieue. Il est très loin de nous, il est déjà une étape sur le chemin d'Urql et de l'univers tout entier.

— Ouais... dit A. Enfin... si tu veux...

— Il est tout près de nous, il est ce qui nous est le plus proche. Nous vivons en lui. Quand il disparaît, nous nous réfugions dans le sommeil qui est une sorte d'absence. Quand il reparaît, nous nous levons et nous rentrons dans le monde. Ce qu'il y a de plus naturel à adorer sous le soleil, c'est le Soleil. Les peuples primitifs ne s'en sont pas privés. Les Aztèques tuaient des hommes pour que le soleil daigne briller à nouveau. Et Platon voyait dans le Soleil l'image suprême du Bien.

Beaucoup de temps et d'histoire a passé sous le soleil — et sur lui. Les hommes ont presque fini par oublier qu'ils lui doivent tout. Autant qu'à l'eau d'où ils sortent et qui t'étonnait tant. Et presque autant qu'au temps. L'eau, le soleil, le temps : voilà la vie, voilà le monde. Le feu, bien sûr, le langage, la roue, la musique, l'agriculture, la ville, la peinture, le moteur et les machines ont fini par l'éclipser. Quand tu es arrivé au-dessus de la Douane de mer, je ne t'ai pas crié, comme sur les affiches des agences de voyage : « Bienvenue au pays du soleil ! » Je t'ai d'abord parlé des hommes et de leur histoire, des femmes, du sexe, de l'or, de la mathématique, des passions, du pouvoir. Mais derrière cette écume qui est sortie de la vie et qui l'a transformée, il y avait le Soleil.

Maintenant chaque homme a son soleil. L'argent est un soleil. La littérature est un soleil. L'État est un soleil. L'art est un soleil.

L'avenir est un soleil. Toute l'histoire des hommes ne consiste peut-être qu'à camoufler le Soleil et à en créer d'autres. Mais si le Soleil, le vrai Soleil, le seul Soleil du Bon Dieu, disparaissait tout à coup, il n'y aurait plus de vie ni de monde. Et il n'y aurait plus d'hommes.

XV

# *La fin de tout*

— Mais, mon pauvre ami, me dit A, tu le sais aussi bien que moi : votre Soleil disparaîtra.

— Je le sais, lui dis-je. Nous le savons tous. Nous savons aussi que nous mourrons. Nous faisons semblant de ne pas le savoir. Je crois t'avoir expliqué qu'il y a quelque chose, au cœur des hommes, qui s'appelle le désir. Et il n'en finit pas de lutter contre la mort. Mais le combat qu'il mène est un combat sans espoir. Au bout de chaque homme, il y a la mort. Au bout de l'histoire du monde, il y a la mort du Soleil. Dans cinq milliards d'années, ou quelque chose comme ça, il n'y aura plus de Soleil. Et il n'y aura plus de Terre. À l'instant où je quitte le monde que j'ai essayé de te présenter, peut-être sommes-nous à peu près dans le mitan du gué de l'histoire de la Terre : à quelques millions, à quelques dizaines ou centaines de millions d'années près, cinq milliards d'années de tirées, cinq milliards encore à tenir. Et, au milieu, la Douane de mer où je m'écroule un beau matin.

J'imagine que la fin sera aussi rude que les débuts. Nous n'aimons pas beaucoup penser au vert de bleu et à la soupe primitive d'où sont sortis les hommes. Je n'aimerais pas beaucoup voir le Soleil baisser comme une lampe qui s'éteint. Je préfère quitter ce monde aujourd'hui plutôt que dans cinq milliards d'années parce que je sais que l'avenir, comme il l'a toujours fait dans le passé, mais peut-être plus encore que dans le passé, nous annonce de beaux jours où nous péririons de frayeur. Car, pour parler comme un cardinal qui vivait au temps de Rancé, nous verrons des choses auprès desquelles les passées ne seront que verdures et pastourelles.

Nous avons déjà peur de ce que les hommes nous préparent pour le siècle prochain et pour ceux qui le suivront, c'est-à-dire pour demain et pour après-demain : des cerveaux qui changeront de corps, des corps qui changeront de cerveau, des mélanges de porcs et d'hommes, des réserves vivantes de poumons et de foies, des bombes capables, pour plus de sûreté, de détruire d'un seul coup plusieurs milliers de planètes. Ce qui se prépare au loin, depuis toujours, sans que nous en sachions rien, est autrement terrifiant. Je ne suis pas mécontent de partir avec toi pour des destinations inconnues avant de sécher sur place selon les promesses, à la fois, de nos savants les moins exaltés et de nos plus saintes Écritures.

— Es-tu si sûr, me demanda A, de la fin de la Terre ?

— Ah ! lui dis-je, tu as raison : je n'en suis pas sûr du tout. Ce qui est sûr, je crois, c'est que le Soleil finira : les étoiles brillent longtemps, mais elles ne sont pas éternelles. Le Soleil, un beau jour, en aura plus qu'assez de fournir de la chaleur, de la lumière, de l'énergie, de la beauté. Et de permettre la vie. Mais il y a quelque chose, ou peut-être quelqu'un, qui, à la stupeur générale, est peut-être encore capable de changer les règles du jeu. Ce magicien, tu l'as déjà deviné après tout ce que je t'ai dit, ce magicien...

— C'est l'homme ! s'écria A.

— Bien sûr, lui dis-je. C'est l'homme. Dans cinq milliards d'années, je t'en ai déjà dit quelques mots, il sera aussi loin de notre image d'aujourd'hui que notre image d'aujourd'hui est loin de la bactérie ou de l'algue dont nous sommes tous sortis. J'imagine, je ne sais pas, qu'il aura été capable de lancer dans l'espace un soleil de secours. Ou qu'il aura su modifier nos corps de façon si radicale que le Soleil, hélas ! ne leur sera plus nécessaire. Ou encore que les hommes, comme tu me l'as déjà suggéré, auront quitté la Terre avant que le Soleil ne les quitte. Il n'est pas impossible qu'à la fin des fins le Soleil finisse par s'éteindre et que la Terre disparaisse, mais que les hommes soient toujours là — ou plutôt ailleurs. Les hommes, ou quelque chose d'innommable qui descendra des hommes comme nous descendons nous-mêmes de ces choses innommables qui barbotaient dans la soupe primitive et où l'inconnu s'est fait vie.

— Je reviendrai voir, dit A.

— C'est ça, lui dis-je. Bonne idée. Je ne sais pas si les choses innommables qui descendront de nous auront gardé le souvenir de la Terre et des hommes tels qu'ils étaient de mon temps. Je crains que dans cinq milliards d'années le rapport lui-même, malgré tes espérances, ne soit tombé dans l'oubli. Au terme de l'avenir le plus lointain, j'imagine que le passé, c'est-à-dire notre présent d'aujourd'hui, sera réduit à l'état de mythe ou de légende dorée. Quelque chose, peut-être, comme un paradis très terrestre, comme un Éden peuplé d'Adams et d'Èves à l'innocence primitive et qui, malgré la misère de leur action sur l'univers, se mettront à incarner aux yeux du souvenir l'image même du bonheur. On les enviera parce qu'ils souffraient et mouraient avec simplicité, parce qu'ils savaient des choses inutiles, parce qu'ils n'étaient pas encore entrés dans les âges infernaux de la complexité.

— C'est comme ça, me dit A en souriant avec indulgence, que tu vois l'avenir de ces hommes auxquels tu appartiens ?

Je haussai les épaules.

— Je n'en sais rien, bien sûr. Rien du tout. Moins que rien. Il est déjà difficile aux hommes de deviner quoi que ce soit de leur avenir immédiat. Nous avons eu, dans mon pays, qui porte le nom de France...

— Je sais, dit A avec un mouvement d'impatience, je sais : la France. Tu en as plein la bouche.

— ... une Première Guerre mondiale qui a coûté beaucoup de

morts et que nous avons gagnée. Qui aurait osé dire ou même penser, en 1918, que, vingt-deux ans plus tard, la France serait vaincue en quarante jours et détruite de fond en comble ? Et le coup de génie de quelques-uns — et ils n'étaient pas nombreux — a été de soutenir, dès le printemps radieux et sinistre de 40 qui voyait le triomphe des *Panzer* et des *Stuka* en train d'entrer comme dans du beurre dans la France radicale et radicale-socialiste, que l'Allemagne hitlérienne serait vaincue à son tour. Et, l'Allemagne vaincue, la Russie communiste était devenue toute-puissante. Elle répandait la terreur et régnait sur les esprits : les professeurs étaient communistes, les savants étaient communistes, les poètes étaient communistes. Quand des mécanismes obscurs et presque mystérieux l'ont fait tomber à son tour, le monde a été saisi de stupeur. L'histoire a plus d'imagination que tous les hommes réunis. Un célèbre rapport...

— De qui ? demanda A.

— Mon pauvre ami, lui dis-je, du préfet de police... prévoyait, à Paris, vers la fin du siècle dernier, des difficultés sans nom entraînées par la marée montante du crottin des chevaux, liée elle-même à l'accroissement de la circulation. Quelques années plus tard, le problème insoluble était réglé, comme par miracle, par la disparition des chevaux et l'envahissement de la ville par les automobiles. Le remède, bien entendu, était pire que le mal. On trouvera, à son tour, en son temps, quand la situation sera devenue intolérable, un remède au remède et l'histoire avancera de catastrophe en catastrophe et de progrès en progrès.

— Veux-tu dire, demanda A, que chaque progrès finit lentement mais sûrement, par se transformer en catastrophe ?

— Non, lui dis-je. Ou pas tout à fait. On monte toujours d'un niveau. Je crois au progrès avec obstination. Je crois qu'il n'y aurait pas de vie s'il n'y avait pas de progrès et que toute l'histoire du monde n'est qu'un immense progrès. Mais on ignore vers quoi.

Tu sais maintenant que Picasso ne peint pas mieux que Titien et que Kant ou Hegel ne sont pas plus grands que Platon. Mais l'homme a fait du chemin depuis Neandertal. Et plus de chemin encore depuis Lucy. Il avance — mais vers quoi ? Que nous avancions est hors de doute : c'est le but qui est caché. Tu sais déjà que Lucy n'a jamais pu imaginer, même de très loin, quelque chose comme le système d'Aristote, comme la peinture de Rembrandt ou du Tintoret, comme la conquête de la Lune. Je ne peux rien te dire, et personne ne peut rien te dire, sur le destin futur des hommes. Cinq milliards d'années, c'est un peu trop pour moi. Cinq millions d'années ne m'arrangeraient guère mieux. Et cinq cents ans, c'est-à-dire dix millions de fois moins que cinq milliards d'années, c'est déjà beaucoup pour ma pauvre et faible tête. Je ne sais pas, mon cher A, où je serai tout à l'heure quand je t'aurai quitté et que je serai parti pour de bon. Comment veux-tu que je sache ce que deviendront les hommes quand le Soleil ne brillera plus ? Ce que je sais, c'est que les hommes qui ont tellement changé en quelques millions d'années, où les choses changeaient si lentement, changeront encore davantage et encore bien plus vite dans les millions d'années à venir.

Ce que je sais aussi, c'est que, par une grâce divine, les hommes ne savent pas où ils vont. Si l'avenir nous était connu, la vie aussitôt deviendrait impossible. Nous savons que nous mourrons, mais nous ne savons pas quand. Et le désir nous emporte comme si nous étions immortels. Nous savons que la Terre disparaîtra un jour. Mais nous ne savons pas comment et nous ne savons pas si les hommes disparaîtront avec elle. Nous nous doutons bien que les hommes, qui sont entrés dans le temps, finiront par en sortir. Mais nous n'en sommes pas sûrs et, comme notre propre mort à chacun d'entre nous, la fin des temps et ses horreurs restent cachées à nos yeux. L'avenir est un secret. Et le monde est une énigme.

XVI

## *L'énigme et le secret*

— Halte-là ! s'écria A. Si le monde est un secret et que nous ne le percions pas, que mettrons-nous dans le rapport ?

— Tout, lui dis-je. Absolument tout. Comme dans la vie. Les arbres, les plages, les poissons, la jalousie, les bicyclettes, la charge de Reichshoffen. Absolument tout. Sauf le secret. Comme dans la vie. Le monde où tu es tombé est une énigme qui ne sera jamais résolue à l'intérieur de ce monde. Même ceux qui soutiennent avec obstination qu'il n'y a pas de secret et que tout est simple comme bonjour auront du mal à t'expliquer d'où vient le temps et où il va. Et à quoi servent les lichens, les canards et les hommes.

— À rien, peut-être ? suggéra A.

— Je crains, lui dis-je, que tu ne les juges d'après moi.

Je m'interrompis brièvement pour essayer de réfléchir à la question posée par A. Elle méritait qu'on s'y arrêtât. Si les canards ne servaient à rien, à quoi servait le rapport ?

— Il n'est pas impossible, après tout, que rien ne serve à rien et que l'univers soit absurde. De grands esprits...

— Des esprits d'Urql ? demanda A.

— Mais non ! lui dis-je. Des esprits de la Terre... ont expliqué avec une force et une subtilité admirables qu'il n'y avait pas de secret. Ils ont trouvé un sens à leur vie dans ce monde en soutenant que le monde n'en avait pas. Ils ont donné un sens à leur vie en le refusant au monde. Et on les a beaucoup applaudis. Comme la pensée elle-même, comme l'imagination, comme le souvenir, l'espace et le temps étaient pour eux des propriétés de la matière. Et la matière était le fait du hasard et de la nécessité. Et la nécessité était tombée du ciel. Ou plutôt le ciel était tombé de la nécessité.

A leva la tête.

— Mais alors, me dit-il, nous voilà au rouet. Nous revenons toujours au même point et nous tournons en rond : l'énigme, c'est la nécessité.

— Impossible, lui répondis-je, de mieux poser le problème. On ne voit pas pourquoi la nécessité serait seule à régner sur l'absurde. De quelque manière que tu prennes le monde et la vie, il y a du louche là-dessous. Il y a quelque chose qui cloche. Le monde va trop mal pour ce qu'il a de bien. Et il va trop bien pour ce qu'il a de mal. Quand une abeille a repéré des fleurs qui pourraient donner du miel, elle vient danser selon un code devant les autres abeilles. Ce code a été déchiffré, comme la langue des Mayas ou le linéaire B, mieux que la langue des Étrusques qui nous reste encore étrangère. Il indique la distance et la richesse du trésor mellifère et aussi sa direction par rapport au soleil. Les fourmis, qui, comme les abeilles, ont été étudiées par de grands hommes, donnent tout autant l'exemple d'une organisation sans faille et plutôt mystérieuse. Les castors aussi, les loups, les poulpes, les fleurs carnivores qui avalent tout ce qu'elles peuvent, et tous les trucs minuscules qui tournent dans les atomes, et les galaxies que tu connais mieux que moi et qui se taillent à toute allure...

— Enfin..., dit A. Pas terrible : le cinquième, à peu près, de la vitesse de la lumière.

— Pas terrible, lui dis-je. Mais tout de même : la lumière se déplace à la vitesse de trois cent mille kilomètres à la seconde. Et pour nous, au moins, c'est une vitesse record, puisque, jamais et nulle part, il n'y a rien de plus rapide. À toutes les questions que posent les abeilles, les fourmis, les galaxies, les neutrons, on finit bien — c'est la science et les progrès de la science — par répondre comment. Mais personne, jamais, n'a pu répondre pourquoi. Je peux te parler de mon père et de ma mère, de mon cœur qui m'a lâché, de ce que je faisais à Venise, de Marie et de Rodolphe et même de quelques autres, des algues dont je descends et des livres que j'ai lus. Si tu me demandes pourquoi je fais partie de ces hommes qui font partie de ce monde, je ne pourrai rien te dire. C'est comme ça. C'est un secret. C'est une énigme sans solution.

A se tut un instant.

— Un secret, demanda-t-il, ne suppose-t-il pas quelqu'un pour garder le secret ?

— Tu as raison, lui dis-je. Tu as encore raison. Aussi le mot « secret », qui est si joli et si tentant, est-il sans doute exagéré. Il considère que le problème est déjà résolu et que la clé du mystère est déposée quelque part. Mieux vaut revenir à l'énigme : il y a toujours quelqu'un pour détenir le secret, il n'est pas impossible que l'énigme ne soit jamais résolue. Aucun homme, avant de mourir, n'est venu à bout de l'énigme de sa propre existence. Il y a de bonnes chances, ou plutôt un risque, que le monde disparaisse sans que l'énigme ait livré sa clé.

— Je l'ai toujours soupçonné, me dit A : vous êtes mal pris.

— J'ai peur que oui, lui dis-je. À vrai dire, on s'y fait. Les hommes se plaignent volontiers de l'état de leur corps, du manque d'argent, de leurs échecs en amour, du train des affaires et de la politique : tout cela, de tout temps, a toujours mal tourné et créé beaucoup de soucis. Ils s'inquiètent très peu de l'énigme du monde et de leur propre existence. Tout se passe comme s'il s'agissait d'abord de camoufler l'énigme sous une avalanche de préoccupations. On n'a pas le temps de penser à l'énigme parce qu'il faut arroser le jardin. Il faut mettre les lettres à la poste, il faut voir le médecin, l'avocat, le banquier, il faut allumer le feu, il faut passer au garage, il faut partir faire la guerre, il faut aller prendre le train. L'urgent n'en finit pas de l'emporter sur l'essentiel. L'énigme s'éloigne jusqu'à s'évanouir. Elle est expulsée par le besoin et par le divertissement.

Je ne montre pas le chemin qui fait sortir du labyrinthe. Je soutiens seulement qu'il y a un labyrinthe et qu'il y a une énigme. C'est parce qu'il y a une énigme qu'il y a quelque chose qui s'appelle la science et quelque chose qui s'appelle l'art et quelque chose encore qui s'appelle la religion. Si tout était donné d'avance, il n'y aurait ni science, ni art, ni religion. La clé du monde est cachée. Il faut bien essayer de la retrouver.

Quelques-uns s'imaginent qu'elle est perdue. Ce qui supposerait qu'elle était là avant d'être égarée. Je serais surpris que les hommes l'aient jamais tenue entre leurs mains. Je crois simplement qu'elle est cachée. Et encore : on peut faire au mot « caché » le même reproche évident que tu adressais déjà au mot « secret ». Peut-être faut-il se contenter de reconnaître que la clé n'est pas là. Peut-être n'y a-t-il pas de clé ? Peut-être est-elle dérobée à nos faibles regards ? Peut-être est-elle dissimulée pour nous contraindre à la chercher ? Je ne sais pas. Mais la clé n'est pas là.

— C'est embêtant, me dit A.

— Très embêtant, lui dis-je. Et enchanteur. Les hommes vivent dans un monde dont ils n'ont pas la clé. C'est ce qui leur permet d'être libres. Ou d'imaginer qu'ils le sont. Ils cherchent la clé du monde comme les enfants, jadis, cherchaient les œufs de Pâques sous les chaises de la cuisine, dans le foin de l'étable ou derrière les chênes de la forêt. C'est une quête du Graal qui n'aboutit jamais et qui nous vaut des concertos, des natures mortes, des amphores et des tapisseries, des danses de mort dans les cimetières, des traités de métaphysique et des systèmes de l'univers.

Toi-même, ce que tu cherches pour la ramener à Urql, c'est la clé de ce monde. J'ai essayé de te tendre tout un trousseau de clés pour ouvrir quelques serrures. Mais la clé du donjon au cœur de la forteresse, tu ne la recevras de personne. Le monde n'est pas une ville vaincue dont le prince accablé remettrait la clé, comme dans une toile flamande, à son vainqueur en armure, avec une écharpe blanche, entouré de lanciers. Je ne te livre rien du tout si ce n'est une énigme.

Ce que tu rapporteras à Urql est le cœur même et l'essence de ces hommes dont tu voudrais tout savoir avec avidité : c'est une incertitude, un malaise, une interrogation. C'est le doute. Tu sais maintenant l'essentiel : c'est que les hommes ne savent pas. Tant de choses leur échappent, qu'ils poursuivront toujours et n'atteindront jamais ! Mais l'essentiel n'est peut-être pas que la science soit sans fin et que l'art renaisse de ses cendres. L'essentiel n'est même pas que quelque chose nous pousse à savoir ce que nous ne saurons jamais et à courir derrière une justice, une vérité, un bien qui n'en finissent pas de reculer devant nous et de se dérober à nos yeux. L'essentiel, dans le doute, ce n'est pas qu'on ne sache pas — c'est qu'il y ait quelque chose à savoir. Le monde est une énigme dont il y a quelque chose à savoir — mais nous ne savons pas quoi.

Nous ne savons pas quoi. Nous ne le saurons jamais. Mais il y a quelque chose. Nous ne sommes ni notre cause ni notre but. La cause est ailleurs, et le but est ailleurs. La cause est avant le *big bang* qui, pour mieux échapper aux investigations, est dans le jargon des physiciens — tu te rappelles ? — une « singularité », c'est-à-dire que les lois de la physique telle que nous l'avons édifiée ne s'appliquent pas à lui. Et le but n'est qu'en apparence de vivre d'abord et de mourir ensuite. Si le but de la vie des hommes n'était que la vie flanquée de la mort, les hommes ne se distingueraient pas des algues d'où ils sortent, des éponges, des otaries. Les hommes peignent de petites choses sur la toile ou le bois, ils assemblent des sons sous le nom de lieder, de fugues, de requiem ou des mots sous le nom de rapport parce qu'ils ont derrière la tête comme un ailleurs obscur qu'ils ont du mal à exprimer. Les hommes ont des idées dont ils ne savent pas d'où elles viennent. Ils sont vaguement étrangers à ce monde dont ils ne peuvent pas sortir. Le rapport destiné à Urql sur le monde et les hommes sera tout plein de quelque chose dont je ne peux rien te dire : autre chose que les hommes et ailleurs que le monde.

## XVII

# *Et que Dieu soit maudit !*

— Oh la la ! s'écria A.

— Oh la la ! lui dis-je. C'est le refrain des hommes. Nous mourrons, oh la la ! Nous sommes nés, oh la la ! Plus d'argent, oh la la ! Le foie qui cède, le cœur qui lâche, les poumons qui s'encrassent, les rhumatismes, le rhume des foins, oh la la ! Les amours qui traînent avant de se dissoudre, oh la la ! Il est très rare que les hommes ne s'écrient pas : « Oh la la ! » Entre deux soleils sur Symi ou sur Sambuco, entre le *Saint Augustin* de Carpaccio et la *Création* de Haydn, entre un match de rugby et un lendemain d'élection dans un club du West-End ou à la tête d'une société secrète dans la banlieue de Chicago ou de Naples, ils passent la main sur leur front et ils gémissent : « Oh la la ! » Il y a le « Oh la la ! » du vêtement déchiré ou taché par un geste maladroit et le « Oh la la ! » de la souffrance et du départ des êtres aimés. Il y a le « Oh la la ! » des défaites d'amour-propre et le « Oh la la ! » des accidents de voiture. Il y a le « Oh la la ! » des grandes batailles perdues et le « Oh la la ! » des terreurs ancestrales devant l'eau, le feu, les loups, la terre qui tremble. Il y a le « Oh la la ! » des riches quand la Bourse s'effondre et le « Oh la la ! » des pauvres qui ne trouvent pas de travail. Il y a le « Oh la la ! » du malade qui vient d'apprendre d'un médecin le nom de son destin et le « Oh la la ! » de la serveuse de brasserie qui laisse tomber une assiette. Il y a surtout le « Oh la la ! » des amours évanouies.

Il est plus déchirant et plus fort que les autres. Il est plus proche d'une mort à laquelle on aspire. Et les livres d'histoire, les romans, les poèmes, les journaux intimes, les lettres d'amour — car les hommes, et les femmes, ont, durant quelques siècles qui s'achèvent sous nos yeux, écrit et envoyé et déchiré et lu et baisé et jeté au feu beaucoup de lettres d'amour — gardent les traces...

— Pour le rapport, coupa A.

— Oui, lui dis-je, pour le rapport... des « Oh la la ! » du cœur.

— Excellent, approuva A. Ça va nous changer un peu du secret et de l'énigme.

— Pas tellement, lui dis-je. Ce serait plutôt la même chose. Tout le bonheur des hommes, tout leur malheur, tout le mystère de leurs destins, tous leurs secrets et leurs espérances sont déjà dans les lettres dont ils s'abreuvent les uns les autres. Pendant quelques siècles qui s'achèvent sous nos yeux, de Cicéron, de Sénèque, de Pline le Jeune à Mme de Sévigné, à Voltaire, au prince de Ligne ou à Flaubert, les lettres sont le reflet des hommes et de leur condition. Et, surtout quand elles sont d'amour, elles ne peuvent pas échapper à cet élan vers l'usure et vers l'avachissement qui est la marque du temps et des corps. Personne n'a mieux parlé que notre fripouille bien-aimée...

— Notre fripouille bien-aimée... ? demanda A.

— Chateaubriand, lui dis-je, ... de leur funeste destin :

« D'abord les lettres sont longues, vives, multipliées ; le jour n'y suffit pas : on écrit au coucher du soleil ; on trace quelques mots au clair de lune. On s'est quitté à l'aube, à l'aube on épie la première clarté pour écrire ce que l'on croit avoir oublié de dire dans les heures de délices. Pas une idée, une image, une rêverie, un accident, une inquiétude qui n'ait sa lettre.

Voici qu'un matin quelque chose de presque insensible se glisse sur la beauté de cette passion comme une première ride sur le front d'une femme adorée. Les lettres s'abrègent, diminuent en nombre, se remplissent de nouvelles, de descriptions, de choses étrangères ; sûr d'aimer et d'être aimé, on est devenu raisonnable ; on se soumet à l'absence. Les serments vont toujours leur train ; ce sont toujours les mêmes mots, mais ils sont morts ; l'âme y manque : *je vous aime* n'est plus qu'une expression d'habitude, un protocole obligé, le *j'ai l'honneur d'être* de toute lettre d'amour. »

— Pas si mal, accorda A.

— Travaux pratiques, lui dis-je : le 11 mars 1833...

— Qu'est-ce que c'est que ça ? demanda A.

— C'est une histoire, lui dis-je.

— Pour Urql ?

— Ah ! oui, lui dis-je. Pour Urql.

— Bon, me dit-il. Vas-y.

— Le 11 mars 1833, George Sand écrit à son ami Sainte-Beuve : « À propos, réflexion faite, je ne veux pas que vous m'ameniez Musset. Il est très dandy, nous ne nous conviendrions pas et j'avais plus de curiosité que d'intérêt à le voir. À la place de celui-là, je veux donc vous prier de m'amener Dumas, en l'art de qui j'ai trouvé de l'âme, abstraction faite du talent. »

Sainte-Beuve appartenait à la race malheureuse des critiques. Il en souffrait. Il aurait voulu être poète, philosophe, romancier, inventer des passions et des personnages. Il regrettait, à tort, de n'être pas un créateur, comme si la grande critique n'était pas, elle aussi, une espèce de création. C'était un esprit sensible et subtil, plein de curiosité et de délicatesse. Il avait le génie des formules et des portraits littéraires. C'est lui qui reprochait à Vigny de faire « obélisque à part ». C'est lui qui traitait le théâtre de Hugo de « marionnettes pour l'île des cyclopes ». Et Hugo lui-même de « Caliban en train de poser pour Shakespeare ». C'est lui qui disait de Juliette Récamier : « Elle aurait voulu tout arrêter en avril. » C'est lui qui avait trouvé pour Chateaubriand la formule foudroyante : « C'était un épicurien qui avait l'imagination catholique. »

— Je me souviens, dit A.

— Tu vois, lui dis-je : la Terre est une boule ronde et elle tourne sur elle-même. Il avait le visage poupin d'un chérubin qu'une méchante fée, par vengeance ou par jalousie, aurait changé en chanoine. Il était plein et circonspect comme un moine, et sa face ronde, rasée, rusée était très loin d'être belle. Il avait quelque chose de gras et de blanc : il ressemblait à une éponge trempée par la méchante fée dans une eau qui aurait déjà servi. Il avait l'air concupiscent, il était tendre et vilain. Si étrange que cela puisse paraître pour un homme qui se présente pour toujours aux yeux de la postérité sous les traits d'un vieux concierge coiffé d'une calotte noire, à l'époque du billet que lui envoie George Sand il avait vingt-neuf ans.

Amateur des œuvres des autres, grenouille terrifiée par l'amour et souvent amoureuse, bedeau du temple de Cnide, Sainte-Beuve était allé plus d'une fois chercher fortune d'amour auprès de ses confrères. Tu te rappelles Hortense Allart ?

— Bien sûr, me dit A avec un peu d'agacement, j'ai toujours l'impression que tu me prends pour un gâteux. Chateaubriand. Stendhal.

— Sainte-Beuve lui fit la cour. Il essaya même de la monter contre René qui, la mort déjà en vue — « Il est trop cruel de me parler de voyage. Je ferai bientôt le dernier » —, lui envoyait encore des lettres désespérées et radieuses : « Vous serez ma dernière muse, mon dernier enchantement, mon dernier rayon de soleil. Je mets mon âme à vos pieds. » Ou : « Aimez-moi toujours un peu de souvenir. Je ne devrais pas me fier beaucoup au temps qui m'a toujours trompé ; mais je lui pardonne comme à vous. Je suis si heureux que vous me portiez encore un peu d'intérêt qu'il faut que je vous en remercie à genoux. Laissez-moi appuyer, ne fût-ce qu'en rêve, ma vie contre la vôtre. » Hortense, qui avait déjà beaucoup trompé le vieux vicomte, mais qui restait fidèle à son souvenir, ne se laissa pas faire par le vilain chanoine. Elle lui adressa une longue lettre où elle l'envoyait au bain et lui parlait de René : « C'était un homme que l'amour a charmé presque autant que la gloire, qui a aimé toute sa vie et qui était le plus tendre du monde... »

— Je la connais déjà, coupa A.

— C'est vrai, lui dis-je. Tu sais déjà presque tout. Renvoyé dans son coin par la maîtresse d'une légende, Sainte-Beuve prit sa revanche avec la femme d'un géant. Il s'était insinué dans le ménage Hugo, il s'était lié avec Adèle, il avait trompé et haï Victor. À peine était-il devenu, avec une passion un peu prudente, l'amant de la femme de Victor Hugo que George Sand le tenta.

George Sand fumait le cigare. C'était une raseuse de génie. « Je ne suis pas, disait-elle, de ces âmes patientes qui accueillent l'injustice avec un visage serein. » Elle s'est battue toute sa vie. Contre les autres. Pour elle-même. Pour les pauvres. Pour les femmes. Elle a été la voix des femmes dans un temps où les femmes n'avaient pas d'autre choix que de se taire.

— Oui, oui, murmura A, je commence à comprendre comment avance votre monde.

— Elle descendait d'une famille de rois, de soldats, de chanoinesses, de comédiennes, de la belle Aurore de Koenigsmark et du maréchal de Saxe qui avait des dons pour la guerre et qui écrivait des lettres délicieuses avec une orthographe délirante : « Il veule me metre de la Cadémie, cella mira comme une bage a un chien. » Elle avait perdu son père qui avait des traits du Fabrice de Stendhal. Elle adorait sa mère qui était danseuse, ou moins que danseuse, et de la race vagabonde des bohémiens de ce monde. Son précepteur était fou. Parce qu'elle avait un cœur généreux, elle devint socialiste et elle resta chrétienne. Elle viola, dans sa vie privée comme dans sa vie publique, toutes les conventions de la société de son temps et elle força l'estime de ses adversaires mêmes par son travail et son courage. « Elle avait, dit Charles Maurras, qui n'est pas tendre envers elle, je ne sais quoi de glouton dans le mouvement du désir. »

George avait abandonné successivement, sans parler de quelques autres, son mari Dudevant et son amant Sandeau. Avec son audace insensée et ses grands yeux en forme d'amande sous des cheveux presque noirs, Sainte-Beuve la trouva désirable. Il faut dire qu'elle avait fait de son mieux pour attiser ce désir et attirer le bedeau dans son petit appartement du 19 quai Malaquais : « Si je suis importune, dites-le-moi, mais venez me le dire vous-même... Il faut venir à toutes les heures que vous voudrez ; j'y serai toujours pour vous. »

Sainte-Beuve prit peur devant ce torrent où se mêlaient la passion et une froideur de marbre. Elle eut beau lui écrire, avec une bonne dose de naïveté : « Vous avez dit une chose qui m'a fait de la peine : vous m'avez dit que vous aviez peur de moi. Chassez cette idée-là, je vous prie... Et ne croyez pas trop à tous mes airs sataniques : je vous jure que c'est un genre que je me donne... Vous êtes plus près de la nature des anges : tendez-moi donc la main et ne me laissez pas à Satan », le frère des anges contempla l'abîme, et il fit marche arrière. Il proposa à George une amitié « sérieuse » qui excluait tout le reste. George Sand s'inclina avec une résignation mêlée d'ironie : « Après tout, mon ami, si je ne vous plais pas, soyez libre... Je ne vous tourmenterai pas davantage. Êtes-vous heureux ? Tant mieux ! J'en bénis le ciel et trouve que vous faites bien de m'éviter. »

Peut-être vaguement conscient d'une ombre de ridicule, Sainte-Beuve essaya de se racheter en présentant à sa passion délaissée des candidats à l'aventure. Par amour de l'amour, George Sand était incapable de rester longtemps une femme sans homme. Quand Sainte-Beuve eut l'idée saugrenue de poser la candidature du philosophe Jouffroy qui venait de soutenir en Sorbonne, sur le Beau et le Sublime, une thèse remarquée, elle se soumit avec humilité et avec une fausse réserve : « Mon ami, je recevrai M. Jouffroy de votre main. Quelque peu disposée que je sois à m'entourer de figures nouvelles, je vaincrai cette première suggestion de ma sauvagerie et je trouverai sans doute dans la personne recommandée par vous si chaleureusement toutes les qualités qui méritent l'estime. » Pas plus que Musset ou Dumas, Jouffroy, pourtant, ne fut retenu.

Trois semaines ou un mois après le billet qui condamnait Musset, George Sand se lia avec un autre ami de Sainte-Beuve dont je t'ai déjà parlé. Il était sec, crâne, ironique, un peu amer. Il écrivait des nouvelles et des lettres délicieuses. Il s'appelait Prosper Mérimée.

— C'est vrai, remarqua A : votre monde tourne en rond.

— On ne saurait mieux dire, lui répondis-je. Il renvoie toujours à lui-même. Quand George se mit à égrener le chapelet des platitudes de l'amitié amoureuse et à se réfugier derrière son mari ou sa migraine, aussi imaginaires l'un que l'autre, Prosper éclata de rire : « Je vous serais bien obligé de me dire si vous êtes guérie, si votre mari sort quelquefois tout seul, enfin si j'aurais quelque chance de vous voir sans vous ennuyer... » On ne peut pas être plus clair. La recette n'était pas mauvaise : « Je crus, écrivit-elle à Sainte-Beuve, qu'il avait le secret du bonheur et qu'il me l'apprendrait. »

« Allons, dit-elle à Mérimée, je veux bien qu'il soit fait ainsi que vous le désirez puisque cela vous fait tant de plaisir, car, en ce qui me concerne, je dois vous déclarer que je suis très sûre de n'en avoir aucun. » Mérimée, hélas ! n'en eut pas davantage. Ils montèrent tous les deux dans l'appartement du quai Malaquais. Ils soupèrent. Elle appela sa femme de chambre pour passer un déshabillé qui la déguisait en Turque mâtinée d'Espagnole. Mérimée rongeait son frein. Il prétendra plus tard que le comportement de George Sand avait manqué à la fois de pudeur et d'adresse et tué le désir. Ce fut un de ces fiascos qui tourmentaient Stendhal. Il laissera à George Sand en larmes un goût cruel de cendres et un souvenir d'amertume.

Le temps nous harcèle et nous presse : je n'ai plus le droit de me promener, au hasard des rencontres, à travers le vaste monde des abeilles, des galaxies, des parapluies et des amants. Il faut aller droit au but : le 20 juin 1833, le bon Buloz, directeur de *La Revue des Deux Mondes,* invite ses collaborateurs au restaurant Lointier, 104 rue de Richelieu.

— Le menu ? demanda A. Nous pourrions, si tu le souhaites, le faire figurer en annexe.

— Je regrette, lui dis-je. Je l'ignore. C'est un exemple de ces chutes consternantes dans l'oubli dont le monde est si prodigue. Chez Lointier, le 20 juin, George Sand et Alfred de Musset sont assis l'un auprès de l'autre comme Juliette et René étaient assis côte à côte le 28 mai 1817 chez Mme de Staël en train de mourir. C'est la première fois que ces deux-là se rencontrent. Alfred a vingt-deux ans. Et George en a vingt-neuf.

Alfred de Musset était un mélange de Chérubin et de Rimbaud. Il était, à dix-sept ans, un enfant de génie et, en même temps, un dandy. Il avait les yeux bleus, de longs cheveux blonds. Il portait une redingote à col de velours jusqu'à la ceinture, un pantalon collant de couleur bleu ciel, un chapeau haut de forme penché sur l'oreille. Byron était son modèle. L'auteur de *Childe Harold* aimait les hommes et les femmes et il avait eu un enfant de sa sœur Augusta. Poète et dandy, Musset, à défaut de coucher avec sa sœur, était lui aussi un libertin. Il jouait, il buvait, il se donnait avec une fureur vaine au champagne, à l'opium et aux filles, il entraînait au bordel ce pauvre novice affolé de Sainte-Beuve — qu'il appelait Sainte-Bévue avant que Hugo ne l'appelle Sainte-Bave. Les jeunes filles, dans les salons du Marais, de la rue de Clichy et du faubourg Saint-Germain ne rêvaient que de lui. Mais il trouvait plus de plaisir avec les prostituées dont il disait avec affectation : « On les caresse et on les insulte. » Il aimait les femmes non pour être heureux, mais pour les tourmenter jusqu'à la mort.

Un page tendre et sensible cohabitait en lui avec ce libertin blasé et un peu ostentatoire. C'est de ce contraste et de cette dissonance que naissait sa poésie. Il voulait être Shakespeare, ou se taire. Parce qu'il tombait amoureux comme on s'enrhume, il écrivit des vers d'amour qui le rendirent célèbre à dix-sept ans. En mai 1833, *Les Caprices de Marianne* étaient publiés dans *La Revue des Deux Mondes.* Un mois plus tard, Musset était assis, chez Lointier, à côté de George Sand.

— Lointier, remarqua A avec finesse, c'était leur rue du Dragon, leur piazza Campitelli.

— Les rencontres..., lui dis-je. Que font les écrivains? Ils passent leur temps à se parler de leurs livres. Alfred, en guise de fleurs, envoya à George Sand quelques vers sur un chapitre d'un roman tourmenté et bourré de défauts qu'elle avait publié un an plus tôt et qui s'appelait *Indiana* :

*Sand, quand tu l'écrivais, où donc l'avais-tu vue,*
*Cette scène terrible où Noun, à demi nue,*
*Sur le lit d'Indiana s'enivre avec Raimon?*
*Qui donc te la dictait, cette scène brûlante*
*Où l'amour cherche en vain, d'une main palpitante,*
*Le fantôme adoré de son illusion?*
*As-tu rêvé cela, George, ou t'en souviens-tu?*

George répondit à Alfred des platitudes polies : « Outre le génie qui a présidé à vos créations, ces créations sont par elles-mêmes bien autrement belles que les miennes... » Et patati et patata. Mais à la fin de la lettre littéraire et morale, où une ombre de niaiserie se mêle à la flatterie, figuraient cinq lignes meurtrières : « Lorsque j'ai eu l'honneur de vous voir, je n'ai point osé vous engager à venir chez moi. Je crains encore que la gravité de mon intérieur vous effraye et vous ennuye. Cependant, si, dans un jour de fatigue et de dégoût de la vie active, vous étiez tenté d'entrer dans la cellule d'une recluse, vous y seriez reçu avec reconnaissance et cordialité. » La machine infernale est montée.

— Oh la la! dit A.

— D'Elle à Lui, en juillet, quinze jours peut-être, ou trois semaines, après leur première rencontre : « Pouvez-vous venir me voir demain samedi, après neuf heures ? Si vous avez autre chose à faire, écrivez-moi un mot pour que je ne vous attende pas et que je me plonge dans l'encre sans préoccupation ; pour que rien ne trouble mon auguste permanence. » L'auguste permanence était une scie familière dont ils s'amusaient entre eux et une allusion transparente à la solennité de Sainte-Beuve.

L'histoire..., tu sais ?... l'histoire...

— Je sais, dit A.

— L'histoire rattrape nos héros. Le troisième anniversaire de la révolution qui a chassé les Bourbons pour les remplacer par Louis-Philippe va être célébré en juillet. Plutôt hostile au roi, la garde nationale doit pourtant être passée en revue par Louis-Philippe. De Lui à Elle : « Je suis obligé, Madame, de vous faire le plus triste aveu : je monte la garde jeudi prochain. Tout autre jour de la semaine, ou ce soir même si vous étiez libre, je suis tout à vos ordres et reconnaissant des moments que vous voudrez bien me sacrifier. » Tu vois comment les choses se mettent en marche chez les hommes ?

— Je vois bien, dit A. Le désir, l'histoire, les obstacles, l'agitation. Tout cela est bien fatigant.

— Attends un peu, lui dis-je, ça continue. À la fin de juillet, George Sand met la dernière main à un nouveau roman, un peu tarte, dont le titre est *Lélia*. Les épreuves de *Lélia* sont envoyées à Alfred. Il lui écrit pour la remercier et, après quelques fadaises littéraires — « Il y a dans *Lélia* des vingtaines de pages qui vont droit au cœur... » —, il l'assure de son amitié et lui déclare en sifflotant · « Vous me connaissez assez pour être sûre que jamais le mot ridicule : *Voulez-vous ou ne voulez-vous pas ?* ne sortira de mes lèvres avec vous... Je puis être, non pas même votre ami, mais une espèce de camarade sans conséquence et sans droits, par conséquent sans jalousie et sans brouilles, capable de fumer votre tabac, de chiffonner vos peignoirs, et d'attraper des rhumes de cerveau en philosophant avec vous sous tous les marronniers de l'Europe moderne. »

George Sand fit appel au camarade sans conséquence et sans droits pour obtenir de lui une chanson blasphématoire qu'un des personnages de *Lélia* devait déclamer d'une voix altérée par les vapeurs de l'alcool. Musset lui envoya quelques vers qu'elle inclut dans ses épreuves.

La chanson commençait par ces mots où revivait tout le passé du libertin romantique :

*Si mon regard se lève au milieu de l'orgie,*
*Si ma lèvre tremblante et d'écume rougie*
*Va cherchant un baiser...*

Et elle se terminait par ceux-ci, qui étaient prémonitoires :

*Dans un baiser d'adieu que nos lèvres s'étreignent,*
*Qu'en un sommeil glacé tous mes désirs s'éteignent,*
*Et que Dieu soit maudit !*

Alfred se rendait au 19 quai Malaquais. George le recevait dans la tenue qui avait coupé ses effets à Prosper Mérimée : robe de chambre ouverte de soie jaune et résille espagnole. Elle lui offrait du fin tabac d'Égypte et s'asseyait à terre sur un coussin pour fumer une longue pipe en cerisier de Bosnie qu'ils se passaient l'un à l'autre et dont ils tiraient alternativement de longues bouffées silencieuses. Alfred s'agenouillait aux pieds de George Sand et caressait ses babouches turques dont il admirait, assurait-il, les broderies orientales

« Je ne crois pas plus à l'amitié qu'à l'amour entre une femme et un homme », lui déclarait Alfred. « Et moi, répondait George, je sens pour vous de l'intérêt et de l'affection. » « J'aime toutes les femmes, s'écriait-il avec provocation, et je les méprise toutes ! » Et il parlait du ver rongeur qui lui dévorait le cœur. On longeait les abîmes quand Musset déclarait : « Je ne travaille un peu proprement que quand je tombe de fatigue. » Quand il tombait de fatigue... Quelle fatigue ? George rêvait sur cette énigme et avouait son attachement à « cet enfant malheureux et à ce qu'il eût pu être. »

Dans les derniers jours de juillet, la chaleur tombait sur Paris, la dame brune du quai Malaquais reçut par la poste une lettre de l'enfant malheureux :

« Mon cher George,

J'ai quelque chose de bête et de ridicule à vous dire. Je vous l'écris sottement au lieu de vous l'avoir dit, je ne sais pourquoi, en rentrant de cette promenade. J'en serai désolé ce soir. Vous allez me rire au nez, me prendre pour un faiseur de phrases dans tous mes rapports avec vous jusqu'ici. Vous me mettrez à la porte et vous croirez que je mens. Je suis amoureux de vous. »

Elle ne lui rit pas au nez, elle ne le mit pas à la porte. Elle ne se jeta pas non plus aussitôt dans ses bras. Elle hésita. Il lui écrivit une autre lettre :

« Aimez ceux qui savent aimer, je ne sais que souffrir. Il y a des jours où je me tuerais, mais je pleure, ou j'éclate de rire, non pas aujourd'hui, par exemple. Adieu, George, je vous aime comme un enfant. »

Beaucoup plus que la déclaration d'amour qui l'avait précédé, ce billet un peu incohérent bouleversa George Sand. Elle le serrait entre ses mains tremblantes et elle répétait : « Comme un enfant ! Il m'aime comme un enfant ! Qu'est-ce qu'il a dit là, mon Dieu ! Et sait-il ce qu'il me fait ? » Dans les derniers jours du mois de juillet, George invita Musset à venir la voir chez elle à minuit. Elle l'attendait au haut des marches du 19 quai Malaquais. Dès qu'elle l'aperçut, elle se jeta dans ses bras. Il l'entraîna dans la chambre dont il tira les verrous et ils devinrent amants.

— Oh la la ! gémit A.

— Ils ne savaient pas encore qu'ils seraient, avec Samson et Dalila, avec Antoine et Cléopâtre, avec Philémon et Baucis, avec Roméo et Juliette, les amants les plus célèbres de toute l'histoire des hommes. Ils ne savaient pas non plus que leur amour, par les mécanismes les plus simples et les plus implacables, allait se transformer en enfer et qu'ils allaient maudire Dieu. « Sans ta jeunesse et la faiblesse que tes larmes m'ont causée, lui dit-elle, nous serions restés frère et sœur... » Plus encore que sa maîtresse, elle était devenue sa mère, la mère de l'enfant malheureux. Les écrivains n'en finissent pas de mêler leurs amours à la littérature et la littérature à leurs amours. Quelques heures à peine après leur première nuit au 19 quai Malaquais, George dédicaça à son amant les deux volumes de *Lélia* qui venaient de paraître. Sur le premier tome, elle écrivit : « À Monsieur mon gamin d'Alfred. George. » Et sur le second : « À Monsieur le vicomte Alfred de Musset, hommage respectueux de son dévoué serviteur. George Sand. »

## XVIII

# *Une saison en enfer*

— Tu es idiot, me dit A. Mais je t'aime beaucoup. J'aime aussi beaucoup Marie. Elle vaut mieux que toi. J'aime beaucoup Hortense Allart et Juliette Récamier. J'aime beaucoup ton vicomte, et Rancé, et Musset, et même Sainte-Beuve et Molé avec qui on ne voudrait pas déjeuner tous les jours. J'aime beaucoup George Sand. Mais pourquoi diable me racontes-tu son histoire ?

— Pour une seule raison, lui dis-je. Et toujours pour la même. Parce que je te raconte les hommes. Et que je te raconte leur histoire. Ce qu'ils font, ce qui les agite, ce qu'ils craignent, ce qu'ils espèrent. On ne peut pas trouver, pour illustrer les hommes, beaucoup mieux que Mme Sand. Elle est libre et vertueuse…

— Vertueuse ? demanda A.

— Parfaitement, lui dis-je. Vertueuse. Elle aime la vie et elle est malheureuse. Quand elle meurt…

— Parce qu'elle meurt ?

— Ne fais pas l'imbécile, lui dis-je. Quand elle meurt, le 8 juin 1876, Hugo envoie un message : « Je pleure une morte et je salue une immortelle… Est-ce que nous l'avons perdue ? Non. Les hautes figures disparaissent, mais ne s'évanouissent pas… La forme humaine est une occultation. Elle masque le vrai visage divin, qui est l'idée. George Sand était une idée ; elle est hors de la chair, la voilà libre ; elle est morte, la voilà vivante. »

Flaubert et Renan assistaient à l'enterrement. Flaubert trouva le texte de Hugo très beau. Renan déclara qu'il était inepte et que c'était un ramassis de lieux communs. À l'instant où le corps de l'auteur de *Lélia* était déposé sous la terre, un rossignol se mit à chanter. Flaubert écrivit à son ami Tourgueniev : « La mort de la pauvre mère Sand m'a fait une peine infinie. J'ai pleuré à son enterrement comme un veau... Pauvre chère grande femme !... Il fallait la connaître comme je l'ai connue pour savoir tout ce qu'il y avait de féminin dans le grand homme, l'immensité de la tendresse qui se trouvait dans le génie. »

— Parle-moi un peu de Tourgueniev, me dit A.

— Tourgueniev, commençai-je, était l'amant de Pauline Viardot, qui était la sœur de la Malibran. Lorsque Tourgueniev...

Je m'arrêtai pile.

— Lorsque Tourgueniev... ? demanda A.

— Non, lui dis-je, je ne peux pas. Cette fois, franchement, nous n'avons plus le temps. Comment te parlerais-je de Tourgueniev sans te parler de Flaubert, son ami, géant parmi les géants ? Comment te parlerais-je de Flaubert sans te parler de Louise Colet qui avait écrit, sous le titre de *Lui,* un livre détestable sur les aventures de Musset et de Sand et qui avait été la maîtresse du philosophe Victor Cousin — *Du Vrai, du Beau, du Bien* —, de Musset lui-même et de l'auteur de *L'Éducation sentimentale* avant de devenir celle d'Alphonse Karr qu'elle finira par tenter de poignarder et qui exposera le poignard chez lui, orné d'une inscription :

| |
|---|
| Donné dans le dos<br>par<br>Mme Louise Colet |

Comment te parlerais-je de Flaubert sans te parler de Maxime Du Camp, son ami le plus intime, son compagnon de voyage en Grèce et en Égypte, où ils passèrent tous deux une nuit de fièvre, sur les bords du Nil, avec la courtisane Kuchiouk-Hanem, une grande et splendide créature dont la gorge dure avait une odeur de térébenthine sucrée, et où ne cessait de planer au-dessus de leur tête et du reste la menace du rhume de caleçon ? Sans te parler de Louis Bouilhet, son camarade de toujours, auteur de quelques vers dont l'écho, grâce à toi, parviendra peut-être jusqu'à Urql :

*On est plus près du cœur quand la poitrine est plate*

ou :

*Ta lampe ne brûla qu'en empruntant ma flamme.*
*Comme le grand convive aux noces de Cana,*
*Je changeais en vin pur la fadeur de ton âme,*
*Et ce fut un festin dont plus d'un s'étonna.*

*Tu n'as jamais été dans tes jours les plus rares*
*Qu'un banal instrument sous mon archet vainqueur*
*Et, comme l'air qui sonne au bois creux des guitares,*
*J'ai fait chanter mon rêve au vide de ton cœur.*

— Vraiment ? demanda A. Pour Urql ?

— J'en doute un peu, lui dis-je. Mais il faut de tout pour faire un monde et il y a un charme du pire comme il y a une lassitude du meilleur. J'aurais peut-être mieux fait de ne céder ni à l'un ni à l'autre et de me contenter de te remettre, pour que tu les emportes avec toi, le récit de la vie de Regulus ou de saint François d'Assise, le croquis des manœuvres d'Alexandre le Grand à Issos ou à Arbèles, de César à Pharsale, de Napoléon à Austerlitz, le *Sermon sur la montagne, Les Noces de Figaro,* une ou deux Vierges italiennes et quelques pommes de Cézanne, un dialogue de Platon et une brassée de vers de Racine, de Verlaine, de quelques autres :

*Fais-moi boire au creux de tes mains*
*Si l'eau n'en dissout point la neige.*

ou

*L'âme pleine d'amour et de mélancolie,*
*Et couché sur des fleurs et sous des orangers,*
*J'ai montré ma blessure aux deux mers d'Italie*
*Et fait dire ton nom aux échos étrangers.*

ou :

*Je t'aimais inconstant, qu'aurais-je fait fidèle ?*

ou :

*Ces jours, si longs pour moi, lui sembleront trop courts.*

ou :

*Tous les jours se levaient clairs et sereins pour eux*

ou :

*J'arrive tout couvert encore de rosée*
*Que le vent du matin vient glacer à mon front.*
*Souffrez que ma fatigue à vos pieds reposée*
*Rêve des chers instants qui la délasseront.*

*Sur votre jeune sein laissez rouler ma tête,*
*Toute sonore encore de vos derniers baisers.*

*Laissez-la s'apaiser de la bonne tempête*
*Et que je dorme un peu puisque vous reposez.*

Mais puisque j'ai commencé à te parler des parapluies, de la piazza Campitelli et des passions des hommes, je ne peux plus, maintenant, ni poursuivre ni m'arrêter. Comment ne pas te parler de Lucrèce Borgia, fille de pape, et de son frère César qui fit étrangler son mari sous ses yeux ? Comment ne pas te parler de ces souverains d'Égypte qui épousaient leur sœur sur l'ordre de leurs dieux ou, peut-être, on ne sait pas, pour réunir toutes les terres dans une seule main et mieux asseoir leur pouvoir ? Comment ne pas te parler des assassins et de leurs ruses de génie, des voyageurs dans le désert et à travers les vallées de l'Himalaya ou des Alpes, des héros et des saints qui savent mourir comme on rit et, par un mystère insondable et pourtant lumineux, préfèrent les autres à eux-mêmes ? Et comment t'en parler puisque le temps nous manque ?

— Finis au moins l'histoire de Musset et de Sand..., suggéra A.

— Pourquoi pas ? lui dis-je. Celle-là ou une autre...

— Je sais, grogna-t-il, je sais : c'est toujours la même chose. Mais il y a comme un charme à voir les hommes se débattre entre les passions qui les agitent et le temps qui les construit avant de les détruire.

— À tes ordres, lui dis-je. À tes ordres jusqu'au bout. Paris ne parlait que de *Lélia*. La presse se déchaîna contre l'ouvrage de George Sand. Le livre n'était pas fameux, mais il ne méritait pas tant d'honneur ni de cris indignés. *Le Figaro* du 18 août 1833 ne comptait que quatre pages. Il consacra à *Lélia* — quel rêve pour un romancier ! — la totalité de sa première page et la moitié de la deuxième. C'était pour descendre le livre en flammes. « *Lélia,* décrétait *Le Figaro,* vous fait rougir jusqu'aux genoux. » Dans un autre journal, un certain Capo de Feuillide compara le roman à « un livre de M. Sade » dont il se refusait, par pudeur, à citer même le titre. « Le jour où vous ouvrirez *Lélia*, écrivait-il, renfermez-vous dans votre cabinet pour ne contaminer personne. Si vous avez une fille dont vous voulez que l'âme reste vierge et naïve, envoyez-la jouer aux champs avec ses compagnes. » Et, après avoir prononcé les noms de George Sand et de son héroïne, il réclamait un charbon ardent pour purifier ses lèvres.

Ces incidents, ces bavardages n'ont pas la moindre importance. Que font les amoureux ?

— Ils partent ! récita A. Et de préférence pour le Sud.

— Bravo ! m'écriai-je. George Sand et Musset partirent pour l'Italie le 12 décembre 1833. On assure qu'une dame voilée vint rendre visite, un beau soir, à Mme de Musset mère : c'était George Sand qui, prise soudain de scrupules, venait lui arracher la permission d'emmener son grand garçon, avec elle, en Italie. Mme de Musset aurait versé quelques larmes avant de finir par céder.

Le jour du départ, George avait troqué sa voilette contre un pantalon gris perle, des bottes en cuir de Russie et une casquette de velours à gland. Les choses ne commencèrent pas bien. La malle qu'ils prirent pour Lyon dans la cour de l'hôtel des Postes était la treizième de la journée. Au moment du départ, elle accrocha une borne et renversa un porteur d'eau. À Lyon, ils prirent un bateau qui descendait le Rhône jusqu'à Avignon. Et, à bord du bateau, il y avait un autre passager avec lequel ils s'entretinrent sans chaleur excessive et qui n'était autre que Stendhal.

— Je crois que tu exagères, me dit A, pour m'amuser et me faire plaisir, pour donner aux esprits d'Urql une jolie idée de ton monde.

— Pas du tout, lui dis-je. La vie est comme ça. Les deux amants laissèrent Stendhal poursuivre son voyage par la route et se rendirent à Marseille. George Sand prit encore le temps d'écrire un mot à Boucoiran, le précepteur des enfants, pour qu'il mette à l'abri des regards indiscrets, et surtout des recherches de son mari, les lettres, peut-être compromettantes, qu'elle avait laissées en désordre dans son secrétaire du 19 quai Malaquais. Et puis, on s'embarqua pour Gênes.

Pendant que George regardait la mer et fumait sur le pont, Alfred, dans sa cabine, fut affreusement malade.

*George est sur le tillac*
*Fumant sa cigarette.*
*Musset, comme une bête,*
*A mal à l'estomac.*

À Gênes, puis à Florence, ce fut le contraire : George, qui avait un roman à terminer pour Buloz et qui, à la fureur de Musset, travaillait huit heures par nuit dans sa chambre d'hôtel, fut prise de fièvre et de diarrhée. Moitié à cause de son travail, moitié à cause de sa maladie, elle se refusa à Musset. Il la traita de tous les noms : l'ennui personnifié, la rêveuse, la bête, la religieuse. Elle l'incita à faire comme elle, et à travailler sur une pièce de théâtre dont elle avait eu l'idée et qui deviendrait *Lorenzaccio.* Alors, exaspéré, il alla courir les bistrots et les filles qui ne font défaut nulle part.

À Florence, George Sand alla voir le *Persée* de Benvenuto Cellini...

— Ah ! mon Dieu ! s'écria A. Benvenuto Cellini...

— ... et les statues de Michel-Ange qui représentent le Jour et la Nuit, l'Aurore et le Crépuscule, l'Action et la Contemplation dans la chapelle des Médicis de l'église San Lorenzo. « Il me semblait, par moments, écrit-elle, que j'étais statue moi-même. » Ils hésitèrent, à Florence, entre Venise et Rome. Ils tirèrent à pile ou face la suite de leur voyage. Ce fut Venise qui l'emporta. Ils entrèrent en gondole dans la cité des doges et dans le bassin de Saint-Marc. La lune éclairait les dômes de la vieille basilique écrasée sous les siècles et le palais ducal, aérien et massif. George ne se sentait pas bien. M. de Chateaubriand venait de quitter la ville aux palais roses et blancs où ils allaient cacher leur amour déjà en train de se faner avant même d'avoir éclos et où lui, pour l'emporter sur le souvenir de lord Byron, avait brillé de mille feux dans les salons rivaux de Mme Albrizzi et de la comtesse Benzoni avant de graver à jamais sur le sable du Lido, où les vagues, une à une, les effaçaient en vain, les seize lettres bien-aimées du nom de Juliette Récamier.

La gondole les amena jusqu'à la riva degli Schiavoni et ils se rendirent au Danieli. On leur donna une chambre avec une vue admirable sur l'isola di San Giorgio et sur la Douane de mer. C'était la chambre n° 13. George était malade comme un chien. Alfred voulait sortir et se promener dans Venise dont il rêvait depuis si longtemps. Il était agité de ces sentiments violents et souvent contradictoires qui s'emparent de l'âme des hommes et qui les font se punir en punissant les autres. Il s'approcha du lit où gisait sa maîtresse, il se pencha vers elle et il lui dit :

— George, je m'étais trompé, je te demande pardon, mais je ne t'aime pas.

— Oh la la ! s'écria A.

— L'enfer commençait. Alfred courait les théâtres, les actrices, les danseuses, les bordels avec le consul de France qui lui servait de guide. George écoutait de son lit les rumeurs de Venise. Elle n'avait pas la force d'aller jusqu'à la fenêtre qui donnait sur tant de beauté. Un soir pourtant, ou plutôt un matin, la situation se renversa à nouveau. George était rétablie et Alfred rentra le visage tout en sang : il avait passé à se battre une bonne partie de la nuit. George dut le coucher. Il ne se releva pas : une fièvre, une typhoïde peut-être, une espèce de délire et de folie s'était emparée de lui et il voulait se tuer. George fit appeler le médecin qui s'était déjà occupé d'elle quand Alfred courait les bouges et les filles de la Fenice. Il s'appelait le docteur Pietro Pagello. Il avait vingt-six ans. Elle lui parla de Musset comme de la personne qu'elle aimait le plus au monde et elle lui confia son angoisse de le voir dans cet état.

Le reste, tout ce qui va suivre, tu l'as déjà deviné. Des milliers de livres et d'articles ont été rédigés sur les amants de Venise. On a répandu leurs portraits. On a tourné des films sur eux. Les uns les portaient aux nues, les autres les condamnaient comme l'image même de la décadence et de la dépravation. Les uns prenaient parti pour Lui, les autres la défendaient, Elle. Pendant des nuits et des nuits de délire et de convulsions, George Sand et Pagello soignèrent Musset avec dévouement. Pagello admirait le poète dont il avait lu quelques pages. Elle portait une lavallière, un col blanc à la Byron et elle sortait sur le balcon pour fumer un cigare. La nuit, ils veillaient ensemble sur le malade endormi, ils échangeaient à mi-voix quelques mots italiens et leurs mains s'effleuraient. Alfred, dans son délire, crut voir George et Pagello boire leur thé dans la même tasse et des flots d'encre de toutes les couleurs ont roulé dans cette tasse. Pagello avait des maîtresses. George était la maîtresse du malade de Pagello. Mais, un beau soir, le chagrin est un proxénète, recrue de fatigue et de détresse George eut envie de Pagello.

Une nuit où Musset dormait, George se mit soudain à écrire une longue lettre qui n'était faite, à son tour, que de délires haletants et d'interrogations : « Et toi, comment aimes-tu ?... Seras-tu pour moi un appui ou un maître ?... Sauras-tu pourquoi je suis triste ? Connais-tu la compassion, la patience, l'amitié ? On t'a élevé peut-être dans la conviction que les femmes n'ont pas d'âme. Sais-tu qu'elles en ont une ?... Serai-je ta compagne ou ton esclave ? Me désires-tu ou m'aimes-tu ? Quand ta passion sera satisfaite, sauras-tu me remercier ? Quand je te rendrai heureux, sauras-tu me le dire ?... Quand ta maîtresse s'endort dans tes bras, restes-tu éveillé à prier Dieu et à pleurer ?... N'apprends pas ma langue... Je voudrais ne pas savoir ton nom... » Elle prit les feuillets qu'elle venait d'écrire pendant une heure dans une sorte de rage, elle les glissa dans une enveloppe et elle la tendit à Pietro.

— Mais..., bredouilla Pagello, pour qui est-ce ?

Alors, George, dans un mouvement plus réussi que la lettre tout entière, lui arracha l'enveloppe des mains et écrivit d'un trait : « Au stupide Pagello. »

— Oh la la ! dit A, en se détournant, dans un soupir presque inaudible.

— Il n'y a pas d'autre histoire, lui dis-je. Il y a d'autres versions, mais c'est toujours la même histoire. Elle peut prendre d'autres formes, elle raconte toujours la même chose. La version des amants de Venise est à peu près parfaite dans sa complication et sa simplicité. C'est pourquoi tant de livres lui ont été consacrés et c'est pourquoi le nom de Musset et le nom de George Sand ne seront pas oubliés tant qu'il y aura des hommes pour aimer les histoires.

— Il y a d'autres histoires, protesta A : c'est toi qui me l'as appris.

— Une foule d'histoires, lui dis-je, où ont leur place le hasard, le courage, l'ambition, la vengeance. Mais d'abord deux types d'histoires parce qu'il y a deux grandes passions pour agiter les hommes : le savoir et l'amour. Il y a le savoir qui s'étend sur le monde et qui le pénètre et le transforme peu à peu ; et il y a l'amour entre les hommes dont il est inutile de rien dire parce que tu sais déjà qu'il est le cœur et le sens de la vie. Il y a les savants et les amoureux.

Le reste occupe les hommes, mais n'a pas d'importance. Le pouvoir, les batailles, le commerce, l'argent, la vanité, la gourmandise... Tu ne mettras pas, dans le rapport, un grand capitaine ou un directeur d'administration centrale très au-dessus d'un cuisinier : ce sont grandeurs d'établissement et de commodité qui ne valent pas le moindre mouvement de charité envers les autres ou de curiosité devant l'ordre du monde. Tu vois aussi que ce que les hommes appellent l'art se situe quelque part entre la science et l'amour et conjugue l'une et l'autre. Il y a du savoir et de l'amour dans *La Bataille de San Romano* ou dans la *Messe du couronnement,* dans les danseuses de Degas, dans les *Mémoires d'outre-tombe,* dans la *Recherche du temps perdu,* dans la *Présentation de la Beauce à Notre-Dame de Paris.*

— Et dans le rapport ? demanda A.

— Ah ! lui dis-je, je ne sais pas. Je voudrais qu'il contînt à l'usage des gens d'Urql tout le savoir des hommes et tout l'amour du monde.

Musset finit par guérir, grâce aux soins de sa maîtresse et de l'amant de sa maîtresse. Ils vécurent, à Venise, quelques semaines, tous les trois. Alfred avait blessé George. Elle se vengeait de lui à travers Pagello. Les sentiments des hommes ne sont pas noir et blanc. Ils oscillent sans fin entre le pas encore et le déjà plus, entre le je ne sais quoi et le presque rien, entre l'ombre et la lumière, entre l'évidence et la contradiction : ils flottent dans l'incertitude à la façon des quanta. Alfred n'aimait plus George et il l'aimait encore. George aimait Alfred et elle aimait Pagello. Pagello ne savait pas, il admirait le poète, il avait envie de la dame et il se laissait faire.

Le 29 mars, guéri, toujours souffrant, héroïque, un peu lâche, Alfred de Musset quitta Venise pour Paris. Il avait confié George à l'amour de Pietro. George l'accompagna en gondole jusqu'à Mestre. Et puis elle revint se jeter dans les bras de Pagello qui l'attendait sur la Piazzetta. Et ils parlèrent de Musset qui avait souffert entre eux deux, qui les avait fait souffrir et qu'ils avaient, en échange, fait souffrir à son tour.

George, qui n'avait plus un sou, s'installa chez le médecin. Pagello, qui était pauvre, faisait deux lieues à pied pour aller cueillir des fleurs dans les jardins des faubourgs et composer un bouquet qu'il offrait à sa maîtresse. George travaillait d'arrache-pied pour obtenir un peu d'argent de *La Revue des Deux Mondes* et de son directeur. Elle trouvait encore le temps de travailler à l'aiguille, de coudre des rideaux et de décorer, avec son énergie coutumière, l'intérieur du médecin : elle avait, dit joliment M. André Maurois, l'adultère ménager. Comment disposons-nous de cette foule de détails sur la vie vénitienne de George et de Pagello ? C'est qu'elle racontait ses amours nouvelles dans des lettres d'amour à son ancien amant.

George écrivait à Alfred. Alfred écrivait à George. C'était sublime et ridicule. Des passages entiers que des dames enivrées et des jeunes gens hors d'eux applaudiraient à tout rompre, pendant deux ou trois siècles, dans des salles de spectacle surchauffées — « J'ai souffert souvent, je me suis trompé quelquefois, mais j'ai aimé. C'est moi qui ai vécu et non pas un être factice créé par mon orgueil... » —, sortent des lettres échangées par George Sand et Musset au temps où ils ne s'aimaient plus et où ils s'aimaient encore.

Les amours évanouies nourrissaient ces échanges d'où surgissait, plus fort, un amour renaissant. « Tu m'as dit de partir, écrit Alfred, et je suis parti ; tu m'as dit de vivre, et je vis. » « Adieu, adieu mon ange, écrit George. Adieu mon petit oiseau. » « Je t'aime encore d'amour, écrit Musset. Tu t'es crue ma maîtresse, tu n'étais que ma mère. » « Que j'aie été ta maîtresse ou ta mère, répond George, peu importe. Je sais que je t'aime, et c'est tout. »

Musset racontait à George Sand qu'il s'était replongé dans la vie de plaisir d'où elle avait voulu le tirer. « Oh ! je t'en prie à genoux, suppliait George Sand, pas encore de vin, pas encore de filles ? C'est trop tôt ! » « Parlez-moi de *vos* plaisirs », répliquait Musset. Et il rayait les mots, et griffonnait : « Non, pas ça ! »

Le 24 juillet 1834, George Sand, à son tour, quittait Venise pour Paris. Elle était flanquée de Pagello qui écrivait à son père « Je suis au dernier stade de ma folie... Demain, je pars pour Paris où je quitterai la Sand. »

## XIX

# *Adieu, tout ce que j'aimais !*

— Voilà, dis-je à A. C'est fini. Nous sommes tous tant que nous sommes, et même les plus jeunes d'entre nous, et même les nouveau-nés, au dernier stade de cette folie collective que nous appelons la vie. Les hommes ne commencent jamais que pour finir aussitôt. George Sand a quitté Musset. Pagello va quitter George Sand. Et moi je te quitte, mon cher A, pour aller je ne sais où. Le monde se poursuit, bien sûr. George Sand, avant de mourir dans la tendresse et l'estime de Flaubert, a encore devant elle de nouvelles aventures : Chopin l'attend dans l'avenir, il l'attend à Majorque, il l'attend rue Pigalle, il l'attend rue Taitbout. Et, cinq ans avant sa mort à quarante-six ans, au fond du désespoir, usé par l'alcool, ruiné, couvert de dettes, ayant perdu le génie qui illuminait sa jeunesse, Musset sera élu à l'Académie française. George Sand et Musset s'accrochent encore l'un à l'autre pour souffrir un peu plus et nourrir leur passion. La page la plus cruelle et la plus ravissante de leurs amours traversées est sur le point d'être tournée. Nos trois jours à nous se terminent. Il y aura, après nous, d'autres rencontres et d'autres hommes, d'autres amours, d'autres aventures, d'autres défaites et d'autres victoires. Nos rapports touchent à leur fin. Et notre rapport, aussi.

— Tu ne peux pas me laisser ! cria A. Tu as encore tant de choses à me montrer dont tu ne m'as pas soufflé mot ! Ne vois-tu pas que le travail est très loin d'être achevé ? Donne-moi trois autres jours !

— Impossible, lui dis-je. On m'attend.

— Tu ne sais même pas qui, grommela A entre ses dents.

— Raison de plus, lui dis-je. Toute rencontre est une surprise. Mais un rendez-vous dont on ne sait rien et dont on ne sait pas avec qui est une surprise dans la surprise. Tu ne voudrais pas que O, ton ami O, fût en retard à cause de A ?

A haussa les épaules.

— Si tu savais..., me dıt-il

— Je ne veux rien savoir de ce qui n'est pas de ce monde, lui dis-je. Je suis un de ces hommes dont les limites sont tracées par l'espace et le temps. Ce qui est hors du temps, je ne peux rien en dire. Je l'ignore. Mais j'y vais.

— Alors, me dit A, c'est fini ?

— Oui, lui dis-je. C'est fini.

Il me regarda un instant, en silence, sans bouger. Et puis, il m'ouvrit ses ailes. Je m'y jetai sans un mot et je posai ma tête sur son épaule.

— Inutile, chuchota-t-il, de faire des phrases sur l'infini dont tu ne sais pas le premier mot. Les hommes — sauf peut-être Kant — ne disent jamais que des bêtises quand ils parlent de l'ailleurs où ne règne pas le temps Mais je voudrais bien que tu m'apprennes, car Dieu est dans les détails et il n'y a qu'eux qui comptent aux yeux d'un esprit qui contemple les hommes, ce que devient Pagello.

— Tu as raison, lui dis-je, je te parlerai de choses minuscules jusqu'à mon dernier souffle. George Sand s'occupa de Pagello à Paris comme un cavalier entretient une danseuse. Pendant qu'elle regagnait le 19 quai Malaquais, elle installa Pagello dans une petite chambre du troisième étage d'un hôtel du quartier. Le prix de la chambre était de un franc cinquante par jour.

Alfred et George se revirent. En amis. Au milieu d'amis. Musset annonça sa décision de partir pour l'Espagne. Et il partit pour Baden-Baden. Quatre jours plus tard, elle partait seule pour Nohant, dans le Berry, qui était son port d'attache et son havre de grâce et où l'attendaient son mari, ses enfants, sa mère et ses amis, qui étaient fidèles et nombreux. Casimir, le mari, qui devait demander, plus tard, la Légion d'honneur à Napoléon III pour cause d'infortunes conjugales, avait poussé la complaisance jusqu'à inviter le docteur italien. Pagello avait refusé.

George et Alfred recommencèrent à s'écrire. Musset racontait à George que de jeunes femmes provocantes l'interrogeaient sur elle : « Chante, mon brave coq, me disais-je tout bas, tu ne feras pas renier saint Pierre. » Il voulait écrire un livre sur elle : « Je ne mourrai pas sans avoir fait mon livre sur moi et sur toi (sur toi surtout). La postérité répétera nos noms comme ceux de ces amants immortels qui n'en ont plus qu'un à eux deux, comme Roméo et Juliette, comme Héloïse et Abélard. On ne parlera jamais de l'un sans parler de l'autre. »

— Comme A et O ? suggéra A.

— Nous ne sommes pas amants, que je sache ? Je suis mort. Tu es un esprit. George Sand et Musset étaient des vivants dans la force de l'âge. George venait d'avoir trente ans et elle écrivait à Sainte-Beuve : « Je suis triste jusqu'à la mort, et je ne sais pas vraiment si je sortirai de cette affreuse crise du sixième lustre. » La crise du sixième lustre, Alfred faisait de son mieux pour l'apaiser — ou pour l'exacerber. Le 1er septembre 1834 il envoyait à George, de Baden-Baden, où il semble pourtant qu'il ait pris du bon temps, une lettre auprès de laquelle ses billets précédents prennent une allure de sobriété et presque de sécheresse :

« Je voulais te parler seulement de mon amour, ah ! George, quel amour ! Jamais homme n'a aimé comme je t'aime. Je suis perdu, vois-tu, je suis noyé, inondé d'amour ; je ne sais plus si je vis, si je mange, si je marche, si je respire, si je parle ; je sais que je t'aime. Je t'aime, ô ma chair et mon sang ! je meurs d'amour, d'un amour sans fin, sans nom, insensé, désespéré, perdu... Ils disent que tu as un autre amant. Je le sais bien, j'en meurs, mais j'aime, j'aime, j'aime, qu'ils m'empêchent d'aimer ! »

— Je crois que c'est une chance, murmura A, de ne pas être un homme.

— Sur ce point, lui dis-je, les opinions diffèrent. George lui répondit, au crayon, d'un petit bois où elle était allée se promener seule et où elle lisait, brisée, la lettre de Baden-Baden : « Ah ! tu m'aimes encore trop, il ne faut plus nous voir... Ne m'aime plus, entends-tu bien ? Je ne vaux plus rien... Il faut nous quitter, vois-tu, il le faut puisque tu arrives à te persuader que tu ne peux guérir de cet amour pour moi qui te fait tant de mal... Adieu, mon pauvre enfant... »

Dans la même lettre qui semblait porter le dernier coup à la passion malheureuse de Musset, il y avait pourtant, pour Alfred en train de se morfondre au fond de la Forêt-Noire, comme un coin d'arc-en-ciel : George en avait assez de Pagello. « Lui qui comprenait tout à Venise, du moment qu'il a mis le pied en France, il n'a plus rien compris. » Avec quelle ivresse Alfred devait lire ces lignes dans son auberge enfumée ! Derrière la condamnation de l'amour de Musset se profilait déjà la condamnation de l'amour de Pagello : « Tout de moi le blesse et l'irrite, et faut-il le dire ? il part, il est peut-être déjà parti à l'heure qu'il est, et moi, je ne le retiendrai pas. »

Pagello quitta Paris et Alfred y revint. George se rendit de Nohant à Paris pour consoler le médecin et pour le renvoyer. Elle lui donna de l'argent, avec délicatesse, pour payer le voyage de retour à Venise. « Une lettre de George Sand, écrit ce benêt de Pagello, m'annonça la vente de mes tableaux pour quinze cents francs... Nos adieux furent muets. Je lui serrai la main. Elle était comme perplexe ; je ne sais pas si elle souffrait. Ma présence l'embarrassait... »

Vers le milieu d'octobre, Musset, de retour à Paris, écrivit à George Sand en réponse à une lettre qu'elle lui avait envoyée :

« Mon amour, me voilà ici... Tu veux bien que nous nous

voyions — et moi si je le veux !... Ainsi, un mot, dis-moi ton heure. Sera-ce ce soir ? demain ? Quand tu voudras, quand tu auras une heure, un instant à perdre. Réponds-moi une ligne. Si c'est ce soir, tant mieux. Si c'est dans un mois, j'y serai. Ce sera quand tu n'auras rien à faire. Moi, je n'ai à faire que de t'aimer.

ton frère Alf[d] »

Ils étaient frère et sœur. Ils redevinrent amants. L'enfer s'ouvrait à nouveau.

— Oh la la ! dit A.

— Les hommes ne savent pas ce qu'ils veulent. En politique, en amour, en littérature et en art, dans leur vie quotidienne, ils avancent sur des chemins qu'ils sont bien obligés de suivre parce qu'ils se sont mis, un beau jour, par hasard, par distraction, pour voir où ils menaient, par conviction aussi ou par enthousiasme, à y faire quelques pas. Pagello avait eu la chance de se retirer à temps du champ de bataille miné où il s'était aventuré. Restaient Musset et George Sand. Ils se mitraillèrent sans pitié.

Il y eut des soirs lumineux, comme ce dîner, quai Malaquais, vers la fin de l'automne 34, où George Sand et Musset réunirent autour d'eux un musicien français d'une trentaine d'années qui s'appelait Hector Berlioz, un jeune pianiste hongrois de vingt-trois ans du nom de Franz Liszt et le poète allemand Heinrich Heine. Heine trouva George Sand aussi belle que la Vénus de Milo.

Mais dès qu'il eut retrouvé et reconquis George Sand, Alfred de Musset se montra incapable de dominer la jalousie rétrospective que lui inspirait Pagello, pourtant disparu de la scène parisienne. Ce qui le tourmentait surtout, c'était de savoir à quel moment George Sand et le médecin étaient devenus amants. Avait-il rêvé quand il avait cru les voir, dans la pénombre de la chambre 13 de l'hôtel Danieli, sur la riva degli Schiavoni, en face de la Douane de mer, boire tous deux à la même tasse ? Avaient-ils été amants avant ou après son propre départ de Venise ? Il la torturait, il la harcelait de questions, de soupçons, de récriminations, il réclamait des détails, il se délectait de sa propre souffrance.

Le cycle infernal des scènes de jalousie et des billets passionnés était amplifié par le cercle des amis. Sainte-Beuve, Alfred Tattet, Gustave Planche, d'autres encore furent pris tour à tour dans le cirque des ragots. Alfred Tattet, un ami de Musset, était devenu un intime de Pagello. Il répéta à Musset les secrets d'alcôve que lui avait confiés le médecin de Venise. Musset parla de provoquer en duel Gustave Planche, critique à *La Revue des Deux Mondes,* qui répandait des rumeurs provenant sans doute de Tattet. Vers la mi-novembre, au jeune Jean-Jacques Ampère, le fils de l'inventeur de l'électrodynamique, l'amoureux transi de Juliette Récamier, qui était devenu l'ami de Chateaubriand dont il recevait des lettres sublimes sur la Grèce et sur la vieillesse...

— En annexe ! s'écria A.

— Trop tard ! lui répondis-je. Trop tard. La prochaine fois.

— La prochaine fois ? demanda A.

— Oui, lui dis-je. Dans cinq milliards d'années. Quand tu reviendras sur la Terre... au jeune Jean-Jacques Sainte-Beuve écrivait : « Cher ami, tout va son train, et les plus grands orages que je sache sont les ruptures de Lélia et de Rolla qui ont passé tout ce dernier mois à se maudire, à se retrouver, à se déchirer, à souffrir. » Et sur un billet que lui avait adressé George pour l'inviter à dîner avec les enfants chez Pinson à cinquante centimes par tête, le bon Buloz jetait en hâte quelques notes qui ne sont parvenues jusqu'à nous que pour aller à Urql avec toi :

*Brouille avec A. Affaire Pagello.*
*Confession de Tattet à Alf. — Scènes horribles.*
*Elle avoue tout tristement, en se jetant aux*
*genoux d'Alfred et s'écriant : Pardonne-moi !*
*Achat d'une tête de mort pour enfermer la*
*dernière lettre d'A. et nouveaux pleurs*
*chez moi le 13 9*[bre]*, S. Beuve s'interpose*
*entre G. et A.*

— Ô O ! s'écria A. Je voudrais que tu restes encore quelques jours avec moi pour me raconter tes hommes !

Je secouai la tête. A baissa la sienne, ou ce qui lui en tenait lieu.

— À la demande de Buloz, qui faisait faire les portraits des collaborateurs de *La Revue des Deux Mondes,* George alla poser chez Delacroix dont l'atelier, au 15 du quai Voltaire, était à deux pas de chez elle. Moitié pour ressembler à ces femmes de Goya admirées par Alfred, moitié par sacrifice et par protestation contre la cruauté du destin, elle avait coupé ses longues boucles noires, comme Mathilde de La Mole dans *Le Rouge et le Noir,* et elle les avait envoyées à Musset. Le portrait de Delacroix donne l'image pathétique d'un jeune page égaré et pâli par les veilles, d'une Jeanne d'Arc amaigrie de la passion malheureuse, d'une Marie-Madeleine sans cheveux, mais avec larmes, avec croix et avec tête de mort. Elle montra à Delacroix — qu'elle appelle toujours Lacroix — les croquis de l'album que lui avait laissé Alfred. Il trouva que Musset avait beaucoup de talent et qu'il aurait fait un grand peintre, s'il avait voulu. Il essaya, comme il pouvait, de distraire George de son chagrin et de la consoler. « Laissez-vous aller, lui disait-il. Quand je suis ainsi, je ne fais pas le fier. Je ne suis pas né Romain. Je m'abandonne à mon désespoir, il me ronge, il m'abat, il me tue. Quand il en a assez, il se lasse à son tour, et il me quitte. » Le chagrin hélas ! ne quittait plus George Sand.

Il y eut encore de bons moments. Un jour où Musset, comme souvent, était tombé malade, George enfila le tablier et coiffa le bonnet de sa servante qui s'appelait Sophie et se rendit chez les Musset pour aller soigner Alfred qui avait abandonné le quai Malaquais pour se réfugier chez maman. Tout se passa à merveille. La sœur d'Alfred ne l'avait jamais vue et sa mère fit semblant de ne pas la reconnaître. Elle le veilla toute la nuit.

Il y eut même des triomphes. En décembre, rompue, épuisée, résignée, elle était repartie pour Nohant. Musset lui envoya — c'était nerveux — une boucle de ses cheveux. Il reçut en échange une feuille du jardin de George. Le 14 janvier 1835, de retour à Paris, elle pouvait adresser un bulletin de victoire à Tattet qui avait été un des artisans de sa récente défaite :

« Monsieur,

Il y a des opérations chirurgicales qui sont fort bien faites et qui font honneur à l'habileté du chirurgien, mais qui n'empêchent pas la maladie de revenir. En raison de cette possibilité, Alfred est redevenu mon amant. Comme je présume qu'il sera bien aise de vous voir chez moi, je vous engage à venir dîner avec nous au premier jour de liberté que vous aurez. Puisse l'oubli que je fais de mon offense ramener l'amitié entre nous. Adieu, mon cher Tattet. Tout à vous.

George Sand. »

— Oh la la ! dit A.

— Le répit dans la souffrance ne dura pas longtemps. Les scènes reprirent, les larmes, les effusions passionnées, les ruptures et les insultes suivies de billets éperdus, les alternances, de plus en plus rapides, de baisers et d'injures. Au temps de Pagello, c'était Musset qui avait écrit les lettres les plus délirantes. Elles étaient belles jusqu'à l'insoutenable. Parce que c'était elle, maintenant, qui se mettait à souffrir et à se débattre contre la rupture, ce fut le tour de George Sand. Dans sa correspondance avec Alfred, dans son *Journal intime,* elle pousse des cris d'agonie .

« J'ai trente ans, je suis belle encore, du moins je le serais dans quinze jours si je pouvais m'arrêter de pleurer. Ah ! si je pouvais me mettre à aimer quelqu'un ! Mon Dieu, rendez-moi ma féroce vigueur de Venise, rendez-moi cet âpre amour de la vie qui m'a prise comme un accès de rage au milieu du plus affreux désespoir. Faites que j'aime encore ! L'amour de la vie est-il donc un crime ? »

— Oh la la ! dit A.

— Ce que tu entends-là, lui dis-je, ce sont les plaintes de la vie. On peut les pousser autrement. Avec moins de violence. Avec plus de retenue. Mais celles-là ne sont pas mal. Les romans de Mme Sand, je te les abandonne volontiers. Tu n'auras pas besoin de faire figurer *Indiana* ni *Lélia* dans les annexes du rapport. Ni même *La Petite Fadette,* ni *La Mare au diable,* ni *François le Champi,* qui sont de jolis livres : ils te chargeraient inutilement. Mais ce que George crie à Alfred qui a fini de l'aimer après lui avoir tant promis, c'est la vie même des hommes. Tu la prendras avec toi et tu l'apporteras aux gens d'Urql.

« Et si je courais quand l'amour me prend trop fort ? Si j'allais casser le cordon de sa sonnette jusqu'à ce qu'il m'ouvrît la porte ? Si je m'y couchais en travers jusqu'à ce qu'il passe ? Si je me jetais dans ses bras ? Si je lui disais : Tu m'aimes encore. Tu vois bien que je t'aime, que je ne peux aimer que toi. Embrasse-moi, ne disons rien, ne discutons pas. Dis-moi quelques douces paroles. Caresse-moi puisque tu me trouves encore jolie malgré mes cheveux coupés, malgré les deux grandes rides qui se sont formées depuis l'autre jour sur mes joues... Quand tu sentiras ton irritation revenir, renvoie-moi, maltraite-moi, mais que ce ne soit jamais avec cet affreux mot : *dernière fois !* Je souffrirai tant que tu voudras, mais laisse-moi quelquefois, ne fût-ce qu'une fois par semaine, venir chercher une larme, un baiser qui me fasse vivre et me donne du courage. Mais tu ne peux pas ! Ah ! que tu es las de moi ! Et que tu t'es vite guéri ! »

Elle essayait aussi de se guérir. Elle n'y parvenait pas. Elle se rejetait vers ce qu'elle savait faire. Elle se promettait d'écrire un livre. Pour la première fois de sa vie, elle avait du mal à travailler. Elle voyait bien que Franz Liszt la regardait avec intérêt. Elle ne réussissait pas à s'intéresser à lui. « Qu'est-ce que Buloz me disait donc hier de M. Liszt ?... Est-ce qu'il a pensé sérieusement un instant que j'allais aimer M. Liszt ?... Si j'avais pu aimer M. Liszt de colère, je l'aurais aimé, mais je ne pouvais pas... Je serais bien fâchée d'aimer les épinards car, si je les aimais, j'en mangerais, et je ne peux pas les souffrir. » D'ailleurs, « M. Liszt ne pensait qu'à Dieu et à la Sainte Vierge qui ne me ressemble pas absolument ». Liszt, dont Heine écrivait qu'il aimait « fourrer son nez dans toutes les marmites où Dieu mijote l'avenir du monde », se décidera pourtant à aimer une mortelle : ce sera Marie d'Agoult. Et parce que le monde n'en finit pas de fournir matière au rapport, la fille de Liszt et de Marie d'Agoult, un beau jour, épousera Richard Wagner.

— Wagner !... gémit A. *Parsifal* !... Ravello !... La villa Rufolo !... Dis ! Tu me parleras de Wagner ?

Et il me tirait par la manche.

— C'est ça, lui dis-je. Compte là-dessus.

Elle était la plus forte des deux. Mais elle était à bout. Il fallait mettre fin à cette lutte épuisante avec l'ange qui s'achevait en agonie. Elle en appelait encore à ce Dieu auquel elle ne croyait plus : « Ah ! rendez-moi mon amant et je serai dévote et mes genoux useront les pavés des églises. » Lui écrivait encore : « Je t'aime, je t'aime, je t'aime, adieu. Adieu ma vie, mon bien. Adieu mes lèvres, mon cœur, mon amour. » Elle partit la première. Elle s'enfuit à Nohant, en cachette. Elle avait déjà écrit dans son *Journal intime* une des plus belles pages d'amour de l'histoire de ces hommes auxquels tu t'intéresses et auxquels, plus que personne, appartenait cette femme aux cheveux coupés emportée par la passion :

« Ô mes yeux bleus, vous ne me regarderez plus ! Belle tête, je ne te verrai plus t'incliner sur moi et te voiler d'une douce langueur ! Mon petit corps souple et chaud, vous ne vous étendrez plus sur moi, comme Élisée sur l'enfant mort, pour me ranimer ! Vous ne me toucherez plus la main comme Jésus à la fille de Jaïre, en disant : " Petite fille, lève-toi ! " Adieu mes cheveux blonds, adieu mes blanches épaules, adieu tout ce que j'aimais, tout ce qui était à moi ! J'embrasserai maintenant, dans mes nuits ardentes, le tronc des sapins et les rochers dans les forêts en criant votre nom et quand j'aurai rêvé le plaisir, je tomberai évanouie sur la terre humide. »

— Oh la la ! dit A.

— Le monde continue. Il mêle les rires aux larmes et la bassesse à l'éclat. Le comte Rodolphe Apponyi, qui est jeune attaché à l'ambassade d'Autriche à Paris, nous raconte, dans son *Journal* une scène qui se déroule un ou deux ans plus tard. Un soir, chez Mme Émile de Girardin, qui tient salon littéraire, un de « ces jeunes barbouilleurs de papier qui font du sentiment dans leurs romans à vingt-cinq sous la page et qui ne sont pas moins déplacés dans leur conversation que dans leurs écrits » est présenté à l'ambassadrice d'Autriche. Il s'agit d'Alfred de Musset. Le poète a une réputation détestable : « Il se roule sur les canapés, met ses jambes sur la table, se coiffe d'un bonnet dans le salon, fume des cigares. » Mais c'est un habitué de la princesse Belgiojoso. Aussi l'ambassadrice l'invite-t-elle à venir la voir un soir où elle a convié des gens de lettres.

Le soir venu, Musset arrive, « sentant la pipe à faire horreur. » Il s'approche d'une table où sont assises, outre l'ambassadrice et le comte Apponyi, la princesse de Béthune, la marquise de Jumilhac, la princesse de Craon, et quelques autres dames de la plus haute société. La conversation roule sur Venise où vient de se tuer, par amour pour la princesse Charlotte Bonaparte, le peintre Léopold Robert. Musset dit que lui aussi a manqué de mourir l'année dernière à Venise.

Pour témoigner au poète un intérêt poli, le comte Apponyi observe avec sagacité que l'idée de mourir seul à l'étranger, sans parent, sans ami, a quelque chose de terrible.

— Sans doute, répond Musset. J'étais soigné, heureusement, mieux que par un ami et mieux que par un parent : j'avais une compagne adorable et fidèle.

— Et vous l'avez perdue depuis ? demande l'ambassadrice.

— Mme de Musset est morte? s'inquiète la princesse de Béthune.

— Oh! non, répond le jeune poète, je n'ai jamais été marié. C'était Mme Dudevant avec qui je voyageais en Italie. C'est à elle que je dois la vie. C'est elle qui m'a soigné avec cet amour et cette tendresse dont elle seule est capable.

« Un silence suivit ce discours, écrit dans son *Journal* le comte Apponyi. À ce singulier aveu, toutes les dames s'entre-regardèrent. Celles d'entre elles qui ne savaient pas rougir avaient peine à ne pas rire. Et les hommes, moi comme les autres, n'étant pas maîtres de nous retenir, nous nous sauvâmes dans la bibliothèque pour donner libre cours à notre hilarité. »

La vie n'en finit pas de poursuivre ses arabesques et ses contradictions. Ses bégaiements. Ses reniements. À un ami qui lui disait : « Oh! que les lettres à Musset sont belles! Mme Sand a une belle âme! » Sainte-Beuve, qui avait été le guide de l'enfer où avaient brûlé les deux amants, répondait : « Oui, une belle âme et une grosse croupe. » À la fille du bon Buloz en train de contempler un portrait de George Sand, Jules Sandeau, l'ancien amant de George, alors « frisé comme un saint Jean de la Nativité », déjà sur le chemin de la calvitie et de l'Académie, murmurait : « Regarde bien cette femme, petite, c'est un cimetière, tu entends? Un cimetière! » Et, pour que les choses soient bien rondes et bien fermées, il devenait l'amant de Marie Dorval que George Sand avait tant aimée et préférée à tant d'hommes : « Si tu me réponds vite, en me disant pour toute littérature : *Viens!* je partirai, eussé-je le choléra ou un amant... »

— Oh la la! disait A.

Le plus dur était encore tapi dans l'avenir. « La femme Sand, écrira Baudelaire...

— Je le connais, coupa A :

*Je te donne ces vers afin que, si mon nom...*

— C'est lui, répondis-je. « La femme Sand est le Prudhomme de l'immoralité. Elle n'a jamais été artiste. Elle a le fameux style coulant cher aux bourgeois... »

— Ah ! me dit A, c'est tout toi.

— Tu crois ? demandai-je d'une voix blanche.

— Il me semble, me dit A.

— Ah bon ! lui dis-je. « Elle est bête, elle est lourde, elle est bavarde ; elle a, dans les idées morales, la même profondeur de jugement et la même délicatesse de sentiments que les concierges et les filles entretenues. Que quelques hommes aient pu s'amouracher de cette latrine, c'est bien la preuve de l'abaissement des hommes de ce siècle. Je ne puis plus penser à cette stupide créature sans un certain frémissement d'horreur. Si je la rencontrais, je ne pourrais m'empêcher de lui jeter un bénitier à la tête. »

— Oh la la ! dit A. Voilà des choses que tu ne verrais jamais à Urql.

— Je pense bien, lui dis-je. Ce sont des spécialités de notre vieille maison. Comme le chagrin et la mémoire. Quelques années après ses funestes amours, Alfred de Musset retourna dans la forêt de Fontainebleau où les deux amants s'étaient promenés ensemble, où il avait donné les premiers signes du délire qui devait le frapper à Venise et où ils avaient pensé se tuer. Il revit aussi, de loin, George Sand au théâtre. Elle riait. Il la trouva belle. Il rentra chez lui et, d'une traite, en une nuit, il écrivit *Souvenir* :

*La foudre maintenant peut tomber sur ma tête ;*
*Jamais ce souvenir ne peut m'être arraché !*
*Comme le matelot brisé par la tempête,*
*Je m'y tiens attaché.*

*Je ne veux rien savoir, ni si les champs fleurissent,*
*Ni ce qu'il adviendra du simulacre humain,*

*Ni si ces vastes cieux éclaireront demain*
*Ce qu'ils ensevelissent.*

*Je me dis seulement : « À cette heure, en ce lieu,*
*Un jour, je fus aimé, j'aimais, elle était belle. »*
*J'enfouis ce trésor dans mon âme immortelle*
*Et je l'emporte à Dieu.*

— Attends un peu ! s'écria A. Dieu, est-ce qu'il ne l'avait pas maudit ?

— Ça ne fait rien, lui dis-je. Les hommes sont comme ça.

## XX

## *Répétition générale*

— Ô A ! dis-je à A.

— Ô O ! me répondit A.

— Voici que nous allons partir chacun de notre côté. Je me demande avec angoisse si je t'ai bien servi. Quelle image le rapport donnera-t-il de ce monde à nos lecteurs, les esprits d'Urql ?

— Je ne sais pas, me dit A. Je ne sais plus. Il me semble qu'à t'écouter et à me promener avec toi j'ai cessé d'être un esprit et que je suis devenu un homme.

— Alors, va raconter les hommes aux esprits, tes confrères.

— J'essaierai, me dit-il. Parce qu'ils n'ont aucune idée de ce que peuvent être la vie et les hommes, ce ne sera pas commode

— Tu leur diras le temps, l'histoire, le passé et l'avenir ?

— Je leur dirai.

— Tu leur diras le présent, éternelle agonie, et la liberté qui se glisse, titubante, ivre d'orgueil, illusion éclatante, entre le passé et l'avenir ?

— Je leur dirai.

— Tu leur diras la machine ronde, les algues au loin, la naissance de la conscience, la puissance formidable de la pensée ?

— Je leur dirai.

— Tu leur diras le soleil, le ciel bleu, les nuages sur la mer ?

— Je leur dirai.

— Tu leur diras nos passions, l'argent, l'amour qui nous dévore, l'ambition, le remords, le secret, le pardon, tout ce qu'ils ne peuvent pas connaître parce que c'est le lot des hommes, et des hommes seuls ?

— Je leur dirai.

— Tu leur diras l'impossibilité et la soif de savoir, la vérité et la justice qui s'en vont toujours un peu plus loin, le remplacement de la nature par le pouvoir des hommes, la marche inéluctable des idées et des choses, les livres, les outils, l'espérance et la peur ?

— Je leur dirai.

— Tu leur diras Marie ?

— Je te promets : je leur dirai.

— Tu leur diras notre histoire, tu leur diras toutes nos histoires ?

— J'essaierai, me dit-il.

— Bon, alors, vas-y ! lui dis-je. Retourne à Urql.

Il fit battre ses ailes.

Je versai quelques larmes. Peut-être sur lui. Peut-être sur moi. Peut-être sur le monde où nous avions passé trois jours aux côtés l'un de l'autre et qui était si triste et si gai.

— Ô O ! me dit-il.

— Ô A ! lui répondis-je.

— Voilà que je ressens, à mon tour, comme une crainte d'être inférieur à ma tâche et de me révéler incapable de bredouiller le moindre mot quand les autorités d'Urql m'interrogeront sur ton monde.

— Mais non ! lui dis-je. Ça ira. Souviens-toi des parapluies, de la rue du Dragon, du connétable de Bourbon, de la piazza Campitelli, des algues vertes et bleues.

— J'aimerais mieux..., me dit-il.

— Quoi encore ? demandai-je.

— Que tu me poses quelques questions pour savoir où j'en suis.

Il nous restait quatorze minutes. J'en pris une pour réfléchir à ce que j'allais lui demander. Je respirai un bon coup.

— Que font les hommes ? lui dis-je.

— Ils vivent, me répondit-il.

— Qu'est-ce que vivre ? demandai-je.

– C'est mourir, me dit-il. La mort s'enclenche à la naissance.

— Excellent, lui dis-je. Entre la naissance et la mort, à quoi s'occupent les hommes ?

— À suivre leur désir et à ruser avec leurs passions. Et tantôt vers le haut et tantôt vers le bas.

— N'y a-t-il pas chez les hommes quelque chose d'obscur et de clair qui s'appelle la liberté ?

— Elle lutte avec l'avenir pour le changer en présent et elle prend dans le passé le nom de nécessité.

— Qu'est-ce qu'un homme, un sapin, une libellule, une éponge ?

— Du temps, sur un support.

— Le passé ?

— Disparu. Inflexible et très doux. Peut-être présent quelque part.

— L'avenir ?

— Absent. Implacable et flexible. Encore nulle part.

— Bien. L'argent ?

— Va aux riches. Fuit les pauvres.

— Le travail ?

— Plus il est dur, moins il est payé. Il est plus fatigant d'être mineur de fond qu'écrivain ou banquier.

— Sac de Rome ? demandai-je.

- 1527 Le connétable de...

— Ça va, lui dis-je. Je sais que tu sais. Aristote, Avicenne, Averroès, Kepler ?

— Ça ira, me dit A. Et Newton, et Einstein. Et le rayonnement de Hubble.

— Les Perses, les Carthaginois, les Aztèques, les Kafirs Siah-Posh et les Kafirs Amazulla ?

— O.K., m'assura A.

— Hortense Allart ?

— Chateaubriand, Stendhal. Sainte-Beuve. George Sand. Henry Bulwer-Lytton.

— Tu pourrais faire la même chose avec Mérimée, avec Louise Colet, avec Lucrèce Borgia, avec Cléopâtre, avec Pétrone, avec Victor Hugo ?

— Je crois que oui, me dit A. J'ai la liste complète de leurs œuvres, de leurs manies, de leurs amants et de leurs maîtresses.

— Vitesse de la lumière ?

— Trois cent mille kilomètres à la seconde. Rien ni personne ne va plus vite.

— Mon meilleur souvenir sur cette Terre ? À titre d'exemple, évidemment, ajoutai-je avec modestie.

— J'hésite, me dit-il. Symi. Sambuco. Ton arrivée. Ton départ. Presque rien. Presque tout. La neige sous le soleil. Un petit nombre de livres. Et Marie, bien entendu.

— Pas si mal, lui dis-je. Les ours, les crapauds, les aigles, le cloporte de Réaumur ?

— Monogames, me dit-il.

— Curieux, lui dis-je. Mais exact. Les papillons, les termites, les fourmis, les abeilles : pas de problème ?

— Pas le moindre, me dit-il. Tout est rangé à sa place.

— Les trous noirs ?

— Je les connais mieux que toi. L'attraction y est si forte qu'aucun rayon lumineux ne peut s'en échapper. On ne les décèle que par leurs effets. Ils avalent tout ce qu'ils touchent. Ils ouvrent sur un autre monde.

— La jalousie, la haine de soi, l'envie d'autre chose, l'hystérie, le noumène et la chose en soi, la lutte du maître et de l'esclave, l'inconscient structuré à la façon du langage, le désir de catastrophe ?

— Enfantin, me dit-il. À pleurer de facilité.

— Bon, lui dis-je. Ne va pas traiter, à Urql, avec trop de légèreté le petit-bourgeois de Trèves qui exploitait ses bonnes, le charlatan de Vienne. N'oublie pas, je te prie, que c'étaient des génies. Tu te souviens des dahlias, des tomates, du maïs ?

— Ils arrivent d'Amérique avec la syphilis, la pomme de terre, le tabac.

— Des pâtes, des mitres d'évêque, du conte de *Cendrillon* ?

— Ils viennent de Chine avec Marco Polo.

— De l'andouille de Vire, du bifteck pommes frites, du beaujolais nouveau, du château-margaux et du nuits-saint-georges ?

— Inoubliables, dit A. Et ils sont de chez toi.

— Le sacrifice, le pardon, la charité ?

— La lumière est l'ombre de Dieu.

— À quoi sert le monde ?

— Le sens du monde consiste, pour les hommes, à chercher un sens toujours caché aux hommes et dont la seule chose que les hommes sachent est qu'ils ne le trouveront pas.

— Finira-t-on un jour, avant la fin de ce monde, par le trouver malgré tout ?

— Bien sûr que non.

— Faut-il le chercher tout de même ?

— Bien sûr que oui.

— Didon et Énée ?

— Purcell.

— Le Cavalier polonais ?

— Rembrandt.

— Les romans français d'après la Seconde Guerre ?

— Aucune idée, me dit-il.

— Eh bien, lui dis-je, tout cela est parfait. Il semble que tu aies appris sur ce monde tout ce qu'il faut en savoir. Reste une question décisive que les meilleurs esprits d'Urql ne manqueront pas de te poser : As-tu la moindre notion de ce que tu es venu faire ici-bas ?

— Bien sûr, me dit-il : rédiger avec toi un rapport sur le monde.

— Quelle espèce de rapport ?

— Un rapport exhaustif qui rende inutile toute autre expédition avant cinq milliards d'années.

— Et tu crois avoir réussi ?

Il marqua le coup. Il hésita. Il prit un grand bol d'air.

— Je ne sais pas, murmura-t-il.

— Je t'accorde que ton guide a une part de responsabilité dans l'échec ou le succès de ton exploration. Mais la faute remonte à toi : l'entreprise était folle. Le monde est une totalité que même un esprit venu d'Urql n'est pas capable de cerner et dont le sens lui échappe comme il nous échappe à nous. Il fuit de partout, il se dérobe, il se dissipe à nos yeux et tu n'en rapporteras que des bribes à ceux qui t'ont envoyé.

Tous les esprits d'Urql vont se jeter sur toi pour te réclamer des détails sur le monde mystérieux et absurde d'où tu viens. Je refuserais, si j'étais toi, de répondre aux questions. Je leur tendrais le rapport et je m'enfermerais dans le mutisme et dans le souvenir de Marie et de ton ami O.

— Tu sais que l'idée m'est souvent venue de détruire le rapport et de faire comme si le monde n'avait jamais existé. Pas de soleil, pas de Sambuco, pas de parapluies, pas d'otaries. Pas de névrose d'existence et pas de Chateaubriand. Un échec de toute l'entreprise. Un grand silence. Une absence. Un secret entre toi et moi. Et entre le monde, les hommes, le temps qui passe, et peut-être aussi Dieu — ou ce qui en tient lieu.

— Jolie idée, lui dis-je. Et pourtant le monde existe. Tu vois bien : le rapport en parle.

— Peut-être pourrai-je essayer de faire croire aux gens d'Urql que le rapport seul existe et qu'il n'y a pas d'autre monde que le rapport lui-même ?

— Ah ! lui dis-je, je devine où tu veux en venir : puisque le rapport n'est rien d'autre que le monde, pourquoi donc le monde serait-il autre chose que le rapport ?

— Oui, dit A. Pourquoi ?

— Je crains, lui dis-je, que ça ne prenne pas. Ils se douteront que le rapport n'est pas né de lui-même et qu'il y a, derrière, quelque chose d'inconnu.

— Ah ! me dit-il, y a-t-il toujours, derrière, quelque chose d'inconnu ? Rien n'est simple.

— Il n'est pas impossible que, justement, le monde le soit. Mais nous ne pouvons pas le savoir parce que la clé nous manque et que nous sommes dans le temps, qui brouille et complique tout, et dans ce sous-produit du temps que nous appelons l'espace.

— Peut-être le rapport aidera-t-il les gens d'Urql à y voir un peu plus clair ?

— Je le voudrais bien. Je n'en suis pas sûr. Dans le temps qui détruit tout mais conserve tout aussi, il faut veiller au moindre geste et à la moindre parole. Car chaque geste et chaque parole, et peut-être chaque pensée, sont inscrits quelque part sur des registres inconnus. Nous avons compliqué le monde au lieu de le résumer. Nous avons ajouté aux asperges, aux éphémères, à la guerre de Cent Ans, à la *Critique de la raison pure,* qui n'en demandaient pas tant. Nous avons rendu le monde plus opaque au lieu de le rendre plus transparent. Il était plus simple avant le rapport. Il l'est un peu moins depuis que le rapport l'alourdit.

— Mon Dieu ! dit A. La tête me tourne. J'ai le vertige du monde. Dis-moi ce que je dois faire.

— Retourne à Urql, lui dis-je. Et raconte-leur qu'il y a quelque part un monde invraisemblable qui semble aller de soi aux esprits qui l'habitent. Explique-leur que les hommes sont des esprits comme toi, mais chamboulés par le temps qui passe, par la mort qui les guette, par le corps aussi qu'ils trimbalent, qui leur permet de souffrir, qui leur permet d'être heureux, qui leur permet de penser et sans lequel ils ne seraient rien.

— Si je restais ici ? s'écria A. Si je me changeais en homme ? Si j'allais vivre avec Marie ?

— Tu ne peux pas, lui dis-je. C'est dans les romans que, changés d'abord en crapaud, en chauve-souris, en licorne, les esprits se transforment soudain en jeunes gens. Dans le monde où nous vivons, les hommes, et les dieux même, ne naissent que des hommes.

— Ne pourrais-je pas soutenir que je suis né d'un homme ? Tu me servirais de père...

— Et tu irais vivre avec Marie ? Puisque je serai ton père, ce sera une sorte d'inceste : j'aimerais mieux pas

— Comme tu voudras, me dit-il.

— Merci beaucoup, lui dis-je.

Il me regarda avec plus de bienveillance qu'il ne m'en avait jamais montré.

— À l'égard des hommes et de leur monde, me dit-il, j'hésite entre l'horreur et une espèce de tendresse. Personne n'a fait plus de mal que vous, puisqu'il n'y a jamais eu que vous pour faire du mal dans toute l'histoire de l'univers et, au moment où le rideau tombe, au moment de vous quitter pour cette éternité que vous traitez de néant, j'ai envie de me lever et de vous applaudir.

— Tu me trouvais idiot, lui rappelai-je.

— Bien sûr, me dit-il. Tu l'es. Ce qu'il y a de plus grand en vous surgit de vos limites. Il y a du bien parce qu'il y a du mal. C'est parce que l'erreur est possible que la vérité mérite d'être poursuivie. Le monde prend un sens parce qu'il y a quelque chose de caché. On dirait que tout cela est réglé au quart de tour, brodé au petit point. Vous êtes des algues, des poissons, des primates sur lesquels ont passé, pour vous permettre de faire de la musique et des pièces de théâtre, pour vous apprendre la justice, pour vous donner une idée du bleu, du triangle, de l'infini, du calembour, quelques millions de millénaires. Vous êtes de la matière emportée par le temps. Vous êtes quelque chose comme de la poussière d'étoiles. Vous n'êtes presque rien, et pourtant presque tout. Vous êtes portés par la force des choses et par les générations successives. Vous êtes bordés par l'histoire. Vous profitez de ce que les hommes ont déjà fait avant vous. Vous ne savez rien sur rien. Les plus brillants d'entre vous, les plus illustres, les plus grands, inventent des choses minuscules, et aussitôt dépassées, dans le domaine des sons, des images, des mots, de la marche de l'univers. Et il semble pourtant qu'en chacun d'entre vous, dans le plus démuni et dans le plus imbécile, il y ait quelque chose de la flamme d'où est sorti le monde.

*Car c'est vraiment, Seigneur, le meilleur témoignage*
*Que nous puissions donner de notre dignité*
*Que cet ardent sanglot qui roule d'âge en âge*
*Et vient mourir au bord de votre éternité.*

— Qu'est-ce que c'est encore que ça ? demanda A.

— Presque rien, lui dis-je. Ce sont des mots.

— Seraient-ce les mots, par hasard, que tu disais à Marie au temps où tu vivais ?

— Hélas ! non, lui répondis-je. Jamais mes mots n'ont volé aussi haut.

— J'imagine qu'ils volaient aussi haut que ceux de Chateaubriand à Juliette Récamier, que ceux de Musset à George Sand ou de George Sand à Musset ?

— Ne crois pas cela, lui dis-je. À l'extrême fin de sa vie, Chateaubriand rencontre Rachel chez Juliette Récamier. Rachel a dix-sept ans. Elle triomphe dans *Athalie,* elle a Paris à ses pieds. À demi paralysé, Chateaubriand se traîne jusqu'à elle et lui dit :

— Comme c'est triste, mademoiselle, de rencontrer une chose si belle quand on va mourir.

Alors Rachel se tourne vers lui, lui jette un regard insoutenable et, de la même voix avec laquelle elle récite tous les soirs le songe d'Athalie à des salles éperdues, elle lui dit :

— Mais, Monsieur le vicomte, il y a des hommes qui ne meurent pas.

Rappelle-toi Sainte-Beuve en train de deviner le talent de Musset encore presque dans l'enfance, rappelle-toi l'empereur ou le pape en train de ramasser le pinceau de son peintre, rappelle-toi Alexandre, César, Évariste Galois, rappelle-toi Haydn et sa *Création,* Haendel et son *Messie* et Mozart et tous les Bach, rappelle-toi Vinci, qui avait tout deviné, et Giorgione, et Rembrandt, et Guillaume, le grand Guillaume :

*Ma colombe ma blanche rade*
*Ô marguerite exfoliée*
*Mon île au loin ma Désirade*
*Ma rose mon giroflier*

et Maupassant, qui faisait des chefs-d'œuvre avec des bouts de ficelle, et Joubert sur l'Adige et Marceau sur le Rhin...

— Et Flaubert sur le Nil, dit A.

— Et Offenbach et Oscar Wilde et Heine et Toulet, et toute la rafale de ceux qui, en cent ans, ont changé notre image : le rapport ne vaut rien, moi, je meurs tout entier et il y a des hommes, chez nous, qui sont pleins de génie.

— C'est drôle, me dit A. Il me semble que ce qui unit les hommes est plus fort que ce qui les distingue. Il me semble que chaque homme mérite qu'on se souvienne de lui comme d'un triomphe unique et d'un trésor digne d'amour. Il me semble que le seul génie, c'est le génie des hommes.

Une fois encore, une dernière fois, je réfléchis un instant.

— Eh bien ! lui dis-je, au moins, quelle chance ! quel bonheur ! j'aurai été un de ces hommes.

Alors, A s'avança vers moi et me prit dans ses bras.

# ÉPILOGUE

*Spectres du plein midi, revenants du grand jour,*
*Fantômes d'une vie où l'on parlait d'amour.*

ARAGON

# *Merci et pardon*

Merci. Tout était bien. Tout était simple. L'ordre régnait sur l'univers. Je me suis retrouvé seul au-dessus de la Douane de mer. Nous étions le 26 juin, un peu avant midi. Il m'était arrivé quelque chose que Marie n'oublierait plus : j'étais mort. Tout le reste, peut-être, je l'avais inventé. Le monde n'existait pas. L'espace et le temps étaient une illusion. Les autres étaient des reflets. La vie était un songe. Marx, Rancé, Lénine, le sac de Rome, les deux sexes en chiens de faïence, la piazza Campitelli à deux pas du Capitole et du théâtre de Marcellus, les parapluies de la rue du Dragon, la rivalité de Molé et de Chateaubriand, la lettre d'amour envoyée à George Sand par Musset : « Mon cher George, j'ai quelque chose de bête et de ridicule à vous dire : je suis amoureux de vous », le statère d'or de Chamilly, la porte des chiottes de l'Unesco et du Grand Central à New York, le dîner chez Lointier le 20 juin 1833, et même le soleil sur Symi et sur la vallée du Dragon au pied de Sambuco n'étaient rien d'autre qu'un rêve aux dimensions de l'univers, plein de cohérence et de surprises, et d'où naissaient pêle-mêle les bonheurs et les larmes.

Je m'étais réveillé : le songe s'était dissipé. Personne ne savait plus où il était passé. Il était tombé dans le néant sous le nom de souvenir. Je n'avais fait que rêver la réalité tout entière. Peut-être d'autres, après moi, et endormis comme moi dans l'espace et le temps, poursuivraient-ils le même cauchemar et les mêmes illusions ? Pour moi, j'en avais fini avec les tumultes du monde et ses incertitudes. Les doutes étaient levés qui m'avaient tant tourmenté. Une certitude l'emportait, et pour l'éternité : j'étais sorti du temps. J'y étais entré dans le sein de ma mère — que son nom soit béni ! Je m'en étais retiré devant la Douane de mer. J'avais quitté mon corps où j'avais habité pendant quelques années. J'étais mort. L'ordre régnait sur l'univers. Tout, enfin, était simple. Tout était bien. Merci.

A s'était envolé pour les vertes prairies. Je l'avais vu s'élancer, invisible et radieux, vers la réalité : une autre réalité, qui m'attendait moi-même, hors de l'espace et du temps. L'éternité a beaucoup de noms : les uns l'appellent le ciel, le mont Sumeru, le ganaeden, le janna avec ses houris, le Walhalla des guerriers, le paradis des saints et des anges ; et les autres, le néant. Je me souvenais de A comme je me souvenais de Carpaccio, de Haydn, de Flaubert, de Fabrice del Dongo ou de mon amie Nane que je n'avais jamais rencontrés. Comme de la bataille d'Andrinople à laquelle je n'avais pas assisté. Le monde était un funambule un peu ivre, toujours en train de s'écrouler et toujours rattrapé par le souvenir et par l'être : A relevait, comme le monde, de l'empire des songes évanouis. Peut-être, comme Venise, comme le Saint Empire romain de nationalité germanique, comme le fameux *big bang* d'où tout était sorti, n'avait-il jamais existé, lui aussi, que dans ma pauvre tête jetée en cendres par Marie dans la lagune de Venise ? Je revoyais toute ma vie et la totalité du monde. Et c'était comme un mirage qui se serait dissipé.

Il n'y avait plus que ma mort. Le silence. L'éternité. L'infini qui commence lorsque tout est fini. Et l'amour de Marie. Tout le reste avait disparu. Tout ce que j'avais tant aimé, les livres, les jeunes filles au petit matin, merci pour les jeunes filles, les sapins sous la neige, l'arrivée dans les ports au coucher du soleil, le miel, les cyprès, le soir qui tombe, merci, le temps qui passe, merci, était tombé dans l'absence, dans un océan de néant qui se confondait avec l'être. Il y avait bien eu quelque chose de passager, de fugitif, d'inutile, d'évanoui : un rêve appelé réalité. Il n'y avait plus que la mort et l'amour de Marie.

Peut-être A était-il en train de raconter Marie à ses confrères incrédules devant tant de beauté ? Peut-être le rapport était-il déjà en train de circuler entre les mains des esprits d'Urql frappés de stupeur et de crainte devant l'invraisemblance du monde ? Au centre du rapport, et du coup au centre de tout, l'image de Marie, qui n'en finissait pas de briller dans un cœur qui avait cessé de battre, se répandait tout à coup jusqu'aux frontières de l'univers. Le monde était quelque chose qui ressemblait à l'amour, ou il n'était rien du tout.

J'avais beaucoup aimé A. J'avais passé avec lui, à parler du temps et de l'espace et de ce qui en surgissait, quelques heures inoubliables. Il avait enchanté ma mort en ressuscitant ma vie. Il s'était effacé comme le monde tout entier. Il était un souvenir parmi d'autres souvenirs. Aux yeux de l'éternité, il n'était ni plus ni moins réel que Cléopâtre ou Alaric. Il n'était ni plus ni moins un songe que la fondation de Rome ou que la Douane de mer. Je l'avoue : il me manquait. Tout ce que j'avais oublié de lui dire de la splendeur du monde — et ces trous dans le rapport m'étaient une vraie souffrance — me revenait à l'esprit.

— Quoi ! me disais-je à moi-même puisque A n'était plus là, pas un mot sur Bellagio en étrave sur le lac et où le soleil brillait, entre la pluie, avec beaucoup de douceur, pas un mot sur Péguy :

*Femme, vous m'entendez : quand les âmes des morts*
*S'en reviendront chercher dans les vieilles paroisses,*
*Après tant de bataille et parmi tant d'angoisses,*
*Le peu qui restera de leurs malheureux corps...,*

pas un mot sur le jeu d'échecs, sur l'éternel retour, sur le théorème de Gödel et sur celui de Fermat, sur la bataille de Panipat entre le fondateur de la dynastie des Grands Moghols qui portait le nom de Bâbur et le dernier des Lodi, pas un mot sur la structure mathématique de l'univers qui faisait que ce monde, qui était tout amour, n'était aussi, de part en part, qu'une succession de chiffres, et peut-être un chiffre unique, immense, mystérieux et secret, pas un mot sur Tombouctou, sur Gene Tierney dans *Laura,* sur Domenico Cimarosa et son *Matrimonio segreto,* sur *Les Métamorphoses* d'Ovide — « Que le jour fatal qui n'a de droits que sur mon corps mette, quand il voudra, un terme au cours incertain de ma vie : la plus noble partie de moi-même s'élancera, immortelle, au-dessus de la haute région des astres et mon nom sera impérissable. Les peuples me liront et, désormais fameux, pendant toute la durée des siècles, s'il y a quelque vérité dans les pressentiments des poètes, je vivrai » — ni sur celles d'Apulée, appelées aussi *L'Âne d'or,* l'ancêtre de tous les romans que nous lisons le soir, quand la nuit va tomber, dans les jardins publics ! Et j'appelle ça un rapport !

Le rouge me montait au front. J'aurais voulu vivre à nouveau pour combler tant de lacunes et tenter de donner à A une image moins désastreuse du monde où il était descendu. Mais il était trop tard. A s'était envolé pour Urql, le rapport sous son aile. Les gens d'Urql, à jamais, ne sauraient rien des Perses au temps des Sassanides, rien de Diderot et d'Alembert, rien des girafes au long cou, rien de la culture du riz ou de la canne à sucre, rien de Lucky Luciano ni de Jack l'Éventreur. Ils se feraient, à cause de moi, une idée fausse du monde, de la vie et des hommes. Le monde était si beau : je l'avais calomnié. Le monde était si divers : je l'avais simplifié jusqu'à la caricature. Le monde était si profond : et je l'avais à peine effleuré. J'en demandais, de loin, pardon aux esprits d'Urql qui étaient peut-être en train, les yeux hors de la tête, égarés, le cœur battant, de feuilleter le rapport et de me suivre à Sambuco, à Symi, sur la piazza Campitelli ou dans la rue du Dragon, sous un grand parapluie. A, hélas ! avait raison :

j'étais un incapable, un niais, un bon à rien, et peut-être un misérable. Je n'avais rien fait, ou presque rien, de ce rêve tissé de temps que nous appelons le monde, que j'avais tant aimé et dont j'avais tout oublié.

Je demandais pardon. Je m'écroulais dans le ciel, pur de tous les nuages qui s'accrochaient encore à la seule planète à avoir produit des hommes, et je demandais pardon. Le dernier mot qui me venait à l'esprit et au cœur au moment de partir était le mot : « Pardon. » J'avais déjà demandé pardon à A en train de s'en aller. Il m'avait pris dans ses bras. Je sanglotais sur son épaule. De la même voix avec laquelle j'avais tenté, mais en vain, tout au long de nos trois jours, de me souvenir, pour les gens d'Urql, de tant de beautés et de plaisirs qui faisaient de ce monde le lieu de l'enchantement et de tous les bonheurs, je bredouillais :

— Ô A!... Ô A!...

Il me donnait des tapes dans le dos d'un air un peu distrait et me murmurait à l'oreille :

— Allons!... allons!... On ne va pas faire tout un foin sous prétexte qu'on est entré dans le temps pour une poignée de saisons et qu'on a été quelque chose comme une éponge développée, comme un singe supérieur...

Je reniflais de plus belle. Je répétais :

— Pardon!... Oh! pardon...

— Pardon de quoi? me disait-il. Tu n'étais pas bon à grand-chose. Tu as fait ce que tu pouvais.

— Pardon! bégayais-je. Pardon! Pardon pour le monde! Pardon pour moi! Pardon pour le rapport!

A, d'un geste bourru, passa sa main sur ma tête.

— Que tu es bête! me dit-il.

Et il m'embrassa.

Fini de faire le malin. Je l'embrassai en pleurant.

Il s'envolait.

Je l'aimais.

Je le voyais, comme le monde, disparaître à mes yeux.

Quand il ne fut plus qu'un point dans l'espacc infini, je pensai à Marie et, un pincement au cœur, je partis à mon tour, homme de tous les temps, benêt, vaurien, souvenir dans les souvenirs, âme parmi les âmes, pour mon éternité.

PROLOGUE



PREMIER JOUR

DEUXIÈME JOUR



TROISIÈME JOUR

*Œuvres de Jean d'Ormesson (suite)*

LE VENT DU SOIR

TOUS LES HOMMES EN SONT FOUS

LE BONHEUR À SAN MINIATO

*Aux Éditions Grasset*

TANT QUE VOUS PENSEREZ À MOI
*(Entretiens avec Emmanuel Berl)*

*Composition Bussière*
*et impression B.C.A.*
*à Saint-Amand (Cher), le 7 février 1994.*
*Dépôt légal : février 1994.*
*1^er^ dépôt légal : décembre 1993.*
*Numéro d'imprimeur : 94/107.*
*Numéro d'éditeur : 58421.*
ISBN 2-07-073593-1./Imprimé en France.